從核心能力的訓練到核心素養的養成
必定要探究的臺灣史7大主題

我們所知道的「過去」從何而來？
在過去的歷史中，誰曾是參與者？是誰書寫了這些歷史？不同的史料又會呈現出哪些不同的詮釋？

關於原住民族的研究
臺灣的原住民族是如何分類出來的？消失的平埔族又到哪裡去了？

有關臺灣的移民社會形成
臺灣移民史的特色為何？不同時期的移民又呈現出哪些不同的樣貌？他們又是如何在臺灣落地生根？

海島臺灣的經貿重點是什麼？
臺灣如何建立起自己的經貿特色？臺灣的經濟活動跟土地改革又有什麼關聯？

多元文化和信仰的交融與展現
不同族群的信仰與文化如何從衝突到適應與改變？臺灣不同宗教和民間信仰形成的背景和分類為何？

臺灣的主權定位如何演變
戰後數十年來，臺灣在國際局勢上的發展有什麼樣的演變？臺灣人的自我認同出現怎樣的變化？

如何持續追求自治與民主的未來
從日治時期到戰後，臺灣的人權和社會運動有怎麼樣的發展和轉變？從黨國體制到自由民主，臺灣人如何思考過去的包袱並展望未來？

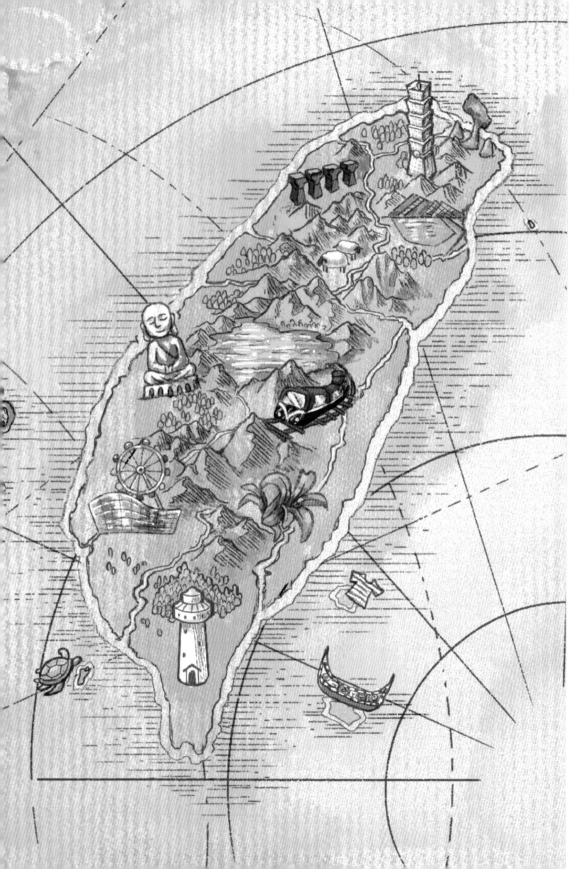

課綱中的

臺灣史

跟著專家學者探索歷史新視野

陳鴻圖 ● 主編

目次

108 高中歷史課綱中的
臺灣史課題

陳鴻圖

2019 年開始正在施行的「十二年國民基本教育課程綱要」（簡稱
108 課綱），其社會領域高中歷史課綱的精神，構思「從人民的主體觀點
出發，主題安排略古詳今，空間推移由近及遠，採動態分域架構，各以
臺灣、中國和世界為重點，強調分域間的互動」，而為區隔國中與高中
學習和教學的差異，「普高歷史必修課程依時序選擇基本課題設計，透
過歷史資料的閱讀和分析，培養學習者發現、認識及解決問題的素養。」
新課綱期待學生從過去「核心能力」的訓練，轉變為「核心素養」的培養。

素養導向的設計殆無疑慮，惟在「基本課題」的選擇上就存有很大
的討論空間。究竟哪些主題該選？在有限的時間下主題的來龍去脈是否
能說得清楚？學生缺乏史實的先備知識能否理解這些主題？主題式教材
恐會支離破碎難以實踐？類似的疑問在課綱擬定和實施的過程中，不斷
地被提出，但也經由嚴謹的程序尋求最大的共識。

以「108 高中歷史課綱」的臺灣史來說，規劃如何認識過去？、多元
族群社會的形成、經濟與文化的多樣性、現代國家的形塑四個主題，主
題下再設計「如何認識過去？」、「原住民族」、「移民社會的形成」、「經

濟活動」、「山海文化」、「臺澎金馬如何成為一體？」、「追求自治與民主的軌跡」等七個項目。項目之下再選定誰的歷史？等十七則條目。和「101 高中歷史課綱」第一冊比較，有不少條目是新增或整併擴增，例如如何認識過去？、我群界定、戰後來臺的各方移民、多元的信仰與祭祀活動等條目。

　　新課綱期待這些和當代世界攸關的基本歷史課題，能藉由發現、理解，進而面對問題和提出解決方案；但不論對學習者或傳授者來說，都具有一定的挑戰，以原住民族的課題來說，過去教科書大多只書寫原住民族的分類和祭儀文化等知識點，現行課綱則希望探討我群如何界定？又族群如何被分類？及各時期原住民族所面臨的挑戰和回應等課題。為因應這些挑戰而有本論文集選編的構想，論文的選錄原則，主要是配合新課綱臺灣史課題裡的七個項目，及希望能呈現最新的研究成果或經典論著。論文形式不拘泥於期刊論文，專書專章、研究回顧、書目導論都在選編之列，且在每篇論文之前先做簡單導讀，論文之後有延伸閱讀和重點掃描，期待讀者在閱讀後對這些課題能有更深入的認識及更多元的看法。

　　本書依高中歷史課綱的七個項目，各選編兩篇論文，總計收錄十四篇論文，主題和論文選編原則的說明如下。

　　首先，在「如何認識過去？」主題下，要討論誰的歷史？誰留下的史料？誰寫的歷史？為了解這些歷史學的基本概念，本書選擇了陳芳明的〈鄭成功與施琅──臺灣歷史人物評價的反思〉和周婉窈的〈從琉球人船難受害到牡丹社事件：「新」材料與多元詮釋的可能〉兩篇論文，前者以鄭成功和施琅歷史評價的變遷，討論歷史事實和歷史解釋的問題，期待能有科學和嚴謹歷史論證。後者擬透過「新」材料來探討它們可能

呈現的臺灣島南端之社會圖景，並探討這些「新」材料對牡丹社事件所引發的問題，及提出新的或多元詮釋的可能。

其次，在「誰是原住民族？」主題下，要討論我群界定、原住民與原住民族的分類等課題，這是過去歷史教材較少被注意的問題，為此本書選擇陳偉智的〈自然史、人類學與臺灣近代「種族」知識的建構：一個全球概念的地方歷史分析〉和詹素娟的〈平埔族的身分認定與變遷（1895-1950）〉這兩篇論文，藉此來了解近代種族知識的建構是如何透過傳教士或人類學家在臺灣實踐，及消失的平埔族人到那裡去了？對本主題的認識極具參考價值。

再者，在「移民社會的形成」主題下，要討論各時期的移民，本書選錄許雪姬的〈導論：來去臺灣〉和戴寶村的〈移民臺灣：臺灣移民歷史的考察〉兩篇論文，前者雖是《來去台灣》導論，但作者為此書寫臺灣移民史的輪廓和特色，並作詳實的研究回顧。後者則是講述漢人社會在臺灣建立和土著化的過程，並利用俗諺增添移民活潑生動的歷史圖像。

四是在「貿易與經濟的發展」主題下，要討論臺灣歷史上的經貿活動和土地問題，此主題在課本中的分量最龐大，對師生的負擔也最重，為此本書選擇陳國棟的〈臺灣歷史上的貿易與航運〉及林文凱的〈臺灣近代統治理性的形構：晚清劉銘傳與日治初期後藤新平土地改革的比較〉兩篇論文，希望有助於完整經貿輪廓的建立，及以兩個時期土地改革事業比較為例，引領我們認識「臺灣近代化的開端」之論爭及內涵，使之進一步聚焦討論的可能。

五是在「多元信仰與祭祀活動」主題下，要討論原住民族的傳統祭儀、多元的信仰與祭祀活動、文學和藝術等條目，本書選擇兩篇論文都和多元的信仰有關，分別是吳學明的〈長老教會在臺灣傳教的處境〉和

林美容的〈臺灣民間信仰的分類〉，前者有助於我們了解異文化相遇時是如何相互看待對方，又如何克服困境達到傳教目的。後者則讓我們有機會認識各種宗教和民間信仰分類的形成背景。

六是在「臺澎金馬如何成為一體」主題下，要討論從地方到中央、國際局勢與臺灣地位等課題，本書選擇若林正丈的〈觀察現代臺灣政治的角度〉和薛化元的〈國際法上二次大戰的結束與臺灣地位問題〉兩篇論文，前者探討中華民國臺灣化的歷程和面向，後者協助我們從國際法上來認識「臺灣地位未定論」的歷史背景及爭議所在。

最後，在「追求自治與民主的軌跡」主題下，要討論日治時期到戰後的人權和政治社會運動。本書選擇陳翠蓮的〈菁英與群眾：文化協會、農民組合與臺灣農民運動〉和蘇瑞鏘的〈強人威權黨國體制與戰後臺灣政治案件〉兩篇論文，前者有助於我們認識菁英階層在農民運動中所扮演的角色，及顛覆傳統對農民的看法；後者則讓我們更進一步認識「強人威權黨國體制」和白色恐怖間的關係，及重新思考兩蔣在臺灣歷史上的定位。

如何認識過去？

〈鄭成功與施琅──
臺灣歷史人物評價的反思〉

────── 陳鴻圖 ──────

　　歷史是什麼？英國史家卡爾（E. H. Carr）在 1961 年提出「何謂歷史？」（What is History?）討論歷史的本質、因果等議題後，就一直被熱烈討論，但似乎也沒有標準答案。歷史是來自過去的聲音、是人類經驗的傳承、是個人或是群體的記憶等等是較常見到的說法。

　　一般認為歷史有「歷史事實」和「歷史解釋」二層意義。「歷史事實」趨近「實質概念」，是指過去發生的事情，但這並不代表是「歷史事實」，而是史家告訴我們的「事實」；「歷史解釋」是指對過去發生的事情之理解與表述。

　　要理解歷史這兩層意義，如何評價歷史人物是很好的觀察途徑，鄭成功歷史評價的變遷即是絕佳例子。1661 年，鄭成功率軍取道鹿耳門攻打荷蘭人，這一役扭轉臺灣的歷史命運，讓孤懸海外的彈丸之地丕變成為日後四百年國族紛擾的焦點。鄭成功雖然打敗荷蘭人，然「反清復明」的國族大業並不順利，嫡長子鄭經的表現也令人失望，國事家事對他來說並「不成功」，讓他來臺第二年即鬱憤而死，但他的歷史評價在 17 世紀以後的中國卻是無與倫比。

除抗清驅荷外，鄭成功在民間也流傳不少事蹟，但是他所投射的多重歷史形象便值得我們注意，從「鄭逆」到「民族英雄」、從「人」到「神」，從清朝到 1949 年後的「兩個中國」，甚至日本，都緊緊掌握這位騎鯨英雄的解釋權。

陳芳明這篇〈鄭成功與施琅——臺灣歷史人物評價的反思〉，考察鄭成功和施琅歷史評價的變遷，特別注意到有權力者如何詮釋鄭成功，及中共史家如何替施琅翻案。題文中的「反思」，一來是提醒我們要注意在歷史人物的翻案過程中，政治性的解釋往往大過於歷史事實本身的意義；其次，也教導我們應該從什麼立場來評價歷史人物，以避免歷史為政治服務，又如何建立臺灣自己的史觀；再者，如何從不同角度來看待歷史人物或歷史事件？原住民看待鄭成功的視角應該和傳統史書的紀錄不一樣，也不應該一樣；最後，就學習者的立場來說，學會尊重多元的歷史記憶和看待不同的歷史解釋，比記得歷史事實還更具意義，也才是歷史學習的目的。

延伸閱讀

1. 陳惠珠，〈從歷史人物的評價看學生的學習〉，《清華歷史教學》23（2014.6），頁113-124。
2. 林于庭，〈戰後吳鳳形象的再建構與集體記憶的塑造（1945-1988）〉，《臺灣史學雜誌》25（2018.12），頁58-107。

鄭成功與施琅——
臺灣歷史人物評價的反思

陳芳明*

一、前言

鄭成功是中國史家一致公認的民族英雄。他高舉「反清復明的旗幟進入歷史舞台，又因驅逐據臺的荷人而以「收復臺灣」的功名鞏固他在中國史上的地位。

自 17 世紀以降，似乎還沒有一位中國英雄人物獲得像他這樣高的評價。

相對於他至高無上的地位，鄭成功的一位部將施琅，則因為背叛投降而受到後世的譴責。施琅不僅勾結滿清軍隊攻打臺灣，而且也使鄭氏王朝從此覆亡。施琅的歷史地位甚低，自是可以理解；他所背叛者，畢竟是一位無可匹敵的民族英雄。因此，在中國史學上，鄭成功與施琅始終是一正一反的人物形象出現。

但是，這種兩極化的評價，在最近幾年卻開始發生動搖的現象。鄭成功的歷史地位雖然沒有降低，但施琅所得到的評價卻漸漸提升。

---

* 國立政治大學臺灣文學研究所講座教授。研究領域為臺灣史、臺灣文學史。

這種現象，相當值得注意。歷史人物的再考察與再評價，亦即坊間所說的歷史翻案，在中國史學上不乏先例。

三國時代曹操之於劉備，北宋時代王安石之於司馬光，滿清時代洪秀全之於曾國藩，都隨著朝代與政權的更迭而得到不同的評估。在這些翻案的過程中，政治性的解釋往往大於歷史事實本身的意義。

這種現象，在高度中央集權的中國，可謂屢見不鮮。歷史的撰寫，往往淪為統治者的工具。鄭成功與施琅的翻案問題，顯然也是為了配合統治者的政策而提出的。

施琅的歷史地位之所以引起中國學者的注意，其實是 1980 年以後的事了。在 1980 年以前，北京控制下的臺灣史研究，並沒有過施琅歷史地位的討論。從 1949 年到 1979 年，整整 30 年的時間裡，中國的歷史工作者完全集中在鄭成功的事蹟上進行檢討。直到 1979 年中國與美國外交關係正常化之後，北京的臺灣史研究才有了新的取向。施琅的地位問題，便是在這個情形下獲得新的檢討。

由於施琅的歷史解釋，不但牽涉到現階段北京對臺政策的制定，而且也涉及臺灣歷史研究的方向；因此，施琅的評價問題，就不純粹止於史學的討論，它同時也是現實政治中一個生動的主題。基本上，這種現象是中共在 1949 年建國以來就已經存在，歷史研究往往必須為政治服務，甚至必須配合階段性政策的方向。

臺灣史研究，自也不能例外；對北京的決策者來說，這是實施對臺政策過程中不可或缺的一環。施琅地位的平反與提升，正代表此一趨勢的延伸與強化。

臺灣史研究在臺灣的蓬勃發展，是 1980 年以後才開始的；在時間上，正好與中國境內重新出發的臺灣史研究相互脗合。不過，雙方最大的不

同處在於：前者是以民間為中心的自發性研究，後者則是一種受到官方控制、指揮的被動性學術。臺灣的歷史工作者，在面對中國官方建立起來的歷史解釋，以及這種解釋所帶來的傷害與曲解，自然不能不保持高度的警覺。

本文的目的，並不在於重建鄭成功與施琅的生平事蹟，而在於探討中共史家建立臺灣史觀的政治意義，並分析他們在評價這兩位歷史人物時所發生的矛盾現象。

二、鄭成功——一個神化的英雄

鄭成功從人格提升到成為神格的英雄，是漸進、累積的。有關這方面的討論，到目前為止，最好的研究作品是美國教授 Ralph C. Croizier 所寫的《國姓爺與中國民族主義》。[1] 這本書值得注意之處，便是它異於中國史家對鄭成功的極力推崇，而代之以冷靜的研究方法，解剖鄭成功與南明皇室的相互關係，以及他遠征臺灣的主要意義，最後並分析鄭成功在中國、日本，以及在國民黨與中共時代的歷史地位。

鄭成功之所以能夠被肯定為民族英雄，當然是由於他效忠明皇、抵抗滿清和驅逐荷人。但是，如果從史實來看，鄭成功的這些業績並沒有如史書所說那樣輝煌。《國姓爺與中國民族主義》一書就指出，鄭成功雖然奉明室為正朔，但他終其一生，卻從未實踐「勤王」的使命。確切地說，鄭成功對明朝的忠誠，語言的表達遠大於具體的行動。鄭成功以恢復明朝的名義北征三次，但都失敗了。在極端挫折的情況下，鄭成功

---

1. Ralph C. Croizier, *Koxinga and Chinese Nationalism : History, Myth, and the Hero* (Cambridge : The East Asian Research Center, Harvard Univ., 1977), p. 119.

接受在荷蘭殖民者擔任通譯官的漢人何斌的建議，決定東取臺灣。

　　鄭成功在 1661 年 4 月，在鹿耳門登陸，包圍荷蘭人的熱蘭遮城，終於迫使荷蘭人投降。臺灣攻克之後，鄭成功在島上建立一府二縣。據劉良璧的《臺灣府志》說，鄭成功「改臺灣為平安鎮，赤崁為承天府，總名東都；設縣二：曰天興，曰萬年」。這項舉動，等於是把反清復明的事業暫置一旁。因為，鄭成功以廈門為根據地，至少還以「思明」命名，強烈暗示他對明朝的懷念。如今，他以臺灣為東都，自封為王的意味掩蓋了反清復明的意義。

　　事實上，鄭成功在臺灣的統治僅一年餘。就在攻下臺灣的第二年，亦即 1662 年 5 月，他就病逝了。他的兒子鄭經繼承王位，進一步把東都改名為「東寧」。鄭氏的反清事業，從此便宣告結束。《國姓爺與中國民族主義》的作者認為，鄭成功的統御能力是值得懷疑的，他手下的兩員大將施琅與黃梧都背叛投清，都源自鄭成功本人的猜忌與剛愎自用。鄭成功對施琅、黃梧家屬的屠殺，更是顯示他暴戾性格的一面。

　　如果鄭成功的政治生涯沒有那麼輝煌，為什麼他會被尊為民族英雄？

　　從統治者的觀點來看，鄭成功對皇帝的忠貞，當然是值得鼓勵的。清人雖然是以異族入主中國，但是他們接受漢化後，也尊崇儒家的忠君思想。康熙皇帝在 1700 年正式褒揚他們是明室忠臣，便是漢化的一個明證。這是鄭成功在官方歷史上確立其歷史地位的第一步。不過，在整個清朝時代，鄭成功的忠臣角色大於他的民族英雄的角色。沈葆楨在 1875 年尊鄭成功為「延平郡王」，仍然還強調他忠君的思想。

　　鄭成功被染上種族主義與民族主義的色彩，還必須等到 20 世紀中國革命運動展開之後。從種族主義的觀點來看，鄭成功反清復明的立場，自然是符合孫中山「驅逐韃虜」的宣傳口號，這是鄭成功由一個福建的地方

英雄飛躍成為中國民族英雄的主要原因。從民族主義的觀點來看，中國在
18 世紀以後，就從來沒有發現任何一位人物能夠成功擊退帝國主義的侵
略。在屈辱的受害史上，要尋找一位驅逐外敵的歷史人物，只有往上追溯。
鄭成功是一位恰當的人物，可以作為抵抗帝國主義侵略的榜樣。

　　基於客觀形勢的要求，鄭成功的民族英雄地位在 1930 年代更進一步
確立。

　　這是因為中國開始受到日本帝國主義者的侵略，近代性質的民族
主義也開始在中國境內抬頭。中華民族主義的萌芽，是孫中山提倡革命
以後才有的。只是，在中國國民革命初期，種族主義與愛國主義的性格
是非常強烈的。正式使中華民族主義以較成熟的面貌出現，還是要等到
五四運動爆發之後。[2] 不過，中華民族主義的傳播，在五四時期仍然僅限
於知識分子的圈子裡。刺激民族主義臻於開花結果的階段，則是日本帝
國主義者在 1931 年發動的九一八事變所造成的。

　　到了 1937 年抗日戰爭爆發，民族意識才普遍傳播中國內地的農村，
中華民族已是中國人民所共同認同的情感。在民族主義高漲時代，當時
的國民政府為了加強民族教育，許多歷史上的忠君人物都一律塗上民族
主義的色彩，像岳飛、史可法、文天祥，一直到鄭成功、曾國藩、劉銘傳，
都被供奉成為民族英雄。

　　在這些民族英雄中，鄭成功較具特殊的意義。由於日本是占據臺灣
的帝國主義殖民者，而鄭成功則是中國歷史上第一位「收復臺灣」的英
雄人物。因此，標榜鄭成功的功績，一方面富有反抗日本的精神，一方
面也暗示收復臺灣的決心。所以，在 1930 年代，鄭成功之被視為中國全

2.　參閱 Chow Tse-tsung, *The May Fourth Movement : Intellectual Revolution in Modern China* (Stanford : Stanford University Press, 1967)，尤其是 pp .21-25.

民的民族英雄，已殆無疑義。

　　鄭成功的歷史地位之再度提高，則是在國共分裂之後。國民黨退居臺灣，中共則完成政權的建立，鄭成功都被雙方用來作為政治宣傳。對於一位民族英雄來說，這自然是極富諷刺的事。國民黨推崇鄭成功的反清復明，因為這符合「反攻復國」的宣傳；中共則強調鄭成功驅逐荷人的事蹟，因為這可用來強化中共要「解放臺灣」的口號。

三、神格英雄的人格分裂

　　在政治宣傳的攻勢下，鄭成功以兩種面貌出現。

　　在臺灣這邊，國民黨之所以高度稱頌鄭成功，主要是藉他的英雄行為來類比「反攻大陸」的政策。國民黨重視的是鄭成功的奉明朝為正朔，以及他的「民族氣節」與恢復中原的志向。因為奉明朝為正朔，等於暗示國民黨仍然代表中國；而推崇他的民族氣節，則是鼓勵民眾必須效忠黨國，不能輕易變節投降；至於恢復中原的企圖，可以用來合理化國民黨的「反攻大陸」之國策。[3]

　　在中共那邊，鄭成功則以另一種面貌出現。自中共建國以後，北京的對臺政策乃是以反抗美國帝國主義為基調。這樣的政策認為，臺灣是「中國神聖領土的一部分」，而現階段的臺灣為「美帝國主義占領」。為了配合北京對臺政策的實施，中共在解釋鄭成功的史實時，就不能不刻意突出驅逐荷人的事蹟。以 1955 年，方白撰寫的《鄭成功》為例，該

---

3. 這種歷史解釋的最典型著作，參閱：黃天健，《海天孤憤──鄭成功復國史紀評》（臺北：正中書局，1950）。特別是書前作者所附撰之「我寫《海天孤憤》──獻給自由中國的復興志士們」，頁 5-20。

書在描述鄭成功軍隊攻克熱蘭遮城時，是如此形容的：「鬼子滾蛋了，祖國的戰士們在延平郡王的率領和指揮下，解放了這塊美麗的土地，所有知道這件大事的臺灣人民，不管是赤崁城附近或其他更遠的地方，都在狂歡中慶祝這次的勝利。」[4] 這種語言，可以說完全是當時政策的一個具體投射。

1956 年出版的另一冊《鄭成功》，更是把重點放在「解放臺灣」的口號上。作者朱偰在全書的結論說：「我們今天研究鄭成功的歷史，他的時代背景和家庭出身，對他的反抗清朝和解放臺灣做出正確的評價，對於全國人民一致要求解放臺灣，更具有重大的意義和鼓舞的作用。」[5] 以這樣的觀點來對照臺灣的官方歷史解釋，剛好成為強烈的對比。站在國民黨的立場，鄭成功的復國運動必須反覆強調；但是從中共的觀點來看，鄭成功與荷蘭人的抗爭才是值得重視的。尤其是在反美高漲的時期，鄭成功的逐荷之舉，確實可以鼓舞民族情緒。

然而，中共與國民黨的決策者忽略的一個事實是，日本人也肯定鄭成功的英雄形象。

究其原因，原來鄭成功的母親是日本人。如眾所知，鄭成功的父親是海盜起家的鄭芝龍。有關鄭成功的出生地，日本人比中國人還清楚。鄭芝龍娶日本平戶的田川氏，連橫《臺灣通史》載：「芝龍娶日本士人之女田川氏，以天啟 4 年（1624）7 月 14 日，誕生於千里濱，是夜萬火齊明，遠近駭異。」這是鄭成功在日本的神奇傳說。到現在，日本還存有「兒誕石」的古蹟，相傳就是鄭成功的出生地。

---

4. 方白，《鄭成功》（北京：中國青年出版社，1955），頁 92。
5. 朱偰編著，《鄭成功——明末解放台灣的民族英雄》（武漢：湖北人民出版社，1956），頁 68。

日本人重視他，主要是因為他是第一位日本人的後裔遠征臺灣。

1895 年滿清割讓臺灣給日本時，日本人也有「收復先人土地」之說。事實上，鄭成功生前與日本的關係極其密切。他的「國姓爺」之名，其實就是日本人為他取的。鄭芝龍的日本朋友五島一官，曾經在福州居留三年，返國後他告訴友人，國姓爺城內的男女風俗、節日儀式、城內正朔、松竹裝飾，都很像日本的樣子。足證鄭成功非常思慕他日本的故鄉。[6]

更值得注意的是：鄭成功曾經與日本德川幕府有過密切的往來。[7] 不僅如此，鄭成功還要求日本出兵，前後共廿三次，以便攻打清兵；但都沒有成功。[8] 縱然如此，鄭成功卻是家喻戶曉的歷史人物，這應歸功於日本江戶劇作家松左衛門的傑作《國姓爺合戰》，此書在 1715 年問世之後，就使鄭成功成為日本民間的英雄人物。[9]

日本統治臺灣時，就完全把鄭成功「日本化」了，1915 年鹿島櫻巷所寫的《國姓爺後日物語》，以及 1942 年石原道博的《鄭成功》，都完全把鄭成功從中國史的脈絡抽離出來，塑造為日本的的歷史人物。[10]

在統治者的歷史撰寫權指揮下，鄭成功的性格可以說完全被扭曲了。縱然他被所有的權力人物視為英雄，但仔細觀察的話，鄭成功的崇高評價只不過是被用來當作政治工具而已。這種情況在中國與臺灣，尤為顯著。

---

6. 寺尾善雄，《明末の風雲兒鄭成功》（東京：東方書局，1986），頁 1。
7. 黃玉齋，〈鄭成功與日本德川幕府〉，原載《臺灣文獻》13.1，後收入鄭成功研究學術討論會學術組編，《台灣鄭成功研究論文選》（福州：福建人民出版社，1982），頁 249-262。
8. 寺尾善雄，前引書，頁 201-218。
9. 寺尾善雄，前引書，頁 236-244。根據作者指出，從 18 世紀到 19 世紀，日本有關鄭成功的民間作品還包括《國姓爺後日合戰》（1717），《國姓爺忠義傳》（1804），《國姓爺一代記》（1855），《國姓爺姿寫真鏡》（1872）等等。
10. 參閱 Ralph C. Croizier op. cit., pp. 59-62。

四、為滿清政權辯護

倘若鄭成功的事蹟可以用來解釋統治者的政策，那麼他的周邊人物應該可更容易用來詮釋決策者的立場。背叛鄭成功而投降清朝的施琅，他的歷史地位在 1980 年以後開始獲得全新的評價。為什麼中共要對這一位降將進行再考察？一言以蔽之，這也是為了配合對臺政策之新階段而展開的。

施琅一生投降三次。他原來跟隨鄭芝龍從事海盜事業。鄭芝龍在 1646 年投降清朝時，施琅也跟著投清。然而，到了 1649 年，施琅又轉而投靠鄭成功，成為鄭氏集團裡的主要將領，並與鄭成功結拜兄弟。後來，施琅部下曾德逃至鄭成功兵營，為施琅所截並殺之。為了曾德事件，鄭成功大怒，遂拘押施琅之弟。此舉，終於迫使施琅投降清朝。施琅背叛於 1651 年，鄭成功聞訊，立即下令格殺施琅父、弟及其家屬。這份不共戴天之仇，成為施琅敦促清人攻打臺灣的主要原因。[11]

從史實來觀察，施琅之投降清朝與上疏清廷攻打臺灣，完全是出自私怨，無關民族主義或統一祖國的想法。但是，在最近幾年來，中共的史家卻開始把施琅的史實與民族主義與統一臺灣漸漸聯繫起來，並且發展出一套全新的歷史解釋。在過去相當長久的時間裡，至少在 1980 年以前，中共的臺灣史研究從未提到施琅在歷史上所扮演的角色。1962 年 2 月，中國的學者在福建舉行紀念鄭成功收復臺灣三百周年，也同時召開鄭成功研究學術討論會。會中，出席者都集中討論鄭成功驅逐荷人、收復臺灣鬥爭的重大意義，也討論他抗清的性質和評價問題。整個會議涉

---

11. 有關施琅叛變經過，最詳細者，參閱施偉青，《施琅評傳》（廈門：廈門大學出版社，1987），頁 26-47。

及的主題，還包括：一、鄭成功代表什麼階級利益的問題；二、鄭成功時代對外貿易性質的問題；三、鄭成功與康熙的問題，以及四、關於鄭芝龍的評價問題。

在這幾個問題中，施琅的評價則未嘗有隻字片語提及，較為耐人尋味的，則是對康熙皇帝的地位探討提出一個看法：「鄭成功驅逐荷蘭殖民者，收復臺灣的鬥爭，對康雍乾盛世的形成，不能說沒有一些關係，可以說康熙繼承了鄭成功某些未竟之功。」[12] 這個見解，等於是為中共官方的對臺政策埋下伏筆。

更進一步來說，鄭成功堅決抗清的立場固然是值得頌揚的；但是，如果鄭氏王朝繼續堅持下去的話，就暗示臺灣可以成為一個分離的王朝。當年，臺灣的國民黨，在許多歷史解釋中往往以鄭氏王朝的抗清來暗喻「反共抗俄」的政策。中共如果過分讚美鄭成功的抗清行動，無疑是首肯國民黨在臺另立國家的合理性，同時也間接承認國民黨的反共立場。

因此，中共史家在評價鄭成功時，必須限制在一定的程度範圍之內。也就是說，他們有意著重在鄭成功「驅逐帝國主義」與「解放臺灣」的政治意義上。至於鄭氏的抗清，就必須謹慎去處理。

從這個觀點出發，中共學者就有必要解釋康熙皇帝舉兵攻臺的史實。

因為，在歷史上，中國之統一臺灣是完成於滿清康熙皇帝的統治之下。中共為了使其對臺政策有一合理的歷史根據，就不能不重新思考康熙的評價問題。具體一點來說，在臺灣史的研究方面，北京有意以「滿

---

12. 鄭學檬、陳孔立，〈鄭成功研究學術討論會上幾個討論問題的綜述〉，原載《廈門大學學報》1（1962），後收入廈門大學歷史系編，《鄭成功研究論文選》（福州：福建人民出版社，1982），頁369-377。

洲皇帝」自況。[13] 因此，中國史家在 1980 年以後，就積極準備有關滿清統一臺灣的史料，作為新的歷史解釋基礎。[14]

如果康熙攻打臺灣的史實是可以合理化的話，那麼協助康熙平定鄭氏王朝的施琅，就有必要受到全新的評估，從而鄭成功的歷史角色也必須重新塑造。基於這樣的理由，自 1980 年後，北京便統一指示中國各地從事臺灣史研究的學者，要針對施琅的地位進行平反的工作。從此，有關施琅評價與再評價的文章，便陸續發表出來。

根據全新的歷史解釋，康熙之所以要攻打臺灣，乃是因為「清廷對全國的統治基本鞏固，整個社會行將進入和平穩定、休養生息階段的形勢下，清聖祖愛新覺羅・玄燁（康熙）及時地制定了正確解決臺灣問題的方針。」

在統一臺灣的過程中，施琅始終是這一方針的積極謀劃者和直接執行者，僅用了兩年多時間，便重新統一了臺灣。[15]「從這個解釋，可以發現中共史家已開始修正鄭成功的反清復明的立場。因為，鄭成功死後，客觀形勢逐漸發生變化，臺灣作為抗清基地的意義已經消失，鄭氏政權

---

13. 為了合理化統治者的立場，國民黨的行政院長俞國華在二二八事件的問題上，也以滿洲皇帝來比喻國民黨。俞國華在 1988 年 12 月 31 日與海外學人見面時，答覆賓州大學教授張旭成提出的問題，堅持國民黨不必為二二八事件的歷史悲劇道歉，他說：「民族與民族之間的紛爭，自古已有。當年滿洲人入關殺了很多漢人，滿洲皇帝也未向漢人道歉。」見郭宏治，〈俞國華嚴重失言〉，《新新聞》96（1989 年 1 月 9 日），頁 12-14。對於這個問題的討論，參閱許倬雲，〈讓我們替這件悲劇舉行一場哀悼儀式〉，《新新聞》同上，頁 15-17；以及，陳芳明，〈民族情緒與共犯結構論〉，《民眾日報》1987 年 2 月 27 日。

14. 最清楚的一個例子，便是中國學者收集康熙攻打臺灣的相關史料。參閱：廈門大學台灣研究所、中國第一歷史檔案館編輯部合編，《康熙統一台灣檔案史料選輯〈清代台灣檔案史料叢刊〉》（福州：福建人民出版社，1983），頁 338。此書的出版，是在紀念康熙統一臺灣三百周年。

15. 彭雲鶴、李長久，〈「為國事重，不敢顧私也」——評施琅在統一台灣過程中的作用〉，收入北京市社會科學研究所編，《北京史苑》第一輯（北京：北京出版社，1983），頁 143。

逐漸成為國家走上統一的障礙。」

　　這是一個歷史解釋的重大轉折。首先，滿清政權已經不再是入侵的外族了。相對的，鄭氏王朝的反清立場不能過分強調。其次，施琅背叛鄭成功的史實，必須給予一個較具說服力的解釋。然後，要尋找一些史實，來解釋滿清統一臺灣的必然性。上面的這些觀點，在過去鄭成功研究的作品中，全然沒有出現過。

　　先就清朝作為外族政權的問題來說。中國學者的歷史解釋，是經過迂迴曲折的推理來建立的。因為，在平定臺灣之前，清廷正忙於對付國內的「三藩之亂」。等到清人安內之後，他們才有餘力正式攘外。因此，要解釋康熙統一工作的正面意義，就必須先譴責「三藩之亂」的反面意義。

　　中國的學者對三藩之亂的新解釋是：「清朝政府平定三藩的叛亂，適應了我國多民族國家走向統一的歷史趨勢，符合各族人民的利益與願望。而吳三桂等逆歷史潮流而動，破壞國家統一，堅持割據分裂，殘害人民，只求私利，最後必然走向可恥的失敗。」確立了這樣的解釋，中國學者才進一步肯定康熙的征臺行動。

　　如同前述的理由，中國學者認為：「臺灣自鄭成功死後，由其子鄭經繼續統治。這時的國內形勢較之清初，已發生了重大變化，國內滿漢之間的民族矛盾已相對地緩和，統一與分裂的矛盾，急須解決。但鄭經集團仍以南明王朝為正統，割據臺灣，已經失去了原來抗清鬥爭的意義與作用，成為國家走向統一的障礙。」[16] 經過了這樣的推理，滿清的外族政權色彩就全然淡化了。換句話說，只要能促成中國統一，則由任何民族來執行統一的政策都是可以接受的，因為中華民族畢竟是「多民族國家」。

---

16. 戴逸主編，《簡明清史》第一冊（北京：人民出版社，1980），第五章〈清朝中央集權統治的加強及其政權機構〉，頁264。

至於清朝統一臺灣的必然性，中國的官方解釋就更完備了。他們一方面認為，康熙取臺灣「是從鞏固封建統治這一狹隘階級目的出發的，並不是主觀上為了中華民族的發展或勞動人民的利益才這樣做的」；但是，另方面他們卻又指出，康熙實現對臺灣的統一，「鞏固了東南海疆的安寧，客觀上對臺灣海峽兩岸社會經濟的發展，都起了一定的積極作用，產生了深遠的歷史影響」。[17]

　　這些論點，主要是為了補足清朝是外族政權的缺憾，同時也是為了使當前北京對臺政權有一較為紮實的歷史根據。誠然，這樣做，自然使人想到滿清政權與中共政權的關聯性。為了替這樣的歷史解釋辯護，有一篇文章特別提到，在研究康熙征臺的史實時，不要否定臺灣鄭氏的抗清活動，「說他們搞封建割據、破壞統一」，更不要把康熙的軍事行動說成「符合於全國人民特別是臺灣人民多年來的願望和要求。」[18] 可惜的是，這樣的見解在現階段中國的臺灣史研究裡，可以說屬於鳳毛麟角。

　　在為清朝辯護的文字裡，他們還進一步強調臺灣在經濟上必須併入中國的必然性，他們是這樣推理的，臺灣與中國的經濟斷絕，將使臺灣的經濟發展失去中國人力、物力的支援。從而，臺灣的對外貿易，尤其是對中國的貿易，受到嚴重損失。

　　不僅如此，臺灣與中國的隔絕，將使荷蘭殖民者有捲土重來之機。[19] 然而，從史實來看，中國史家顯然忽略了一個事實，滿清取得臺灣後，便

---

17. 陳在正，〈論康熙統一台灣〉，收入陳在正、孔立、鄧孔昭等著，《清代台灣史研究》（廈門：廈門大學出版社，1986），頁 84-85。
18. 孔立，〈康熙二十二年：台灣的歷史地位〉，收入《清代台灣史研究》，頁 91-108。
19. 林仁川、陳支平，〈試論康熙年間台灣與大陸統一的經濟必然性〉，收入《清代台灣史研究》，頁 124-138。

實施嚴厲的海禁政策，杜絕漢人移民到臺灣開發。這樣阻撓「人力支援」的事實，似乎不符中國學者的解釋。再就貿易來說，清朝之取臺灣，並非是從「統一」的立場出發，而是因為鄭成功壟斷了對外貿易，滿清要與他爭利。[20]

總的來說，為了配合北京的統一臺灣政策，中共學者在解釋鄭氏王朝過渡到滿清政權的史實時，不得不以各種輪替方式來建立迂迴的理論。因此，他們對鄭成功反清復明的立場，就必須限定在狹隘的意義上。為了進一步建立合理的民族主義，以便為統一政策做鋪路工作，他們也必須在滿漢之間的緊張關係問題上，發展出種族調和論。

但是，最重要的一點是，要解釋滿清的統一政策時，施琅這位關鍵人物的歷史地位有必要予以恰當的看待。

因為，施琅是變節投降的鄭氏部將，他在清朝政權裡獲得水師提督的地位，率兵攻打澎湖，進而滅亡鄭氏王朝。對清廷而言，這是應該大書特書的功勞。然而，在中國傳統史學裡，施琅一直受到譴責，甚至被視為「貳臣」。這是對歷史人物評價中，所能貶損的最大羞辱用語。但是，中國史家為什麼在最近必須為他平反？這個問題，自然值得深思。

五、施琅——史學上的後起之秀

中共官方的歷史解釋，是建立在歷史規律性的理論之上。他們主張歷史決定論，也就是說，「臺灣自古屬於中國的領土」這一命題，便是無可動搖的金科玉律。凡是違反此一命題的史事與人物，就必須以新的

---

20. 韓振華，〈1650—1662年鄭成功時代的海外貿易和海外貿易商的性質〉，收入《鄭成功研究論文選》，頁138-187。

歷史解釋矯正，給予全新的評價。如果不能符合此一歷史規律的，就難以躲過貶損的命運。

以吳三桂與施琅來比較，就可發現二者評價的差異。吳三桂引清兵入關，結束明末割據的局面，完成中國的統一，他的地位應該是相當高的。從中國是「多民族國家」的觀點來看，吳三桂勾結清兵之舉，完全是符合歷史的規律。然而，吳三桂最後卻叛變了，企圖從事封建割據，所以中共史家才會認為他躲不過可恥的失敗。倘若吳三桂沒有經過「三藩之亂」，他的歷史地位應該是高於施琅的罷。

施琅受到中共官方的重視，便是因為他符合了中國史觀的規律性。他們為施琅所做的最佳辯護是：儘管過去史家有的稱他為「豪傑」，有的則視他為「叛徒」，但歷史是最公正的見證。

他們堅稱：「歷史表明，只有遵循歷史規律，適乎歷史潮流，個人才能在歷史上起到他應有的作用。正因為這樣，施琅統一臺灣的歷史作用也是不容抹煞的。我們應該按照歷史的本來面，對他作出公正的評價，從而恢復他應有的歷史地位。」[21]

從歷史的規律性與決定論來看，康熙的征臺自然是符合這條法則的。因此，在康熙的統治下，多少漢人被屠殺，專制獨裁如何殘酷建立起來，似乎成為次要的問題。在其特定史觀的指導下，只要能促成中國統一，則統治者如何暴戾，都可獲得適當的掩護。

在統一臺灣的問題上，康熙不再是入關的外族了，他反而成為中華民族的英明君王，康熙既然不是外族，那代他執行統一戰略的施琅，其叛節投降的事蹟就變成次要的問題。相反的，他的地位不僅得到提升，

---

21. 許良圖，〈略論施琅統一台灣的歷史作用〉，收入施聯朱、許良國主編，《台灣民族歷史與文化》（北京：中央民族學院出版社，1987），頁 425。

甚至他獲得與鄭成功平起平坐的地位。[22]

有一種說法是這樣的，鄭成功與施琅雖然處於敵對的位置，他們征臺的動機也不盡相同。但是，「他們對臺灣戰略地位的重要性則有同樣的認識，都堅定地主張保衛臺灣。從他們兩人對於臺灣的認識來說，我們說：施琅不是鄭成功的叛徒，而是他的繼承者」。[23] 根據這樣的看法，施琅就不宜再被視為鄭成功的叛徒了。因為，研究施琅，「對了解明末清初的階級鬥爭、民族鬥爭的狀況和當時臺灣與大陸關係的變化，臺灣的國際地位及其對後來的影響等問題，無疑是有幫助的。」[24]

然而，把施琅的地位提升，就不能不合理化他叛變通敵的行為。施偉青的《施琅評傳》，是中共官方解釋的總集成。書中對鄭成功的跋扈與刻薄就首度提及，這是過去中共的鄭成功研究過程中從未出現的。這種地位的倒置，是值得注意的。

從前有關鄭成功的研究作品裡，施琅曾經被形容為「背叛明朝，投降滿清的漢奸。」[25] 現在這樣的用詞已全然刪去。

在施偉青筆下，施琅變成一位「事親孝悌」、「接受儒家思想薰陶」的正面人物。他進一步說，施琅降清變成他唯一的道路，「由於他的父、弟被殺，成功已成為他之不共戴天的仇敵，為報仇雪恨，他必須投清。鄭成功不理智的處理辦法，促成了施琅的投清，使原來的得力助手，變成了難於應付的勁敵，這暴露了鄭成功治軍的一些弱點。」[26] 從這個論點就透露出，中國史家對鄭成功的評價，不再是那樣至高無上了。為了肯

---

22. 孔立，〈施琅史事的若干考辨〉，收入《清代台灣史研究》，頁178-193。
23. 傅衣凌，〈《施琅評傳》序〉，見施偉青，《施琅評傳》，頁1-3。
24. 施偉青，〈前言〉，《施琅評傳》，頁2。
25. 朱偰，前引書，頁62。
26. 施偉青，前引書，頁47。

定施琅日後征臺的行動，鄭成功的歷史地位必須調整，否則就難以為施琅辯護。

中共的這種翻案做法，也連帶影響了海外的中國學者。汪榮祖的文字，便是個例子。他不但為施琅平反，甚至還認為施琅的地位比鄭成功還高。

他說：「鄭氏將臺灣自荷蘭手中奪回，成為中國人的土地；而施氏攻克臺灣，清朝置為府縣，始與大陸統一。……故就臺灣內屬而言，施氏功勞猶高於鄭氏。但在歷史上，鄭氏被褒為民族英雄，流芳百世；而施氏被貶為叛將貳臣，遺臭萬年。這種道德裁判多少帶有舊時代的標準，所謂忠奸之分大都以一家一姓為對象；只講道德的對錯，而忽略事理的是非。」[27]

汪榮祖的解釋，自然不脫中共所建立的歷史規律性的原則：亦即統一是常態，是盛世；分裂是變態，是衰世。具體來說，這樣的解釋是為了強化「臺灣自古屬於中國」這一命題的合理性。

六、小結

施琅以後起之秀的姿態，出現於中國史學研究之中，全然異於傳統的歷史解釋。這顯示了現階段中國的臺灣史研究，已不折不扣成為決策者的統治工具。

如果施琅的地位是那樣崇高的話，為什麼在 1980 年之前，從來沒有一位歷史工作者為他辯護、審案並提升？同樣的，鄭成功如果沒有像過

---

27. 汪榮祖，〈施琅與台灣〉，《台灣研究》3（1988.9），頁 58。

去史家所說是一位完美無缺的民族英雄，為什麼在 1980 年之前，沒有一位史家指出他暴戾、自私、猜忌的性格？

1980 年會成為鄭成功與施琅歷史評價的一個分水嶺，毫無疑問的，這與中共改變對臺政策有著密不可分的關係。中共人代會在 1979 年 1 月 1 日發表〈告台灣同胞書〉，公開呼籲臺灣當局響應「和平統一」的號召。在這個新政策的指導下，他們也希望國民黨官員能夠出現類似施琅這樣的人物。這說明為什麼中國學者要為施琅翻案的主要原因。

一個有趣的現象是，在臺灣的鄭成功研究裡，施琅的地位問題絕少受到討論。在國民黨指導下的臺灣史觀，絕對不可能出現為施琅翻案的問題；因為，在臺灣的權力人物也擔心自身的陣營產生施琅型的人物。

對於臺灣人民而言，鄭成功與施琅的評價問題，並非在於把重點放在「反清復明」或「解放臺灣」的意義上。如果是以臺灣社會的發展為主體的話，那麼這段歷史的研究，其重點應該是放在鄭成功與滿清的統治下，臺灣人民接受了怎樣的政治、經濟制度？鄭成功是不是民族英雄，或者，施琅的地位是否比鄭成功還高，對於臺灣社會而言，這些問題並不是主要關切的。[28]

站在臺灣社會的立場來評價鄭成功與施琅，才是比較安全的。因為，一個史觀的建立，絕對不是隨著當權者的意願而改變。滿清政府、日本政府、國民黨和中共在解釋鄭成功與施琅的史事時，都是根據統治者的利益來構思。

他們從來沒有考慮到，在鄭成功統治下，臺灣社會是怎樣的性質。

---

28. 有關臺灣人的史觀，可以參閱王育德，《台灣：苦悶的歷史》（東京：台灣青年社，1979），第三章〈國姓爺的明暗兩面〉，頁 52-67。以及史明，《台灣人四百年史》（San Jose：蓬島文化公司，1980），第七章〈鄭氏王朝封建統治下的台灣〉，頁 99-114。

荷蘭統治下的臺灣，固然是一殖民地社會；然而，鄭成功攻取臺灣後，有很多政治、經濟制度是繼承荷人留下來的。同樣的，施琅率領清軍攻打臺灣後，有一些制度也是延續鄭成功的剝削體制。因此，對當時的臺灣人民來說，他們重視的應該是政治制度、價值觀念、生活水準的提升，鄭成功有沒有在變成中華民族英雄，並不能幫助辯護臺灣社會的殖民地性格。

追求一個穩定的、長久的臺灣史觀，才是臺灣史研究的一個重要課題。面對中共的歷史解釋，臺灣的歷史工作者必須有所警覺。然而，歷史研究並非是透過辯論才獲致的，而必須是以科學的、落實的精神，針對史料進行謹慎的判斷與整理。這樣的工作，完全要獨立於任何政治干涉之外，臺灣史研究才有可能建立一個持久的、符合臺灣社會格局的史觀。從這個觀點來看，臺灣史研究的道路畢竟還是崎嶇、漫長的。至於中共對鄭成功、施琅的重新翻案，只能視為這條漫長道路上的一些噪音而已。

——本文原刊載於《台灣春秋》7，1989.4。陳芳明教授授權使用。

一、歷史人物評價與現實政治的關係

① **中國的臺灣史研究：**

1980 年以前：以鄭成功為主。

1980 年以後：隨著中美外交關係正常化，轉向重視施琅的地位。

屬於官方主導、被動的歷史研究。

② **臺灣的臺灣史研究：**

1980 年後蓬勃發展，以民間為中心自發性的研究。

二、神格化的民族英雄鄭成功

① **效忠明室的忠臣形象：**

康熙皇帝表揚鄭成功為明室忠臣；清朝尊鄭成功為「延平郡王」。

② **民族英雄：**

20 世紀初中國革命時，配合孫中山「驅逐韃虜」的宣傳口號。

1937 年抗日戰爭的爆發，象徵反抗日本、收復臺灣的決心。

三、人格分裂的鄭成功

① **臺灣國民黨政權：**

重視奉明朝為正朔、恢復中原的志向。

→暗示國民黨仍代表中國，合理「反攻大陸」的政策。

② **中共政權：**

強調驅逐荷蘭人側面。

→反抗美國帝國主義，解放臺灣。

③ 日本人：

肯定鄭成功的日本血統，視為第一位遠征臺灣的日本後裔。

→ 1895 年日本取得臺灣時，也有「收復先人土地」之說。

四、為滿清政權辯護的中共

① **不能過度讚美鄭成功的抗清行動，否則等於變相承認國民黨反共立場。**

② **解釋滿清統一臺灣的必然性：**

順應中華民族，多元民族統一的歷史趨勢。

穩定臺灣海峽兩岸社會經濟的發展。

五、施琅評價的反轉

① **身為康熙的代理人，從「叛徒」到與鄭成功平起平坐。**

② **為了肯定施琅，開始調整鄭成功的地位：**

出現鄭成功跋扈、刻薄的形象，施琅則成為「為父、兄復仇」、「事親孝悌」的人物。

六、對歷史人物評價的反思

① 跳脫滿清政府、日本政府、國民黨、中共，這種統治者利益出發的觀點。

② 這段歷史的重點，在於當時的臺灣人民接受了什麼政治、經濟制度，以及他們實際生活的景況。

〈從琉球人船難受害到
牡丹社事件：「新」材料
與多元詮釋的可能〉

———————— 陳鴻圖 ————————

2021 年即將上演的公視史詩大戲「斯卡羅」（排灣族語名 seqalu），
其原名「傀儡花」，但「傀儡」一詞源自清代文獻指稱排灣族為「傀儡
番」，遭批是過去對原住民的蔑稱。原著陳耀昌用「傀儡花」名字的想法，
是希望讓人正視歷史的傷害，但族人有不同的看法，原著也接受改名要
求，整個過程原民會主委伍麗華認為「透過定名讓大家學會尊重在地人
的聲音」。

尊重在地人的聲音或多元的看法，看似容易，但其實非常困難，「斯
卡羅」是在敘述 1867 年發生的「羅妹號事件」，其故事主角李仙得和排
灣族人，在數年後的 1871 年和 1874 年發生的「琉球人船難事件」及「牡
丹社事件」，又再度出現。但過去對於這段歷史的詮釋主要來自日本、
清帝國及後來的民國史觀，事件發生最重要的兩個主體：琉球人和排灣
族人，在相關的研究中並沒有任何聲音。

本文作者周婉窈「擬透過『新』材料來探討它們可能呈現的臺灣島
南端的社會圖景，並探討這些『新』材料對牡丹社事件所引發的問題，

可能提出的新詮釋。」此事件的「新」材料，如《風港營所雜記》、《處蕃提要》、李仙得的《臺灣紀行》、相關人後代的記憶等材料一直都在，但沒人注意，作者利用原著、新編本或中譯本的閱讀之便，反覆細讀，並一直思索「清廷的船難救助處理的不錯，為何還發生日本有出兵藉口的事由？」、「因羅妹號事件，李仙得和琅嶠十八社頭目卓杞篤簽有協助協議，為何還發生琉球人船難事件？」、「臺灣原住民為何要殺害琉球人？」之類的問題，試著將研究取徑從外部轉向「從內部看」。琉球人歷來的「大草鞋」和「食人族」傳說、「排灣族人對領域感的重視」、「卓杞篤的權力是否下降？」這些課題，即是「從內部看」可以思考的「新詮釋」。

本文於文末特別講述大頭目卓杞篤和牡丹少女「小台」的故事，並引領我們重新認識枋寮以南「動態」的社會圖像，清帝國「化外之地」裡的漢庄概況和人群分類，最後以牡丹社事件對臺灣的深遠影響作結。歷史強調因果，1894 甲午戰爭日本和清帝國在臺灣並沒有任何戰事，但為何 1895 年的《馬關條約》是割讓臺灣？此因是否在牡丹社事件時就已種下？又諸如牡丹社事件的七腳川事件、大分事件、霧社事件，甚至二二八事件等歷史事件，其歷史樣貌已有大致的輪廓，但在地人或多元的詮釋是否足夠？值得我們繼續努力，並藉此來回應作者的期待。

延伸閱讀 _____

1. 周婉窈，〈試論戰後臺灣關於霧社事件的詮釋〉，《臺灣風物》60：3（2010.9），頁11-57。
2. 陳耀昌，《傀儡花》（臺北：印刻出版社，2016）。

從琉球人船難受害到牡丹社事件：「新」材料與多元詮釋的可能[*]

周婉窈[**]

一、前言

　　牡丹社事件發生在 1874 年，2014 年是一百四十周年。說到周年，人們一般會說周年紀念。但是，牡丹社事件一百四十周年紀念，要紀念什麼？日本「臺灣出兵」？牡丹社戰敗投降？排灣族部落和日軍接觸一百四十周年——若依日方用語，就是「歸順」一百四十周年？牡丹少女「小台」旅日一百四十周年？這一連串問句，可能讓讀者感到很混亂，並且對具體的用語如「臺灣出兵」、「歸順」、「小台」等，感到陌生和困惑。究實而言，臺灣歷史很多面相還不在一般人的認知裡，即使有所認知，也是充滿分歧。今天，我們對牡丹社事件的認知也是如此，一百四十多年後的今天，我們要怎樣看待牡丹社事件？它的歷史意義在哪裡？

---

[*]　本文發表於 2014 年 10 月 16 日國立臺灣大學歷史學系講論會，與會師生的指教，以及兩位匿名審查人的修改建議，讓本文得以減少缺失，有所改善，謹此誌謝。此文能收入本書（圖片未全收），方便高中教師利用，至感榮幸。在此謹向本書編者及編輯同仁致上謝意。

[**]　國立臺灣大學歷史學系教授。研究領域為臺灣史、16 至 17 世紀東亞海洋史。

牡丹社事件牽涉到臺灣歷史的很多問題，近十餘年來，不少相關材料變得比較容易入手，大大增進我們對牡丹社事件的了解。這些材料並不是近年來才為人所知，但若以容易入手來說，也可以說是「新」材料出土。本文擬透過「新」材料來探討它們可能呈現的臺灣島最南端的社會圖景，並探討這些「新」材料對牡丹社事件所引發的問題，可能提出的新詮釋。

　　本論文主文分四部分，首先概述 1871 年琉球人船難登陸受害事件和 1874 年日本派兵征討處罰牡丹社的經過，由於一般人容易混淆這兩個具有連帶關係的事件，筆者認為有必要先予以概述。其次，綜合討論「新」材料和相關研究。繼而在新材料和相關研究的基礎上，交代兩個「故事」；其後再整理出臺灣南端之社會圖景的幾個面貌，並討論多元詮釋的可能。最後以個人的研究心得和感想作結。

二、本事：船難事件和牡丹社事件

　　帆船時代航行於海上的船隻發生事故的情況很頻繁，不只是中國帆船，西洋大帆船也如此，[1] 這或許是我們今天很難想像的交通情況。海上事故，一般理解成船難，也就是船隻遇風浪或觸礁，導致帆、舵或船身損壞而無法繼續順利航行。須注意的是，發生船難時帆船受害情況不一，從整艘船沈沒到維修後可繼續航行都有，和航空時代的空難很不一樣。其中有一種情況被統稱為「漂流」，指船遭風或其他因素，漂流到非本

---

1. 17 至 18 世紀之間帆船發生船難的比率似乎沒有確定的估計，但根據文獻可推測相當頻繁。海洋史研究者張增信先生根據廣泛涉獵所得，曾告訴筆者西洋大帆船的船難比率可能在四至五成以上，姑記於此，以俟進一步研究。

國領土，船身可能壞掉，也可能還能航行。船難沒有統計可言，但「漂流」到他國比較可能被該國記錄下來，根據目前能掌握的文獻記載，從清初至光緒年間（約等同 17 世紀中葉至 19 世紀末），清人漂到朝鮮，至少240 例，也就是一年平均約有一例；漂到琉球群島 100 餘例，漂到日本近300 件，越南有 70 件以上，這只是獲救返國的事例，實際數量應該高出很多。[2] 從琉球漂流到清領土的，1654-1898 年，二百四十四年間就有 401例。[3]

　　由於海難頻繁，18 世紀中期以後，環東亞海域的「國際」社會發展出一套互相救助難民的機制，且有固定的送還路線和中繼港市。[4] 這個救助機制和網絡，在這裡無法細講，僅舉出兩點和本文主題有關的研究發現。其一，清廷對所有外國漂抵船隻和漂流民，採取一視同仁的作法，動用公費，賞給衣糧，修理舟楫（如果還可修的話），遣返本國；對外國難民的照顧稱得上周到。其二，遣返路線：東南亞或西洋難民，送廣東或澳門，再附船回國；琉球難民送往福州歸國；日本難民由嘉興府屬乍浦歸國；朝鮮難民由至北京的朝鮮使節經陸路附帶回國。[5] 這個機制和網絡持續了一百年，到 19 世紀中葉清廷開港通商之後，才產生大變化。由於清廷和琉球王國的宗主／朝貢國關係，到 1870 年代初期還沒起變化，這個救助機制仍然十分有效。以此為背景，讓我們來看看 1871 年琉球人

2. 見劉序楓，〈漂泊異域：清代中國船的海難紀錄〉，《故宮文物月刊》365（2013.8），頁17。
3. 參見「清代琉球民間船漂着一覧」，赤嶺守，〈明清時代における琉球民間船の中国漂着について〉，收於赤嶺守、朱德蘭、謝必震編，《中国と琉球人の移動を探る：明清時代を中心としたデータの構築と研究》（東京：彩流社，2013），頁 331-375。
4. 見劉序楓，〈清代檔案與環東亞海域的海難事件研究：兼論海難民遣返網絡的形成〉，《故宮學術季刊》23.2（2006），頁 91-126。
5. 劉序楓，〈清代檔案與環東亞海域的海難事件研究：兼論海難民遣返網絡的形成〉，頁 97-98。

的船難事件。

在此須先說明：日本明治維新之後在明治 5 年（1872）宣布「廢太陰曆頒行太陽曆」，也就是改用西洋曆，以該年 12 月 3 日為明治 6 年（1873）1 月 1 日。琉球人船難事件發生在 1871 年，日本還用舊曆（農曆），琉球王國也是如此，因此，以下敘述，為保存歷史現場感，沿用文獻的月日，惟於適當地方括弧加附陽曆，其餘不一一注明。1874 年牡丹社事件發生時，日本已改用陽曆，因此，除以下數段採用陰曆外，餘皆是陽曆。

辛未年（1871）10 月 18 日（西曆 11/30），屬於琉球王國的宮古島和八重山島各有兩艘船，計四艘船，從那霸港出航，要返回自己的島嶼。這四艘船是到琉球王國的首都首里去獻「年貢」的船，不是一般的漁船。11 月 1 日的午夜，人們從船上可以遙遙望見宮古島，但很不幸的，遇到暴風，無法入港，船任由風吹而漂流。八重山的兩艘船，一艘漂流到臺灣清政府統治的範圍內，難民被送到府城，另一艘下落不明；宮古島的兩艘船，一艘後來順利抵達日本的生島，[6] 另一艘則是「琉球人船難事件」的主角。綜合日本鹿兒縣參事大山綱良，以及宮古島士族仲本、島袋兩位「筑登之」[7] 事後的報告，以下是漂至臺灣之兩艘船，船上乘客的遭遇。

先提比較幸運的八重山島的船。這艘船遭風漂流到臺灣島的海岸，可能相當靠近打狗口（今高雄旗後），但那是屬於原住民的地方。這艘船共有四十六名乘客，兩位乘客上岸去打探這是哪裡，這時候有一艘來自鳳山縣打狗口的船，由李成忠指揮，他告訴八重山的乘客那裡是「臺灣府內的青蕃地」，會有危險，不要上岸。於是八重山的乘客放棄自己

---

6. 日本瀨戶內海的無人島，屬兵庫縣赤穗市。
7. 「筑登之」（チクドノ、チクドゥン）是琉球王國位階的一種，屬於一般士族有品級的最底層，其品級是正九品、從九品。

的船，移到李成忠的船上。這艘船到了打狗口，改搭火輪船（蒸汽船）到臺灣府城，受到官府的撫卹，等待船隻到福州，以便返回那霸。至於上岸的兩個人，被五、六十個持武器的原住民圍住，幸好獲得住在當地的漢人郭潛協助；郭潛擬將兩人送到漢人尤魁家中，途中又遭原住民包圍，經過一番波折兩人躲到尤魁家中。後來官府派一位使者來尋找二人，尤魁父子和使者護送兩人要去搭小船時，再度受到武裝的原住民追逐圍打，最後由使者用番錢和布換取兩人的人身安全。這兩人被送到府城，和其他人會合。[8]

接下來，讓我們根據上述「仲本・島袋報告」來了解宮古島那艘船的遭遇。[9] 11 月 1 日（1871/12/22）宮古島人遙遙望見自己的島嶼，但風向不對，無法入港，任風漂流。5 日看見臺灣的外山，6 日換小船上岸，當時全船有六十九名乘客，三名在這過程中溺斃。上岸後他們遇到兩名「支那人」（按，文獻用語，當時並無歧視意味），詢問哪裡有人家，兩人告訴他們（想是比手劃腳）：往西有大耳人，會砍人頭；要他們往南行。由於這兩人一面帶他們往南，一面搶奪他們身上的衣物，手拿不完的，丟到山中，並立木頭做記號。由於眾人認為那兩人有同夥，很害怕，不敢反抗。入暮時，兩個漢人要他們睡在路邊的石洞，他們看石洞太小，六十餘人根本無法過夜。但這兩個人強迫他們這樣做，他們認為這兩個盜賊般的人要他們往南行必有詐，於是和這兩人分開，往西邊走。該晚他們在路邊的小山過夜。這一天從早上在船上吃過早餐後，眾人就沒再

---

8. 黃得峰、王學新譯，《處蕃提要：牡丹社事件史料專題翻譯（二）》（南投市：國史館臺灣文獻館，2005），頁 13-19。
9. 以下關於宮古島船的遭遇（1871 年 11 月 1 日至 1872 年 6 月 7 日），係根據仲本筑登之、島袋筑登之的報告，見黃得峰、王學新譯，《處蕃提要：牡丹社事件史料專題翻譯（二）》，頁 27-45。

吃任何東西了。

7 日一群人往遠處看似有人家的地方走，果然到了有十五、六間人家的地方，住著男男女女，有耳大垂肩者，身材高大。聚落的人招待這六十六人用餐。但是，那些被支那人搶奪剩下的物品，又被這些人奪取。他們在這裡住宿，夜半有一人左手握著薪火，右手攜刀，推開門來，剝取了兩個人的內衣而去。

8 日早上，五、六個男子各攜帶武器（鋃砲），向宮古人說：我們要去打獵，回來前你們決不能離開。眾人表示要離開到別的地方，但被其他的「土人」強制阻止。宮古人於是更加生出疑惑，決定兩人一組分散逃出，再會合。他們一起走到一條小河，在此休息，但男三、四人，女四人追來，他們於是渡河逃走。路旁有五、六間人家，他們窺見其中有一家有個老翁。老翁出來迎客，說：「應是琉球吧，首里還是那霸？」（真是有國際觀的老人！）正當仲本、島袋等人要寫下姓名給老翁的兒子以便上報官府時，先前追來的人，持刀將站立在庭院的三十餘人的簪和衣物奪走，並陸續將一二人拉出門外。等剩下二十二、三人時，有一人裸體從門外跑回來，說大家都會被殺。於是眾人四處逃散。仲本、島袋等九人躲在老翁住處。根據其他文獻，老翁姓名為鄧天保。

9 日，老翁將九人送到女婿楊友旺的村庄。過了兩天，另有三人也來會合，說其餘的人都在山中被殺了。這十二個人在楊友旺家住了四十多天。

12 月 12 日（1872/1/21）在楊友旺的陪伴下，他們啟程，12 月 26 日進入鳳山縣境，28 日抵達臺灣府城。第二年 1 月 10 日（1872/2/18）和八重山人一起搭乘火輪船往福州府，16 日抵達福建，進入琉球館。6 月 2 日搭乘琉球唐歸船，7 日船抵達那霸港。

他們是在前一年 10 月 18 日離開那霸，到 6 月 7 日再度抵達，相隔將近九個月！在引述仲本和島袋的報告時，為省篇幅，筆者省略了一些細節，有些會在下一節再談到。在這裡補充說明：宮古人原本六十九人，最後剩十二人，其中三人溺斃，五十四人遭高士佛社和牡丹社族人殺害（兩社屬於後來所稱的排灣族）。八重山人雖然很快就被救助，但在臺灣府城有一人因疱瘡過世，到了福州，又有十人因疱瘡過世。[10] 幸而逃過船難之劫，卻不免病死異鄉。

從當事人的報告中，我們可以看出臺灣官府對於琉球人的救助可以說頗為完善，至少讓當事人印象相當深刻。根據報告，八重山方面，在打狗口停留時，獲得飯米、多葉粉、灯油、錢若干文，以及各種衣物；因疱瘡死亡者，獲得棺材和衣物等，並安排埋葬和燒香等。[11] 宮古方面，抵達鳳山縣之日，招待粥，第二天開始，早上是粥，白日則是八碗菜，加上飯。十二人每人給一件棉襖（棉入），由於他們由南向西北走，稍微感覺寒冷。[12] 在行的方面，我們看到官府兩度用火輪船來運載他們（打狗口→臺灣府城；臺灣府城→福州府）[13]——當時正是帆船和蒸汽船重疊、消長時期。總之，臺灣官府對這些遭難的外國人好像很盡力，也很慷慨，至少事後當事人顯然毫無怨言。

仲本和島袋的報告書是附在鹿兒島縣參事大山綱良的上陳文中，文書日期是壬申 7 月 28 日（1872/8/31），也就是宮古人和八重山人於 6 月 7 日（1872/7/12）回到那霸約一個月又二旬之後，可以說距離事件本身

10. 黃得峰、王學新譯，《處蕃提要：牡丹社事件史料專題翻譯（二）》，頁 21-23。
11. 黃得峰、王學新譯，《處蕃提要：牡丹社事件史料專題翻譯（二）》，頁 21。
12. 黃得峰、王學新譯，《處蕃提要：牡丹社事件史料專題翻譯（二）》，頁 43-45。
13. 黃得峰、王學新譯，《處蕃提要：牡丹社事件史料專題翻譯（二）》，頁 15、45。

相當近，算是歷史現場的記述。值得注意的是，雖然當事人對臺灣的官府沒有任何怨言，但大山綱良上陳文的題目是：「大山鹿兒島縣參事關於琉球島民於台灣遭害問罪之師云云上陳　並琉球王子遭害之始末報告書　壬申七月廿八日」，就捻出「問罪之師」四字，正文寫道他派人入朝奏聞，最後說：「伏願　綱良仗皇威，興問罪之師，欲征彼，故擬謹借軍艦，直指彼之巢窟，殲其渠魁，上張皇威於海外，下慰島民之怨魂，伏願許其乞。」[14]

　　眾所周知，琉球自 1609 年為日本薩摩藩藩主島津家久派兵征服，成為島津氏的附庸國，實際上受其控制，被納入日本的幕藩體制，成為日本的藩屬，但琉球王國仍繼續向明國朝貢，造成「兩屬」情況。清取代明之後，琉球繼續以清國和日本國為宗主國。不過，這一年（1872）7 月明治維新後實施「廢藩置縣」，過去幕藩體制下的藩國成為直屬中央的第一層行政單位「縣」。9 月，明治政府改琉球王國為「琉球藩」，由外務省管轄。這時琉球王國的國王是尚泰，這個安排「使尚泰為藩王，敘列華族」（尚泰を藩王となし、敘して華族に列す）。這是因為琉球方面強烈抗拒，而這同時還存在著中國宗主權的問題，日本無法直接將琉球納入版圖。但是，值得注意的是，大山綱良的呈文是在 7 月下旬寫成的，那時琉球王國至少在形式上還維持獨立王國的身分，即使如此，鹿兒島縣參事就建議派「問罪之師」，以張皇威，以慰島民，一副將琉球人當成「自國人」一樣。

　　在這裡，我們要跳脫一些外交上的宣稱或辯解，[15]直接看「歷史現場」

---

14. 黃得峰、王學新譯，《處蕃提要：牡丹社事件史料專題翻譯（二）》，頁 3、5。中文係筆者所譯。
15. 關於「主權」的討論，可參考甘懷真，〈「台灣出兵」與東亞近代國家的再編〉，《アジア文化交流研究》5（2010.2），頁 29-40。

的實際情況。清統治臺灣有非常確實的番界，番界以外的地區不是行政區劃所及，實際上也是完全沒有管轄到的地方。清朝乾隆 25 年（1760）繪製的《臺灣民番界址圖》和新出土約繪製於 1787 的類似地圖，[16] 很清楚可看到番界的南界是下苦溪，若以聚落而言，只到枋寮。下苦溪（內寮溪）出海口在今屏東縣枋寮鄉內寮村，率芒溪之北。如果認為乾隆時期的地圖不足憑，下面將提到的《風港營所雜記》是歷史現場的記載，很清楚顯示枋寮是清國臺灣府統治的最南邊界，清廷駐兵也以此為最南界，以南沒駐兵，[17] 人民出了枋寮就是越界開墾，不受「公權力」的保護；更值得注意的是，枋寮以南、風港以北的漢人聚落是向大龜文頭目納稅的，風港以南更不用說了。鄰近枋寮約一、二里（約 0.6-1.2 公里）的北勢寮，則大抵向清官府納稅。[18] 各種材料明確揭示這個情況，我們將在第五節詳加說明。

在鹿兒島縣參事大山綱良建議朝廷「興問罪之師」之時，正是明治初期政局很不穩定，「征韓論」高張之際。李仙得「適時」出現，鼓動日本出兵攻打臺灣南端的原住民地區。究實而言，關於這個船難事件，清地方政府在處理上並無可議之處，當事人也無抱怨。「問罪之師」並非問清國之罪，而是問臺灣番民之罪。這在在關係到李仙得這個人物，以及他實際考察臺灣南端的發現：臺灣番地不隸屬於清。

李仙得何許人也？李仙得是 Charles W. Le Gendre（1830-1899）的中譯名字，另有李讓理、李善得等不同譯法。他是個傳奇性人物，法國人，

---

16. 《臺灣民番界址圖》，中央研究院歷史語言研究所收藏，復刻版由南天書局和中央研究院歷史語言研究所共同出版（臺北：南天書局，2003）。2017 年新出土地圖正式命名為《十八世紀末御製臺灣原漢界址圖》。

17. 見王學新譯，《風港營所雜記：牡丹社事件史料專題翻譯（一）》（南投：國史館臺灣文獻館，2003），頁 55-56、125、129-131。

18. 王學新譯，《風港營所雜記：牡丹社事件史料專題翻譯（一）》，頁 87-90、93-95、125。

因和美國女子結婚而歸化美國，加入南北戰爭中的北軍，作戰致傷一眼，榮退後轉任外交官。在我們處理的這個時段，他原先是美國駐廈門領事（1866-1872），1872年由廈門返回美國，船停靠日本，他透過美國駐日公使 Charles E. DeLong 的引介，向日本外務省倡議以武力解決臺灣問題。他的看法和外務卿副島種臣一致，獲得信任，李仙得遂辭掉美國領事一職，該年12月受日本外務省聘為顧問。關於李仙得何以會向明治政府倡議攻打臺灣「番地」，留待下面說明。

第二年（1873）日本備中國淺口郡柏島村（今岡山縣倉敷市）的船漂流到臺灣東岸，發生四人遭原住民搶劫的事，導致日本民間和政府征討臺灣的聲浪高張。該年外務卿副島種臣以特命全權大臣身分赴清，他令隨員柳原前光以琉球人遭難事件詢問清總理衙門，獲得生番是「化外」的答復。一個「典型」的記載如下（引文中〔〕內文字為筆者所加）：[19]

> 先是，琉球船遇颶漂抵臺灣，死於生番者五十四人；日本商民四，亦漂至遇禍。〔外務卿副島〕種臣既成約於天津，入都呈國書；命〔柳原〕前光至總署，言生番事。總署大臣毛昶熙、董恂答之曰：「番民皆化外，猶貴國之蝦夷，不服王化，亦萬國所時有也。」前光曰：「生番殺人，貴國舍而不治，敝國將問罪於生番；以盟好故，使某來告。」昶熙曰：「生番既我之化外，伐與不伐，惟貴國自裁之。」前光歸報，日本遂有征臺之役。

也就是說：生番既然是我國的「化外」，要征討或不征討，由貴國自己

---

19. 羅惇，《中日兵事本末》，收於思痛子，《臺海思慟錄》（臺北：臺灣銀行經濟研究室，1959）之「附錄」，頁22。

決定就行啦。這樣的答復，當然正中副島種臣之下懷。日本征臺之役又牽涉到征韓論，以及藉對外征戰來消解內部政治危機的問題，為避免旁支太多，茲略去不談。1874 年 4 月明治政府以大隈重信為臺灣蕃地事務局長官，西鄉從道為臺灣蕃地事務局都督，積極籌畫討伐臺灣原住民。

就在日本中央政府因政爭而擬暫時中止出兵時，西鄉從道卻獨斷地出兵攻打臺灣。1874 年 5 月 6 日，日軍抵達臺灣南端，於社寮上陸。社寮（射寮）約當今天屏東縣車城鄉射寮村。日軍上陸後和原住民有零星的交戰。5 月 22 日，日軍抵達石門（屏東縣牡丹鄉石門村），和原住民發生激戰，牡丹社頭目阿碌父子戰死。6 月 1 日，日軍分三路攻打牡丹社、女仍（爾乃）社和高士佛社，7 月 1 日三社投降。

在日軍駐紮社寮和龜山期間，開始一系列招原住民來「歸順」的作法。8 月清廷和日本政府展開談判，幾經折衝，最後在 10 月 31 日（清同治 13/9/22）雙方簽訂專條三款，中文一般稱之為「中日北京專約」，第一條開宗明義說：「日本國此次所辦，原為保民義舉，清國不指以為不是。」這裡關鍵性的四個字是「保民義舉」，用白話來說，就是「保護我國人民的正確的作法」，等同清廷正式承認琉球人為日本國的人民，轉換成政治語言，就是正式放棄清對琉球的宗主權。關於賠償撫卹等內容，就不細表了。[20] 12 月 20 日，日軍撤走。這整個過程，在日本史上一般稱為「臺灣出兵」，在臺灣史上則稱為「牡丹社事件」。

---

20. 日本獲得清廷賠償 50 萬兩，其中 10 萬兩是撫卹銀，40 萬兩是概括給付日本軍隊駐守南臺灣的修道、建房等花費。

三、「新」材料與相關研究

牡丹社事件相關之材料的出土，最值得一提的，是日文和英文原始材料的彙編和出版。在這裡得先說明，以下要講的史料，大都「躺」在特定的地方百年以上，但一般人，包括學者都難以入手，所以當它們變得容易入手時，就能大大增進我們對牡丹社事件及其相關問題的了解。

首先是，2003 年《風港營所雜記》和 2005 年《處蕃提要》的出版，其次是 2012 年李仙得的書稿 Charles W. Le Gendre, *Notes of Travel in Formosa* 以及第二年該書中譯本《李仙得臺灣紀行》的出版。[21] 前二書都是國史館臺灣文獻館編印，是「牡丹社事件史料專題翻譯」之（一）和之（二），前書譯者為王學新，後書為黃得峰、王學新。李仙得的書稿和中譯本，都是國立臺灣歷史博物館出版，前者由 Douglas L. Fix 和 John Shufelt 編輯，後者由費德廉（Douglas L. Fix）和羅效德翻譯。

茲按照出版先後，將詳細的出版訊息羅列於下：

1. 《風港營所雜記》〔牡丹社事件史料專題翻譯（一）〕，王學新譯。南投：國史館臺灣文獻館，2003。

2. 《處蕃提要》〔牡丹社事件史料專題翻譯（二）〕，黃得峰、王學新譯。南投：國史館臺灣文獻館，2005。

3. Charles W. Le Gendre, *Notes of Travel in Formosa*, edited by Douglas L. Fix and John Shufelt。臺南：國立臺灣歷史博物館，2012。

4. 李仙得原著，《李仙得臺灣紀行》，費德廉（Douglas L. Fix）、蘇

---

21. 關於李仙得的書稿，有很不錯的書介，即林欣宜，〈書介：Charles Wm. Le Gendre, *Notes of Travel in Formosa*（Douglas L. Fix and John Shufelt eds., Tainan: National Museum of Taiwan History, 2012）〉，《臺灣史研究》14（2012.12），頁 171-178。

約翰（John Shufelt）主編；費德廉、羅效德中譯。臺南：國立臺灣歷史博物館，2013。

不論是《風港營所雜記》、《處蕃提要》，或李仙得的書稿，都是研究牡丹社事件非常珍貴的第一手材料。《風港營所雜記》是手稿本，由國史館臺灣文獻館購自日本舊書店。它是 1874 年日軍駐紮風港（今楓港）的支營（正式名稱：風港支軍本營）所留下的紀錄，共五號，主要記載支營和當地漢人、原住民接觸的情況。有不少是直接用漢文記錄的訪談對答，彌足珍貴。內容非常豐富，很多細微的地方，揭示了漢人聚落的構成和運作、原漢關係及其互動情況、琅嶠[22] 上十八社概況，以及日軍停留期間如何招降原住民和如何解決聚落之糾紛等等，很能幫助我們了解臺灣島嶼最南端的社會「動態」。有這一份資料和沒有這一份資料，可以說天差地別。國史館臺灣文獻館出版的這本《風港營所雜記》以頗為理想的方式出版。該書史料、釋文和中譯並陳，也就是左頁為原文，右頁上欄為釋文、下欄為中譯，讓讀者可以直接比對。附帶一提，這份材料有多份訪問對答，係用漢文（中文）記載，右頁不須附翻譯，但因原文係手寫，加新式標點的釋文，仍有助於解讀文獻。總而言之，這是很花工夫做成的史料集。

《處蕃提要》是國史館臺灣文獻館的第二本「牡丹社事件史料專題翻譯」，這份史料既稱「提要」，那是什麼的提要呢？原來是日本臺灣蕃地事務局於 1876 年編纂的史料集《處蕃始末》的「提要」。該事務局的編纂要旨稱：「將有關臺灣蕃地處分事件之文書，務使其鉅細靡遺的全部編纂，至於體裁如何，則委之於他日之大史家，唯禁止其散逸，以

---

22. 嶠本字是玉字旁，無法造字，本文以「嶠」字替代。

網羅為要。」[23] 這套《處蕃始末》史料，卷帙浩瀚，採編年方式，從琉球人船難事件到 1875 年 5 月 31 日為止，共 143 卷。其後該局為了搜索方便起見，挑選其中重要事蹟抄錄成冊，編成《處蕃提要》14 冊，分前編 6 冊，後編 7 冊，以及附錄 1 冊。國史館臺灣文獻館的《處蕃提要》，只譯了前編的 6 冊。[24]「提要」之外，該局又採輯事件之重要者，分十六門，編成《處蕃類纂》101 冊。此外，又編有李仙得等人的意見和書信集，以及各類文書集，[25] 對保存史料可說頗為盡心。

　　《處蕃提要》前編所收檔案不少，可能因為這個緣故，國史館臺灣文獻館就沒辦法像《風港營所雜記》一樣，採取原件和翻譯對照的方式呈現。除了我們上面引用的大山綱良上陳文及所附船難報告書之外，本書只有中文譯文。可幸的是，牡丹社事件相關之檔案──多達 847 冊，都可從「アジア歷史資料センター（JCAHR）」的網頁下載，可以說非常方便。[26] 在網路時代，日本政府這種不分國內外的開放作法，讓研究者受益良多。

　　在「舊蕃地事務局永久保存編纂書目」中，我們可以看到收有李仙得臺灣紀行 11 冊、同書譯本 12 冊，以及李氏書翰 1 冊，也就是說李仙得最重要的資料都被列為永久保存。李仙得的臺灣紀行的日文翻譯，在1998 年就有復刻本，即：我部政男、栗原純編，ル・ジャンドル著，《ル・ジャンドル台湾紀行》，共 4 冊。[27] 其實作為原始史料的該譯本，原題是「李氏臺灣紀行」，充分顯示明治時期好用漢字的時代氛圍。

---

23. 轉引自黃得峰、王學新譯，《處蕃提要：牡丹社事件史料專題翻譯（二）》，頁 47。
24. 黃得峰、王學新譯，《處蕃提要：牡丹社事件史料專題翻譯（二）》，頁 47。
25. 黃得峰、王學新譯，《處蕃提要：牡丹社事件史料專題翻譯（二）》，頁 47-49。
26. 黃得峰、王學新譯，《處蕃提要：牡丹社事件史料專題翻譯（二）》，頁 49。
27. 我部政男、栗原純編，ル・ジャンドル著，《ル・ジャンドル台湾紀行》（東京：綠蔭書房，1998）。

李仙得《李仙得臺灣紀行》的書稿 Notes of Travel in Formosa，如上所述，列為永久保存的文件，它其實是「副本」，也就是更原始的李仙得書稿本的謄寫本。李仙得的這本 Notes of Travel in Formosa 是在牡丹社事件正在進行的過程中編輯完成的，日文翻譯《李氏臺灣紀行》也幾乎是同時進行，本來預定出版，但後來因為日本決定放棄占領臺灣蕃地，而與清廷達成協議，簽訂前述的專約，這本書的出版計畫在 1875 年夏秋之間已經停擺了。李仙得在 1875 年 8 月結束日本的職務時，將英文原稿和將近 200 幀的照片、插畫、素描、圖表、地圖等資料一起帶走。不久後，李仙得受聘於韓國政府，擔任外交顧問，於 1899 年在首爾過世。李仙得在遺言中特別要求不要賣掉「八箱書本與文件」，這批書稿應該就在其中。這批書本和文件，連同其他遺物，被寄到美國紐約他的兒子 William Charles Le Gendre 手中。1933 年，李仙得的家人將厚達四大捆的手寫書稿和相關資料捐給美國國會圖書館，存放於善本室中。[28]

　　美國日本史研究者 Robert Eskildsen 教授雖然不治臺灣歷史，但有關牡丹社事件的英文材料吸引他的注意。他在中央研究院臺灣史研究所的協助下，整理了牡丹社前後相關英文文獻，在 2005 年出版了 Foreign Adventures and the Aborigines of Southern Taiwan, 1867-1874: Western Sources Related to Japan's 1874 Expedition to Taiwan 一書。[29] 這本書分為三部分，第二部分（Part II）就是收錄 Charles W. Le Gendre 英文書稿原本的一部分。

---

28. John Shufelt, "Textual Introduction," pp. xiii；李仙得原著，費德廉、羅效德中譯，《李仙得臺灣紀行》，頁 xxxii。John Shufelt（蘇約翰）著、林欣宜譯，〈關於文本的介紹〉，xiii, xvii-xix, xxxiii。

29. Robert Eskildsen, ed., Foreign Adventures and the Aborigines of Southern Taiwan, 1867-1874: Western Sources Related to Japan's 1874 Expedition to Taiwan（臺北：中央研究院臺灣史研究所，2005）。中文書題：外國冒險家與南臺灣的土著，1867-1874：1874 日本出征臺灣前後的西方文獻。

他的版本來自美國國會圖書館所收藏的李仙得書稿，也可以說是李仙得書稿在臺灣的最早曝光。在這裡簡單說明，日本國立公文書館收藏的是書稿副本，沒有照片、圖片、繪圖和地圖，美國國會圖書館的收藏的是最完整的書稿本，含 100 多幀的照片、插圖、繪圖，以及地圖。[30]

李仙得的書稿，本文共 27 章，Robert Eskildsen 的這本書只收了其中的十章（原書稿第 15 至 25 章）。當然，按照編者 Eskildsen 教授的看法，這十章和牡丹社事件最有關係，也是李仙得親自觀察南臺灣所得，特別有價值。[31] 這本書的中文譯本由前衛出版社出版，就在該書正在校訂時，[32] 李仙得書稿就以完整的全貌，並有諸多「加值」的情況，於 2012 年 3 月出版了，這就是我們上面提到的費德廉（Douglas L. Fix）、蘇約翰（John Shufelt）編的李仙得書稿。這本書注釋之詳盡、附錄之多、圖版之精美、地圖之講究，可以說立下了臺灣史英文文獻編譯的高標準。前衛的中譯本在該年 11 月出版。[33] 第二年和全書稿一樣詳盡的中譯本也問世了，是牡丹社事件研究的大事情。

讓我們在這裡簡單介紹一下費德廉和蘇約翰主編的李仙得 *Notes of Travel in Formosa* 一書。這是根據美國國會圖書館李仙得手寫原稿整理出版的，大開本，共 475 頁。本書所錄原書稿共四章，前三章是正文和圖片，第四章是地圖、索引、圖版索引，共 409 頁（pp. 1-409）。這本書在

---

30. John Shufelt, "Textual Introduction," pp. xxxii；李仙得原著，費德廉、羅效德中譯，《李仙得臺灣紀行》。

31. Robert Eskildsen, ed., *Foreign Adventures and the Aborigines of Southern Taiwan, 1867-1874*, p. 66.

32. 陳秋坤（校註者序），〈土著的盟友、台灣的敵人：李仙得〉，收於 Charles W. Le Gendre 原著，Robert Eskildsen 英編，黃怡漢譯，陳秋坤校註，《李仙得台灣紀行：南台灣踏查手記》（臺北：前衛出版社，2012），頁 8。

33. 出版訊息見註 29。

編輯上很講究，每頁都在欄邊附上原書稿頁碼，據此，原書稿共 496 頁。書稿本身之外，本書書末附有六種附錄，共 65 頁（pp. 411-475），若加上前面 60 頁的導讀：蘇約翰撰寫的 "Textual Introduction" 和費德廉撰寫的 "Kobayashi Eitaku's Paintings in *Notes of Travel in Formosa*"（xiii-lxxii），可謂洋洋大觀。實際上，關於書稿內文的考訂、地名、人名的考訂比對，以及地圖的轉譯，不只耗時，本身的工作已經是研究了。這個出版計畫是國立臺灣歷史博物館 1999 年開始的計畫，[34] 到全書出版問世，已經是 13 年後了。中文譯本在英文版的基礎上，提供國人更能入手的詳盡且高度可靠的譯文，對臺灣史研究和歷史知識的普及上，都有很大的貢獻。

　　相較之下，Robert Eskildsen 只將李仙得書稿的十章編入上述 *Foreign Adventures and the Aborigines of Southern Taiwan, 1867-1874* 一書，未收錄原書稿圖版，也欠缺詳盡的註解，以及人名、地名的考訂，自然無法和費德廉、蘇約翰這本完整版李仙得書稿相比。雖然如此，很值得注意的是，Robert Eskildsen 在序文中表示，這本和牡丹社事件相關的西文文獻集，「代表了一個努力，想對 1860 和 1870 年代南臺灣多給予注意。」[35] 他最後說：「這本書要獻給南臺灣的原住民，他們在這些事件中扮演主要的角色，而且付出了慘痛的代價；這些事件將這些故事帶給了世界。」[36] Eskildsen 教授不是臺灣史專家，但他在這些西文文獻中看到了重建那個時期南臺灣歷史圖景的可能性，這也是我們接下來要談的主題。

---

34. 陳秋坤（校註者序），〈土著的盟友、台灣的敵人：李仙得〉，頁 8。

35. 原文："This volume represents an effort to pay more attentions about southern Taiwan in the 1860s and 1870s." Robert Eskildsen, ed., *Foreign Adventures and the Aborigines of Southern Taiwan, 1867-1874*, p. ix.

36. 原文："This book is dedicated to the aborigines of southern Taiwan, who played a pivotal role, and paid a terrible price, in the events that brought these stories to the world." Robert Eskildsen, ed., *Foreign Adventures and the Aborigines of Southern Taiwan, 1867-1874*, p. x.

關於牡丹社事件的研究，過去比較集中在外交層面，例如討論清廷對臺灣的主權主張、日本出兵臺灣的內部原因（征韓論的問題）及其影響、英美的干涉等等。這都是很重要的題目，不過，這十年來，隨著臺灣史研究的發展，很多過去較少被人注意的議題，逐漸進入研究者的視野。這個改變，若用簡單的話語來說，就是從「外部」轉為「內部」。這個改變，不在於否定過去的研究的貢獻和重要性，但卻開展了新的視野，讓我們能更深入了解琉球人船難事件、牡丹社事件，以及臺灣南端的社會圖景，大大提升我們對臺灣歷史的了解。

牡丹社事件，在日本一般稱為「臺灣出兵」，最早開始研究此一事件以日本人為大宗，臺灣史作為歷史學界一個獨立的研究領域出現很晚，這之間有很大的時間上的落差。關於日本人的研究，吳密察曾在1981年撰寫〈綜合評介有關「臺灣事件」（一八七一──一八七四）的日文研究成果〉一文，[37] 以當時海外學術訊息收集不易來看，這篇評介文章算是收羅相當廣泛。吳密察另撰有〈「建白書」所見的「征台之役」（一八七四）〉，[38] 是臺灣學者研究牡丹社事件相當早出現的文章。

吳密察選擇以比較中性的用詞「臺灣事件」來指稱牡丹社事件／臺灣出兵，他將1981年以前日本關於「臺灣事件」的研究分為戰前和戰後兩部分。戰前大約有三類：一、以「大人物」為主軸，如西鄉從道、樺山資紀、木戶孝允等；二、轉手改寫的研究，帶入多方向的探討；三、從外交史切入，探索國際情勢。戰後的研究，因為增加《日本外交文書》可資利用，有很大的開展。吳密察將之區分為：一、作為日本近代外交

---

37. 原發表於《史學評論》第 3 期，後收入吳密察，《台灣近代史研究》（臺北：稻鄉出版社，1990），頁 219-282。
38. 吳密察，〈「建白書」所見的「征台之役」（一八七四）〉，收入氏著，《台灣近代史研究》，頁 283-308。

史之一環的臺灣事件，如英美態度、日清交涉等，尤其值得注意的是，將「臺灣事件」看成「琉球處分」的起點；二、作為日本近代政治史一環的臺灣事件，主要以明治初期國內政治情勢（政爭）、征韓論的失敗、臺灣征討之轉折為主。三、其他。簡言之，日本人的研究主要是環繞在國際形勢和日本內部政治問題上。[39] 誠如吳密察指出的，這些研究「一直將研究焦點置於臺灣之外」。[40] 要到將焦點置於臺灣，不管外人的研究或國人的研究，都是一條漫漫長路。

要將研究焦點置於臺灣，需要很多助因。首先，必須是研究者想看「內部」或「從內部看」，其次，要有足夠的史料可看內部或從內部看。想看「內部」或「從內部看」至少牽涉到兩個層面，其一，臺灣史研究作為一個領域的進程，其二，研究者是否將「內部」當成研究的對象或主體。前者意味一個研究領域必須進展到一定程度，很多屬於內部的問題才會浮現，成為議題。後者則不必然是在地學者才會採取的研究角度，在牡丹社事件這個議題上，我們看到日本學者和西方學者加入了這個行列。至於史料是否足夠，其實可能還是其次的問題。例如，水野遵的《臺灣征蕃記》[41] 和樺山資紀的《臺灣紀事》[42] 是兩人在牡丹社事件之前來臺灣的調查報告，有不少原住民資料；牡丹社事件跟隨日軍來臺的美國記

---

39. 吳密察，〈綜合評介有關「台灣事件」（一八七一─一八七四）的日文研究成果〉，頁 232-233、234、239-240、252。
40. 吳密察，〈綜合評介有關「台灣事件」（一八七一─一八七四）的日文研究成果〉，頁 224。
41. 收在大路會編，《大路水野遵先生》（臺北：大路會事務所，1930）第七章遺稿及詞藻上遺稿「臺灣征蕃記」，共 13 回。國立臺灣大學藏有微捲《臺灣征蕃記》四卷，編號：T0040，捲號 1-1。原件封面題名：「征蕃私記」，其他題名：「高砂浪ノ跡：台湾征蕃記」。
42. 樺山資紀，《臺灣記事》於 1974 年出版，在《臺灣事件取調書》。國立臺灣大學圖書館藏有日本國會圖書館 1993 年製作之微捲《樺山資紀文書》，內有《臺灣記事》，索書號：（NF）731.4 442-1 reel. 1。

者 Edward Howard House 也早在 1875 年就出版 *The Japanese Expedition to Formosa* 一書，[43] 內中有很多關於臺灣原住民的觀察。上述這類的材料不管在戰前或戰後，都普遍被徵引，但研究者的焦點放在國際情勢和日本政治上，臺灣原住民沒引起注意，更不會有人想到去整理這些資料，以呈現 1870 年代臺灣島最南端的社會圖景。

從臺灣內部看的研究，基本上相當晚近。除了研究者的關注焦點之外，很多相關材料不是很容易入手，也是原因。吳密察所評介的日文著作，不少利用了李仙得給明治政府的「覺書」（建白書），但未見採用李仙得的書稿或日文譯本。如上所述，日文譯本《李氏臺灣紀行》在 1998 年影印問世，讓這本厚達 1802 頁的日文譯本原稿變得容易入手，研究者可以仔細翻閱、反復比對。想像當你只能在國立公文書館抄寫，不只無法顧及全面，在時間壓力下注意力將大受限縮，研究效率也將大幅減低，這是為何史料除了公開讓讀者使用外，入手之容易程度也很重要的原因。

由於在臺灣的臺灣史研究開始比較盛行是解嚴以後──尤其是 1990 年代──的現象，關於牡丹社事件，1993 年有戴寶村的《帝國的入侵：牡丹社事件》。[44] 這本書從外交的角度切入，同時處理了日本內部的政治問題，以及琉球被日本收入版圖的「後續」發展，可以說是一本相當簡明，掌握事件大要的通論書，不過，這本書並未從臺灣在地社會的角度來探討該事件對在地社群的衝擊和影響。以內部觀點來說，最值得注意的是排灣族後裔試圖從族人文化和口傳的角度來探討牡丹社事件（含琉球人船難事件）。其中一個的議題是：為何臺灣原住民要殺害琉球人？1998

---

43. 出版地 Tokio，即東京。此書有原文復刻版：Memphis, Tennessee: General Books, 2010。這本書有中文翻譯：愛德華・豪士原著、陳政三譯著，《征臺紀事：牡丹社事件始末》（臺北：台灣書店，2008）。
44. 戴寶村，《帝國的入侵：牡丹社事件》（臺北：自立，1993）。

年高加馨在國立成功大學歷史學系的刊物《史學》發表〈從 Sinvaujan 看牡丹社事件〉，[45] 當時高加馨是該學系夜間部學生。高加馨訪問了十二位耆老，以及一位潘文杰的後人，耆老年齡從 57 到 91 歲。[46]

其後，2004 年在屏東縣牡丹鄉舉辦的「牡丹社事件 130 年歷史與回顧國際學術研討會」，華阿財發表了〈「牡丹社事件」之我見〉一文。[47] 華阿財（1938-，族名 Valjeluk Mavaliu）是牡丹鄉高士村（原 Kuskus ／高士佛社）的耆老，「傳統」頭目家族後代，精通排灣語，退休後致力於語言復振和排灣族文史工作。他參與中央研究院民族學研究所的翻譯計畫，擔任臺灣總督府《番族慣習調查報告書〔第五卷〕排灣族》四冊的排灣語復原工作。[48] 華阿財也是上引高加馨訪問的十二位部落耆老之一，他接受高加馨訪問時，年紀 59 歲。

以上這兩篇文章在臺灣似乎沒有引起太大的注意，倒是受到日本研究者的注意，華阿財文章的日文版〈「牡丹社事件」についての私見〉（關於「牡丹社事件」之我見）[49] 於 2006 年，[50] 高加馨的日文版〈Sinvaudjan から見た牡丹社事件〉（從 Sinvaudjan 看牡丹社事件）（上、下）[51] 於

---

45. 高加馨，〈從 Sinvaujan 看牡丹社事件〉，《史學》24（1998.5），頁 50-86。
46. 高加馨，〈從 Sinvaujan 看牡丹社事件〉，頁 55-58。
47. 《牡丹社事件 130 年歷史與回顧國際學術研討會大會手冊》（巴魯巴藝術工作坊，2004）。筆者惜未見中文原文，本論文引自日文譯文。
48. 中央研究院民族學研究所編譯，《番族慣習調查報告書〔第五卷〕排灣族》第一、五、三、四冊（臺北：中央研究院民族學研究所，2003、2003、2004、2004）。
49. 高加馨著、里井洋一譯，〈Sinvaudjan から見た牡丹社事件　上〉，《琉球大学教育学部紀要》72（2008.3），頁 41-62；〈Sinvaudjan から見た牡丹社事件　下〉，《琉球大学教育学部紀要》73（2008.8），頁 27-50。
50. 華阿財著、宮崎聖子譯，〈「牡丹社事件」についての私見〉，《台湾原住民研究》10（2006.3），頁 38-52。此一譯文之後，附有〔解說〕：笠原政治，〈華阿財先生と「牡丹社事件」の研究〉，頁 55-59。
51. 高加馨著、里井洋一譯，〈Sinvaudjan から見た牡丹社事件　上〉，頁 41-62；〈Sinvaudjan から見た牡丹社事件　下〉，頁 27-50。

2008 年分別刊登於日文期刊，成為日後日本人研究牡丹社事件必要參考的文章。由於筆者沒看到華阿財的中文原文，以下華文係根據日文版。

　　高加馨在文章中提到，根據耆老的傳述，琉球人登陸後，沿溪走到 Kuskus（高士佛）的農作區，偷吃了 Kuskus 人在溪邊的作物，被來查看作物的 Kuskus 人發現，應該予以處置，但當時人少只能示意驅趕；後來琉球人竟然進到部落，向部落要食物吃，並且過夜，但雙方語言不通，產生誤會。琉球人逃到交易所，Kuskus 人會合其牡丹、女仍等部落的人，要求琉球人回答入山的意思，雙方無法溝通，琉球人感到威脅而有反抗的動作，「從族人的觀點來看，琉球人進入部落的領地，本來就逾越部落的法律，加上彼此溝通不良，因此馘首琉球人。」[52] 以上的講法，並非歷史現場的證言，訪問當時距離牡丹社事件已經一百二十年以上，只能說是「傳述」，雖然如此，它仍然具有相當高的參考價值，至少呈現了族人所承繼的前人說法，也代表排灣族人的後裔試圖從文化的角度詮釋琉球人遭難事件的努力。這篇文章，還有其他牡丹社事件相關細節，限於題旨和篇幅，就不多加引述。高加馨在文末寫道：「筆者希望藉由本文的撰寫，能夠使這件臺灣近代史上的重要事件，有原住民觀點的論述，也希望未來關於牡丹社事件的研究，能夠更加詳盡真實。」[53] 高加馨的其他作品，就不特別介紹了。[54]

　　華阿財在〈「牡丹社事件」についての私見〉一文中，針對八個問

---

52. 高加馨，〈從 Sinvaujan 看牡丹社事件〉，頁 60-61。
53. 高加馨，〈從 Sinvaujan 看牡丹社事件〉，頁 72。
54. 高加馨另有一篇論文被翻譯為日文，即〈牡丹社事件的真實──パイワン族の立場から〉，《植民地文化研究》4（2005.7），頁 37-46；她的碩士論文〈牡丹社社群的歷史與文化軌跡：從排灣族人的觀點〉（臺南：國立臺南師範學院鄉土文化研究所碩士論文，2001），可以看出從排灣族人的觀點出發是高加馨一貫的研究取徑。

題提出他根據文獻和口傳資料整理出來的看法。這幾個主題是：1. 為何是「牡丹社事件」而不是「高士佛事件」？2. 琉球遭難者從高士佛社逃出後最初接觸到誰？3. 被日本軍帶走的牡丹社少女的遭遇。4. 石門戰役戰死之牡丹社頭目的境遇。5.「忠魂碑」的消失。6. 戰役的女傑成為高士佛的傳說。7. 為何潘文杰在山地各村被看成漢奸？8. 被殺害之五十四名琉球人最初的埋葬地。[55] 關於琉球人為何被殺，根據高士村耆老黃瑞英（90歲）的傳述，她的曾祖父親眼看到數十名琉球人偷吃 Kuskus 社的蕃薯，另老人引述祖父所說的內容：六十六名琉球人進到 Kuskus 部落時，頭目讓他們入內，命令眾人煮芋粥（vinljukui）給他們吃。但是，他們半夜逃走，被三十名壯丁追蹤。[56] 此外，值得注意的是，2009 年 7 月 3 日華阿財接受中央研究院數位典藏的口述採訪時，提到「飲水說」。他說：「在部落有一個習俗，你們不能隨便喝人家的水，你要喝可以，但是，你要順服於別人，人家說什麼，你要聽就對了……。」[57] 琉球人喝了水，高士佛社的以為他們懂這個習俗，頭目等人要去打獵，叫他們不要離開，他們卻偷偷跑了，以致於引來殺身之禍。

關於為何臺灣原住民要殺害琉球人？任教於日本琉球大學的大浜郁子寫有下列論文：〈「加害の元凶は牡丹社蕃に非ず」—「牡丹社事件」からみる沖縄と台湾〉（加害的元兇不是牡丹社番：從「牡丹社事件」所見之沖繩和臺灣）、[58]〈「牡丹社事件」再考—なぜパイワン族は琉球島民を殺害したのか〉（「牡丹社事件」再考：為何排灣族殺害琉球

---

55. 華阿財，〈「牡丹社事件」についての私見〉，頁 44-51。
56. 華阿財，〈「牡丹社事件」についての私見〉，頁 44、50。
57. 影音檔見：http://catalog.digitalarchives.tw/item/00/42/32/3e.html（瀏覽日期：2014 年 10 月 10 日）。又透過 Google 可以下載「排灣族牡丹鄉高士村華阿財先生訪談逐字稿」。
58. 《二十世紀研究》7（2006.12），頁 79-102。

島民？）、[59]〈「琉球漂流民殺害事件」について〉（關於「琉球漂流民殺害事件」）。[60]大浜郁子在沖繩的報紙上也寫有多篇和牡丹社事件有關的文章，茲不列舉。大浜整理過往的研究，指出有三種解釋：一、對陌生者的不信感；二、琉球島民違反用餐禮儀（テーブルマナー侵犯）；三、因獵首族傳說的恐怖心。[61]對陌生人不信任，是從琉球人的角度來看，因為他們一上岸就被漢人搶劫，所以對招待他們的原住民也無法信任，才會逃走。違反用餐禮儀主要是紙村徹提出的，從排灣族的角度來看，琉球人接受招待卻逃走，違反慣習，導致被殺。[62]大浜郁子本人則提出第三種可能，也就是琉球船難者受到琉球歷來的「大草鞋」和食人族傳說，以為遇上食人島的蠻族，因此對排灣族產生恐懼，才會逃走而遭殺害。[63]這裡的重點顯然是將琉球人遭受殺害放在「接受招待卻逃走」的這個舉動上。大浜郁子在〈「牡丹社事件」再考〉一文中，對違反用餐禮儀說提出駁斥，另外又提出「人物交易不成」說，也就是協助琉球人的漢人沒提出足夠交換人命的物品，導致琉球人遭殺害。[64]在這裡，筆者不擬梳理這些論辯，重要的是，我們在新近研究中看到了試圖從內部看問題的研究取向，從高加馨、華阿財到大浜郁子，都擬從內部探討當事人的「文化邏輯」；而出身琉球的大浜郁子，在分析上則進一步帶入了從琉球內部看問題的向度。

---

59. 《台灣原住民研究》11（2007.3），頁203-223。
60. 《歷史と地理　日本史の研究（240）》662（2013.3），頁24-30。
61. 大浜郁子，〈「加害の元凶は牡丹社蕃に非ず」―「牡丹社事件」からみる沖縄と台湾〉，頁83-87。
62. 紙村徹，〈なぜ牡丹社民は琉球漂着民を殺害したのか―牡丹社事件序曲の歷史人類學的素描〉，《台湾原住民族の現在》（東京：草風館，2004），頁149-161。紙村徹援引臺灣總督府《蕃族慣習調查報告書》第五卷之一斯卡羅的傳說作為例證（頁157-158）。
63. 大浜郁子，〈「加害の元凶は牡丹社蕃に非ず」―「牡丹社事件」からみる沖縄と台湾〉，頁84-87。
64. 大浜郁子，〈「牡丹社事件」再考―なぜパイワン族は琉球島民を殺害したのか〉，頁213-220。

文化邏輯之外，很值得注意的是 Douglas L. Fix（費德廉）在臺灣期刊發表的英文論文 "The Changing Contours of Lived Communities on the Hengchun Peninsula, 1850-1874"（中文原題：1850 至 1874 年間恆春半島聚落群的變化）。[65] 費德廉長期收集有關臺灣的英文資料，在他執教的 Reed College 建置了一個網頁 Formosa: Nineteenth Century Images，[66] 將長年收羅的文獻、圖片和地圖，以及經過整理的資料和訊息提供給讀者利用。這篇論文參考書目的英文部分就占四頁，可以說是收羅殆盡。費德廉試圖從中文和龐雜的英文材料中勾勒出恆春半島的社會・政治・經濟地景，然後去看三次外來勢力進到這個地區，對原生環境所帶來的衝擊。這三次的外力衝擊分別是清官兵的行經（1867）、李仙得訪問原住民部落（1867-1872 之間共八次）、日軍入侵與駐守（1874），他認為有些地方是改變了，有些則未必，是一種混合的反應。[67] 費德廉詳讀李仙得的 *Notes of Travel in Formosa*，以及 Edward Howard House 的 *The Japanese Expedition to Formosa*，再參考其他相關材料，對牡丹社事件前二十年恆春半島的社會圖景有相當具體的掌握。可惜的是，這篇論文重點在於楓港以南的琅𤩝下十八社及毗鄰的漢人聚落，並未連帶探討琅𤩝上十八社的情況。費德廉另撰有論文討論李仙得之地圖繪製，就不加介紹了。[68]

　　以上這些論文，除了高加馨以口述為主，其他論著都採用了上述

---

65. Douglas L. Fix, "The Changing Contours of Lived Communities on the Hengchun Peninsula, 1850-1874"，收於洪麗完主編，《國家與原住民：亞太地區族群歷史研究》（臺北：中央研究院臺灣史研究所，2009），頁 233-282。

66. 網址：http://academic.reed.edu/formosa。（瀏覽日期：2014 年 10 月 10 日）

67. Douglas L. Fix, "The Changing Contours of Lived Communities on the Hengchun Peninsula, 1850-1874"，頁 239、270-272。

68. Douglas L. Fix, "'A highly cultivated country': Charles Le Gendre's Mapping of Western Taiwan, 1869-1870"，《臺灣史研究》18:3（2011.9），頁 1-45。

「新」出土的李仙得書稿（日譯本或英文書稿），以及《風港營所雜記》和《處蕃提要》等材料。究實而言，這些材料也都是可以在收藏單位（如日本國立公文書館和美國國會圖書館）申請閱讀的，但經影印（復刻）或編輯印刷成書之後，能廣為一般研究者和讀者所利用，很多議題因此而得以釐清、深入探討。在資訊爆炸時代，如何提供更方便的利用方式，這應該是許多圖書、檔案收藏單位必須認真面對的課題。

四、大頭目和小女孩的「故事」

讀到這裡，讀者可能會說，為什麼都沒提羅妹號事件，也沒提琅嶠下十八社總頭目卓杞篤。討論牡丹社事件當然不能不提及卓杞篤，而且除了大頭目之外，我們還要來講一個小女孩的故事。

卓杞篤是這位大頭目的族名的中文音譯，[69] 李仙得在 _Notes of Travel in Formosa_ 主要記成 Tauketok，另有 Tau-ke-tok、Tok-e-tok、Tok-e-Tok 等拼寫方式。[70] 其實，「卓杞篤」應該用臺語（福佬話）來讀，讀如 Toh-ki-tok，想必是當時在地漢人就跟著排灣人叫他，若要轉寫成漢字，寫成「卓杞篤」，剛好卓又是漢姓。請留意：這個時候沒有人使用我們今天的「國語」，不會有人叫他「ㄓㄨㄛˊ ㄑㄧˇ ㄅㄨˋ」。若這樣叫他，他會聽無（bô）。

---

69. 見於丁紹儀，《東瀛識略》等文獻。
70. John Shufelt, "Textual Introduction", pp. xxxiii, 474。

（一）琅𤩝下十八社總頭目卓杞篤

李仙得因為要處理羅妹號事件而來到臺灣，深入琅𤩝下十八社部落，竟然得以拜會總頭目卓杞篤，並且和他簽訂救助船難者的協定，先是口頭協定，後來還有文字版——這是我們所知道臺灣原住民和外國人所簽訂的第一個條約（國際條約？）。這是李仙得傳奇性一生中無數傳奇中的一椿。如果沒有李仙得的紀錄，「卓杞篤」頂多只是個點綴於地方志書的漢譯番名，我們不會有機會知道卓杞篤這個「人」——有情緒、有思緒、有個性，擁有會增會減的動態式權力。

羅妹號（Rover）事件發生於 1867 年。它是艘美國商船，又譯為羅發、羅昧，該年 3 月從中國汕頭開往牛莊，經過臺灣海峽時，遭風漂流到臺灣島南端七星岩附近，觸礁發生船難，乘客登陸進入原住民地區，船長韓特（Joseph W. Hunt）夫婦等十三人慘遭殺害，只有一名粵籍水手逃出。美國駐廈門領事李仙得於是到福州見閩浙總督，希望能處理此事，獲准到臺灣。4 月，有兩次失敗的軍事行動；9 月，李仙得和清臺灣鎮總兵劉明燈的軍隊從臺灣府城（今臺南市）南下，出枋寮，途經楓港，抵達車城（琅𤩝），軍隊停留在當地，李仙得則在 William A. Pickering（必麒麟）和 James Horn（何恩）的協助下，[71] 率領一小隊人員深入原住民聚落。李仙得在名為「火山」（屏東縣恆春鎮出火）的地點會見了琅𤩝下十八社總頭目卓杞篤。這次會面，李仙得和卓杞篤簽下了口頭協定，一般稱為

---

71. 必麒麟曾在海關總稅務司工作，也曾負責安平港的海關事務，當時任職怡記洋行；何恩是為了尋找羅發號船難的遺骸和器物而來到南臺灣。見李仙得原著，費德廉、羅效德中譯，《李仙得臺灣紀行》，頁 288 註 11、406-407（英：297，note 11, 413-415）。附記：為讓讀者容易檢索，中文版頁碼之後，加上李仙得英文書頁碼；反之亦然。如上，下同。

「南岬之盟」，卓杞篤同意若有西方船艦遇難求救，會給予救助。兩年後（1869）的 2 月，李仙得再度前往射麻里部落（屏東縣滿州鄉永靖村），兩人第二次見面，確認上次的協議，並寫成文字（中、英文）。1872 年 3 月第三次會面。李仙得記下了這三次的會面，這是我們得以「認識」卓杞篤的文獻根據。

在這裡，必須先交代為何李仙得要和卓杞篤會面。由於西方船隻頻頻在臺灣沿海發生船難，船客上岸往往被原住民殺害。來臺灣尋找船難受害者，不始於李仙得和何恩。早在臺灣開港通商之前，英國領事館人員郇和（Robert Swinhoe，現在通常譯為史溫侯）就曾在 1858 年 6 月擔任英國軍艦「不屈號」（*Inflexible*）的翻譯官，前來臺灣尋找 Thomas Smith（英國人）和 Thomas Nye（美國人）的蹤跡──兩人搭乘的 *Kelpie* 號疑在福爾摩沙南端遇難，傳說二人被土著留置當地。[72] 在臺灣島嶼附近海域遭遇船難，上岸被原住民殺害、物品被奪，似乎成為既定模式。羅妹號的遭遇讓李仙得決心解決這個問題。在牡丹社事件之前，李仙得總共訪問臺灣八次，和卓杞篤會面是其中的三次。李仙得和史溫侯一樣，在他們遺留下來的著作中，都反映了 19 世紀知識人多面向的博學強記，這點只要翻閱 *Notes of Travel in Formosa* 就可得知，不須多加著墨。

茲撮述李仙得和卓杞篤三次會面的大概。對於如何避免船難，李仙得積極勸說清政府在臺灣南端設立堡壘，但不得要領。如前所述，1867 年 9 月，李仙得和清軍來到車城（琅嶠），李仙得等人則往東邊的「內山」移動。原本卓杞篤等人已經來到保力（客家聚落），預備和清方會面，但清方一直延宕，沒回給李仙得消息，卓杞篤等人遂返回部落。李

---

72. 費德廉、羅效德編譯，《看見十九世紀台灣：十四位西方旅行者的福爾摩沙故事》（臺北：如果出版社，2006），頁 14、18-19。

仙得再度透過中間人和卓杞篤協商，決定在「火山」會面。當時李仙得只和六個人一起出發（Joseph Bernard、必麒麟、三位通譯，一位嚮導），10月10日中午抵達目的地。見面時卓杞篤這邊有頭目和男女族人二百名環伺，李仙得等人沒配備武器，卓杞篤這邊的槍則放在膝間——[73]一般認為李仙得的膽識贏得卓杞篤的佩服。李仙得質問卓杞篤為何殺害他的國家的人民，卓杞篤回答說：很久以前，白人幾乎滅絕了整個龜仔律社人，只有三人倖存，交代後世子孫要報復。（龜仔律又作龜仔用，在今鵝鑾鼻。）在這裡，我們看到卓杞篤和李仙得之間的「理性」對話，至少卓杞篤給出殺害白人的理由。接著兩人進一步對話：[74]

> 由於他們並無船隻可用來追逐外國人，只能盡力報復。我（按，李仙得）批評說，如此做法，必定有許多無辜的受害者被殘殺。他（卓杞篤）說：「我明白，也很反對這種作為，因此設法跟你在保力會面，來表達我的遺憾。」我於是問他將來打算怎麼處理。他的答覆是：「你若來宣戰，我們自然要反抗，我無法保證後果將會如何。然若相反的，你願謀求和平，那麼我們將永保和平。」我告訴他，我很希望能避免流血。聽到我這麼說時，他即將槍擱置在一邊。

之後李仙得甚至大膽提到建立堡壘的事情，但遭卓杞篤拒絕，卓杞篤建議將堡壘建在「混血種」之間。（「混血種」指漢人和原住民婚生子女，詳後；堡壘後來建在大樹房〔恆春鎮大光〕附近，但不久就荒廢了。）

---

73. 李仙得原著，費德廉、羅效德中譯，《李仙得臺灣紀行》，頁 271-273（英：279-281）。
74. 李仙得原著，費德廉、羅效德中譯，《李仙得臺灣紀行》，頁 273（英：281）。

兩人會面的時間大約 45 分鐘，根據李仙得的描述，卓杞篤 50 歲，舉止很從容、言語極為諧和，相貌很討人喜歡，展現極強的意志力與不屈不撓的精神，個性樂觀，個子不高大，甚至可以說有點矮小。[75]

李仙得在這次的會面和卓杞篤達成了協議，內容主要有三點：1. 遭船難者將受到卓杞篤統領下十八社之任何一社的友善對待，如可能，他們（遭船難者）在登岸前應展開一面紅旗。2.壓艙物與水：船隻想要補給，要派船員上岸，必須展開一面紅旗，且必須等到海岸上也展現同樣的旗幟，否則不得上岸。上岸地點局限於指定的地點。3. 他們不得拜訪山丘與村莊，盡可能將拜訪範圍限於豬勝束港，以及大板埒溪。後者為東北風季節時較好的取水處。在這些條件之外登岸的人士，則是自冒風險。[76] 協議中的豬勝束港，應指豬勝束溪（今港口溪）的港口；大板埒溪，恆春鎮石牛溪。這些內容在 1869 年 2 月 28 日李仙得和卓杞篤第二次會面時，寫成文字。

第二次會面，李仙得這邊共八人（滿三德、必麒麟、五名漢人僕役），在簽約諸正事結束後，李仙得等人接受午餐招待，大家一起喝酒，但李仙得非常注意不要引起原住民的疑慮，所以早早就離開，雖然他其實很想多留，以了解更多事情。[77] 會面從上午到下午三時，比起第一次，時間多很多。李仙得記下一段卓杞篤的話，很傳神。卓杞篤在接受李仙得等人贈送的豐厚禮物時，顯然很感動，說：「你們帶來這一切若是為了收買我，那是無謂的擔心，因你已有我的承諾。不過，你若送我這些禮物，

---

75. 李仙得原著，費德廉、羅效德中譯，《李仙得臺灣紀行》，頁 274（英：282）。
76. 根據第二次會面的紙本條約改寫。李仙得原著，費德廉、羅效德中譯，《李仙得臺灣紀行》，頁 283（英：292）。
77. 李仙得原著，費德廉、羅效德中譯，《李仙得臺灣紀行》，頁 279、280、282-284（英：287, 288, 290-293）。

以作為友誼的紀念物，那我很樂意接受。當然，話我們都會說，但誰能見到各自的心呢？」（If you have brought all this to buy me, you have taken a useless care, for you had my word; but if you hand me these presents as a token of friendship, I receive them with pleasure. Of course, words we can speak, but who of us can see in each other's heart?）[78] 讓人感覺這是一位重然諾、洞悉世故而語帶哲思的領袖。

卓杞篤很注重尊嚴。他的兩個女兒也一樣，她兩人和清官員見面時，拒絕下跪。[79] 他也很有脾氣，琉球人船難上岸遭殺害之後，1872 年 3 月 4 日李仙得第三度拜會卓杞篤。這次他的陣仗就大多了，同行十人（有船長、醫生、攝影師等），加上 27 名漢人苦力替他們扛運行李和禮物。更特別的是，這次他們是到卓杞篤的部落豬勝束（今屏東縣滿州鄉里德村）拜會他，受招待豐盛的晚餐，並且過夜；前兩次會面都是在「外面」。不過，在這次會面過程中，李仙得發現射麻里社頭目 Yeesuk 和卓杞篤有不對頭的情況，他還設計要兩位一起唱「卓杞篤與 Yeesuk 團結有如兄弟」的歌，歌詞是李仙得自己用原住民語言拼湊出來。但卓杞篤直截了當拒絕，從「位子上站起來，說：『這種話是不能說的。』兄弟的行為有如出於同一條心，而他常發現他連自己的族民都無法控制，更別說是他統轄下的頭目了。」李仙得認為這有可能暗指琉球人遭殺害事件，卓杞篤又說：「這種詞真不能唱。我對我自己以及豬勝束人負責，但我對別人所做的努力可能經常失效。」然後，李仙得說卓杞篤「難以控制自己的

---

78. Charles W. Le Gendre, *Notes of Travel in Formosa*, p. 292；李仙得原著，費德廉、羅效德中譯，《李仙得臺灣紀行》，頁 284（英：292）。

79. 李仙得轉述必麒麟的見證。李仙得原著，費德廉、羅效德中譯，《李仙得臺灣紀行》，頁 275（英：283）。

情緒，因已喝得毫無拘束，就離開了房間」。[80] 這是李仙得最後一次見到卓杞篤，這位琅嶠下十八社總頭目在 1873 年過世，不得見 1874 年 5 月日本的「臺灣出兵」。

李仙得筆下的卓杞篤，足以寫成有趣的歷史故事（若加上文學的想像，也可拍成電影）。但是除了是很有趣的「故事」之外，它能引領我們去掌握更大的歷史圖景嗎？答案是肯定的。以下只是幾個值得進一步探究的面相。

首先，卓杞篤和「洋人」接觸，簽下船難救助協定，自然是美事一樁，他個人也是這樣認為，非常看重這個協議，將文件放在他放置最重要物品的箱子裡，他很希望李仙得每年冬天都能來和他會面，以維持協定的有效性。[81] 但是，他為此付出了很大的「外交」代價，也就是導致自己的權威衰退，即身為琅嶠下十八社總頭目的權威。我們知道，李仙得很重視贈禮這回事，前面也提到卓杞篤很感動，但卓杞篤更重視的是這一份心意。李仙得與卓杞篤簽訂船難救助協定之後，至少有三次西方船遇難，乘客登陸臺灣南端原住民地區，都獲得救助（有些案例比較曲折）。然而，這些救助船難者的部落都沒獲得彼此「默契中」的禮物，而根據李仙得，這些船難者的國家是有贈送禮物的，但卓杞篤這邊「什麼都沒收到」。李仙得的嚮導 Mia 也證實卓杞篤並未收到獎金，而這些獎金原本是要發給原住民，作為他們向船難者提供協助與保護的回報。卓杞篤認為李仙得不時帶去給原住民的禮物，對勸服他們遵守約定極有幫助。[82] 事實上，

80. 李仙得原著，費德廉、羅效德中譯，《李仙得臺灣紀行》，頁 303、305-307（英：311, 313-316）。
81. 李仙得原著，費德廉、羅效德中譯，《李仙得臺灣紀行》，頁 306（英：314）。
82. 李仙得原著，費德廉、羅效德中譯，《李仙得臺灣紀行》，頁 306、307（英：314, 315, 316）。

1869 年在東海岸發生一件沈船事件，二十二人的費用全由卓杞篤負擔，一直沒獲得補償，卓杞篤很富有，不在乎酬金，他說只要知道船難者平安回家，他就很欣慰了，但中國當局連個口信也沒給他。[83]

李仙得從側面得知：由於照顧船難者，必須支付很多開銷，但又沒獲得任何報酬（救助已成為一種負擔），所以不只牡丹社族人顯得不怎麼願意協助卓杞篤落實他和李仙得的協定，即使龜仔律的人也經常責備卓杞篤讓李仙得等人進入他們的領域。[84] 卓杞篤同意救助船難者，如果用我們現在的話來說，大抵是基於人道考量，他強調：遭船難者，無論有沒有展開紅旗，都會受到保護。反之，非船難者而上岸，是會被處死的，從船上放槍，也會被處死。[85] 在這裡，我們看到這一帶原住民對侵入其領域者的嚴厲態度。在李仙得的第三次訪問的回程中，他也感覺到部落族人對他的反感。[86] 比對上兩次訪問，我們可以看到卓杞篤的權威明顯下降，他堅持救助船難者，卻無法給予相關的頭目和社民報償，一般認為這個情況減損了他的權威。

對「無償救助」的不滿也因此成為高士佛社殺害琉球人船難者的一個解釋。[87] 這不只是學者的理解，在歷史現場的 Mia 就這樣理解：漢人是此事件的肇始者。他們若對我守承諾，指派適當的官員代表，具備必要

---

83. 李仙得原著，費德廉、羅效德中譯，《李仙得臺灣紀行》，頁 307（英：316）。
84. 李仙得原著，費德廉、羅效德中譯，《李仙得臺灣紀行》，頁 307、313（英：316, 321）。
85. 李仙得原著，費德廉、羅效德中譯，《李仙得臺灣紀行》，頁 306（英：314）。
86. 李仙得原著，費德廉、羅效德中譯，《李仙得臺灣紀行》，頁 306（英：315）。
87. 例如，羽根次郎指出：「在內部分配從外部帶來的物質，形成了統治正當性的一部分。……把以李仙得為首的外國人帶來的經濟利益分配給各個部落，以此為交換來維持『南岬之盟』的履行，這是卓杞篤和李仙得的想法。每年，西洋人帶來贈品——在原住民的主觀中也許被解釋為『貢納』——這是很有必要的。」見氏著，〈「南岬之盟」和琉球漂流民殺害事件〉，收於若林正丈、松永正義、薛化元編，《跨域青年學者台灣史研究續集》（臺北：國立政治大學臺灣史研究所，2009），頁 31。

的權利與金錢，則可輕易與牡丹社達成協議，來贖回那些日本人。[88] 李仙得原文用「Japanese」來指稱船難的琉球人。Mia 是漢人聚落射寮庄頭人的兒子，母親是原住民，在李仙得筆下是「a half-caste」（俗稱「混血兒」），他的父親和卓杞篤保持密切且經常的來往，李仙得三次會見卓杞篤，都由 Mia 當嚮導。[89]

關於琉球人為何被殺害，在歷史現場還有一個說法：因為琉球人被當成漢人而遭殺害。李仙得要去拜訪卓杞篤，在路途中遇到上次拜訪時見過的年長婦人（不得不佩服李仙得很會認人），這位婦人說：如果他們是白人，就會被饒命，但 1867 年的協定沒包括漢人。[90] 這樣的救助協議原有可能擴大包括漢人，但是，由於清官員不積極，而原住民對清政府不信任，終於沒達成任何協議。[91] 附帶一提，西方船隻上的漢人是受到保護的。[92] 不過，高士佛社的人是否分不清楚琉球人和漢人，是有疑義的。高士佛社並非沒和漢人接觸，交易小屋的老先生鄧天保就是漢人，更何況琉球人的髮型、衣著也和漢人不同。無論如何，事件發生後不久，在原住民之間就有這樣的說法。

李仙得記述下的卓杞篤及其周邊景況，也讓我們看到「漢化」的進行式。先從身體裝飾來看，李仙得筆下的卓杞篤，髮型是清式——剃掉前額部分，留著一條小髮辮，不過，他的服裝則是道地的原住民服飾。他的弟弟漢語說得很流利，還建議將口頭協定寫成文字，即中、英文兩個版本。當李仙得有機會到卓杞篤的部落去拜訪時，我們發現卓杞篤家

---

88. 李仙得原著，費德廉、羅效德中譯，《李仙得臺灣紀行》，頁 307（英：315）。
89. 李仙得原著，費德廉、羅效德中譯，《李仙得臺灣紀行》，頁 303、405（英：311, 415）。
90. 李仙得原著，費德廉、羅效德中譯，《李仙得臺灣紀行》，頁 303（英：311）。
91. 李仙得原著，費德廉、羅效德中譯，《李仙得臺灣紀行》，頁 275、285（英：283, 293）。
92. 李仙得原著，費德廉、羅效德中譯，《李仙得臺灣紀行》，頁 306（英：314）。

的客廳放著有中國式裝飾的大床，會面時，卓杞篤、李仙得，以及醫生就坐在上面。[93] 關於剃頭結辮，史溫侯在 1866 年發表的文章中，也提到卓杞篤的部落，說他們都剃頭，留短髮辮。[94] 更早先，他在蘇澳港的一個熟番部落，看到不少年輕男子依漢人的方式剃髮，也有一個人會講一點漢語。他指出，他們在建造房子或生活方式上，都比山區的「野蠻人」類似漢人。[95] 卓杞篤的部落不是「熟番」部落，但已經可以看到「漢化」的形跡。

（二）牡丹少女小台渡日留學記

牡丹社少女小台的故事，相對於卓杞篤可以說簡單很多，但它的文化意涵（例如「文明 vs. 野蠻」），如果要進一步抉發，也可以很複雜。篇幅有限，我們在此只敘述故事本身。

1874 年 6 月 1 日至 5 日間，日軍分三路攻打牡丹社。其中一隊於 6 月 2 日攻至爾乃社，「生擒」了一老一少的原住民女性，老婦在途中逃走，小女孩被帶回龜山大本營。這名少女，才 12 歲，9 月間被送到日本，開始在東京接受日語教育和日本式的教養。公文稱她為：牡丹社少女、牡丹少女、臺灣少女、蕃地少女等；人們則暱稱她為「オタイ」（お臺），

---

93. 李仙得原著，費德廉、羅效德中譯，《李仙得臺灣紀行》，頁 273、283、305（英：281, 291, 314）。

94. Robert Swinhoe, "Additional Notes on Formosa," http://academic.reed.edu/Formosa/texts/Swinhoe1866.html（瀏覽日期：2014 年 10 月 10 日）；費德廉、羅效德編譯，《看見十九世紀台灣》，頁 55-56。

95. Robert Swinhoe, "Notes on the Ethnology of Formosa," Extracted from a Paper Read before the Ethnological Society, with Additional Remarks（London, 1863），p. 10；費德廉、羅效德編譯，《看見十九世紀台灣》，頁 55-56。

等同中文的「小台」，我們特地用簡體「台」，比較像暱稱。後來由於日本和清國已簽約解決牡丹社事件，沒理由繼續把她留在日本，11月間她被送回臺灣，並安排由臺灣蕃地事務局都督西鄉從道在和部落長老的惜別會中，正式交還給部落。[96]

小台的故事，最初刊登在 1874 年 6 月 26 日《東京日日新報》，配有一幅插畫，上書「臺灣牡丹少女」，畫日本兵士正在替小台穿都督賞賜的漂亮和服。據報導，穿上和服的牡丹少女，彷彿變成日本少女，讓久離故鄉的兵丁人夫想起了故鄉。當時報紙還無法印照片，關於牡丹少女就只有文字和圖畫，欠缺具體的物證，久而久之，「牡丹少女」被認為只是個傳說，一直要到她的照片「出土」，配合《處蕃始末》相關的檔案文書，人們才確定確有其人。1870 年代，照片技術才剛興起不久，照相很不容易，當時臺灣蕃地事務局擔心小台渡日萬一得病有個不幸，遂在她搭船前，特地請攝影師松崎晉二替她拍了六張照片，附在這裡的這張「灣島牡丹小女年十二歲」（圖1），應該就是其中的一張。[97]由於有照片，加上 44 件公文歷歷在目，牡丹少女遂從真假難辨的傳說變成活生生的故事。陳其南的〈牡丹少女事件

圖1　牡丹少女（小台）照片。（資料出處：森田峰子，《中橋和泉町松崎晉二写真場》，頁57）。

---

96. 陳其南，〈牡丹少女事件簿〉，《臺博物語：臺博館藏早期台灣殖民現代性記憶》第五章（臺北：國立臺灣博物館，2010），頁 108、122-123。

97. 關於這張照片的「出土」經過，見森田峰子，《中橋和泉町松崎晉二写真場》（東京：朝日新聞社，2002），頁 54-60；亦可參見陳其南，〈牡丹少女事件簿〉，頁 108-109。

簿〉是目前臺灣關於牡丹少女最完整的文章。[98]

　　為何要將少女送到日本？說法不一，如：為了告知日本政府「蠻族之凶性」。或因少女在兵營，不甚妥當，故先送到日本。[99] 由於《處蕃始末》相關的公文書尚待一一解讀，只能等待將來會有比較確切的答案。不管目的為何，臺灣蕃地事務局對於「教化」小台可謂不惜成本；該事務局每月支給小台的照顧人上田發太郎 20 圓，作為小台在東京的生活照護和教育費用，當時雇請一位看護的婦人，日夜陪伴她。一旦有疾病，上田氏一定要上報，立即延醫治療。諸多費用可向大藏省申請。小台的教育，包括語言、裁縫，以及教養三大類。根據上田的報告，小台在東京不滿一個月就已經略通語言和禮節。更令人驚奇的是，不久之後，上田竟然請當時的名儒學者和詩人佐佐木支陰來教小台日文！牡丹少女離開東京準備返臺前夕，佐佐木支陰與上田發太郎都有將她的學習成果報告給蕃地事務局。名儒佐佐木顯然不滿意，上田則給予比較好的評價。小台回臺灣時，獲贈很多禮品，有小學書冊、東京錦繪、華麗首飾，以及好玩戲具等，計有三箱。她的老師佐佐木先生也將自己的字書裝幅相贈。她離京上路時，「麗服盛裝」，行李兩輛，看護者隨行，可說陣仗很大。[100]

　　小台於 6 月 7 日離開臺灣，26 日抵達東京；11 月 13 日離開東京，24 日抵達琅𣏐，25 日上陸。28 日由水野遵將少女和贈送的禮品土產等交給十八社頭目，結束了小台約五個月的「被留學」日本的奇遇。[101] 這是

---

98. 陳其南，〈牡丹少女事件簿〉，頁 106-123。
99. 陳其南，〈牡丹少女事件簿〉，頁 112、113。
100.陳其南，〈牡丹少女事件簿〉，頁 115-117。
101.陳其南，〈牡丹少女事件簿〉，頁 114、118。

我們所知道的第一位排灣族到日本的案例，而且小台很可能見過大隈重信，當時大隈重信是臺灣蕃地事務局長官。[102] 若以整個原住民來說，早在 1627 年就有十六名西拉雅族人被日本船長濱田彌兵衛帶到日本江戶，晉見幕府將軍秀忠和家光，獲賜很多禮物。第二年濱田船長帶他們回臺灣，間接導致濱田挾持 VOC 臺灣長官彼得·諾易茲（Pieter Nuyts）的「濱田彌兵衛事件」。[103] 他們停留日本的時間比小台久，但是像小台這樣有計畫地被安排學習日語和教養，應是第一遭。

陳其南的〈牡丹少女事件簿〉只寫到小台回臺，看來是個 happy ending。果真是這樣嗎？不是的。高加馨指出，根據牡丹社耆老的傳述，當小台再回到部落，因適應困難，導致精神恍惚，不久即死亡。[104] 華阿財則寫道：少女對照日本人和原住民的生活狀況，感覺食衣住行有很大的落差，由於無法改變年紀大者的想法，一直非常苦惱，因此身心失去平安，未滿二十歲，就在悲傷中過世。[105] 可以說小台的故事以淒涼結尾。

大頭目卓杞篤沒留下任何照片或畫像，但李仙得讓我們看到他的心緒和想法；反之，小台留下了很珍貴的照片，我們可以看得到她的面貌，但其實我們看不到小台的心情。我們只知道她在「狂泣」中被「捕」，之後就像個娃娃一樣任人擺布，聽不到任何可以稱得上屬於她的聲音。但願那些還未經仔細檢讀的材料，能讓我們多知道她一點點——這個突然被抓，並且帶到一個陌生國度被迫學習新事物的排灣少女。

102.陳其南，〈牡丹少女事件簿〉，頁 114。
103.中村孝志著，許賢瑤譯，〈圍繞臺灣的日蘭關係：濱田彌兵衛的荷蘭人攻擊〉，收於村上直次郎、岩生成一、中村孝志、永積洋子著，許賢瑤譯，《荷蘭時代台灣史論文集》（宜蘭：佛光人文社會學院，2001），頁 220。
104.高加馨，〈從 Sinvaujan 看牡丹社事件〉，頁 70。
105.華阿財，〈「牡丹社事件」についての私見〉，頁 47。

五、社會圖景，以及多元詮釋的可能

講完大頭目和小女孩的「故事」之後，這些新近變得容易入手的材料，其實還有個重要的作用，也就是能引領我們去了解（或重建）枋寮以南的社會圖景，而且這個社會圖景是「動態的」。何以是「動態的」，留待下面分析。納入清國管轄之前，南臺灣社會圖景的整體呈現，有待真正的研究，本小節僅選若干重要議題，提出初步整理的結果。

李仙得以遊說日本占領臺灣「無主番地」而有名於世，但是，如果我們仔細閱讀 *Notes of Travel in Formosa*，可以看出李仙得花費很多力氣試圖說服清政府有效統治這個地方，他建議建堡壘和燈塔，開軍路（從枋寮到最南端）和駐軍，但都沒被接受，好不容易說服劉明燈在大樹房附近建堡壘，等他再度訪問該地，堡壘早經廢棄，更不要說駐兵了。[106]

清廷對臺灣的統治，南端以枋寮為界，出了枋寮就是界外，不是行政管轄所及；更準確來說，界外指枋寮南邊下苦溪以南。這個地區是廣義的恆春地區或恆春半島，但因為「恆春」是牡丹社事件之後才出現的行政名稱（恆春縣），為避免引起時代倒置的問題，我們在此用舊地名，稱它為「琅嶠地區」，也就是李仙得筆下的「the district of Liangkiau」。惟請注意：琅嶠當作聚落名稱，指車城。李仙得因為親身訪問枋寮以南的地區，深知這個地區「非清領土」，所以他才要透過清官員建議北京要將琅嶠地區置於行政和軍事統治之下（"..., it was understood between the Chinese officials and myself that they would recommend to Peking the organization

---

106. 李仙得原著，費德廉、羅效德中譯，《李仙得臺灣紀行》，頁 273-274、285、312-314（英：281-283, 293-294, 321-324）。

of the district of Liangkiau under civil and military rule."）。[107] 其實這不是他的「大發現」，只是他實地考察，獲得具體的認知，並且繪製了一幅大地圖 "Formosa Island and the Pescadores"，清楚標出清領地區和「土番地界」的分界。[108] 上面提到的「新」材料《風港營所雜記》更進一步讓我們知道枋寮以南的漢人聚落的實況。

《風港營所雜記》是 1874 年日軍風港支軍本營駐紮風港（今楓港）時，為了解當地情況，做了多次的實地訪查，類似現在的「情蒐」，留下很多重要的訊息。它涵蓋的範圍主要是枋寮以南至風港之間的漢人聚落，由北到南有：北勢寮、加洛堂、崩山庄（枋山；崩、枋，臺語發音都是 pang）、刺桐腳（莿桐腳）。根據松野篤義等三人的實際調查，加洛堂、刺桐腳、崩山皆「納稅於大龜文頭人也」。大龜文頭人是當時琅嶠上十八社總頭目——也就是說，漢人聚落向排灣族原住民納稅，而不是向清地方政府納稅。[109] 加洛堂在今屏東縣枋山鄉加祿村，崩山、刺桐腳二聚落同在該鄉枋山村；琅嶠上十八社橫亙今屏東縣獅子鄉和臺東縣達仁鄉的一部分。很有趣的是，北勢寮則「少納稅大龜文，多納稅于官人也」，訪談者繼續追問：「官人誰？」，受訪者回答：「枋寮。」[110] 也就是說，北勢寮比較上是向枋寮的官員納稅的。北勢寮（在今枋寮鄉中寮村）距離大聚落枋寮非常近（1.2 公里以內），還沒過番界。換句話

---

107. Charles W. Le Gendre, *Notes of Travel in Formosa*, p. 293；李仙得原著，費德廉、羅效德中譯，《李仙得臺灣紀行》，頁 285。

108. Charles W. Le Gendre, *Notes of Travel in Formosa* 和中譯本都附有這幅地圖。

109. 王學新譯，《風港營所雜記：牡丹社事件史料專題翻譯（一）》，頁 87、89。又，莿桐腳庄民呈給風港本營的「歎願書」明白寫道：「竊吾莿桐腳庄民歷久受因土番管轄，年納公項，皆由居他肘下地界，……。」（《風港營所雜記》，頁 429）；庄民和日軍筆話的紀錄也說：「我庄受土番管轄，並無受清國管轄也。」（《風港營所雜記》，頁 437）。

110. 王學新譯，《風港營所雜記：牡丹社事件史料專題翻譯（一）》，頁 89、91。

說，越界開墾的漢人，是向原住民納稅的。

以下是刺桐腳漢人聚落的概況：這一帶田地很狹小，種植粟（小米）和瓜，不夠庄人每日食用，每每要向枋寮購買來補足，因此要砍柴來賣，以換米來吃。人口方面，男女一百多人，五十多戶。至於大龜文的收稅，只是收個「大略」而已，合庄每年共納銀 20 元。本庄有 10 輛水牛車，40 隻水牛。從本庄到大龜文沒有車路可到。該庄有做清醮的習俗，眾人持齋，豎起燈篙。[111]

這裡值得注意的是，以一百餘人的人口除以五十多戶的戶數，一戶約二點多人。在刺桐腳北邊的崩山，男女老幼共一百餘人，戶數四十餘戶，[112] 平均約二點五人。每戶平均二點多人，可以判斷很少「核心家庭」，可能就是父子、兄弟，或是夫婦兩人，有些戶再加一、二人，若這個庄有不少羅漢腳，應當不奇怪。這裡是否讓我們看到移墾社會的「粗胚」？是否有助於我們「擬想」早期漢人移墾臺灣的過程？這裡的牛車是 4 牛拉一車。李仙得一書中有 2 牛一車的照片，2 牛一前一後，[113] 但筆者沒看過 4 牛一車的照片，是否在拉力上有某種需求？待考。和刺桐腳一樣，崩山也做清醮，[114] 而且同樣持之甚嚴。我們會知道這兩個聚落有做清醮，是因為日本軍人松野篤義等三人在 6 月 13 日來到刺桐腳，和頭人阮有來會面，要求他去請大龜文頭目來和日軍會面，阮有來回答說庄人正在做清醮，不方便，想等清醮結束後再說。之後，日方到崩山，也提同樣的要求，尤其看在崩山頭人陳龜鰍和大龜文「交尤親」，但是陳龜鰍也說正在做清

---

111. 王學新譯，《風港營所雜記：牡丹社事件史料專題翻譯（一）》，頁 73、79、87-91。
112. 王學新譯，《風港營所雜記：牡丹社事件史料專題翻譯（一）》，頁 93。
113. Charles W. Le Gendre, *Notes of Travel in Formosa*, p. 58.
114. 王學新譯，《風港營所雜記：牡丹社事件史料專題翻譯（一）》，頁 97-101。

醮，希望 5 月 15 日（陽曆 6/28）清醮結束後再說，然而在松野等人強求之下，答應和刺桐腳頭人阮有來一起在 5 月 6 日（6/19）前往遊說大龜文頭目來和日軍見面，地點或在風港，或在崩山。[115] 兩位頭人最後不得不勉強答應在清醮期間做這件事，但從他們的應答中，透露出想嚴守清醮的禁忌，阮頭人說：「做清醮，敬答天地之際，庄眾之人不敢言誅之，亦不敢言來服誅討之事。」（意思是，清醮期間必須避免殺害生命，而去招來原住民或進行討伐，就會有殺生的可能，因此不能去做。）陳頭人說：「清醮之事，敬天也，日期不敢他移，恐惶天公責俗也。」[116] 這樣的文獻，讓我們看到漢人移墾聚落如何踐行民間信仰。

《風港營所雜記》記載了日軍在攻打牡丹等三社之後，如何「招降」琅嶠上十八社，也讓我們得知當時的「上十八社」是哪些社。6 月 20 日風港人王媽守、刺桐腳頭人阮有來、林海，崩山頭人陳龜鰍帶來大龜文頭目之弟取類，以及好幾個社的頭目來風港支營，「番人們獻豬二隻，各申述歸順之意」，於是日軍這邊「諭曰」如何如何，如「不厭行路之遠，先各社速歸順，其志甚可稱」，又說「速歸順是不獨你們之供福，亦全嶋之幸也」云云，於是殺豬，給予酒食。[117] 由於《風港營所雜記》只記風港這邊的情況，關於上、下十八社「歸順」的經過，《處蕃提要》有更詳細的資訊，其間有歸順後再反背的情況，這裡就不細講了。總之，到了 9 月 20 日，上、下十八社都「歸順」了，甚至花蓮後山番社也意外地來歸順日軍。[118]

---

115. 王學新譯，《風港營所雜記：牡丹社事件史料專題翻譯（一）》，頁 91、95-103。
116. 王學新譯，《風港營所雜記：牡丹社事件史料專題翻譯（一）》，頁 97。
117. 〈北番社來降始末〉，《風港營所雜記：牡丹社事件史料專題翻譯（一）》，頁 111-115。
118. 上、下十八社投降的大概，可參考王學新，〈《風港營所雜記》之史料價值與解說〉，《風港營所雜記》，頁 4-5。

由於日軍親自和上、下十八來「歸順」的頭目接觸，留下不少紀錄。據之，上十八社分為內文社和外文社，分轄七小社和十一小社，共計十八社：

　　內文社轄：中文、根阿燃、阿郎一、內獅仔頭、罵乳藕、無里一、
　　　　　　　本務。
　　外文社轄：大加錐來、麻籬笆、中心崙、笆嘮仔率（口字旁）、
　　　　　　　阿遮未薛、竹坑、外獅仔頭、大宇類、房武爛、大
　　　　　　　甘嗎立、草山。

內外共十八社，一般稱之為大龜文十八社。而且崩山耆老和大龜文頭目有親戚關係。[119] 這也可解釋為何一開始要崩山頭人去和大龜文頭目斡旋「歸順」之事。「來降」之後，日方賜予各社大日本號旗和都督府印章（有編號），各社頭目紅帛、赤布、白布等禮品，內外大頭目加賜大日本刀各一口。[120] 文獻記有各社頭目的名字，以及一些人脈關係，茲省略。

牡丹社事件相關檔案應有下十八社的完整名單，但筆者尚未得見；須注意的是，所謂「十八社」是統稱，不一定要緊盯數字，而且原住民部落往往有大社小社的區分，也會合併或析出。茲列出 1880 年《臺灣輿圖》記載的名稱，共二十社，供讀者參考，主要取其時間上比較接近：[121]

---

119. 王學新譯，《風港營所雜記：牡丹社事件史料專題翻譯（一）》，頁 465-469。
120. 王學新譯，《風港營所雜記：牡丹社事件史料專題翻譯（一）》，頁 501-507。
121. 此一名單，係黃清琦先生為拙書繪製「牡丹社事件日軍行進路線圖和上下十八社分布圖」而整理的，不敢掠美，謹此致謝。該圖收於周婉窈著、許書寧繪圖，《少年臺灣史：寫給島嶼的新世代和永懷少年心的國人》（臺北：玉山社，2014），頁 116。

下十八社：豬勝束社、蚊蟀社、龜仔甪社（內有三社）、牡丹
社（內附爾乃、中心崙社）、高士佛社、加之來社、八姑甪阿
眉社、射蔴裡社（射貓裡社）、四林格社、八磘社、竹社、上
快社、下快社、射不力社（內有五社）、射蔴裡阿眉大社、萬
里得阿眉社、羅佛阿眉社、八瑤阿眉社、蔴仔社、龍鑾社。

　　琅𫊻地區是個族群組成非常複雜的地區，李仙得指出這裡有：原住
民、漢人、客家、平埔，以及「混血種」。他們之間有非常多元的族群
關係，以及互動模式。在李仙得的書中，他交叉用「aborigines」和「savages」
來指稱原住民，後者中譯本作「野蠻人」；平埔則記為「Peppo」，或
「Peppo-whan」、「Pe-po-hoan」等類似的拼音。[122] 李仙得也注意到原住
民當中有阿美族，他稱他們為「Amia」或「Amias」，認為他們處於農奴
或奴隸狀態。[123] 李仙得說這些人是北部阿美族的後代，他認為他們已經
來很久，因為雖然他們仍保存自己的語言，彼此之間講，但能很流利地
說主人的語言。他還觀察到：阿美族膚色比較淺，較高大，更有活力。
他還推測當地原住民和阿美族之間可能有通婚情況。[124] 阿美族之外，李
仙得記下 18 社包括的番社：牡丹、加芝萊、高士佛、竹社、貓仔、豬勝
束、蚊蟀、射蔴里、平埔、猴洞、龍鑾、龜仔甪。[125] 這些都是歷史現場
的觀察和紀錄，彌足珍貴。究實而言，這一帶的原住民組成其實很複雜，
而「Peppo」何所指，也是很值得注意。根據研究，在舊琅𫊻地區（枋寮

122.「aborigines」和「savages」，例見 Charles W. Le Gendre, *Notes of Travel in Formosa*, pp. 265, 268,
　　269；關於「平埔」的拼法，見同書索引「Peppo（平埔番）」條，p. 472。

123. Charles W. Le Gendre, *Notes of Travel in Formosa*, pp. 225, 265, 290（中：218, 259, 282）.

124. Charles W. Le Gendre, *Notes of Travel in Formosa*, p. 290（中：282）.

125. 李仙得原著，費德廉、羅效德中譯，《李仙得臺灣紀行》，頁 259（英：265）。

以南的臺灣南端）活躍的原住民有斯卡羅族、排灣族、馬卡道族，以及阿美族。根據日治時期的調查報告，斯卡羅（seqalu）是遠從 puyuma 之地而來，屬於 puyuma 族，目前在官方原住民族的分類上列為排灣族；豬朥束社、射麻里、貓仔、龍鑾四社都是斯卡羅族的部落，分別統領其他番社，其中又以豬朥束社的大頭目家勢力最為強大。[126]「平埔族」指稱馬卡道族；地方上稱他們為「平埔仔」。[127] 排灣族並非歷史現場的族群自稱，斯卡羅族所統領的其他原住民，日後被命名為排灣族；他們包括居住在「牡丹地區」的牡丹社和高士佛社。[128] 阿美族已如上述，茲不贅述。[129]

在李仙得筆下，「混血種」和「客家」，又何所指？在 *Notes of Travel in Formosa* 一書中，李仙得經常提到一種人──原住民和漢人之間所生的子女，他稱之為「half-castes」，費德廉和羅效德的中譯本譯為「混

126. 臺灣總督府臨時臺灣舊慣調查會原著，中央研究院民族學研究所編譯，《臺灣總督府臨時臺灣舊慣調查會 番族慣習調查報告書 [第五卷] 排灣族·第一冊》（臺北：中央研究院民族學研究所，2003），頁 93。相關的新近研究可參考：林家君，〈模糊的邊界與差異的人群：滿州鄉「里德人」的人群分類與實踐〉（臺東：國立臺東大學南島文化研究所碩論，2008）。簡明捷，〈族群接觸與身分建構：以恆春阿美族人的歷史遷徙為例〉，《臺灣文獻》63:2（2012.6），頁 53-94。另外尚未正式刊登的論文有許世融，〈清末到日治初期恆春地方的族群分布（1870-1900）〉，發表於「語言文化分布與族群遷徙工作坊」（2012 臺師大場），2012 年 6 月 30 日。該文所附多張圖表，如「1874 年恆春番社分布」（頁 4）、「1874 年恆春番社人口分布」（頁 48），和本文特別有關，看圖一目了然，對我們了解牡丹社事件時的恆春地區聚落和人群情況，非常有幫助。

127. 簡明捷，〈族群接觸與身分建構：以恆春阿美族人的歷史遷徙為例〉，頁 55、61、77。

128. 根據李仙得的記載，在歷史現場，「the Boutan territory」（牡丹地區／領域）是大地名，指稱下 18 社的北部地區，不只是牡丹三社的所在地，高士佛、加芝萊、竹社、蚊蟀等社都包括在內；「the Boutan」或「the Boutans」（牡丹人）泛指牡丹地區的人群，不只是指牡丹三社的人口。分見 Charles W. Le Gendre, *Notes of Travel in Formosa*, pp. 311, 324（中：303, 315）; pp. 247-248, 317（中：241, 307）。相關研究，可參考羽根次郎，〈關於牡丹社事件之前 Boutan（牡丹）的含意〉，收於若林正丈、松永正義、薛化元主編，《跨域青年學者台灣史研究論集》（臺北：國立政治大學臺灣史研究所，2008），頁 2-26。

129. 關於恆春半島阿美族的移入與移出，可參考前引簡明捷，〈族群接觸與身分建構：以恆春阿美族人的歷史遷徙為例〉一文。

血種」，中文好像沒有比較「雅」的用詞；書稿日譯本《李氏臺灣紀行》則譯為「雜種人」，[130] 更不足取了。英文其實用語也不一致，例如，史溫侯在 "Narrative of a Visit to the Island of Formosa" 一文中，用「half-breeds」一詞。[131] 社寮庄頭目的兒子 Mia 就是漢人男性和原住民女性之間所生的「混血種」，他的漢名是 Yeu Tick t'chien。[132] 李仙得第三次會見卓杞篤時，除了 Mia，還有一位混血種，是社寮一位領導人（one of the leading men in Sialiao）的兒子。[133] 這是否暗示漢庄的頭人和領導人有娶原住民女性的情況？是因為地位高而得以和原住民聯姻，還是因為聯姻而提高地位？或兩者皆是？根據日治初期 1902 年的一份報告，下十八社北部和上十八社之原漢通婚，主要存在於番社之頭人（頭目）、社長與漢人街庄總理、通事、交易商之間。[134] 地理空間一樣，時間再往前推二、三十年，情況可能相差不多。

在原漢毗鄰而居的地區，顯然有原住民關係、能講「番語」是個優勢，用分析的語言來說，就是社會資本。尤其是當外人亟想和原住民接觸的時候，《風港營所雜記》記載日軍在風港想「招降」原住民時，就有風港庄人鄭順孝的「老母」（應為臺語，母親之意）主動來說她曾經是「生番通事」，願到射不力社去勸說「番民來降」。[135] 鄭順孝的母親

---

130. 我部政男、栗原純編，ル・ジャンドル著，《ル・ジャンドル台湾紀行》，第一卷，頁44。
131. Robert Swinhoe, "Narrative of a Visit to the Island of Formosa," *Journal of the North-China Branch of the Royal Asiatic Society* 11 (May 1859), p. 151.
132. Charles W. Le Gendre, *Notes of Travel in Formosa*, p. 321（中：312）.
133. Charles W. Le Gendre, *Notes of Travel in Formosa*, p. 311（中：303）.
134. 臺灣總督府警察本署，《理番誌稿》（臺北：臺灣總督府警察本署，1918）第一卷，頁328。中譯見臺灣總督府警察本署，陳金田譯，《日據時期原住民行政志稿》（原名：理番誌稿）第一卷（南投：臺灣省文獻會，1997），頁265。
135. 王學新譯，《風港營所雜記：牡丹社事件史料專題翻譯（一）》，頁71。

因為是混血兒才懂得「番語」，還是自己學習的，我們無從知道。由於日軍剛到風港，借宿民家，鄭順孝家可安置二十名士兵，僅次於另一戶的二十一名，可見鄭家在風港頗擁有資產。[136]

琅嶠地區族群組合原本已經很複雜，在1860年代臺灣開港通商之後，有不少西方人來到此地，具有原漢血統，並且懂兩邊語言的混血兒，可以提供外人亟需的服務，因此，大大增加自己可運用的資本。費德廉注意到：「1860年代和1870年代，在南臺灣的政治位階上Mia的顯眼特出很大程度仰賴外來者如李仙得所提供給他的政治資本。」（Mia's prominence in the political hierarchy in southern Formosa in the 1860s and 1870s depended to a remarkable degree on the political capital that intruders like Le Gendre provided him.）[137] 日本「臺灣出兵」，日軍入駐琅嶠地區，將近七個月（05/22-12/20），對在地社群更是帶來很大的衝擊，尤其族群關係方面。在日軍入駐之前，漢庄是沒有政權管理的地方，雖然漢人向原住民納稅，取得土地使用權，但是原住民頭目沒管到漢人。當一個強有力的軍事力量進來之後——它輕易擊潰以勇猛有名的牡丹社，我們看到漢人想利用日本國家力量來壓制向他們收稅的原住民。在這種在地人群想藉外力撥動社群平衡槓的過程當中，他們的作為向我們揭示了「既有的」與「動態的」社會圖景，彌足珍貴。

不少臺灣開港通商之後的西方文獻，都會提到「Hakkas」。「Hakkas」，相當於「客家」或「客家人」，但在概念上，有時和我們

---

136. 王學新譯，《風港營所雜記：牡丹社事件史料專題翻譯（一）》，頁51-53。

137. Douglas L. Fix, "The Changing Contours of Lived Communities on the Hengchun Peninsula, 1850-1874"，頁251。又見，李仙得原著，費德廉、羅效德中譯，《李仙得臺灣紀行》，頁312、313、314（英：321, 322, 323）。

現在的用法很不一樣。最大的差別在於認為「Hak-kas」或「Hakkas」不是漢人。李仙得在 Notes of Travel in Formosa 開宗明義寫道：「全島則共計 1,679,986 人，由漢人、混血種、客家、平埔番，與原住民等共同組合而成。」（... and a grand total for the whole island of 1,679,986 souls, composed of Chinese, Half-castes, Hakkas, Peppos, and Aborigines.）[138] 這裡「Hakkas」和「Chinese」對舉，後者指「漢人」。編譯者也注意到這一點，特地在譯註中說：「李仙得所提的『Chinese』（漢人）則是從福建遷移到臺灣的閩南人（或福佬人）。他認為客家人是屬於一種非漢人的族群。」[139] 這並不是李仙得的一私之見，在 19 世紀西方人之中，是一種看法。例如，必麒麟也認為「Hak-kas」是和漢人完全不同的種族（totally distinct race）。[140]

在琅𤩣地區，客家不只不被認為是漢人，作為一個族群，它扮演的角色也和我們一般印象中勤於耕作的形象有所扞格。我們看到，這一帶的客家人很擅長貿易，原住民需要的槍枝、火藥，以及日用品，都是靠客家人。李仙得說：「……任何跟交易有關的事情上，客家人與野蠻人之間所存有之關係是如此的密切。」[141] 客家和原住民關係良好。琉球人船難事件發生時，琉球人遇到的交易小屋的老人鄧天保就是客家人，他把十二位餘生者送到保力庄，交給女婿楊友旺照顧，保力庄是客家聚落。當必麒麟陪伴卓杞篤的兩個女兒到琅𤩣去見清官員時，卓杞篤請他一定

---

138. 李仙得原著，費德廉、羅效德中譯，《李仙得臺灣紀行》，頁 9（英：10）。
139. 李仙得原著，費德廉、羅效德中譯，《李仙得臺灣紀行》，頁 23，註 5（英：24, note 5）。
140. "... we find another and totally distinct race, called the Hak-kas, or 'strangers,' in their own language, and termed by the Hok-los, 'Kheh-lang.'" W. A. Pickering, *Pioneering in Formosa: Recollections of Adventures among Mandarins, Wreckers, & Head-hunting Savages*. (London: Hurst and Blackett, Limited, 1898), p. 67.
141. "I speak of this to show the connection existing between the Hakkas and the savages in anything relating to trade." Charles W. Le Gendre, *Notes of Travel in Formosa*, p. 318（中：352）。

要安全地將他的兩個女兒送回保力庄的朋友那裡，[142] 可見保力庄和原住民的關係良好。

在這樣一個族群複雜，卻又尚無「國家」統治的地區，從羅妹號、琉球人船難，到牡丹社事件，我們看到外力的積極介入，甚至導致一個海外國家派軍隊來征伐並進行「招降」行動，多方面的史料，讓我們有機會重建在地社會的樣貌，以及它面對外力時所起的變化，並開展了多元詮釋的可能。就歷史研究來說，這毋寧是令人興奮的，只是我們還須等待奠基在這些「新」材料的深入分析和整合。

六、不知如何結束的牡丹社事件（代結語）

論文寫到這裡，真不知如何結束。這好像是在開玩笑，其實不然。如同歷史上很多重大事件，牡丹社事件影響非常深遠，且不斷「出現」，要求我們正視它。它的「遺緒」千絲萬縷，在這裡，容我先提事件後二十年和它直接有關的內外兩大事情。其後再提及這個事件在戰後被「抹殺」及其當代的「再現」。

首先，如同一般認為的，牡丹社事件是日本為了解決琉球問題而發動的，其結果也的確完成「琉球處分」，將一個曾經獨立四百年的琉球王國收入版圖，成為直接管轄的行政區沖繩縣。然而，「臺灣出兵」的確也帶有占領臺灣番地的企圖——李仙得在深知清廷不可能（或不願意）積極治理該地區後，轉而說服日本來占領，並且獲得副島種臣的支持。從李仙得的書稿，我們可以看出他的一個主要的著眼點在於保障外國船

---

142. Charles W. Le Gendre, *Notes of Travel in Formosa*, p. 283（中：275）.

難者的安全。但是，國際情勢和日本國內政治終於導致日本中央政府決定放棄這個想法，連帶地，李仙得編寫的 *Notes of Travel in Formosa* 的大部頭作品，以及完整的日譯本，遭到永遠的擱置；其實該書已經到了可以付梓的階段。即使今天，看到圖文這麼豐富的書稿，都可以深切感受到李仙得為這本書所付出的心力。對當事人來說，這應該是很大的打擊和失望吧。

從 1875 年日本正式併吞琉球，到 1895 年清廷將臺灣割讓給日本，是清領臺灣的最後二十年。這二十年東亞國際情勢起了很大的變化，原本中國和東亞諸國之間的宗主・朝貢國關係，以琉球為始，出現骨牌現象，中法戰爭（1883-1885）迫使中國放棄越南的宗主權，越南成為法國的殖民地；中日甲午戰爭（1894）的結果導致中國放棄韓國的宗主權，由日本控制韓國，十五年後合併之。也就是說，清廷一步一步被迫放棄它在東亞擁有的朝貢國──琉球、越南、韓國，國勢愈來愈衰弱，二十年後因戰敗將臺灣割讓給日本。

如所周知，中日甲午戰爭期間沒有一顆子彈打到臺灣，但日本在談判桌上卻連帶索取臺灣。當時臺灣紳民對未經戰爭而被割讓，很不滿，〈臺民布告〉說：「此非臺民無理倔強，實因未戰而割全省，為中外千古未有之奇變。」[143] 當時的士紳一定很少人想到這個「因」可能在牡丹社事件就種下了，而且事件當時有多少臺灣人會對牡丹社事件有印象，也是問題。日本「臺灣出兵」時，清廷當然緊張，也派沈葆楨來臺關心、應對事情的變化，但是，請注意，日軍和清軍從來沒打起來，因為清兵本來就沒駐守在琅嶠地區，雖然當時也確實有派軍隊駐防枋寮，也有一

143.〈臺灣自主文牘〉，收入王炳耀編，《中日戰輯選錄》（臺北：臺灣銀行經濟研究室，1969），頁 69。

些士兵曾出現在漢人聚落加洛堂，[144] 但就只是這樣。是以，牡丹社事件對當時清統治下的臺灣人民來說，可能一點印象也沒。反之，「臺灣」，一個從來沒聽過的遙遠的海島，卻從此進入了日本人的視野中。記得小台嗎？看過畫報的東京人想必會留下印象，且開始某種想像——對小台的故鄉臺灣的想像。暫且不說想像，那畢竟比較難捉摸，那麼，有具體的了解嗎？有的，至少出了兩位「臺灣通」——樺山資紀和水野遵。樺山資紀在牡丹社事件之前來過臺灣四次，共花了八個月勘查臺灣全島，日本出兵臺灣時，他以陸軍少佐的身分隨軍出征。水野遵是海軍通譯，曾和樺山一起進行調查工作，勘查過淡水和恆春半島，牡丹社事件時是西鄉從道的隨員。兩人都留下關於臺灣的重要著作，即前面提到的《臺灣紀事》和《臺灣征蕃記》。這兩位臺灣通，在日本領有臺灣之後，樺山資紀成為第一任臺灣總督，水野遵則擔任前三位總督的民政長官（正式職銜依次為民政局長官、民政局長），角色類似執行長。這不能不說是牡丹社事件的繼續演義。

對臺灣本身來說，最直接的影響當然是事件後清廷決定將「番地」一概劃入行政區，琅𤩝地區變成恆春縣；中法戰爭之後，臺灣更從福建省析出，獨立設省，進入一省三府一州十一縣三廳時期。這最後的二十年，也就是一般所說的清統治由「消極治臺」轉變為「積極治臺」，開山撫番是重要的一項政策。對此，就容許筆者不多所著墨。在這裡，我想提一下「北京專約」三款中的最後一款：

三　所有此事兩國一切來往公文，彼此撤回註銷，永爲罷論。

144.王學新譯，《風港營所雜記：牡丹社事件史料專題翻譯（一）》，頁 185、195、207、209-211、335。

至於該處生番，清國自宜設法妥爲約束，以期永保航客不能再
受凶害。

某種程度，將原住民地區「郡縣化」，算是回應了此款第二項，也算是
不負李仙得積極處理羅妹號事件的初衷。

歷史事件是否可以「水過無痕」，我無從確定。不過，對恆春半島
的原住民而言，至少歷史是繼續的，是有延續性的。我們前面提到日軍
積極招降上下十八社，當時用的漢字是「歸順」，這當然是日方的用語，
我們也只看到日本人怎麼看這件事，到底原住民如何看待會見高階軍官
和西鄉從道都督，並且接受號旗和印章這件事，是表示通好，還是投降？
不管如何，這樣的接觸是有影響的，日本根據馬關條約來接受臺灣，受
到在地人民浴血反抗，足足花了四個多月才完成接收。但是，臺灣南端
和東部原住民的反應就很不一樣，日軍是受到歡迎的，甚至原住民還幫
助日軍對抗清軍。[145] 雖然分析起來，原因很多層，但和牡丹社事件中日
軍勤於招撫原住民是脫不了關係的。

牡丹社事件前後出現於相關文獻中的人物，如楊友旺、潘文杰（卓
杞篤的養子或女婿）、林阿九等人，都活過清領最後二十年，一直到日
本統治時期仍然扮演很重要的角色。如果我們能整合清領和日治的文獻，
相信能更進一步勾勒出恆春半島在巨變中隨之改變或仍維持不變的社會
與社群動態。

牡丹社事件在日治時期，如前所述，已經開始有不少的研究，惟研
究的角度有它的局限。戰後，臺灣歷史普遍受到嚴重的忽略，即使反抗

145.王學新，〈日據初期臺東地區抗日戰事中原住民族群向背之分析（一八九五——
一八九六）〉，《臺灣文獻》47:4（1996.12），頁129-148。

日本的霧社事件都不受重視，遑論原住民被日本打敗的牡丹社事件。忽略不講是一回事，連它的歷史遺跡都要被抹滅。抹滅日本統治的痕跡是戰後國民黨政府的既定政策。[146] 如果您今天到車城看牡丹社事件的遺跡，您就會發現「大日本琉球藩民五十四名墓」的「大日本」被塗掉，墓基題字也遭破壞。（圖2、3）在石門，原本紀念西鄉從道的碑上題字「西鄉都督遺蹟紀念碑」被置換為「澄清海宇還我河山」（圖4、5），是道地的反共復國標語。一旁的「征蕃役戰死病歿者忠魂碑」，原本是紀念臺灣出兵的日方犧牲者，

圖2　屏東縣車城鄉統埔村「大日本琉球藩民五十四名墓」碑。（作者拍攝）

刻有「忠魂碑」三字的橢圓形大石頭不見了，碑文也被徹底「磨光」，並由原址遷於「西鄉都督遺蹟紀念碑」之旁（圖6、7）。[147] 這種情況，霧社事件也不遑多

圖3　「大日本琉球藩民五十四名墓」碑基座之文字。（作者拍攝）

146. 一篇很值得參考的相關研究，是吳俊瑩，〈如何稱呼臺灣史上的「日本時代」？兼論戰後日式紀年與意象的清除與整理〉，《臺灣文獻》65:3（2014.9），頁49-98。關於日本時代紀念碑的處理，見該論文頁70-73。

圖4 「西鄉都督遺蹟紀念碑」原貌。輯自《科學の臺灣》5.1（1937.2）。（吳俊瑩先生提供）

讓，巴蘭社頭目，也是霧社群總祭司 Walis Buni 墓碑上的名字也遭塗毀。（圖8）

　　或許因為有這長達半世紀的本土歷史抹滅作業，所以像牡丹社事件這麼重要的歷史事件，卻很少有研究，一般人也不甚清楚它的梗概。可慶幸的是，在臺灣民主自由化之後，我們終於看到在地人開始探討牡丹社事件，我們也看到國內外研究者開始試圖從內

圖5 置換成反共大陸口號的「澄清海宇 還我河山」碑。（作者拍攝）

147. 根據吳俊瑩，這兩個碑是少數留有檔案紀錄者。1953 年 4 月 1 日，臺灣省保安司令部以「有損我民族自尊心」為由，下令屏東縣政府拆毀，5 月 25 日縣政府改題「澄清海宇 還我河山」，重新鑄牌覆蓋「西鄉都督遺蹟紀念碑」等字，原碑背面的碑文則被拔除。「忠魂碑」原擬改建為「山地同胞抗日死難紀念碑」，最後只拆未立，留下石砌底座。見吳俊瑩，〈如何稱呼臺灣史上的「日本時代」？兼論戰後日式紀年與意象的清除與整理〉，頁 72-73。

部理解起，而更重要的
是，不少牡丹社事件相關
的資料（日文、西文）都
相繼出土，這是要感謝無
數或有名或無名的人士的
努力，光是李仙得書稿的
「再現」，據說花了兩位
編者一紀十二年的時光。
國史館臺灣文獻館收集史
料和編譯工作也值得大大
肯定，可惜後繼乏力，看
來「アジア歷史資料セン
ター（JCAHR）」龐大的
文書檔案，要靠研究者各
自努力了。

圖6「征蕃役戰死病歿者忠魂碑」原貌。輯自《科學
の臺灣》5.1（1937.2）。（吳俊瑩先生提供）

圖7「征蕃役戰死病歿者忠魂碑」現況。（作者拍攝）

　　在牡丹社事件的一百四十餘年後，我們好像才
開始對這個事件本身，以及透過這個事件可觸摸到
的琅𤩾地區／恆春半島的社會與人群，才開始有一
些理解。面對這樣一個複雜多樣、正在變動，又被
巨大的外力所衝擊的社會與人群，多元的詮釋是必
要的；在「新」舊材料的加持下，我們看到多元詮
釋的可能性。

　　很期待2024年在我們紀念牡丹社事件
一百五十周年時，我們可以回顧很多精彩的研究

圖8霧社群總祭司‧
巴蘭社頭目Walis Buni
墓碑。（作者拍攝）

——與臺灣老中青學者，以及年輕學子，共勉之！

參考書目

- ル・ジャンドル著，我部政男、栗原純編，1998，《ル・ジャンドル台湾紀行》。東京：綠蔭書房。
- 大浜郁子，2006.12，〈「加害の元凶は牡丹社蕃に非ず」―「牡丹社事件」からみる沖縄と台湾〉，《二十世紀研究》7，頁79-102。
- 大浜郁子，2007.3，〈「牡丹社事件」再考―なぜパイワン族は琉球島民を殺害したのか〉，《台湾原住民研究》11，頁203-223。
- 大浜郁子，2013.3，〈「琉球漂流民殺害事件」について〉，《歷史と地理　日本史の研究（240）》662，頁24-30。
- 大路會編，1930，《大路水野遵先生》。臺北：大路會事務所。
- 中村孝志著，許賢瑤譯，2001，〈圍繞臺灣的日蘭關係：濱田彌兵衛的荷蘭人攻擊〉，收於村上直次郎、岩生成一、中村孝志、永積洋子著，許賢瑤譯，《荷蘭時代臺灣史論文集》。宜蘭：佛光人文社會學院，頁205-230。
- 王炳耀編，1969，《中日戰輯選錄》。臺北：臺灣銀行經濟研究室。
- 王學新，1996.12，〈日據初期臺東地區抗日戰事中原住民族群向背之分析（一八九五一一八九六）〉，《臺灣文獻》65:3，頁129-148。
- 王學新譯，2003，《風港營所雜記：牡丹社事件史料專題翻譯（一）》。南投：國史館臺灣文獻館。
- 臺灣總督府臨時臺灣舊慣調查會原著，中央研究院民族學研究所編譯，2003，《番族慣習調查報告書〔第五卷第一冊〕排灣族》。臺北：中央研究院民族學研究所。
- 臺灣總督府臨時臺灣舊慣調查會原著，中央研究院民族學研究所編譯，2003，《番族慣習調查報告書〔第五卷第五冊〕排灣族》。臺北：中央研究院民族學研究所。
- 臺灣總督府臨時臺灣舊慣調查會原著，中央研究院民族學研究所編譯，2004，《番族慣習調查報告書〔第五卷第三冊〕排灣族》。臺北：中央研究院民族學研究所。
- 臺灣總督府臨時臺灣舊慣調查會原著，中央研究院民族學研究所編譯，2004，《番族慣習調查報告書〔第五卷第四冊〕排灣族》。臺北：中央研究院民族學研究所。
- 臺灣總督府警察本署，1918，《理蕃誌稿〔第一卷〕》。臺北：臺灣總督府警察本署。
- 臺灣總督府警察本署編，1997，陳金田譯，《日據時期原住民行政志稿〔第一卷〕》。南投：臺灣省文獻會。
- 甘懷真，2010.2，〈「台灣出兵」與東亞近代國家的再編〉，《アジア文化交流研究》5，頁29-40。
- 羽根次郎，2008，〈關於牡丹社事件之前Boutan（牡丹）的含意〉，收於若林正丈、松永正義、薛化元主編，2008，《跨域青年學者台灣史研究論集》。臺北：國立政治大學臺灣史研究所。頁2-26。

- 羽根次郎，2009，〈「南岬之盟」和琉球漂流民殺害事件〉，收於若林正丈、松永正義、薛化元編，2009，《跨域青年學者台灣史研究續集》。臺北：國立政治大學臺灣史研究所。頁3-40。
- 吳俊瑩，2014.9，〈如何稱呼臺灣史上的「日本時代」？兼論戰後日式紀年與意象的清除與整理〉，《臺灣文獻》65:3，頁49-98。
- 吳密察，1990，《台灣近代史研究》。臺北：稻鄉出版社。
- 赤嶺守、朱德蘭、謝必震編，2013，《中国と琉球人の移動を探る：明清時代を中心としたデータの構築と研究》。東京：彩流社。
- 林欣宜，2012.12，〈書介：Charles Wm. Le Gendre, *Notes of Travel in Formosa*（Douglas L. Fix and John Shufelt eds., Tainan: National Museum of Taiwan History, 2012）〉，《臺灣史研究》14，頁171-178。
- 林家君，2008，〈模糊的邊界與差異的人群：滿州鄉「里德人」的人群分類與實踐〉。臺東：國立臺東大學南島文化研究所碩論。
- 思痛子，1959，《臺海思慟錄》。臺北：臺灣銀行經濟研究室。
- 洪麗完主編，2009，《國家與原住民：亞太地區族群歷史研究》。臺北：中央研究院臺灣史研究所。
- 高加馨，1998.5，〈從 Sinvaujan 看牡丹社事件〉，《史學》24，頁50-86。
- 高加馨，2005.7，〈牡丹社事件の真実—パイワン族の立場から〉，《植民地文化研究》4，頁37-46。
- 高加馨著、里井洋一訳，2008.3，〈Sinvaudjan から見た牡丹社事件 上〉，《琉球大学教育学部紀要》72，頁41-62。
- 高加馨著、里井洋一訳，2008.8，〈Sinvaudjan から見た牡丹社事件 下〉，《琉球大学教育学部紀要》73，頁27-50。
- 許世融，2012.6，〈清末到日治初期恆春地方的族群分布（1870-1900）〉，「語言文化分布與族群遷徙工作坊」（2012 臺師大場）。
- 陳其南，2010，〈牡丹少女事件簿〉，收於同作者，《臺博物語：臺博館藏早期台灣殖民現代性記憶》。臺北：國立臺灣博物館。頁106-121。
- 森田峰子，2002，《中橋和泉町松崎晋二写真場—お雇い写真師、戦争・探偵・博覧会をゆく》。東京：朝日新聞社。
- 華阿財著、宮崎聖子訳，2006.3，〈「牡丹社事件」についての私見〉，《台湾原住民研究》10，頁38-52。
- 費德廉、羅效德編譯，2006，《看見十九世紀台灣：十四位西方旅行者的福爾摩沙故事》。臺北：如果出版社。
- 黃得峰、王學新譯，2005，《處蕃提要：牡丹社事件史料專題翻譯（二）》。南投市：國史館臺灣文獻館。
- 劉序楓，2006，〈清代檔案與環東亞海域的海難事件研究：兼論海難民遣返網絡的形成〉，《故宮學術季刊》23:2，頁91-126。
- 劉序楓，2013.8，〈漂泊異域：清代中國船的海難紀錄〉，《故宮文物月刊》365，頁16-

23。

- 戴寶村，1993，《帝國的入侵：牡丹社事件》。臺北：自立。
- 簡明捷，2012.6，〈族群接觸與身分建構：以恆春阿美族人的歷史遷徙為例〉，《臺灣文獻》63:2，頁 53-94。
- House, Edward H. 著、陳政三譯著，2008，《征臺紀事：牡丹社事件始末》。臺北：台灣書店。
- Le Gendre, Charles W. 原著，Douglas L. Fix、John Shufelt 主編，費德廉、羅效德中譯，《李仙得臺灣紀行》。臺南：國立臺灣歷史博物館。
- Le Gendre, Charles W. 原著，Robert Eskildsen 英編，黃怡漢譯，陳秋坤校註，2012，《李仙得台灣紀行：南台灣踏查手記》。臺北：前衛出版社。
- Eskildsen, Robert, ed. 2005. *Foreign Adventures and the Aborigines of Southern Taiwan, 1867-1874: Western Sources Related to Japan's 1874 Expedition to Taiwan*. Taipei: the Institute of Taiwan History, Academia Sinica.
- Fix, Douglas L. 2009. "The Changing Contours of Lived Communities on the Hengchun Peninsula, 1850-1874"，收於洪麗完主編，《國家與原住民：亞太地區族群歷史研究》。臺北：中央研究院臺灣史研究所，頁 233-282。
- Fix, Douglas L. 2011.9. "'A highly cultivated country': Charles Le Gendre's Mapping of Western Taiwan, 1869-1870"，《臺灣史研究》18:3，頁 1-45。
- House, Edward Howard. 1875. *The Japanese Expedition to Formosa. Tokio: 1875*. Reprint, Memphis, Tennessee: General Books, 2010.
- Le Gendre, Charles W. 2012. *Notes of Travel in Formosa*. Edited by Douglas L. Fix and John Shufelt. Tainan: National Museum of Taiwan History, 2012.
- Pickering, W.A. 1898. *Pioneering in Formosa: Recollections of Adventures among Mandarins, Wreckers, & Head-hunting Savages*. London: Hurst and Blackett, Limited.
- Swinhoe, Robert, 1863. "Notes on the Ethnology of Formosa," Extracted from a Paper Read before the Ethnological Society, with Additional Remarks. Read before the British Association, August 1863. Pp. 1-16. 中譯見費德廉、羅效德編譯，《看見十九世紀台灣》，頁 33-53。
- Swinhoe, Robert, 1859.5. "Narrative of a Visit to the Island of Formosa." *Journal of the North-China Branch of the Royal Asiatic Society*, 11, pp. 145-164. 中譯見費德廉、羅效德編譯，《看見十九世紀台灣》，頁 18-32。
- 網址：http://academic.reed.edu/Formosa。（瀏覽日期：2014 年 10 月 10 日）
- Swinhoe, Robert. "Additional Notes on Formosa."
  http://academic.reed.edu/Formosa/texts/Swinhoe1866.html（瀏覽日期：2014 年 10 月 10 日）；中譯見費德廉、羅效德編譯，《看見十九世紀台灣》，頁 54-64。
- 影音檔：http://catalog.digitalarchives.tw/item/00/42/32/3e.html（瀏覽日期：2014 年 10 月 10 日）。

——本文原刊載於《臺灣風物》65：2，2015.6，頁 23-90。

周婉窈教授授權使用。

一、琉球人船難和牡丹社事件的經過

① **琉球八重山與宮古島的船隻漂流到臺灣：**

八重山：漂流到打狗口（今高雄旗後），後送至福州，返回那霸。

宮古島：69 人中，54 人遭高士佛社和牡丹社人殺害。

② **日本政府的反應：**

受李仙得（Charles W. Le Gendre）影響，決定攻打臺灣「番地」。

獲得清總理事務衙門，生番是「化外」之地的答復，積極籌畫征討臺灣原住民。最終 1874 年引發牡丹社事件。

二、新材料與相關研究

① **《風港營所雜記》：**

1874 年日軍駐紮風港（今楓港）留下的紀錄，記載與當地漢人、原住民的互動。

② **《處蕃提要》：**

1876 年日本臺灣蕃地事務局整理琉球人船難到 1875 年 5 月 31 日為止的史料，出版的《處蕃始末》之重點彙編。

③ **李仙得，*Notes of Travel in Formosa*，中譯本《李仙得臺灣紀行》：**

在牡丹社事件期間完成，為李仙得考察當時臺灣的書稿，包含大量照片、插圖、地圖等資料，為研究牡丹社事件重要的材料。

④ **牡丹社事件研究的轉向：**

過去：集中在外交層面，如日本出兵臺灣的原因、清朝對臺灣主權

的主張等。

近年：從外部轉向內部，從排灣族人的文化和口傳，或是從琉球人的角度重新探討牡丹社事件。

三、大頭目卓杞篤與小女孩「小台」

① **李仙得筆下的卓杞篤：**

船難救助的協議：部落族人對「無償救助」的不滿，成為高士佛社殺害琉球人的一個解釋。

當地漢化的景況：卓杞篤的清式髮型、其弟流利的漢語，以及家中擺放中國式裝飾的大床等。

② **牡丹少女「小台」：**

當時《東京日日新報》有刊登插畫，日本政府也請攝影師松崎晉二為她拍照，留下珍貴照片。

遭日軍追捕，被送往日本「留學」五個月，學習日語、裁縫和教養。返臺後，對照日本與部落的生活狀況，身心不安，未滿 20 歲過世。

四、新材料呈現的南臺灣社會圖景

① **當地漢人聚落的實況。**
② **琅嶠地區的族群組成：**

原住民、漢人、客家、平埔、「混血種」。

③ **多方面史料促成多元詮釋的可能性。**

誰是原住民族？

自然史、人類學與臺灣近代「種族」知識的建構：
一個全球概念的地方歷史分析／陳偉智

平埔族的身分認定與變遷（1895-1950）／詹素娟

〈自然史、人類學與臺灣近代
「種族」知識的建構：一個
全球概念的地方歷史分析〉

———————— 陳鴻圖 ————————

　　「101 歷史課綱」微調時，其中有一項內容是擬將「原住民」一詞依
《原住民族基本法》調整為「原住民族」，引發學界不同的看法。主張保
留原名詞者，認為歷史敘述一般都用「原住民」來指涉歷史上的原住民，
較契合過去的情境，且依《原基法》的定義，平埔族可能有被消滅的疑慮。
主張調整為「原住民族」者，認為平埔族並沒有被排除，必須了解原住民
和原住民族爭取正名背後的意義，及讓原住民族決定自我稱呼。

　　臺灣原住民長期以來被異族標籤化，從清代的「東番」、「野番」、
「生番」、「化番」、「熟番」。到日治時期的「平埔蕃」、「蕃族」或「高
砂族」。戰後，行政上稱呼為「山胞」，並區分為「山地山胞」和「平
地山胞」，這些稱呼皆為外來者所抱持的觀點，並與歷史發展和理「番」
政策有關，原住民從來沒有發展出共同的族名。1980 年代以後，原住民
族群開始以「原住民」一詞作為族群認同、民族識別的訴求，此一名詞
雖具有主觀意願，但已脫離科學事實為基礎的判斷，成為弱勢族群凝聚
渙散的認同、爭取政經資源的基礎。

　　何謂科學事實為基礎的判斷？即是本文所要探討「近代種族知識在

臺灣的展開」課題。作者陳偉智認為從近代自然史成立以來，種族成為以全世界人種為普遍參照架構的一個人類社群分類的全球概念。對於異文化知識生產的學科發展上，由自然史逐漸發展成人類學（或民族學）。而種族知識的建構，也從種族型態的描述，逐漸發展到人群單位的分類，乃至其社會屬性的分析。臺灣在 19 世紀末到 20 世紀初，透過傳教士如馬偕、以及日本人類學家如伊能嘉矩之手，將地方社會紛雜的人類社群現象，分類編入種族的全球普遍性知識架構中。

在探討臺灣族群分類的形成時，作者特別舉伊能嘉矩歷經「生與熟」、「平埔蕃」、「全島蕃人」三個課題的討論。例如伊能認為「生與熟」只是政治性的分類，不算學術研究後的結果，如以人種分類的科學性解釋來看，「生番」與「熟番」有可能是同一人種。接著，在臺北與宜蘭的調查後，提出居住於平地的「平埔蕃」其實是清代歸化後「熟番」的一種。伊能使用的方法是文獻與田野的比較，以及不同田野地區語言比較，此方法在之後「全島蕃人」調查時有更進一步的運用。他依據語言比較將所有的原住民歸入馬來語系人種內，再透過「體質特徵、土俗異同、思想進否、言語異同、歷史口碑」五種原則的比較，將臺灣原住民以「共有某種特殊性質的集成一體，再依據其共有特徵的遠近，劃定系統上血緣的遠近」，依「群／族／部」的分類，將臺灣原住民分成 4 群 8 族 21 部。當然伊能嘉矩對臺灣原住民的分類是否科學？或學術？甚至是否為當時殖民政府做政治想像的分類？都受到許多的挑戰，但他運用的比較方法及在田野中永不退縮的精神，或許是更值得我們學習的部分。

延伸閱讀

1. 陳偉智，《伊能嘉矩：臺灣歷史民族誌的展開》（臺北：臺大出版中心，2014）。
2. 移川子之藏等原著，楊南郡譯著，《台灣百年曙光：學術開創時代調查實錄》（臺北：南天書局，2005）。

自然史、人類學與臺灣近代「種族」知識的建構：一個全球概念的地方歷史分析[*]

陳偉智[**]

一、問題提起

1898 年 4 月，日本人類學家伊能嘉矩，在由當時臺灣總督府理蕃行政相關官員在臺北組成的蕃情研究會發會式上發表了〈臺灣に於ける各蕃族の開化の程度〉（臺灣各蕃族開化的程度）[1]一文，作為該會的創會學術演講。在文中伊能嘉矩依據其自 1895 年 11 月到臺灣以來的調查資料，其中包括於 1897 年所進行前後 192 天的全島調查，提出了全部臺灣原住民的種族分類，並且在比較民族學的視野中，討論各個種族的進化

[*] 本文感謝兩位匿名評審提供的審查意見與修改建議，以及臺灣大學圖書館特藏組在檔案使用上的協助。本文先前曾以較短的不同版本發表於 2001 年「日臺青年臺灣史研究者交流會議」，以及 2009 年臺灣文化研究學會年會「根源與路徑」。在本文的書寫與修改過程中，受惠於吳密察、張隆志、溫浩邦等師長學友，以及會議參與者的批評與建議，謹此致謝。
[**] 國立臺灣大學歷史學系博士、東吳大學歷史學系兼任助理教授。研究領域為臺灣近代史、歷史與社會理論、歷史人類學。
1. 伊能於 1898 年 4 月 23 日的演講紀錄，見〈臺灣に於ける各蕃族の開化の程度（蕃情研究會に於ける伊能の說）〉，《臺灣新報》486，1898 年 4 月 26 日，第 2 版。489，1898 年 4 月 29 日，第 2 版。

程度。伊能本人於 1895 年來臺前，曾發表一篇渡臺宣言〈陳余之赤志，訴於先達之君子〉，在其中提出了將至臺灣進行科學的種族分類研究之企圖，以及在來臺灣後，1895 年 12 月與博物學家田代安定在臺北組織臺灣人類學會時所揭櫫的「人類的理學研究」研究計畫，至此有了初步的結果。

在蕃情研究會發會式的演說中，伊能批評了先前關於臺灣種族的兩個既有的分類：「固有的中國人的分類知識與西洋人的記述」，也就是日本殖民前清代臺灣的官方檔案與方誌文獻中的「生番與熟番」的分類與 19 世紀以來西方人對臺灣的種族分類。[2] 對於西方人的分類，伊能特別指明兩個人的說法，一是 George L. Mackay 的，一是 George Taylor 的。[3] 對於固有的生番與熟番分類，伊能認為是清帝國基於政治上蕃人歸化與否而來的分類概念，是政治的行政概念而非科學的「種族」知識。至於 Mackay 與 Taylor，伊能則指出他們其中一個所提出的「生蕃、熟蕃、平埔蕃與南勢蕃」種族分類，偏重於臺灣北部（Mackay）；而另一個提出的「知本、卑南、阿美與平埔」，則是偏重於臺灣南部（Taylor）。[4] 進而批評他們的分類知

---

2. 日文文獻原文之「支那」與「支那人」，本文依據文意脈絡翻譯成「漢人」、「中國」或「中國人」。另外，清代或中文文獻，提及原住民時，常用「番」，日文文獻則多用「蕃」。本文原則上保持原來文獻使用文字。

3. George L. Mackay 為加拿大長老教會傳教士，一般也稱之為馬偕牧師，於 1872 抵臺傳教近 30 年，於 1901 年去世。除教會工作外，亦從事臺灣的自然史研究。George Taylor，英籍清帝國海關關員，及皇家地理學會會員，1882-1887 年於南臺灣管理燈塔，並從事民族學調查。Mackay 的臺灣自然史調查，見 Wei-chi Chen（陳偉智），"'The Natural History of Formosa is as Yet an Unwritten Book': Missionary, Natural History and Local Knowledge in the Late Nineteenth-Century Taiwan", paper presented at the 30th Annual MAR/AAS conference, Slippery Rock University, Pennsylvania, 2001. 關於 George Taylor 的臺灣自然史報告，見 George Taylor, *Aborigines of South Taiwan in the 1880s* (Taipei: Shung Ye Museum of Formosan Aborigines and Institute of Taiwan History, Academid Sinica, 1999).

4. George Taylor, "Formosa: Characteristic Traits of the Island and its Aboriginal Inhabitants," *Proceedings of the Royal Geographical Society and Monthly Record of Geography* 11:4 (April 1889), pp. 224-239.

識雖然不是政治上的分類，但一方面各有所偏重於臺灣南北兩端，並非全體性的臺灣種族分類；同時他們也受到了清帝國的分類影響而有所混淆，因此也並非是科學的分類知識。「科學」的宣稱，用伊能自己的語彙來說是「理學」或是「學術的」探究，成為伊能評價先於其前的各種分類知識的一個標準。

伊能嘉矩的學術的臺灣種族分類知識，事實上是以西方近代以來的自然史（natural hisotry）作為普世皆準的知識參照，其中又特別是從人類種族的自然史這個知識傳統至 19 世紀所發展出來的學術建制知識：民族學（Ethnology）、或人類學（Anthropology），作為伊能所言的「人類學」種族研究的知識建構參考架構。種族知識基本上是作為一個近代以來西方近代性構成一部分的各種普世性有效宣稱的知識之一的自然史發展中所形成的。將礦物、動物、植物普遍地、盡可能窮盡地分類，並將世界各地的種種事務納入普遍的分類體系架構中。這是自自然史學者 Linnaeus 以來的自然史的知識想望。[5] 其中將人類自己亦包攝在內的，伴隨著西歐諸帝國海外擴張與各種人類的海外遭逢，在 Mary Louise Pratt 所言的「環球意識」（planetary consciousness）中，[6] 逐漸形成的人類的自然史（natural history of humanity）近代知識，其效果則是並時化（synchronizing）全世界的人文差異，依據體質特徵、膚色、語言、風俗習慣、社會組織等原則，分類了人類社群，一方面形成了描述性的博物學知識生產中「種族」的範疇，另一方面，也提供帝國主義的對殖民地文明化任務的種族主義意識型態知識基

---

5. 關於西方的自然史知識傳統的形成與發展，見 Paul Lawrence Farber, *Finding Order in Nature: The Naturalist Tradition from Linnaeus to E. O. Wilson* (Baltimore and London: Johns Hopkins, 2000)。

6. Mary Louise Pratt, *Imperial Eyes: Travel Writing and Transculturation* (London: Routledge, 1992), pp. 16-37.

礎（「白種人的」負擔，或是隨後日治初期殖民者所言的「黃種人的」負擔）。而自然史博物學時代的種族知識建構，在 19 世紀中葉以來，也隨著知識生產的專業化，以及知識生產部門分工學科界線建制化的形成過程，在劃分出來的人種學、民族學、或人類學的學科項目中，進一步的發展。[7] 19 世紀下半葉，日本在明治維新之初，天皇詔書「五條誓文」提到的「廣求知識於世界」，也以帝國大學的建制，引進了西方截至當時為止各種建制化的學術知識，其中也包括了在 1893 年在東京帝國大學內成立的人類學講座。這些新建制化的學術知識生產中，建立自己合法性的根據是理性與科學性的宣稱。[8]

有趣的是，伊能的科學宣稱，被他批評的 Mackay 在稍早時也曾經宣稱過。同時，弔詭的是，伊能所建構的學術的知識，接下來在十幾年後，被與他同年來臺但稍晚展開其人類學調查的森丑之助，形容為非學術性的作品，至多只是文獻資料的整理而已，而與實地調查無涉。伊能於 1898 年 4 月的論文在這個脈絡中，也因此可以看成是關於近代的種族知識，對臺灣複雜人文現象的科學知識再現的一篇重要文獻。從相關的批評與論爭中，使用學術的語言成為一種對於知識合法性的宣稱與文本內容合理性的討論標準。可以說，臺灣近代的種族現象的知識建構，是

---

7. Immanuel Wallerstein et al, *Opening the Social Sciences*, (Stanford: Stanford University Press, 1996), pp. 1-32.

8. 理性與科學性的原則，也反映在對於一些固有知識生產部門的改造上，比如「歷史」。東京帝國大學史學科在設立旨趣上，即以科學化的歷史學為目標。這裡的科學化歷史學主要指的是方法上的史料批判以及實證邏輯。有趣的是，日本近代科學史學建立之初，關心的歷史學問題，也是「種族」史。不論是在「國史」或是「東洋史」，關心的問題，主要是日本或是東亞歷史上的種族的互動關係。在 19 世紀末、20 世紀初，「種族」也可以讀成「文明」的同義詞。探求「種族」起源與互動，即是在探求「文明」的起源與歷史上各文明之間的互動關係。日本近代歷史學的發展，參見五井直弘，《近代日本と東洋史学》（東京：青木書店，1976）。永原慶二，《20 世紀日本の歴史学》（東京：吉川弘文館，2008）。

在使用這種科學新語言中展開。

從前後關於臺灣的人種研究誰最「科學」，或者誰的臺灣的種族知識是最「學術的」的批評，恰好在論爭中呈現一個相當類似的知識系譜：從 Mackay 到伊能到森，一波波的「我比前人更學術」等論述構成中的自我宣稱，其所內涵的排除他者論述合法性的邏輯，是一種事實或是一種論述策略？如果是事實，又是那一種性質的事實？19 世紀中葉以來的臺灣種族的民族學或人類學研究，會不會只是重新發明了一種新的社會事實呢？而一個全面性的臺灣人文現象的知識解釋，如伊能的業績，同時也是建立在科學性宣稱上的排除、壓抑、改寫其他類型知識的競爭效果上。伊能的科學性的知識宣稱當然在論述形構上具有排除與畫界的作用。如果種族知識是近代知識的一部分的話，那麼，清代的諸種關於臺灣原住民的書寫，是何種知識呢？只是如伊能等近代西方種族知識的代理人在知識生產中所批判的文獻資料與排除的舊論述而已？

在本文中，筆者將以伊能嘉矩為討論的出發點，討論自 19 世紀中葉以來近代的種族知識在臺灣的形成。近年來探討諸如殖民主義與知識生產、殖民主義的文化史等相關的議題，吸引了許多學者的興趣。同時，關於日本殖民主義的新文化史取徑的研究，也累積不少成果。日本的殖民地人類學，更是一個形成中的跨國共同建構的研究領域。[9] 相對於目前以探討殖民主義與知識生產的共構關係或是共謀關係，或是強調日本學者在帝國脈絡下或是殖民情境中的曖昧處境的這些成果，一個未被進一步反省的議題是，雖然是從批判既有的學術知識建制出發，但是到最後，

---

9. 比如，岩波出版社企畫出版的八卷本《「帝國」日本の學知：岩波講座》（東京：岩波書店，2006），即是對於近代日本帝國文化史取徑的代表作品。針對日本殖民地人類學的研究，這十年來也產生許多日文、英文、中文的成果，幾乎可以看成是一個同時的、跨國的共同構成的新領域。相關的研究舉例而言，如松田京子、Paul Barclay、小熊英二、坂野徹等。

很弔詭的，就如同殖民地時期的學術政治一般，「日本」這一個符號還是被當成了發動者，一個隱身的集體作者。從批判日本出發，最後回到日本，以否定的方式重新鞏固「日本」。因此，本文的討論策略，是將「種族」知識，視為在近代產生出來的，並流通於全世界的全球概念（global concept）之一，在地方脈絡下的具體展開。[10] 這樣的立場，並不是否定殖民者或是相關學科知識的個別生產者的角色，或是跳過殖民主義具體的歷史社會脈絡；如同本文分析顯示，在臺灣的歷史脈絡下，他們是非常重要的地方中介者。相反的，本文試圖透過對這一個具體指涉地方社會範疇的，但同時又是一個全球概念，其在臺灣展開的歷史分析，打開前述的以批判殖民者開始，卻弔詭地鞏固殖民者的分析陷阱。

在本文中，種族知識是指西方傳教士、博物學家、日本人類學家等人使用的「人種」、「種族」、「race」等詞彙所表述的知識的綜稱，對於建構這種知識的學科，他們或稱為「ethnology」（Mackay）、或「人類學」（伊能嘉矩）。文中先討論從 1895 年到 1898 年中伊能嘉矩關於臺灣的種族知識的建構過程，從對於「生熟蕃」議題的辯析論詰，到「平埔蕃」的討論，到最後提出了全臺「漢人之外」的人類種族分類與進化位階的排定。伊能將這種知識稱之為「人類學」或是「人類的理學研究」。其

---

10. 關於「全球概念」的概念——文化史分析，Andrew Sartori 曾以「文化」（culture/kultur）為例，討論此一在 19 世紀末、20 世紀初，不論在西方或是非西方，殖民母國或是殖民地，雖然各地所使用的語言意符跟發音不一樣，但幾乎是全球流通的概念，指涉在不同脈絡、不同目的下，用來表述一種「主體的獨立自主性」(subjective autonomy)，要求「人的主觀能動性」(human agency)的宣稱，其全球化的產生過程（globalization of culture-concept）。見 Andrew Sartori, "The Resonance of 'Culture': Framing a Problem in Global Concept-History," *Comparative Studies in Society and History* 47：4(2005), pp. 676-699. 相對於 Sartori 討論的「文化」，「種族」是一個更早的全球概念。不論「種族」或是「文化」，即便各地的行動者進行主觀性的、強調特殊性的闡釋，但是由於這些全球概念，同時可以用到對其他人類社群單位上，因此使其在形式上具有了普遍性的意涵。而這些全球概念的流通，也使各地與各種不同語群，產生可以對譯的本土翻譯語，不論是借用舊字組合成新詞，或是創用新詞。

重要的目的，就是在辨明各個種族的文化特質，並進行島內與周邊島嶼的種族的比較研究。以伊能嘉矩自己的話來說，就是 1895 年在來臺宣言〈陳余之赤志，訴於先達之君子〉中的提問：「此（臺灣）不同種族之固有體質、心理、土俗、言語之現態如何、相互之關係如何，而且與其附近海岸及島嶼之諸種族之關係如何，實當今未知之疑問。」[11] 1898 年 4 月在蕃情研究會發會式上的報告，則是針對這個問題，提出了全臺種族分類的回答。

接著本文將伊能的知識建構，放在自 19 世紀中葉以來各種不同的種族知識論述實踐的系譜中，討論「種族」這種概念作為一種近代性的知識範疇，在臺灣的展開。如同伊能在來臺宣言中的另一段自勉：「余嘗有志於修人類學，數年以來致力於斯學之研磨，久期於闡明亞細亞各種人類之系統關係，聊資裨補學界於萬一」中所呈現的問題意識，伊能以西方近代的種族知識的語言，將臺灣的多元複雜的人文現象，翻譯整編入這個知識系統內。以種族的知識概念、語彙，編入「亞細亞各種人類之系統關係」所包含在內的人類的自然史研究的知識裝置，伊能並不是第一人，也不是最後集大成者。19 世紀中葉與達爾文齊名的英國博物學家 Alfred Wallace 曾在 *Island Life*（島嶼生命）一書中感嘆臺灣的自然史是一個「未知領域」（terra incognita），Mackay 也曾說過臺灣的自然史是一本「未寫之書」（unwritten book），伊能來臺則是欲探究「未知之疑問」。這些「未知」、「未寫」之疑，並不是意味著之前沒有關於臺灣的紀錄與知識，而在於知識的性質不同。[12] 筆者將討論這些種族知識的論爭並不

---

11. 伊能嘉矩此一渡臺之前的宣言，後來收入於 1902 年出版的《臺灣志》的序言「小引三則」中。見伊能嘉矩編，《臺灣志》（東京：文學社，1902），頁 1-5。〈陳余之赤志，訴於先達之君子〉中文的翻譯，則引用自吳密察，〈臺灣大學藏「伊能文庫」〉，《大學圖書館》1:3（1997.7），頁 4-23。

是「誰最學術」的問題，也不應該被看成是西方或是近代的理論知識對於臺灣本土事實的發現。這是一個從傳統天朝文化主義下的文明—政治範疇（文／野—人／番之別），到近代理性知識普遍性宣稱下的生物—社會範疇（自然史體系中的人類種族單位）的貫時性的轉變。這個轉變一方面是歷史概念的斷裂與創生，另方面，同時也是並時性的透過在地的代理機制與中介者作用，全球概念的地方展開。臺灣的種族化在知識上的形成過程，似乎是一個結合了孔恩（Thomas Kuhn）曾指出的帶有時間上的斷裂性質的知識典範轉移與薩伊德（Edward Said）所言的跨越空間的知識生產的理論旅行的機制，透過博物學家、傳教士、人類學家等現地的代理人的中介，選擇性的接合本土事例，創造出新的社會範疇。[13]

本文主張，我們應該將種族這種社會範疇與相關的知識，視為近代性的知識裝置之一。其在臺灣展開的過程，是從一開始的建構知識，最後變成社會事實的論述實體化或物質化的過程。它需要被歷史化地分析，並探究其如何成為我們的基本社會分類範疇。在一個意義上，我們可以說，臺灣的近代性是在這樣的「知識／事實」轉換、創生的過程——借用劉禾的話來說，東亞世界在近代的「跨語言實踐」——中展開。[14] 透過對此一問題的討論，本文亦側面地將臺灣史的歷史書寫問題化。我們必須將內含

---

12. Alfred Russel Wallace, *Island Life* (Amherst, NY: Prometheus, 1998[1881]), p. 365. George Leslie Mackay, *From Far Formosa: The Island, its People and Mission*, (New York: Fleming H. Revell Company, 1895). Mackay 的原文是 "the natural history of Formosa is as yet an unwritten book," p. 48.

13. 筆者並不認為這些主導性的近代概念在臺灣形成之後，就取代了固有的社會身分範疇，包括傳統帝國在邊區行政中創造出來的族群政治範疇，以及臺灣民間社會在日常生活中歷史地累積而成的，意識到的或是無意識的社會分類。這些既有的政治、社會範疇仍同時並存著。但是主導性的概念之所以是主導性的，是因為作為近代性的一部分，其科學知識的宣稱與其他近代制度（比如國家與大學）結合產生的效果。

14. 見 Lydia Liu（劉禾），*Translingual Practice: Literature, National Culture, and Translated Modernity-China, 1900-1937* (Stanford: Stanford University Press, 1995), pp. 1-44。

在我們書寫中的「概念—社會」語言實踐，或是將習焉不察的社會分類範疇加以歷史化。他們並不是中立、客觀的學術概念，而是某種知識型的展開延伸。這樣的分析，同時也將指出種族或是其他後來的延伸概念的歷史性。

二、伊能嘉矩的臺灣人類學研究（1895-1900）

1895 年 12 月，渡臺的東京人類學會會員伊能嘉矩與田代安定，在臺北成立了臺灣人類學會。[15] 臺灣人類學會在成立宣言中規定以進行「人類的理學研究」（第 1 條）為宗旨。至於什麼是「人類的理學研究」呢？在本文附錄一「臺灣人類學會暫定規則」附則第一項的說明是：[16]

> 從來於臺灣雖然分人類為漢人及熟蕃、生蕃三者，但是除漢人
> 之外，僅視為異種人類，概不過從華夷之名，中國古來習慣稱
> 呼而已。故所謂熟蕃生蕃不可直接作為學術上名辭，須依據今
> 後的研究結果，始能定種族為何（或屬同一種族，或分為不同

---

15. 在日本領有臺灣當時，帝國大學人類學教授、東京人類學會領導者坪井正五郎（1896-1913）曾提出一篇〈蕃情研究の急務〉（蕃情研究的急務）意見書，其中提到：「新領土現為與我等日本人種相異的種種人類所棲息，調查彼等體質風俗習慣等為日本人類學研究者的任務之一。又，新領地於學術上價值頗多，並有太古遺跡遺物，此等之探究亦為我等所當為事業之一。現在之調查、過去之研究，皆應在地形民俗變化不多時著手。」見坪井正五郎，〈蕃情研究的急務〉，《蕃情研究會誌》4（1900），頁 64。臺灣人類學會的成立，一方面開始了以組織化的形式在臺灣從事人類學的研究，另一方面，也成為日本人類學中心——東京人類學會——的殖民地研究據點。

16.「人類的理學研究」是伊能嘉矩用以指稱「人類學」的名詞。當時是以「理學」作為 science 的翻譯，使用這樣的名詞，其實已有很強的近代性的學術知識科學性建構意涵在內。而學術與否的分野，也成為接下來伊能在面對臺灣舊文獻時的一個標準。

的異種族，或兼有之）。

　　在「臺灣人類學會暫定規則」附則的說明中，首先認為當時臺灣固有的人種分類法：「漢人、熟蕃、生蕃」，只是傳統中國的「華夷之別」習慣下的人種分類而已。也因此除了漢人之外，將其他人種俱視為「異種人類」。這種「固有分類法」在伊能眼中並不能當成學術名辭，而有待進一步的研究以確定種族分類。在這裡所謂的適當「學術名辭」的確認、進一步的研究與確定種族所屬，即是當時伊能所言之「人類的理學研究」的目標。坪井正五郎的調查「種種人類之體質風俗習慣」是日本人類學研究者任務之一的意見，[17] 就當時在臺灣的人類學家伊能與田代而言，先區分「種種人類」就成為最基本之課題。因此伊能與田代在計畫臺灣人類學會的研究項目時，將臺灣的「人類之類別」區分成二大類：「第一大目　臺灣漢人的調查研究」與「第二大目　臺灣漢人以外的調查研究」，作為研究的項目。同時，為進行「人類的理學研究」，劃分生物學、心理學、土俗學、言語學、地理歷史學與宗教六個部門，以進行個別主題的研究。[18]

　　伊能在臺灣人類學會暫定規則中所提出的問題，其實早在 10 月渡臺前就已經形成了。在伊能計畫前往臺灣進行調查之前，曾於 1895 年 8 月在東京與友人成立的土俗會第三回中發表一渡臺宣言〈陳余之赤志，訴於先達之君子〉，其中伊能提到：

---

17. 參見註 14。
18. 伊能嘉矩，〈臺灣通信（第 2 回）　臺灣人類學會〉，《東京人類學會雜誌》118（1896），頁149-151。

臺灣之住民，今稱有三類、曰漢人、曰熟蕃、曰生蕃。其中漢人固爲後世移植之民，御之不難。獨熟生二蕃，必先完遂其形而上下之研究，次講治道之教。且謂熟、謂生者，乃素因治化之異同而命名之概稱。然徵諸從來探討其地之內外記事，則知試以學術之觀察，至少亦得分派爲四、五種族。此不同種族之固有體質、心理、土俗、語言之現狀如何，實當今未知之疑問。今日由我國民之手，當此闡明發展之事，不僅於政治上之希望，乃屬需要。而所謂以自家之手，開拓自家之徑路，於學術上之希望，亦實然也。[19]

　　伊能在來臺之前的宣言中已經明白指出，當時臺灣人種分類乃依據「治化之異同」而命名，並非學術上之觀察。至於臺灣原住民之「不同種族之固有體質、心理、土俗、語言之現狀如何，實當今未知之疑問」。更何況要保護與統治「蕃民」，應先進行其「人類之研究」的根源性調查，因此「熟生二蕃，必先完遂其形而上下之研究，次講治道之教」。伊能在此一渡臺宣言中呈現個人知識發展的視野，一方面，以臺灣「蕃民」為對象的人類學研究計畫，另一方面，在研究中，寓以將來「治道之教」實踐的基礎。在臺灣人類學會成立後不久，伊能嘉矩已被認為是臺灣人類學的代表者。[20] 從東京人類學會會員的渡臺到臺灣人類學會的成立，從坪井正五郎的〈蕃情研究の急務〉到伊能嘉矩的渡臺宣言，以及「人類的理學研究」構想，日本近代人類學的視野擴張到新領地臺灣來，殖民地人類學的研究也隨之展開。

---

19. 伊能嘉矩，〈陳余之赤志，訴於先達之君子〉，引自吳密察，〈臺灣大學藏「伊能文庫」〉，頁7。
20. 〈人類學會〉，《臺灣新報》79，1896 年 12 月 6 日，第 1 版。

臺灣人類學會成立兩週後，1896年1月1日，臺北附近的抗日者齊集攻擊臺北城，學會馬上向總督府提出申請，將被日軍擊斃與刑死之「匪徒」的屍體骨骸作為該會生物學研究部蒐藏品。[21] 雖然總督府並沒有接受學會此項申請，但倒是給予學會蒐集資料與調查蕃人上的便利。6月1日新店馬來社生蕃到臺北，臺灣人類學即為主要的接待與互動的斡旋者，隔日（2日）會員並對這些入城的蕃人進行調查。[22] 同時人類學會也蒐集與蕃人相關的文獻資料，向「土人（臺灣人）之有識者」調查清國政府從事生蕃教育事業的情況，以及得到總督府的陸軍中尉長野義虎進行蕃地調查的報告書筆記等資料。[23] 另外，在募集會員方面，臺灣人類學會從創會到1896年6月底已有會員28名。[24] 除了學會集體的事務之外，在創會之初主要還是個人的調查活動，這其中特別是創立者田代安定與伊能嘉矩的調查活動最為活躍。不過，兩人從事人類學調查的工作在學會成立前即已開始。因此在人類學會創立後，殖民地人類學的發展，由個人性質的調查，透過專業性團體的交流、討論，有進一步的展開。

由於田代安定與伊能嘉矩兩人都在總督府擔任官職，在當時日本統治初期各地武裝反抗此起彼落的情況下，進行「人類的理學研究」的資料蒐集與實際調查時，擁有許多的便利。伊能嘉矩來臺與人類學會成立之前，田代安定於9、10兩月的宜蘭調查，即是以殖產部派遣之便，從

---

21. 田代安定、伊能嘉矩，〈土匪死屍下付願〉，臺灣大學田代文庫，t001，1896。
22. 〈雜報　臺灣人類學會〉，《東京人類學會雜誌》123（1896），頁375-376。
23. 〈雜報　臺灣人類學會〉，《東京人類學會雜誌》124（1896），頁419。另外，伊能嘉矩在1896年2月即曾將清代理蕃政策的調查成果發表在《東京人類學會雜誌》上。見〈臺灣通信（第3回）撫墾局〉，《東京人類學會雜誌》119（1896），頁179-184。
24. 從創會到1896年6月10日，共有會員數21名，在6月10日到6月30日之間又有7名會員入會，參見〈雜報　臺灣人類學會〉，《東京人類學會雜誌》123（1896），頁375-376；〈雜報 臺灣人類學會〉，《東京人類學會》124（1896），頁419。

事生、熟蕃的調查。伊能來臺之後，筆記了田代的調查要點，寄回東京人類學會發表。伊能當時擔任總督府的雇員，由於在文書課工作的緣故，沒有離開臺北的機會。[25] 同時，在當時臺灣大小反抗蜂起的氛圍下，伊能其實也沒有辦法不透過官憲同僚的協助，獨自離開臺北前往其他地方進行研究。不過，留在臺北的伊能，倒是開始蒐集相關的研究資料，包括因職務之便，參考由文書課保管之總督府所購入的清代方志等文獻，以及總督府的蕃情調查檔案等。[26] 總督府雇員的身分一方面雖限制了伊能活動的範圍，另一方面則使伊能能比較容易的閱讀文獻與接近檔案。比起田代安定，雖然伊能來臺剛開始的時候，沒有辦法進行遠地的田野調查，不過，伊能倒也是在臺北近郊的地方，從 1896 年到 1897 年初這段時間內，陸續地進行平原周邊的熟蕃田野調查。[27] 同時也利用在臺北的機會，當大嵙崁或是新店一帶的原住民被招撫而到臺北城時，以總督府的接待委員的身分，進行生蕃調查。[28]

---

25. 田代安定來臺初期的調查活動，見伊能嘉矩，〈臺灣通信（第一回）會員田代安定君の生蕃實查〉，《東京人類學會雜誌》117（1895），頁 94-99。另參見陳偉智，〈殖民地統治、人類學與泰雅書寫：1895 年田代安定的宜蘭調查〉，《宜蘭文獻雜誌》29（1997.9），頁 3-28；陳偉智，〈田代安定與《臺東殖民地預察報文》：殖民主義、知識建構與東部臺灣的再現政治〉，《東臺灣研究》3（1998.12），頁 103-146。關於田代安定的傳記，見永山規矩雄編，《田代安定翁》（臺北：故田代安定翁功績表彰記念碑建設發起人，1930）。

26. 見吳文星，〈日治初期日人對臺灣史研究之展開〉，發表於國史館主辦，「中華民國史專題第四屆討論會：民國以來的史料與史學」研討會，1997 年 12 月 18-20 日，一文中的介紹，以及臺灣大學圖書館所藏「伊能文庫」中，伊能嘉矩所抄錄的文獻與檔案資料。田代安定亦以擔任殖產局技師職務之便，多次抄錄整理總督府各官署地方機構的例行報告中的相關自然史博物學、蕃族、語言調查等資料。見臺灣大學圖書館所藏「田代文庫」中的田野日記與田野筆記。

27. 伊能嘉矩北部「熟蕃」的調查，集中在 1896 年到 1897 年初，成果見伊能在《東京人類學會雜誌》上連續在淡北地區調查的論文。

28. 例如 1896 年 3 月 1 日，新店地方湯社（tan-shiya）生蕃 27 名（男 17、女 10）隨新店守備隊到臺北城內，伊能嘉矩即作為接待委員，在數日接待之間進行調查，此次調查的成果，見伊能嘉矩，〈新店地方に於ける生蕃の實查〉，《東京人類學會雜誌》121（1896），頁 272-278。1896 年 6 月 1 日新店地方馬來社「生蕃」到臺北時，也同樣利用接遇的機會進行調查，見〈雜報　臺灣人類學會〉，《東京人類學會雜誌》123（1896），頁 375-376。

伊能在這段期間內，主要都留在臺北城內，擔任官職由文書課轉到學務部。直到 1896 年 9 月底，伊能才首度離開臺北，與來臺進行動物調查的東京帝國大學動物學教室助手多田綱輔以及總督府國語學校助教授粟野傳之丞，前往宜蘭進行將近 1 個月的熟蕃調查（9 月 23 日至 10 月 22 日）。[29] 隨後更進一步於 1897 年 5 月，受學務部之命，從事「蕃人教育法的調查」。伊能再度與宜蘭調查時的同伴粟野傳之丞同行，從大嵙崁開始南下臺灣西部，至南部後由東部北上，進行前後共 192 天的全島蕃人調查，至 12 月才返回臺北。[30] 此行的調查成果，伊能在回臺北之後，於 1898 年 4 月開始發表相關的論文，並於同年 12 月向總督府提出調查報告書《臺灣蕃人事情》。[31]

三、種族的知識建構

殖民地人類學家伊能嘉矩等人所進行的臺灣「人類的理學研究」，從臺灣人類學會的結成，提出人種分類的問題開始，到 1897 年底伊能嘉矩完成全島的原住民調查後，就臺灣人類學會在成立時所提出的臺灣住民中漢人以外的人類種屬的研究，可謂告一段落。1898 年 4 月，伊能開始發表他所建立的臺灣原住民人種分類體系。在 1895 年底伊能來臺至 1898 年建立臺灣原住民的分類體系的這段期間內，伊能是如何在各個議

---

29. 粟野傳之丞來臺之前是一名植物學家，曾在《植物學雜誌》與《東洋學藝雜誌》上發表多篇植物研究論文。
30. 1896 年 1 月北部「土匪」蜂起，原學務部員多名被殺後，由伊能嘉矩兼勤學務部職務，4 月後專任學務部，擔任總督府國語學校教諭的職務。見〈臺灣總督府公文類纂〉00116，明治 28 年乙種永久追加第 2 卷 26 號，「藤田捨次郎外八名「粟野傳之丞」「伊能嘉矩」國語學校教諭及書記　任命」，2 門：官規官職：進退。
31. 伊能嘉矩、粟野傳之丞，《臺灣蕃人事情》（臺北：臺灣總督府文書課，1900）。

題的論述中，逐步形成他所言的「人類的理學研究」，並建立人類種屬的科學分類呢？

（一）生蕃與熟蕃

　　1895 年 10 月渡臺的伊能，由於任官職務（總督府文書課）的關係，無法外出遠地進行調查，只好在臺北附近進行零星的田野工作，或是參閱與蒐集清代的文獻紀錄。1896 年初，伊能首先對熟蕃與生蕃的清代指稱原住民的名稱，依據所閱讀的清代文獻進行討論。1896 年 3 月，發表了〈臺灣通信（第四回）生蕃と熟蕃〉（臺灣通信〔第四回〕生蕃與熟蕃），[32] 在文中一開始提出兩個問題：在臺灣成為日本版圖後，日本的新聞雜誌與著書中所言之「生蕃」與「熟蕃」，（1）是何人所命名？以及（2）這樣的名稱又表示何種意義呢？針對（1）的問題，伊能認為，不用說當然是「中國人的命名」。至於（2）的問題，是全篇論文討論的重點。伊能在文中引用《彰化縣志》、《淡水廳志》、《臺灣府志》等清代臺灣方志與郁永河《裨海紀遊》、黃叔璥〈番俗雜記〉（為《臺海使槎錄》中的一篇）、六十七《臺海采風圖考》等文獻，討論成於中國人之手的清代臺灣蕃人分類法的意義。

　　伊能認為清代臺灣的方志文獻中，依據「歸化之有無」，將蕃人分為「生蕃」與「熟蕃」，是一種「由政治上而來的命名」並非「人種的異同的命名」。[33] 而當時臺灣在「移植漢人以外的人類，即所謂蕃人」，

---

32. 伊能嘉矩，〈臺灣通信（第四回）生蕃と熟蕃〉，《東京人類學會雜誌》120（1896），頁 224-228。
33. 伊能嘉矩，〈臺灣通信（第四回）生蕃と熟蕃〉，頁 225。

有兩種之區別，即為「生蕃、熟蕃」二種，若是歸化蕃則稱之為「熟蕃」，若為未歸化蕃則稱之為「生蕃」。針對這種分類法，伊能進一步假設，若有屬於同一種族的生蕃與熟蕃，一說固有語言一說臺灣土語（「南方漢語」），[34] 一住深溪峻嶺一居於平地，一著固有衣服一穿漢衣服，甚至外型上也有不同的地方。雖然這兩種人在學術上來看，並沒有加以區別之必要，但是依據舊的命名法，原屬同一種族的蕃人，即有歸化與未歸化之區別，甚至認為二者間有很大的差別，伊能並引用《淡水廳志》的蕃人風俗變遷之速的紀錄以為證明。[35] 伊能接著指出，清代「生蕃」與「熟蕃」的命名，其意義在於，未歸化蕃，即生蕃，是保存「固有狀態」者。歸化蕃，即熟蕃，是「舊態變化快速」者，但是兩者不一定是兩種「異種族」。如果「生蕃」與「熟蕃」只是「政治上」的分類而已，在學術上來說，有可能是同一個種族，那麼全臺灣蕃人的種類又是如何呢？伊能從方志文獻的分析中，指出「中國人的生蕃觀察」也注意到蕃人並非只有一種而已，有的蕃人是「固棲」的，有的是自海外「移植」而來的。[36] 最後，伊能總結四點要旨，作為討論的結論：

---

34. 即閩南語。

35. 伊能所引用的資料為 1871 年（清同治 10 年）出版之《淡水廳志》中卷 11「番俗考」的附註：「風俗之移也，十年一小變，二十年一大變。乾隆二十九年以前，郡志所錄之類，多耳所未聞，目所未見。今自大甲至基隆，諸番生齒漸衰，村墟零落。其居處、飲食、衣飾、婚嫁、喪葬、器用之類，半從漢俗。即言音通番語者十不過二三耳。」見陳培桂，《淡水廳志》（臺北：臺灣銀行經濟研究室，臺灣文獻叢刊第 172 種〔以下簡稱「文叢」〕，1963，1871 年原刊），頁 306。

36. 這是伊能嘉矩依據黃叔璥〈番俗雜記〉的記載所得出的結論。同時，伊能在討論清代的蕃人種類認識時，也根據《裨海紀遊》、《臺灣采風圖考》與《臺灣府志》的紀錄，分出「土蕃」與「野蕃」兩種，並認為其中「土蕃」即一般所指之「生蕃」，見伊能嘉矩，〈臺灣通信（第四回）生蕃と熟蕃〉，頁 224-228。

1. 生蕃熟蕃，並非表示其人種之別的命名，而是依據政治上有無歸化之命名。

2. 故所謂生蕃熟蕃二者，不論其現狀差異如何，不應忘其屬同一種族。

3. 不可只以土俗或語言之差異，驟然判定其種族之異同。

4. 臺灣移殖漢人以外之人類，即所謂蕃人，不限一種，或爲土著、或爲移殖，此亦古來中國人所信之事。[37]

在文章最後，伊能又針對 1895 年日本參謀本部所編輯的《臺灣誌》中「生蕃蕃俗」的臺灣生蕃種族別提出批評。《臺灣誌》引用日本福州領事上野專一於《東京地學協會報告》上發表的臺灣調查論文，區分臺灣生蕃爲「四種族，一曰バイワン種族、二曰デポン種族、三曰アミヤス種族、四曰平埔（ベポーワン）種族」，並說「平埔蕃即漢人俗稱之熟蕃」。[38] 伊能批評其中將平埔蕃（Pe Po Hoan）即熟蕃的並列稱呼，絕非正確之分類。因爲所謂熟蕃在伊能看來，是政治上某蕃族歸化後的命名，若バイワン（排灣）、デポン（知本）、アミヤス（阿美）爲正確的生蕃分類的話，平埔蕃當然與其中之一爲同一種族，而非另外的獨立種族。伊能依據的理由即爲上述「2、故所謂生蕃熟蕃二者，不論其現狀有如何之差異，不應忘其或屬同一種族」之論斷。伊能並認爲平埔蕃只是熟蕃中某部分的稱呼，而非熟蕃全體之另一代稱，「可以說熟蕃中有平埔蕃，不能說平埔蕃即是熟蕃」。最後伊能並引用《噶瑪蘭廳志》中

---

37. 伊能嘉矩，〈臺灣通信（第四回）生蕃と熟蕃〉，頁 227。

38. 這四種分類，是直接引用 George Taylor 在英國皇家地理學會雜誌上的論文中的分類：「Paiwans, Amias, Tipuns, Pepohoans」，見 George Taylor, "Formosa: Characteristic Traits of the Island and its Aboriginal Inhabitants," p. 227。

該地化蕃居處平地，亦稱平埔蕃的紀錄以為佐證。[39]

　　從伊能對於「熟蕃」與「生蕃」的討論，我們發現伊能來臺後的前 5 個月內已經涉獵了大量的清代文獻，並從這些文獻中，一方面整理出清代的原住民分類原則，另一方面，則提出自己對生蕃與熟蕃關係的初步解釋。對於清代的命名原則，伊能仍延續在來臺宣言中的看法，認為清代臺灣的生熟蕃只是依據政治上歸化與否的原則所形成的分類。透過文獻的分析，伊能提出了臺灣生蕃的種類或有固棲土著與遷徙移殖之分，但是生蕃與熟蕃在學術知識上可能實為同一種族，以往只是因為政治上歸化程度不同而導致現狀的不同而已，並不是相異的兩種種族。

（二）平埔蕃的課題

　　1896 年，伊能除了閱讀總督府所藏的文獻檔案之外，同時也開始進行臺北周邊的「平埔蕃」的田野調查。1896 年 7 月，發表〈臺灣通信（第 8 回）北東部地方に於ける平埔蕃〉（臺灣通信〔第 8 回〕北東部地方的平埔蕃），除了繼續爬梳文獻資料之外，並加上在北部調查的田野資料，包括伊能自己與田代的調查成果。[40] 在文中，伊能進一步發展在 3 月時提及的「熟蕃」與「平埔蕃」的看法，他先引用鄧傳安《蠡測彙鈔》之〈臺灣番社紀略〉中「界內番，或在平地或在近山，皆熟番也」的紀錄，

---

39. 伊能嘉矩引用《噶瑪蘭廳志》「番俗」中的紀錄為：「蘭番居處……在近港者，原聚平地，以耕種漁獵。故蘭之化番，或謂之平埔番，以其皆處於平地也」，見陳淑均，《噶瑪蘭廳志》（臺北：臺灣銀行經濟研究室，文叢第 160 種，1963；1852 年原刊），頁 226；伊能嘉矩，〈臺灣通信（第四回）生蕃と熟蕃〉，頁 228。伊能在引文中，將《噶瑪蘭廳志》中的「番」翻譯成「蕃」。

40. 伊能嘉矩，〈臺灣通信（第 8 回）北東部地方に於ける平埔蕃〉，《東京人類學會雜誌》124（1896），頁 384-389。

討論「熟蕃」的差別，認為如果熟蕃是生蕃歸化後的名稱，則如同生蕃有許多種類一樣，熟蕃也有許多的種類，若要判定某熟蕃是由某生蕃所歸化，並不容易。雖然鄧傳安紀錄中說明熟蕃在分布區域上有平地與近山之別，但是伊能認為不能藉此判定「近山熟蕃」就是該地生蕃所歸化者。依據他自己與田代調查的北部熟蕃（臺北與宜蘭），以及兩人調查的北部生蕃（從大嵙崁到宜蘭）的資料所見，北部生蕃雖然彼此在語言上有所差異，然而這些差異只是方言上的轉訛而已，仍屬於同一種語言。若進一步與北部熟蕃比較，在語言上是完全不同的，因此伊能認為其彼此應屬不同的「Branch（分支）」無疑。北部熟蕃在伊能的分析下，應屬與當時北部生蕃不同的某種前生蕃歸化後的人種。

伊能接著解釋熟蕃中稱為平埔蕃一群的由來，他先引用《噶瑪蘭廳志》與《裨海紀遊》的記載，說明雖然都居處於平地，但對二者生活樣式內容的描述卻是完全不同。而當時伊能所見之北部平埔蕃的「現狀」，其生活則是如同「移殖漢人」一樣的樣式。於是伊能推論「平埔蕃」原為「平地的蕃人」的意思，而不是當時某些主張的「熟蕃一體之稱呼」（指參謀本部編的《臺灣志》一書等，及當時一般的說法）。並從平埔蕃所指對象狀貌不一的情況來看，平埔蕃反而只是「熟蕃」的一個「Group（群）」而已。[41] 北部的熟蕃其實即為此種分布在生蕃與漢人中間的平埔蕃。

伊能在文中接著比較臺北與宜蘭平埔蕃的風俗與語言，認為臺北的平埔蕃歸化才不過百年，在《臺灣府志》所記載的固有蕃俗，「宛如現今生蕃」，但是如今已與支那人相同。而宜蘭的平埔蕃，根據田代安定

---

41. 伊能原文為「Grop」，應為「Group」漏字。

的調查與帶回臺北的蒐集品顯示，仍保有舊有的衣服、器物等。伊能也比較了臺北與宜蘭方面的語言，發現兩地的語言雖有差異，但是在關鍵之處則完全一致。[42] 接下來伊能提出：「此等人類到底是何種種族呢？以及與其附近北部的生蕃關係如何呢？」等問題。並認為今後要研究其與此平埔蕃屬於同群的「未歸化蕃」（即生蕃）之間的關係如何，以及與其他屬於不同群的生蕃進行比較，才能對這些問題加以斷定。[43]

在這篇文章的後半部中，伊能根據他在北投社與毛少翁社的調查所記錄的口述歷史，進一步分析。伊能從北投社 Poanyupie（潘有秘）採集到：

> 我祖先兩百年前從唐山山西移殖來臺，當時人少蕃多，於是做之蕃化，今北投附近同群（即平埔蕃）有二千餘人（其中北投社二百人）。其後今之臺人由內地移殖而來，我社亦於三十年許以前歸化清朝。[44]

也在毛少翁社翁文卿（Auvunken）處採集到：

> 臺灣北部地方原爲東洋（即日本人）所占據。其後今之臺灣人由中國本土移殖過來。東洋人退居山中與蕃雜居，與之模化，我社即其子孫。[45]

---

42. 伊能嘉矩所比較的語言是他自己所調查的臺北附近的北投社與田代安定調查的宜蘭平埔蕃，比較的語料主要是 1 到 10 的數字與牛犬豬等家畜動物的基本語料。
43. 伊能嘉矩，〈臺灣通信（第 8 回）北東部地方に於ける平埔蕃〉，頁 384-389。
44. 伊能嘉矩，〈臺灣通信（第 8 回）北東部地方に於ける平埔蕃〉，頁 386-397。
45. 伊能嘉矩，〈臺灣通信（第 8 回）北東部地方に於ける平埔蕃〉，頁 386-397。

伊能根據這兩則口述歷史，分析（1）原先臺灣人少蕃多，移殖者模仿蕃人而變成蕃人。口述歷史中的「蕃」，即是與「平埔蕃」同群的「蕃人」。也就是說，「平埔蕃」為被模仿的「固棲人類」。（2）歷史上元、明人與日本人與臺灣的關係密切，其人民有部分留下亦為事實。這些移殖者為求生存，於是模仿「固棲人類」（即蕃人）的語言風俗，無疑乃是生存上必然之事。（3）從以上兩點可以想像必然會產生「彼此的雜種」的事實。最後伊能依據這些分析得出結論（4），所謂平埔蕃可分三類：第一類「本然的蕃族」、第二類「模化的蕃族」與第三類「雜種的蕃族」。並以這個結論來解釋為什麼同是「平埔蕃」的文獻紀錄，在內容上卻存在判然明顯差別的原因。例如伊能認為《裨海紀遊》中形容平埔蕃體質特徵之「兩目拗深、瞪視稍別之」的紀錄是描述「本然的蕃族」的。伊能認為在宜蘭方面的平埔蕃還可以見到這樣的特徵，但是臺北的平埔蕃則絲毫不見「如斯之徵候」，因此伊能判斷宜蘭的平埔蕃應屬於「本然的蕃族」。論文最後伊能也提到了在「種族研究上」所必要之參考因素的「自稱」，並指出這些北部地方的「蕃人」採用了漢人命名的「平埔蕃」自稱。

　　伊能在文章中分析了兩個問題：一是在他看來，平埔蕃是居住平地的蕃人，只是臺灣熟蕃中的一種而已，並非熟蕃的總稱或另稱。同時某地的熟蕃是否為當地生蕃所歸化，則是一個未決的疑問。以北部而言，熟蕃即為平埔蕃，但並非由該地生蕃所歸化變成的，而是屬於另一種「固棲蕃人」。另外，根據口述資料分析，伊能依據模仿與混血的原則，區分三種類型的平埔蕃。就北部的平埔蕃而言，伊能認為宜蘭的平埔蕃是「本然的蕃族」，而臺北的平埔蕃或是「模化的蕃族」如北投社，或是「雜種的蕃族」如毛少翁社。在伊能的分析中，隱約暗示著宜蘭平埔蕃是較

為原始的蕃族，但是又與該地生蕃不同。同時北部平埔蕃在語言上與「本然的蕃族」宜蘭平埔蕃的一致，則是北部平埔蕃與該地「本然蕃族」模仿或混血後的結果所致。

從 1896 年這兩篇具有理論意義論文的分析，我們發現伊能在來臺不久後，已經透過文獻的閱讀與臺北周邊熟蕃、生蕃初步的實際田野調查，建立了解釋臺灣原住民的理論，並提出初步的種族分類。伊能當時建立的理論是：原先臺灣有許多「蕃」，有固棲、有移殖等先來後到，不一定是同一種族。但是在清朝治下，由於政治上的歸化，分成「生蕃」與「熟蕃」，這也是當時漢人所用的分類。若就學術上的分類來看，不應將生蕃與熟蕃視為不同的人種類別，反而有可能是屬於同一人種。當時所謂的「生蕃」在伊能的理論中，固為「固棲人類」的活標本不用說，而「熟蕃」原本也是生蕃，都是臺灣原本的「固棲人類」。臺北與宜蘭的歸化蕃（在清代的定義下是「熟蕃」）稱為平埔蕃，並非熟蕃的代名詞或另一總稱，而只是熟蕃中居於平地的一種「蕃人」。不過，平埔蕃中也因為與歷史上其他地方所遷移來臺的移殖民混血或是模仿，又呈現了純粹與不純粹的「平埔蕃」類型之別。

當時只有田代安定曾於 1895 年 9、10 兩月調查過宜蘭，既然伊能已有了上述的看法，那麼前往一探「本然的蕃族」的實存狀況，就成為伊能必然的田野方向了。於是在 1896 年 9 月 23 日，伊能啟程出發前往宜蘭進行一個月之久的調查。前往宜蘭的原因，除了自己發展出來的問題之外，另外田代於 1895 年 10 月進行的宜蘭調查，也給伊能許多啟發。宜蘭之行，對伊能來說，一方面是終於有了離開臺北遠行調查的機會，可以獲得更多的實際田野資料，以利「人類的理學研究」的進展。另一方面，也是要解決自己在建立解釋中所提出的問題，伊能在 7 月時提出了，宜蘭方面的平

埔蕃應是北部平埔蕃中的「本然的蕃族」的假設，同時，也提出了某生蕃與某熟蕃可能為同一種族的假設，但是他比較田代提供的民族誌資料，卻發現與北部生蕃（大嵙崁到宜蘭）在語言上並不相同，那麼宜蘭的平埔蕃「本然的蕃族」是另一種「蕃人」嗎？1896 年 9 月，東京帝國大學理科大學動物學教室的助手多田綱輔，[46] 欲進行宜蘭的動物學調查時，當時擔任總督府國語學校助教授的博物學家粟野傳之丞與之同行，兼任國語學校教諭的伊能嘉矩亦同時前往。調查期間沿途經過了基隆社寮島，雙溪三貂社，以及宜蘭平原方面共 7 社平埔蕃社，並在宜蘭城內停留 6 日，查閱官署（主要是撫墾署）的檔案以及密集訪問住在城內的「噶瑪蘭三十六社總頭目」振金聲。[47] 調查完宜蘭回臺北之後，在 1896 年 11 月到 1897 年 4 月這段期間內，伊能繼續調查臺北附近的平埔蕃社。[48]

---

46. 伊能嘉矩在有關此次宜蘭調查系列論文的第一篇概述調查經過的文章，記錄為「多田綱介」，在此次調查的田野日記〈貂山冷水〉中也是記錄與「多田綱介」同行，但是在多田發表此次調查的論文時，名字則是「多田綱輔」，本文依據多田自己發表文章時所用的名字，修正伊能的紀錄。伊能關於此次調查的紀錄，見伊能嘉矩，〈臺灣通信（第 18 回）宜蘭方面に於ける平埔蕃の實查〉，《東京人類學會雜誌》136（1897），頁 373-378。伊能嘉矩，〈貂山冷水〉，臺灣大學圖書館「伊能文庫」，M035，1896 年。另外多田宜蘭調查論文，見多田綱輔，〈臺灣動物調查〉，《東洋學藝雜誌》199（1898），頁 168-176、201（1898），頁 290-295、206（1898），頁 506-510。

47. 此行調查的田野日記，見伊能嘉矩，〈貂山冷水〉，臺灣大學圖書館「伊能文庫」M035，1896 年；田野中與振金聲筆談的筆記，見伊能嘉矩，〈クバァラワン志料〉，臺灣大學圖書館「伊能文庫」M036，1896 年。調查時所畫的簡圖，見〈熟蕃資料〉，臺灣大學圖書館「伊能文庫」M040，1896 年。

48. 在調查宜蘭之前伊能嘉矩只調查過臺北附近的北投社與毛少翁社而已。

（三）全島蕃人調查的登場

　　伊能嘉矩在 1896 年到 1897 年間，除了分析清代文獻中的人種分類，並參照北部平埔蕃的調查，提出新的族群分類的解釋之外，並沒有遺忘「人類的理學研究」計畫中的「生蕃」課題。在解釋清代文獻時，提出了若不陷於清代政治上的歸化、未歸化的熟蕃、生蕃分類的話，熟蕃原先也是「固棲人類」的一種，同時在臺灣原來也有不同的蕃人的情況下，當時的某熟蕃與某生蕃二者，在學術上可能為同一種族的看法。伊能並且用當時在臺北附近觀察到的生蕃（主要是大嵙崁與新店一帶的蕃人）與文獻上所記載的蕃人的模樣互相印證，說明原先未歸化前蕃人的生活樣式。伊能在臺北周邊所調查的生蕃民族誌資料，就成為伊能「人類的理學研究」上說明未歸化蕃人、或固棲蕃人的活標本。在 1896 年的一整年間，伊能除了分析文獻上的生蕃之外，也調查了新店與大嵙崁一帶的生蕃，並發表數篇文章。這些對文獻與北部生蕃的分析，除了當作討論平埔蕃課題的比較項之外，並初步形成了對生蕃的解釋。[49]

　　1897 年 4 月 23 日到 30 日的一週間，總督府在撫墾署設立一周年之際，於臺北召開撫墾署長諮問會議，除了檢討一年來的理蕃行政之外，同時，總督府各部門也提出諮詢案，由各撫墾署長依據各地的蕃情狀況加以回答與討論。[50] 在諮問會的討論中，各撫墾署長最關心的是蕃人撫

---

49. 伊能在 1896 年，對臺北周邊原住民的討論，見伊能嘉矩，〈大嵙崁（Toa ko kam）の蕃婦〉，《東京人類學會雜誌》120（1896），頁 228-230；伊能嘉矩，〈新店地方に於ける生蕃の實查〉，頁 272-278。

50. 總督府各部門提出的諮問案，見臺灣總督府警務局編，《理蕃誌稿・第一卷》（臺北：臺灣總督府，1918），頁 35-40。另外此次會議的實錄，見〈臺灣總督府公文類纂〉00180，明治 30 年乙種永久保存，第 36 卷第 2 號「撫墾署長諮問會議議事要錄」，12 門：殖產：撫墾。

育的問題。因此，會中委由學務課長伊澤修二研議蕃人教育法的相關計畫。[51] 事後伊澤指派粟野傳之丞與伊能嘉矩，進行全島的生蕃調查，以研議有關蕃人的教育法。[52]

粟野傳之丞與伊能嘉矩兩人，在總督府蕃情調查以及研議蕃人教育法的脈絡下再度合作，於 1897 年 5 月 23 日離開臺北前往大嵙崁，展開全島的蕃人調查之旅。兩人從西部南下再轉由東部北上，最後於完成東部的調查後，12 月由花蓮港搭船北上回臺北。伊能此回歷時 192 日的全島調查，如果我們注意他的行經路線與在各地方調查的時間，我們會發現他將調查的重點集中在臺灣西部蕃人分布的各相關地區，東部的調查事實上只有從 11 月 6 日到 12 月 24 日，共 49 日而已。他們並沒有在臺灣東部的調查上，用上與西部調查同等時間與精力，主要的原因應該是，1896 年時田代安定已對臺灣東部進行過一次將近 5 個月（8 月到 12 月）的調查（即田代安定的臺灣東部「殖民地」調查）。[53] 同時由帝國大學所派遣的鳥居龍藏從 1896 年 8 至 12 月的第一次臺灣調查，調查區域也是在臺灣東部。而鳥居的調查成果，在 1897 年 8 月時已發表〈東部臺灣に於ける各蕃族及び其分布〉（東臺灣各蕃族及其分布）。[54] 伊能在此次調查所完成的全島蕃人分類的論文中，也提及東部有關「排灣、阿美的情況」

---

51. 臺灣總督府警務局編，《理蕃誌稿・第一卷》，頁 267。
52. 學務課長伊澤修二之所以會指派粟野傳之丞與伊能嘉矩的原因，筆者推測，一方面是 1896 年底兩人調查宜蘭的資歷，另一方面，伊能當時在臺北因臺灣人類學會的活動已經累積了人類學研究的聲譽，而粟野在來臺之前已是知名博物學家。粟野時任總督府國語學校助教授，伊能則是國語學校第二附屬學校教諭。
53. 參見陳偉智，〈田代安定與《臺東殖民地預察報文》：殖民主義、知識建構與東部臺灣的再現政治〉一文中的分析。「殖民地」為當時的用語，為移民地之意。
54. 鳥居龍藏，〈東部臺灣に於ける各蕃族及び其分布〉，《東京人類學會雜誌》136（1897），頁 378-410。

是參考鳥居龍藏的研究成果。[55]

　　伊能嘉矩在1897年底完成臺灣蕃人的全島調查後，1898年4月23日，在由臺灣總督府各部門與理蕃行政事務相關官員為主體所組成的蕃情研究會成立首日，於臺北城內淡水館舉行的發會式上，以〈臺灣土蕃進化の程度〉（臺灣土蕃進化的程度）為題目，第一次發表調查成果。[56]在這次的演講中，伊能第一次提出了所謂「漢人族之外」的臺灣蕃人全部的系統分類。伊能在這次的演講中，先針對臺灣蕃族的「分類系屬」提出分類表。同時說明分類的原則是依據「第一、體質的特徵，第二、土俗的異同，第三、思想的現狀，第四、言語的異同，第五、歷史的口碑」，將「共有某種特殊性質的（蕃人）集成一體，再依據其共有特徵的遠近，劃定系統上血緣的遠近」。[57]不過，此文的重點在於通論性地分析臺灣蕃人整體文化進化的程度，伊能在文中並沒有說明各蕃族的分布區域與文化特質。[58]1898年5月，伊能在蕃情研究會的演講後，進一步發表〈臺灣通信（第22回）臺灣に於ける各蕃族の分布〉（臺灣通信〔第22回〕臺灣各蕃族的分布）。文中除了發表臺灣各蕃族的分類系屬表之外，並

---

55. 見伊能嘉矩，〈臺灣通信（第22回）臺灣に於ける各蕃族の分布〉，《東京人類學會雜誌》146（1898），頁301-307。

56. 〈本會發會式〉，《蕃情研究會誌》1（1898），頁90。該次的報告除了登載在兩日後的《臺灣新報》外，並發表於1898年8月創刊的蕃情研究會機關誌《蕃情研究會誌》上。伊能嘉矩於1894年4月23日的演講紀錄，見〈臺灣に於ける各蕃族の開化の程度（蕃情研究會に於ける伊能の説）〉，《臺灣新報》486，1898年4月26日，第2版、《臺灣新報》489，1898年4月29日第2版。另見〈臺灣に於ける土蕃の分類及び其の現在通有する開化の度〉，《蕃情研究會誌》1（1898），頁2-15。

57. 伊能嘉矩，〈臺灣に於ける各蕃族の開化の程度〉，《臺灣新報》486，1898年4月26日，第2版。

58. 此文後來譯成德文：Kakyo Ino（伊能嘉矩），"Die Wilden Staamme von Formosa, ihre Einteilung und ihr Kulturzustand"，*Zeitschrift der Gesellschaft von Erdkunde in Berlin* 34（1899），pp. 63-74。我推測翻譯這篇文章的人應該是當時同是蕃情研究會會員的德國人 Mueller 氏。隨後於1900年時，英國皇家地理學會的刊物上也對此文加以介紹，被視為截至當時為止，關於臺灣的種族狀況的最新研究成果。

進一步說明各蕃族的分布區域與文化特質。[59] 伊能在文章中以「群／族／部」的樹狀階層系屬表，將臺灣蕃人區分為 4 群 8 族 21 部，並說明各群的分布地以及體質特徵、文化社會特徵與語言特徵。伊能在此一分類系統中，將 1896 年提出的平埔蕃課題整合，歸類為全島蕃人分類系屬第四群「Tanah 群」。從伊能所完成的體系來看，伊能在 1896、1897 年稱之為「平埔蕃」的蕃人，到了 1898 年時已改稱為「Peipo（平埔）族」。同時在「居住在平地」的共同特徵下，將其與東部的「Amis（阿美）族」劃分為同一群（Tanah 群）以求分類系統上的一致性。

從 1895 年底來臺到 1897 年 4 月在臺北所發展出來的解釋體系，到 1897 年有了進一步的全島性的蕃人民族誌資料的檢證。1898 年全島蕃人的調查結束之後，伊能完成了全島蕃人各族的分類並建立了初步的解釋理論。除了在蕃情研究會上發表外，同時也將研究成果持續地寄回東京，在東京人類學會的刊物上發表。1899 年初，伊能向總督府提出完整的調查報告書《臺灣蕃人事情》。伊能此一完整的臺灣全部蕃人的民族誌報告，在 1900 年 3 月由總督府民政部文書課正式出版。[60]

1900 年出版的《臺灣蕃人事情》中，伊能除了延續「平埔族」的修正之外，其他的蕃人分類並沒有進行修正。在此一完整的民族誌中，伊能將之分成五個部分：「第一篇：蕃俗誌」、「第二篇：蕃語誌」、「第三篇：地方誌」與「第四篇：沿革誌」，以及最後的結論。「地方誌」與「沿革誌」主要是利用清代方志文獻資料所建立的地方史，與理蕃及蕃人教育的沿革。「蕃俗誌」、「蕃語誌」則是依據彙整 3 年間的文獻

59. 見伊能嘉矩，〈臺灣通信（第 22 回）臺灣に於ける各蕃族の分布〉，頁 301-307。
60. 伊能嘉矩、粟野傳之丞，《臺灣蕃人事情》。

表一、伊能嘉矩的臺灣蕃族分類（1898）

	群	族	部	
臺灣土蕃	第一群　Ataiyal	族　Ataiyal	第一部	Taⁿgare-Ataiyal
			第二部	Daiya-Ataiyal
	第二群 Nakuijyo	第一族　Vonum	第一部	Matsoan-Vonum
			第二部	Rakvisyan-Vonum
			第三部	Sevukun
		第二族　Tso'o	第一部	Tso'o-no-Omiya
			第二部	Tso'o-no-Oiyi
	第三群　Kadas	第一族　Tsarisen		
		第二族　Payowan	第一部	Parizarizao
			第二部	Tepomomak
			第三部	Pakurukal
		第三族　Puyuma		
	第四群　Tanah	第一族　Amis	第一部	Kawanan-Amis
			第二部	Kawere-Amis
		第二族　Peipo	第一部	Tta'o
			第二部	Siraiya
			第三部	Lloa
			第四部	Pazzehe
			第五部	Hinapavosa
			第六部	Taokas
			第七部	Kuvarawan
			第八部	Amutoura

資料來源：伊能嘉矩，〈臺灣通信（第 22 回）臺灣に於ける各蕃族の分布〉，《東京人類學會雜誌》146（1898），頁 301-307。

整理與田野調查的資料所構成的，其中，「蕃語誌」分析平埔族之外的
7個蕃族的數字基本語料（1到10），並與馬來語（マレー語）的數詞進
行相似性的比較，推論臺灣蕃人都是同一種，即馬來語系的人種。伊能
在1896年曾依據文獻推論臺灣的蕃人可能有不同的種類，到最後根據語
言比較，已經完全推翻之前多元論的看法，確立馬來語系的人種一元論
主張。在1898年首度提出蕃人分類系屬表中以「群／族／部」的原則分
類，將所有的「群」都歸類在「臺灣蕃人」之下，而臺灣蕃人即屬於馬
來人種，伊能透過語言比較，將此一推論加以確立。本書中「蕃俗誌」
的部分，則是全書的重點，分為「各說」與「總說」。在「各說」中分
析八族各族的分布地域、現狀、社會組織與物質文化。在「總說」中則
是綜合各族的文化要素，依據「進步程度」（進化的原則）分析在某文
化要素中各蕃族的進化程度。伊能所謂的蕃人的進步程度，在他來看是
與地理因素高度相關的，他在解釋蕃族的分布狀況時，提出了「地理與
蕃人進步程度的關係」的結論。[61] 以此來說明何以在他的分析中，分布在
臺灣北部山區的「Ataiyal（泰雅）」族是進化程度最低的，而愈往南，地
勢愈低，愈容易與外界交通的諸族，則進化的程度愈高，甚至有些族的
文化要素發展，與漢人不分軒輊。居處平地的平埔族則是所有蕃人中進
化程度最高的，幾乎到達與漢人一致的地步。在1898年提出的全島蕃人
分類中，所記錄的各族的體質、土俗、語言等文化要素，在1900年的書
中成為伊能說明臺灣各族進化程度的證明，例如宗教上，從泛靈信仰到
崇拜特定的象徵物的發展。在社會組織上，從簡單到複雜的單系繼嗣制
度的不同等，都在伊能的進化主義的文化觀中，編入階序性的進步程度

---

61. 伊能嘉矩、粟野傳之丞，《臺灣蕃人事情》，頁112。

階梯位置中。文化特質的差異，變成了進化發展的順序，空間上的不同，變成了時間上的先後。

四、種族知識的科學性宣稱

伊能於蕃情研究會的報告，可以看成是一種解釋臺灣原住民複雜的人文活動的全新的種族知識。其中除了如同先前相關論文一般對清代文獻紀錄批評為非科學的知識外，伊能在來臺宣言中提及的「外人記事」，在報告中亦加以指名批評。伊能針對 George L. Mackay 與 George Taylor，批評他們的臺灣種族知識的科學性問題。伊能曾經說「以自家之手，開拓自家之徑路」（渡臺宣言），於此也成為知識的科學競爭問題。當然在這樣的論爭中，伊能事實上是以近代西方的種族知識作為普遍的標準。如果種族知識的科學性宣稱是伊能建構知識的一個原則的話，那麼為伊能所批評的外人記事，是如何來再現臺灣的種族現象呢？

在這裡本文以被伊能指名的 George L. Mackay 的論述，作為討論種族知識科學性宣稱競爭的代表文本。[62] 有趣的是，Mackay 也曾經談過關於臺灣的自然史知識的科學性問題。Mackay 在 *From Far Formosa*（《臺灣六記》）中曾經批評當時關於臺灣自然史知識的狀況：「臺灣的自然史還是一本未寫之書。就是第一流學者的記述，也是淺薄而不可靠的。所謂中國科學的任何研究，都是經驗式的，必須謹慎地加以甄別；而外國

---

62. 限於篇幅，本文不擬全面地討論 19 世紀西方人關於臺灣自然史的研究，一個背景性的有關英國自然史學者，包括專業及業餘的，對於中國研究之分析，參見 Fa-ti Fan（范發迪）, *British Naturalists in Qing China: Science, Empire, and Cultural Encounter* (Cambridge, Mass.: Harvard University Press, 2004).

科學家在臺灣所做親歷調查也很少。」[63]

　　至於 Mackay 的「種族」知識是如何呢？Mackay 將臺灣居民分為馬來人（Malayan）與漢人（Chinese）兩類。在 *From Far Formosa* 第九章 "Ethnology in Outline" 中提到：「臺灣北部的居民可分為兩大類：原住民（the aborigines），無論是野蠻的或是開化的，都是馬來人；而漢人則是屬於蒙古人 (Mongolian)」，[64] 接著對這兩種「人種」（race）進行描述與分類。對於「漢人」，Mackay 認為：「在數目、智力與勢力上均占第一位的主要人種是漢人。人種學家（ethnologist）對於他們不覺得有什麼困難的問題，因為他們的起源與人種關係都是容易追溯的。」至於臺灣島上除了漢人之外的另一人種原住民呢？這是 Mackay 在這一章中主要的分析對象。Mackay 摘要地描述了原住民的遷徙傳說、風俗習慣及體質特徵。在體質特徵中，Mackay 比較頭顱形狀、頭髮形狀及顏色、眼睛顏色與鼻子的形狀，指出了原住民的體質特徵「表示與馬來型的島民的親族關係」，對於頭骨的體質特徵（「頭蓋骨狀如圓球」），Mackay 並說：「這是屬於低級種族的島民的特徵」。[65] Mackay 並製作了一個圖表表示臺灣的「人種學」（the ethnology of the people）。關於原住民的人種分類問題，Mackay 認為：

---

63. 見 George L. Mackay, *From Far Formosa*, p. 15. 中文翻譯參照周學普譯本加以修改，周學普的翻譯，見 George L. Mackay 著，周學普譯，《臺灣六記》（臺北：臺灣銀行經濟研究室，臺灣研究叢刊第 69 種，1960；1895 年原刊），頁 38。雖然 Mackay 是在〈地質〉這一章的開頭做如是的評論，但是對他而言「民族學」亦是包括在自然史的範圍內，在 *From Far Formosa*（《臺灣六記》）內容所區分的六個部分，第二的部分「The Island」即包含了從地質、動物、植物到人種的章節。附帶一提，Mackay 此書，亦有譯為《臺灣遙記》。

64. George L. Mackay, *From Far Formosa*, p. 92；George L. Mackay 著，周學普譯，《臺灣六記》，頁 40。

65. George L. Mackay, *From Far Formosa*, p. 97；George L. Mackay 著，周學普譯，《臺灣六記》，頁 42。

漢人稱全島的原住民為番人 (barbarians)，依後者所住之處是
平野或高山、反抗或順從中國風俗的程度而予以分類。在東海
岸的大平原中有些番人承認漢人的優勢，服從漢人的信仰方
式，漢人稱他們為平埔番（Pe-po-hoan）。在一個更南的海邊
平原中有另一個原住民的部落，漢人稱他們為南勢番（Lam-si-
hoan）。不服從漢人的高山人，則被稱之為生番（Chhi-hoan）。
有些番人在西部與漢人雜居，被稱為熟番（Sek-hoan）。這些
名稱都是漢人所用的，表示著原住民與他們之間的關係。現在
日本人占領著臺灣，將有新因素輸入。日本人對於現在的居民
的關係還不清楚，但對於番人似乎將用懷柔政策。[66]

　　Mackay 的 *From Far Formosa* 於 1895 年日本領臺後不久出版，在上
述的人種關係討論中還提到了「現在日本人占領著臺灣，將有新因素輸
入。」[67] 這個 Mackay 在當時還不清楚的日本與臺灣居民關係將如何形塑
的「新因素」（new element），除了將使臺灣的社會形構全面地改變外，
也包括了新的知識裝置的登場，例如伊能嘉矩在 1895 年後的三年內，即
快速地展開對包括 Mackay 的種族自然史知識在內的批判與重寫。Mackay
書中的平埔番、南勢番、生番與熟番，即是日後被伊能嘉矩批評為不正
確的「外人記事」之一。
　　然而從知識系譜來看，伊能嘉矩顯然沒有離開 Mackay 等 19 世紀以來

---

66. George L. Mackay, *From Far Formosa*, pp. 93-94；George L. Mackay 著，周學普譯，《臺灣六記》，
　　頁 40．．
67. George L. Mackay, *From Far Formosa*, p. 93. 原文是 "Now that Japan has possession of the island a
　　new element will be introduced"．

的西方自然史對於臺灣的種族記述太遠。在知識論上，他們還是分享著共有的人類種族自然史呈現的地理分布現象的演化階段的普世性預設。同時也使用相當一致的調查與論證方法：基本文化特質、體質特徵、語料的蒐集以及建立在比較民族學基礎上，描述性的，以分類為任務的種族知識。一個林納式（Linnaeusian）的自然史分類傳統，在 Mackay 是以蘊含福音啟示與傳播可能性的「人種學」的種族知識；在伊能嘉矩則是放在「亞細亞各種人類之系統關係」的臺灣「人類的理學研究」的種族知識。伊能所知與所做的「人類學」本質上與他所批評的 Mackay 等西方人的記述並沒有太大的差別。在知識上不是質的不同，而是量的差異。伊能收集的比較民族學的田野資料比其他先前的西方旅行家、傳教士、官員、學者等專業或業餘的自然史博物學者先行者們更豐富，並在這個對於臺灣人類的自然史的種族知識研究中，提出了他所認為的更為窮盡、範圍更全面的「種族」分類。

有趣的是，伊能嘉矩的科學的、學術的研究，接下來也遭受到森丑之助以非學術的、不是全面性的研究的類似理由的批評。森丑之助 1913 年在〈生蕃對臺灣島的影響及臺灣蕃族學術調查〉一文中，如此地描述與評價伊能的研究：

> 過去發表過很多有關臺灣蕃人的紀錄者是伊能嘉矩。他的《臺灣蕃人事情》是在明治三十三年（一九〇〇年）出版的，書中他首次縱論臺灣蕃族及地理。這是他於前一年奉臺灣總督府命令，偕同粟野傳之丞到當時一般人能夠到達的平地附近蕃地巡察，他們環島一周後，將實地查察所獲的資料，加上伊能到訪各地方撫墾署所獲的資料，以及撫墾署官員所調查、編輯的書類為基礎，作出綜合性的編纂而成的。

比伊能嘉矩更早進入蕃地探險的我們,[68]對於伊能氏的這一本報告,無法認定是一部調查研究報告,只能說,這不過是他編纂的作品。

我甚至不得不懷疑伊能氏為什麼忽略了理應實地調查的事項,只是利用極「薄弱的」記錄文書及通事所提供的不正確消息,而且只到山麓地帶一般官員常去訪問的蕃社訪問,沒有深入蕃地搜求有根據的田野資料,就開始撰述他的報告。

因此,伊能氏記載的臺灣蕃族之分類和記述內容,我已發現不少錯誤之點,就因為沒有其他專書統括地記述臺灣蕃族各項要目,所以他的書過去被臺灣總督府當作範本使用。我們不受公務機關派遣的人,只靠自己的力量直接到蕃地調查,不像伊能氏等官員,可以拿總督府差假令,或在各地官署支援下進行實地調查。伊能氏迄今是拿薪資的臺灣總督府囑託,享有各種方便與研究時間。他為什麼沒有作更深入的調查研究?這是我無法理解的事。[69]

森丑之助對伊能嘉矩的批評恰恰正是在田野工作的問題上。但是對他而言,伊能研究上的「學術性」問題,並不在伊能的自然史種族演化的文化理論上,而是在他的方法上。[70]森認為伊能的問題在於只依靠一些可信度值得懷疑的文獻、來源有問題的撫墾署蕃人訪問的資料,就據以

---

68. 森丑之助文中的「我們」,是指他自己與曾經一同進行調查的鳥居龍藏。
69. 森丑之助,〈生蕃對臺灣島的影響及臺灣蕃族學術調查〉,收於森丑之助著,楊南郡譯註,《生蕃行腳:森丑之助的臺灣探險》(臺北:遠流出版事業股份有限公司,2000),頁527-529。
70. 森丑之助似乎頗為在乎伊能嘉矩的「官職」身分,除了批評伊能並沒有善加運用官職帶來調查的便利外,也對比地數次強調自己進入蕃界調查時並不總是具有官職身分及其在資料蒐集上的便利。

建立他的種族知識。弔詭的是，對於田野工作實際調查的資料蒐集的要求，恰恰是伊能自己在進行調查時充分自覺的方法。[71] 相對而言，森似乎並不特別關心「理論」的問題，或者民族誌資料的知識論問題，然而他的作品似乎也顯示了與伊能等人共有類似的文化演化觀。[72]

森對田野工作的強調，以及對於臺灣各地原住民文化細節的熟悉程度，本有可能使他發展出與文化演化論不一樣的社會文化理論，如同 Trobriand Islands 之於 Malinowski 的功能論與北美印地安人之於 Boas 的歷史文化論一般建立在對於 19 世紀以來演化論人類學知識的批判與突破。森的臺灣蕃人的人類學研究似乎是還是依循著文化演化觀的知識論預設，特別是伊能的知識建構中被分類出來的，彼此互相獨立、各自內部具有文化象徵與社會組織原則一致性的種族單位。從這一點來看，森似乎仍然沒有離開伊能太遠。或者更廣泛地來看，如果說 19 世紀的種族知識是建立在人類的自然史文化演化論的知識論基礎上，森似乎沒有離開 19 世紀、沒有離開演化文化論太遠。

五、結論：「種族」在臺灣的歷史性

在 1872 年 4 月中，我在淡水買了一所房屋，就自問到：「我是

---

71. 1897 年全島調查的旅途中，伊能嘉矩在田野筆記〈探險隨感〉中寫下了有名的「從事探險應記得的五條要箴」與「探究事務的旅行應遵守的三條要件」。其中強調了調查者在旅程中的精神與健康，語言與相關知識的準備，以及在實際田野中的「注意周到」的細查眼光，還有當場筆記的重要性。關於伊能的田野工作的進一步討論，見陳偉智，〈知識與權力：伊能嘉矩與臺灣原住民研究〉，《當代》135（1998.11），頁 28-51。

72. 森丑之助的臺灣原住民民族誌作品，雖然已經漸漸發展出從所研究的原住民社群內部的功能與歷史的解釋該社群的文化特質與社會組織原則。但是，並沒有進一步地挑戰文化演化的理論成說。關於森丑之助的研究，參見楊南郡著，笠原政治、宮岡真央子、宮崎聖子編譯，《幻の人類学者森丑之助：台湾原住民の研究に捧げた生涯》（東京：風響社，2005）。

爲什麼到這裡來的呢？是爲了要研究臺灣的地質、動物和植物嗎？爲了要研究臺灣的人種問題嗎？爲了要研究臺灣人民的風俗習慣嗎？」不，這些都不是我主要的目的。我並非因此而離家遠行，加拿大的教會並非因此而授我聖職，派我出國的。我的任務十分清楚，就是奉主的命令：「你們往普天下去，傳福音給萬民聽」。我無論作什麼其他事情，這種任務必須完成；無論作什麼事情，都必須與這任務之完成有切實的關係。宣教師固然也可以研究歷史，地質學，人類學，社會學或其他任何的學科，但必須就他們與福音的關係上研究之。宣教師主要的任務，是向異教徒宣傳福音，使其改邪歸正，並培養其對上帝的信仰，這也就是我離開家鄉而來的臺灣的主要目的，我無時或忘，決不爲其他事情所妨礙。[73]

George L. Mackay, 1895

余嘗有志於修人類學，數年以來致力於斯學之研磨，久期於闡明亞細亞各種人類之系統關係，聊資裨補學界於萬一。而今，斯學之溥博淵泉的臺灣，屬我版圖，不僅學術上，將來治教之需要上，亦逢不可不速爲研究調查之機。吾人志於斯學，豈能不奮起於此時哉？[74]

伊能嘉矩，1895

---

73. George L. Mackay, *From Far Formosa*, p.135；George L. Mackay 著，周學普譯，《臺灣六記》，頁56。

74. 伊能嘉矩，〈陳余之赤志，訴於先達之君子〉，見伊能嘉矩，《臺灣志》，頁4；另見自吳密察，〈臺灣大學藏「伊能文庫」〉，頁7。

Mackay 的人種分類，可說是他在臺灣三十年的傳教經驗中對於在地知識的遭遇與西方的人種自然史知識的結合。他對於自然史的知識具有一定程度的了解與掌握，一方面批評前人，西方人與中國的科學性紀錄不夠科學，同時在自傳性質的 *From Far Formosa* 中有近三分之一的篇幅在描述臺灣的自然史：地質、動物、植物與人種。對他而言，自然史的知識，很清楚的是作為傳教的輔助。對於 Mackay 而言，自然史只是作為了解上帝的世界與福音（God's world and Word）的工具。而在伊能則是講求「治道」之前需先講求「學術」的了解。

如果伊能的人種分類的種族知識是建立在新知識典範的建立與舊論述的排除的話，他在渡臺宣言中批評了漢人的固有知識與提及西方人記事中對於臺灣種族現象的研究。在接下來臺灣人類學會的時代，進一步接合他所知的西方種族研究的知識，中文的文獻紀錄與田野中的民族誌資料，以新的語言，新的分類概念，新的文化演化觀，將臺灣的種族現象，重新翻譯、改寫成一套新的種族知識。19 世紀中分化出來的人類學知識成為他建構臺灣種族知識的普世性知識論依據，同時操作著類似的知識建構機制，以 Johannes Fabian 的話來說，即人類學在 19 世紀以來在建構其知識上的他者時的「當下同一時間的否定」（denial of coevalness）。[75] 伊能的作法是，將文獻當成種族在歷史時期上的紀錄，而田野中的現象，則依據與文獻紀錄中相似性的程度，析分其是否是保持原狀的活化石，或是文化演化的程度。這樣的作法不但忽略了文獻所記錄的一方面只是特殊時空的現象，以及某種知識型運作下隱而未知的知識再現。另外也

---

75. Johannes Fabian, *Time and the Other: How Anthropology Makes its Object* (New York: Columbia University Press, 1983).

假定了人類社會特質在歷史發展中的穩定性與內部一致性，而這樣的穩定與一致的特性，是可以透過「種族」這種人群單位加以辨識。同時更是假設了以這樣的知識分類單位被辨識出來的不同的種族，存活在普世預設的單一時間概念中的不同發展階段，「本然的蕃族」或被認為保持原狀的蕃族，變成文化發展未進化的古代原始種族在當代如化石般存在的活現。

今天我們或許不再使用演化的觀念來看臺灣的人類活動現象，也不再使用「種族」這樣的語言，似乎我們已經脫離了伊能嘉矩建構的種族所指涉的社會範疇，也脫離了 19 世紀的演化觀中的西方中心的知識論預設。其間雖然經過了技術性的分類修正（森丑之助的批評可看成是這種技術性修正的之一），表現其命名的語言也經歷了日文至中文的語言轉譯，同時「番」或「蕃」的名稱（ethnonym）也早已被取代，甚至連「種族」幾乎都不再使用而改以在戰後美國社會科學影響下（特別是 1980 年代末期至今）引進的「族群」（ethnic group）這樣的學術分析概念。然而，伊能所區分出來並假設其內部同質的「種族」單位，無論是在學術界的（例如：〇〇「族」的〇〇研究）、原住民運動中的（例如以「族」為單位的文化復振運動，結盟與權益爭取等運動）、民間日常生活中的（例如，在行政、教育、商業、觀光活動中在目前官方認定的原住民 16「族」或是仍在爭取官方承認的其他更多的「族」），至今仍一直不斷地再生產。[76] 從這些活動來看，我們似乎仍籠罩在由伊能最初總其成的 19 世紀中葉以來西方自然史中種族知識的分類架構的陰影中──雖然學科專業的分析術語改變

---

76. 目前官方承認的原住民族一共有 16 族，見行政院原住民族委員會官方網站：https://www.apc.gov.tw/portal/cateInfo.html?CID=8F19BF08AE220D65（瀏覽日期：2020 年 7 月 6 日）。

了，概念指涉的內容，也從本質化的生物或是文化特質的辨識，逐漸變成討論人群集體性的社會位置差異的歷史形成過程，但是作為一個相互排除的社會範疇的單位卻留下來了。一句話，內容改變了，形式 (form) 卻延續下來。

這樣的討論，似乎很容易得到一個結論，認為「種族」知識在臺灣的登場，在伊能嘉矩以前或之後，是臺灣的近代性形成的一部分。這基本上是本文的主張，但是，我們似乎需要更進一步將這樣的近代性的知識型加以問題化。在如何表述臺灣的人類活動據以構成的歷史發展、文化現象或社會形構等問題上，我們需不需要將「種族」知識當成是非歷史的客觀的「學術的」概念，合法化對於知識對象的切割？或是將這樣的知識也當成討論的對象，並進而探討自 19 世紀中葉以來西方各種近代性的知識裝置，在臺灣的登場（包括西方的直接影響、或是捲入清帝國在 19 世紀的變革，或是透過日本殖民時期的代理），所牽涉的跨語言實踐中，對於社會事實在物質上的與其知識再現上的改變呢？在這個過程中，是不是改變了對於原有事物秩序的認識，並同時也創造出了新的社會事實呢？一個歷史發展中的斷裂現象，似乎也創造了我們今天所使用的一切描述事物的語言，甚至是構成我們集體心態的基本範疇，其被遺忘的近代起源。更進一步來說，我們現在所使用的語彙、概念，諸如「國家」、「民族主義」、「資本主義」、「勞動」、「殖民主義」等等，以及這些概念所欲指涉或再現的社會事實，不也是這個近代性計畫的一部分？限於篇幅，本文無法在此回答這些問題。當然，個別的行動者、國家、政體、歷史情境，可能都是影響這些近代性轉變的重要中介者，但是，在區域歷史的討論上，我們似乎也必須時常自我提醒。這些概念，不論是已經被放棄的（如種族），或是正在使用中的，不單單只是學術

研究的描述性或是分析性後設概念而已，概念本身，也擔負了其形成本身的歷史重量。因此，本文建議我們必須意識到這些指涉社會範疇概念的歷史性以及其跨越區域的全球流通的狀況。在這樣的關懷下，透過分析「種族」這一全球概念的歷史在臺灣展開的歷史性，本文同時亦是摸索如何重新提問的一個「概念─歷史」取徑的嘗試。

附錄一、臺灣人類學會暫定規則

臺灣人類學會暫定規則	
第一條	本會結合於臺灣從事人類的理學研究同志
第二條	本會會員為達前條之目的，隨時從事左項之事： 一、實地調查 二、研究資料蒐集 　　第一、圖書蒐集 　　第二、標品蒐集 　　第三、言語及口碑彙整 三、記述編纂調查研究結果
第三條	本會會員由人類學及其他相關諸學科之篤志者組織之
附則	一、從來於臺灣雖然分人類為漢人及熟蕃、生蕃三者，但是除漢人之外，僅視為異種人類，概不過從華夷之名中國古來習慣稱呼而已。故所謂熟蕃生蕃不可直接作為學術上之名辭，必須依據今後的研究結果，始能決定種族為何（或屬於同一種族，或分為不同的異種族，兼有之）。是以本會姑將其人類之類別，區分為如左二大目，以作為研究之問題： 　　第一大目　臺灣漢人的調查研究 　　第二大目　臺灣漢人以外的調查研究 二、臺灣諸人類的調查研究，今日尚屬初步，勢先主以其資料之彙整不可，本會常置如左之六部門，各配當前條之二大目，便宜分任調查研究： 　　第一門　生物學的研究部 　　第二門　心理學的研究部 　　第三門　土俗學的研究部 　　第四門　言語學的研究部 　　第五門　地理歷史的研究部 　　第六門　宗教的研究部 三、依據本則第二條第二項之旨趣，於本會內設置土俗標品室 四、此規則所稱之臺灣，指臺灣本島及其附屬島嶼並澎湖群島，即英國格林威治東經 119 度到 120 度及北緯 23 度到 24 度之間諸島嶼 五、凡於某地進行人類的理學研究，必一併明瞭與其附近人類之關係不可，故本會雖主以臺灣之人類研究為主，並及於附近諸人類之調查，此為勿論之事

資料來源：伊能嘉矩〈臺灣通信（第 2 回）臺灣人類學會〉，頁 149-151。

參考書目

- 「臺灣大學伊能文庫」，M035，〈貂山冷水〉。
- 「臺灣大學伊能文庫」，M036，〈クバァラワン志料〉。
- 「臺灣大學伊能文庫」，M040，〈熟蕃資料〉。
- 「臺灣大學田代文庫」，t001，〈土匪死屍下付願〉。
- 〈臺灣總督府公文類纂〉00116，明治 28 年乙種永久追加第 2 卷 26 號，「藤田捨次郎外八名「粟野傳之丞」「伊能嘉矩」國語學校教諭及書記ニ任命」，2 門：官規官職：進退。
- 〈臺灣總督府公文類纂〉00180，明治 30 年乙種永久保存，第 36 卷第 2 號「撫墾署長諮問會議議事要錄」，12 門：殖產：撫墾。
- 不著撰人，1896，〈人類學會〉，《臺灣新報》79，1896 年 12 月 6 日，第 1 版。
- 不著撰人，1896，〈雜報 臺灣人類學會〉，《東京人類學會雜誌》123，頁 375-376。
- 不著撰人，1896，〈雜報 臺灣人類學會〉，《東京人類學會雜誌》124，頁 419。
- 不著撰人，1898，〈本會發會式〉，《蕃情研究會誌》1，頁 90。
- 五井直弘，1976，《近代日本と東洋史学》。東京：青木書店。
- 永山規矩雄編，1930，《田代安定翁》。臺北：故田代安定翁功績表彰記念碑建設發起人。
- 永原慶二，2008，《20 世紀日本の歷史学》。東京，吉川弘文館。
- 伊能嘉矩，1895，〈臺灣通信（第 1 回）會員田代安定君の生蕃實查〉，《東京人類學會雜誌》117，頁 94-99。
- 伊能嘉矩，1896，〈臺灣通信（第 2 回）臺灣人類學會〉，《東京人類學會雜誌》118，頁 149-151。
- 伊能嘉矩，1896，〈臺灣通信（第 3 回）撫墾局〉，《東京人類學會雜誌》119，頁 179-184。
- 伊能嘉矩，1896，〈大嵙崁（Toa ko kam）の蕃婦〉，《東京人類學會雜誌》120，頁 228-230。
- 伊能嘉矩，1896，〈臺灣通信（第 4 回）生蕃と熟蕃〉，《東京人類學會雜誌》120，頁 224-228。
- 伊能嘉矩，1896，〈新店地方に於ける生蕃の實查〉，《東京人類學會雜誌》121，頁 272-278。
- 伊能嘉矩，1896，〈臺灣通信（第 8 回）北東部地方に於ける平埔蕃〉，《東京人類學會雜誌》124，頁 384-389。
- 伊能嘉矩，1897，〈臺灣通信（第 18 回）宜蘭方面に於ける平埔蕃の實查〉，《東京人類學會雜誌》136，頁 373-378。
- 伊能嘉矩，1898，〈臺灣に於ける各蕃族の開化の程度（蕃情研究會に於ける伊能の說）〉，《臺灣新報》486，1898 年 4 月 26 日，第 2 版；489，1898 年 4 月 29 日，第 2 版。
- 伊能嘉矩，1898，〈臺灣通信（第 22 回）臺灣に於ける各蕃族の分布〉，《東京人類學會雜誌》146，頁 301-307。
- 伊能嘉矩，1898，〈臺灣に於ける土蕃の分類及び其の現在通有する開化發生の度〉，《蕃情研究會誌》1，頁 2-15。

- 伊能嘉矩編，1902，《臺灣志》。東京：文學社。
- 伊能嘉矩、粟野傳之丞，1900，《臺灣蕃人事情》。臺北：臺灣總督府文書課。
- 多田綱輔，1898，〈臺灣動物調查〉，《東洋學藝雜誌》199，頁 168-176；201，頁 290-295；206，頁 506-510。
- 行政院原住民族委員會，「原住民族 16 族簡介」，https://www.apc.gov.tw/portal/cateInfo.html?CID=8F19BF08AE220D65（瀏覽日期：2020 年 7 月 6 日）。
- 吳文星，1997，〈日治初期日人對臺灣史研究之展開〉，發表於國史館主辦之「中華民國史專題第四屆討論會：民國以來的史料與史學」研討會，1997 年 12 月 18-20 日。
- 吳密察，1997，〈臺灣大學藏「伊能文庫」〉，《大學圖書館》1：3，頁 4-23。
- 坪井正五郎，1900[1895]，〈蕃情研究の急務〉，《蕃情研究會誌》4，頁 64。
- 陳偉智，1997，〈殖民地統治、人類學與泰雅書寫：1895 年田代安定的宜蘭調查〉，《宜蘭文獻雜誌》29，頁 3-28。
- 陳偉智，1998，〈田代安定與《臺東殖民地預察報文》：殖民主義、知識建構與東部臺灣的再現政治〉，《東臺灣研究》3，頁 103-146。
- 陳偉智，1998，〈知識與權力：伊能嘉矩與臺灣原住民研究〉，《當代》135，頁 28-51。
- 陳培桂，1963[1871]，《淡水廳志》臺灣文獻叢刊第 172 種。臺北：臺灣銀行經濟研究室。
- 陳淑均，1963[1852]，《噶瑪蘭廳志》臺灣文獻叢刊第 160 種。臺北：臺灣銀行經濟研究室。
- 鳥居龍藏，1897，〈東部臺灣に於ける各蕃族及び其分布〉，《東京人類學會雜誌》136，頁 378-410。
- 森丑之助，2000[1913]，〈生蕃對臺灣島的影響及臺灣蕃族學術調查〉，收於森丑之助著，楊南郡譯註，《生蕃行腳：森丑之助的臺灣探險》。臺北：遠流出版事業股份有限公司。
- 楊南郡著，笠原政治、宮岡真央子、宮崎聖子編譯，2005，《幻の人類学者森丑之助：台湾原住民の研究に捧げた生涯》。東京：風響社。
- 臺灣總督府警察本署編，1918，《理蕃誌稿　第一卷》。臺北：臺灣總督府。
- Chen, Wei-chi（陳偉智），2001，"'The Natural History of Formosa is as Yet an Unwritten Book': Missionary, Natural History and Local Knowledge in the Late Nineteenth-Century Taiwan." Paper presented at the 30th Annual MAR/AAS conference, Slippery Rock University, Pennsylvania.
- Fabian, Johannes, 1983, *Time and the Other: How Anthropology Makes its Object*. New York: Columbia University Press.
- Fan, Fa-ti（范發迪），2004, *British Naturalists in Qing China: Science, Empire, and Cultural Encounter*. Cambridge, Mass.: Harvard University Press.
- Farber, Paul Lawrence, 2000, *Finding Order in Nature: The Naturalist Tradition from Linnaeus to E. O. Wilson*. Baltimore, Md: Johns Hopkins University Press.
- Ino, Kakyo（伊能嘉矩），1899, "Die Wilden Staamme von Formosa, ihre Einteilung und ihr Kulturzustand." *Zeitschrift der Gesellschaft von Erdkunde in Berlin* 34, pp. 63-74.
- Liu, Lydia（劉禾），1995, *Translingual Practice: Literature, National Culture, and Translated Modernity-China, 1900-1937*. Stanford: Stanford University Press.

- Mackay, George Leslie, 1895, *From Far Formosa: The Island, its People and Mission*. New York: Fleming H. Revell Company.
- Pratt, Mary Louise, 1992, *Imperial Eyes: Travel Writing and Transculturation*. London: Routledge.
- Sartori, Andrew, 2005, "The Resonance of 'Culture': Framing a Problem in Global Concept-History." *Comparative Studies in Society and History* 47:4, pp. 676-699.
- Taylor, George, 1889, "Formosa: Characteristic Traits of the Island and its Aboriginal Inhabitants." *Proceedings of the Royal Geographical Society and Monthly Record of Geography* 11:4, pp. 224-238.
- Taylor, George, 1999, *Aborigines of South Taiwan in the 1880s*. Taipei: Shung Ye Museum of Formosan Aborigines and Institute of Taiwan History, Academia Sinica.
- Wallace, Alfred Russel, 1998[1881], *Island Life*. Amherst. NY : Prometheus Books.
- Wallerstein, Immanuel et al., 1996, *Opening the Social Sciences*. Stanford: Stanford University Press.

——本文原刊載於《臺灣史研究》16：4，2009，頁 1-35。

陳偉智教授授權使用。

一、伊能嘉矩的臺灣人類學研究

① **建立「人類的理學研究」：**

成立臺灣人類學會。

兩大項目：漢人與漢人之外的族群。

六個部門：生物學、心理學、土俗學、言語學、地理歷史學、宗教。

② **《臺灣蕃人事情》：**

1897 年展開長達 192 天的全島蕃人調查

二、伊能嘉矩對種族的知識建構

① **生蕃和熟蕃**

認為清代生、熟蕃的分類，只是按照歸化與否為原則。

生蕃和熟蕃在學術知識上，應為同一種族，並非相異的兩種種族。

② **平埔蕃**

屬於熟蕃中居住在平地的一種「蕃人」。

③ **全島蕃人的調查**

將全島的蕃人分為 4 群 8 族 21 部，並提出蕃人的進步程度，與地理位置高度相關。

三、科學性的知識建構

① **馬偕（Geroge L. Mackay）的種族分類：**

從原住民族的遷徙傳說、風俗習慣、體質特徵來區分。

② **伊能嘉矩對馬偕的批評：**

實際上，伊能與馬偕建構知識的方法相同，差異在於伊能擁有更全面的資料。

③ **森丑之助對伊能的批評：**

認為伊能嘉矩採用可信度值得懷疑的資料，但在知識論基礎上，並沒有太大差別。

④ **以上都沒有脫離 19 世紀以來，西方對於種族知識的知識論架構。**

四、「種族」歷史性

① 伊能嘉矩的「種族」知識建構，有其 19 世紀的知識論背景。

② 現在依然使用許多「族」的名詞，雖然內容改變，但形式仍然保留下來。

③ 如何思考「國家」、「民族主義」等名詞的歷史意涵，是我們必須時常留意的課題。

〈平埔族的身分認定與變遷（1895-1950）〉

陳鴻圖

　　2017 年行政院通過《原住民身分法》修正草案，增訂「平埔原住民」為原住民身分別，尊重族群自我認同，從法律保障平埔族群取得原住民身分，但因立法院朝野並無共識，全案尚在協商中。此法的修正，似乎讓努力逾二十年的平埔族正名運動得到正面回應，但為何至今國會尚未通過？又為何讓平埔族群感覺自己像次等原住民而不滿意此修正案？

　　行政院修正的草案明定，只要本人或直系血親尊親屬在日治時期，原籍於平地行政區域內，且戶籍登記為「熟番」或「平埔」的原住民，無論相隔幾代，也不分父系或母系，更無須更改傳統姓名，即可登記為「平埔原住民」。目前戶籍資料尚未有精準的統計，但初估平埔族總人數約在 8 萬人到 107 萬人之間，與現有原住民族 16 族總人數約 53 萬人相比，呈現明顯的落差，恐會對既有原住民族的資源分配造成重大衝擊，此乃在國會無法達成共識的主要原因。此外，由於《原住民身分法》的構築是以山地和平地原住民的客觀需要所設計，讓平埔族群擔心他們會變成「一個文化原住民，而不是一個擁有實質身分的原住民，沒有權利的次等原住民」。

曾經活躍在臺灣西部平原的平埔族群，是臺灣歷史上最早與外來文化接觸的人群，1602 年陳第的〈東番記〉即有深刻的描述，荷蘭東印度公司的檔案、清代文獻也都有詳實的記載。日本治臺之初，人類學家田代安定、伊能嘉矩即在臺灣總督府的「蕃情」調查脈絡下，著手進行全島的「蕃人」調查，並提出「平埔人族」與「熟蕃」的民族誌紀錄及分類。1905 年總督府在臺實施第一次的戶口調查，其中「種族」項目的調查結果呈現閩（福建）、廣（廣東）、生（生番）、熟（熟番）等人群識別，說明日治前期人群分類存在的事實。

　　平埔族一直存在臺灣歷史和土地上，但何以「追尋消失的平埔族」、「平埔族正名運動」等活動會出現？究竟平埔族到那裡去了？詹素娟的〈平埔族的身分認定與變遷（1895-1950）〉一文，可以協助我們解決這些歷史迷霧。臺灣在歷經不同於傳統農業帝國的殖民統治後，居住空間的變遷及種族認定的複雜等因素，造成人群關係發生本質上的變化，以致在 1950 年代平埔族集體失去身分，熟番從此藏身於漢人社會，直到 1990 年代才日漸再浮現。

延伸閱讀

1. 詹素娟，〈「熟番」身世—臺灣歷史上的原住民〉，《臺北文獻（直字）》158（2006.12），頁 1-32。
2. 陳叔倬、段洪坤，〈平埔血源與臺灣國族血統論〉，《臺灣社會研究季刊》72（2008.12），頁 137-173。

平埔族的身分認定與變遷
（1895-1950）

詹素娟*

　　日治初期，來自日本知識界的官僚與學者，以建構近代知識的熱情，對原住民族進行全方位的學理探查。至於行政體系與「蕃務」部門，也在制度性的戶口調查外，為了人口資料的蒐集或配合相關政策，特別進行「蕃人」、「蕃社」調查**。藉由這些調查，總督府對普通行政區的熟番社也得到大致的認識，尤其重要的是掌握詳盡的家戶人數。這些在清代文獻中只有社名、納餉員額、編屯紀錄及養贍埔地配置的熟番人口，都以社或居住聚落為單位——無論是原住舊社或 19 世紀中葉以後搬遷的新居地分布實況，被明確記錄並計算出來。

一、伊能嘉矩的平埔族調查

　　在外來的日本人眼中，當時的熟番多居住在普通行政區，文化風習

---

* 中央研究院臺灣史研究所副研究員。研究領域為族群史、區域研究、史學理論、原住民史。

** 日治時代，以「蕃」總稱原住民。本文一般行文，以漢語文獻的「番」描述；引用日治文獻或歷史名詞時，則稱「蕃」。

也與漢人相近。但熟番社與漢人村庄仍有明顯區隔，如清代因實施屯制，熟番社不但擁有番租收支權，也設置不同於漢人村莊總理的頭目。因此，在地方上要辨識熟番族人，並不困難。

除了這些具體有形的差異，另有一種難以言喻的界線存在。以伊能嘉矩在臺北地區的調查為例，他認為無論在生活習俗、社會文化或語言使用上，平埔族已與漢人沒有太大不同；但是，「平埔蕃與漢族都認為他們不是同族」，「無論日常生活的衣食住行與語言，都已經與漢人無異，但他們與漢人之間，還是有一條明顯的界線」。對平埔族、漢人之間的互動關係，伊能如此描述：「雖然平埔蕃和漢人或多或少有來往、通婚、混居的情形，卻仍然可以看出不同民族之間的一些隔閡。」

這種肇始於伊能嘉矩、以熟番或平埔族為主體的調查工作，目前所知的最後一次全島性調查，係在明治43年（1910年）3月間進行。當時，臺灣總督府民政部警察本署基於「各廳蕃人納入隘勇線內者漸多，為將來撫育此等蕃人之參考，咸認為有調查平埔蕃族沿革之必要」，發文照會全島各地方官府，要求進行「平埔蕃族戶口及沿革」的調查。

二、臨時戶口調查與國勢調查

日本國會兩院（眾議院、貴族院）於明治29年（1896年）3月提出「國勢調查執行建議案」，認為一個近代國家必須進行國勢調查，俾能以數據治理；並且呼應萬國統計協會的倡議，籲請與各國在明治33年（1900年）同時展開調查。最後雖實施不及，但明治35年（1902年）12月國會兩院仍通過「國勢調查相關法律」，預計在明治38年（1905年）全面施行第一回調查。

臺灣總督府特設臨時臺灣戶口調查部，在各廳設地方委員、監察委員、監察補助調查委員，並先由警察整理轄區內的戶口調查簿，而以保正、甲長、街庄社長及書記等協助進行。明治 34 年（1901 年）8 月，先在桃園廳施行試驗調查。雖然日俄戰爭爆發，導致日本內地的調查延遲進行，但臺灣仍按照原計畫，於明治 38 年（1905 年）10 月 1 日凌晨全面展開，是為「第一次臨時臺灣戶口調查」。

自此之後，總督府每五或十年進行一次全島性調查，如第二回臨時戶口調查即於大正 4 年（1915 年）10 月實施。在經過臺灣的兩次臨時戶口調查及日本各地試行的多種調查後，日本政府在大正 9 年（1920 年）全面展開「帝國版圖內」的第一次國勢調查；同一年，臺灣也正名施行了第一回國勢調查。日治期間，共進行五回國勢調查；連同兩次戶口調查，共累積了七次調查結果與資料。

三、戶口調查與本島人的分類

臺灣因殖民地緣故，所以在調查設計與規範上增置了「種族系統」，並貫徹在戶籍資料簿與各種人口統計分類上。不過，檢閱人口資料上的「種族」一詞，無論是概念或應用都相當廣義、隨機與彈性。1905-1931 年間，包括戶口簿與國勢調查中使用的分類——「內地人（含朝鮮人）、本島人（普通行政區的漢人〔福建、廣東、其他〕、熟蕃）、生蕃人（蕃地）、外國人」，其內容即包含了：日本人／臺灣人之別、國籍別、普通行政區／蕃地別，及福／廣祖籍別，漢人／熟蕃的人群別等；分類基準與層級相當混淆。至昭和 7 年（1932 年），總督府出版的官方統計報告，種族系統的最上層改變為：內地人、朝鮮人、本島人、中華民國人、

其他外國人；此時，不但朝鮮人自內地人分離出來，「生蕃」也不再獨立成項，一併納入本島人；而本島人之下，仍繼續維持漢、番或福、廣等較次級的分類。昭和 10 年（1935 年），戶口規則再度調整，施行的國勢調查仍維持舊有形式（內地人、本島人、朝鮮人、中華民國人、其他外國人的分類）；不過，本島人之下的分類，調整為「福建系、廣東系、其他漢人、平埔族、高砂族」，而未如戶籍簿將種族欄全部取消。

由於官方資料對種族項目的應用如此多樣，可見行政官僚在進行種族分類時，不完全是根據體質、血緣或社會文化差異與階序的定義，而是更寬廣的、一種表達差異的語彙。而「種族」一詞，主要是糅雜兩種概念的產物：一是反映血緣或文化差異，如不同省籍的漢人或原住民族；二是「來源地」概念，如地區或國家。與種族分類同時存在的另一種身分，則是本籍（民籍）、國籍之別。

明治 38 年實施的戶口調查，其調查規範成為此後歷次調查的基本原則。以調查區域而言，指的是：「在蕃地之蕃人除外」的「臺灣及澎湖列島」全區，約等同於「普通行政區」；相對之下，住有「蕃人」的「蕃地」，是「調查未施行地」。然而，在「蕃地」住居的內地人、本島人（這裡指漢人和熟蕃），及行政區內的「蕃人」，都在調查之列。所以，調查結果呈現的數據，內地人、漢人、熟番的分布可能涵蓋到「蕃地」；記為「生蕃」的，卻一定普通行政區的居民。

四、種族認定的複雜因素

調查認定的原則，可以依本人的認知處理；若依「戶口規則」的記入規定，則種族欄需以父親的種族填寫。混血者，一般依父系種族記入；

如父親種族不明，才以母親的種族填寫。換句話說，從「戶口調查」到「戶口規則」，父系法則得到進一步的確定。

雖然條文如此規定，但實際的操作也是有趣的問題，如認定是基於客觀的血緣、體質、語言或文化特徵？還是當事人主觀的自覺、認同？

檢視臨時戶口調查部對各「種族」賦予的定義，基本上是繼承自總督府對清代人群分類的掌握。調查部這樣聲稱：在本調查中，生番、熟番的稱呼，依其沐浴教化的深淺程度區別；化番，因較生番進化，所以編入熟番。何況有些熟番婦女已經成為本島人、內地人的妻妾，或收養的子女，都已脫離舊有風俗。儘管調查部對種族自有定義，也將相關描述提供給第一線實際從事工作的調查員，但由於劃分必須明確，每個人都要有清楚的種族落點，在完全沒有中間地帶存在的前提下，如有混血背景者就會產生疑義。

對於種族關係的確認，第一個要點是：無論是否有血緣連帶，只要建立親屬關係，即以父系的種族屬性為準。其次，現實狀況——即當事人此刻的風習、語言使用情形，也具有決定性。此外，雖然「常用語」是和種族並列的項目，但兩者之間其實關聯極深，如南投委員會曾經提問：「種族相異的家庭（如廣東人、福建人與生番，熟番與廣東人、福建人），日常以雙方半可通的語言作為方便常用語，應如何記錄？」戶口調查部這樣回答：「異種族雜居的家庭，其常用語，視其如何認定家庭使用語。」所以，混合家庭對常用語的選擇，也會成為種族認定的間接標準。

五、他是平埔番，他是化番

　　由於調查員大多對臺灣的土語不熟悉，調查部特別編製問答集，提供給第一線的調查員。雖然這些對話只是參考範例，但由其中本島人與內地人調查員的會話，可以推估外來者面對臺灣人內部差異時的調查根據。

關於常用語

　　「你平常在講的話是何位仔（哪裡）的話？」「廣東話。」「你福州話能曉講沒？」「能曉講淡薄仔（少許）。」

關於母語

　　「此個囝仔能曉講話沒？」「尚未曉講。」「若是如此，此個囝仔的老母平常時在講何位仔的話？」「泉州話。」

關於語言種族

　　「彼庄是客人庄，所以話無相同。」「莫怪得一句嗎沒曉得。」「伊講是廣東來的。」「此刻伊敢是講伊是客人歟？」「客人是何貨（什麼之意）？」「客人就是廣東人。」「他的話及恁（你們）的話無相同，伊講何位的話？」「伊的話不是廣東話，是何貨？」「伊是熟蕃，所以講話無相同。」「他是平埔蕃。」

　　「他是化蕃。」「熟蕃及化蕃怎樣分別？」「熟蕃是及阮相似，化

蕃就無。總是無相似生蕃能刣人，話阮講的能曉聽。」

六、平埔族共計 4.6 萬人

第一次臨時戶口調查的結果，可以看到熟番人口的分布並不平均，呈集中的現象，如東北部的宜蘭廳，北部的苗栗廳，中部的南投廳，南部的鹽水港廳、臺南廳、蕃薯寮、阿猴廳、恆春廳，及東部的臺東廳。臺北廳、基隆廳、新竹廳、臺中廳、彰化廳、斗六廳的熟番人數，相對偏少；深坑廳、嘉義廳、鳳山廳則不足百人（參見表一）。

表一　1905 年全臺普通行政區的熟番分布與人口

區域別	男	女	計	區域別	男	女	計
臺北廳	329	237	566	斗六廳	76	62	138
基隆廳	266	231	497	嘉義廳	15	10	25
宜蘭廳*	1,366	1,360	2,726	鹽水港廳*	1,226	1,398	2,624
深坑廳	20	8	28	臺南廳*	1,844	1,882	3,726
桃園廳	326	144	470	蕃薯寮廳*	4,639	4,778	9,417
新竹廳	512	465	977	鳳山廳	34	50	84
苗栗廳*	994	939	1,933	阿猴廳*	4,220	5,157	9,377
臺中廳	143	139	282	恆春廳*	1,227	1,271	2,498
彰化廳	107	125	232	臺東廳*	3,026	2,941	5,967
南投廳*	2,338	2,527	4,865	總計	22,708	23,724	46,432

* 指熟番人數偏多的廳。
資料來源：臨時臺灣戶口調查部編，《明治三十八年臨時臺灣戶口調查集計原表（地方之部）》（東京：臨時臺灣戶口調查部，1907），頁 2-25。

在熟番人口較多的幾個廳之中，有些廳的熟番在各支廳的分布相當均勻，如宜蘭廳、阿猴廳；有些廳的熟番則只集中在幾個支廳，如苗栗廳下的後壠支廳、南投廳下的埔里社支廳、鹽水港廳下的店仔口支廳、臺南廳下的大目降支廳、蕃薯寮廳下的山杉林支廳、恆春廳下的蚊蟀支廳等。這些數據，不但披露了 20 世紀初的熟番人口數，也呈現了熟番空間分布的特性。

經過百年的漢人入殖，蘭陽平原的噶瑪蘭人仍維持普遍的自覺與集體認同；苗栗的後壠社群，勢力還很明確；南庄的賽夏族尚未納入編制。中部的熟番，集中在埔里；南部的熟番，今臺南、高雄部分結集在近山地區；屏東平原則是熟番分布最為均勻的地區；日後劃入排灣族的斯卡羅人，則是恆春半島的主力。花、東作為後山吸納熟番人口的地區，顯然保留不少元氣。當這個分布狀況經調查而整理出來後，連伊能嘉矩也不得不讚嘆，「曠古之謎」終於開解。

七、戰後初期的戶籍整理

中華民國政府於民國 34 年（1945 年）接收臺灣後，先由警察機關接辦戶政，次年 4 月開始實施靜態人口清查。民國 36 年（1947 年），臺灣省行政長官公署訂頒「臺灣省各縣市各級辦理戶口異動登記辦法」，開始登記動態人口；同時，規定使用戶籍登記卡、發給國民身分證，日治時期的戶口調查簿自此停止使用。民國 38 年（1949 年），因一般人對戶籍登記卡的印象不好，遂以省令規定鄉鎮一級改用戶籍登記簿。

民國 38 年兩岸形勢劇變，許多人沒有入境許可證副本就匆促來臺，政府因此訂頒「臺灣省戶籍登記補救辦法」，以解決其戶籍問題。民國 41 年（1952 年）1 月頒布「臺灣省整理戶籍實施辦法」，自次年 1 月起

全面整理戶籍，8月實施「辦理戶籍登記程序」，12月換發國民身分證、戶口名簿及整編門牌。至此戶政漸上軌道，然而有關原住民的身分認定問題卻浮上檯面。

行政長官公署在接收之際，針對日治時期的特殊行政區「蕃地」事務，在民政處成立山地行政科，以接管總督府的「理蕃課」業務。當時的官員，對臺灣原住民或稱高山族，或稱山地同胞、山地公民，名稱相當隨機，只是一種相對於平地人民的籠統總稱。以民國35年（1946年）的資料來看，當時政府正在進行戶口登記，「各縣市對於高山同胞之戶籍登記聲請書，應由鄉鎮區公所加蓋『山』字印，以資識別」；從戶籍的角度來看，「山」字印一蓋，即代表以居住地為原則的山地籍、平地籍區分，高山同胞因住在山地鄉而成為山地籍。此時，屬地主義甚過於種族意識。然而不久，山地、平地都有「山胞」分布的事實，立即反映在地方自治實施後縣市議員的選舉上。不同於之前的縣參議員、國民大會臺灣省代表等選舉，這時的選區劃分已經出現「山地鄉」及「居住平地的山地同胞」分類了。

儘管有居住空間的差異，但對政府官員來說，仍然只有「山地同胞」概念，這從民國43年（1954年）的兩條省政府命令可以看出，2月的命令針對山地同胞，10月則是針對平地的山地同胞。

民國43年2月9日，省政府對各縣市發布「山地同胞」的界定：「凡原籍在山地行政區域內，而其本人或父系在系尊親屬（父為入贅之平地人從其母）在光復前日據時代戶籍簿種族欄登載為高山族（或各族名稱）者，稱為山地同胞。」這裡的「山地行政區域」、「高山族」，即是日治時期的「蕃地」、「生蕃／高砂族」。儘管仍有某些認定上的疑義，但日治時期「蕃地」的「生蕃／高砂族」，在新政權時代直接轉換為「山地同胞」，則大致無誤。

八、「平埔族應視為平地人」

　　然而，普通行政區仍有為數不少的「生蕃／高砂族」、「熟蕃／平埔族」。當時，由於已接近選舉，選民名冊製作在即，臺中縣臨時省議會議員暨縣長選舉事務所緊急向省政府請示：「居住平地之平埔族，應視為平地人或山地同胞？」省府的答覆是：「居住平地之平埔族應視為平地人，並列入平地選民名冊。」這個回答，一般被視為平埔族失去族裔身分，並從官方認定除名的時間點。省府這一回覆的前提，確實基於高山族等同於「山地同胞」的概念，山地同胞在戶籍上有住在山地鄉或平地之分；5月1日的選舉結果，即以「山地鄉之山地同胞」及「居住平地之山地同胞」作為選區劃分標準。平埔族既不是高山族、不是山地同胞，當然就是一般的平地籍人了。

　　然而，「居住平地之山地同胞」的疑義與爭議太多，民國45年（1956年）10月3日發布的省政府令，終於對「平地山胞」提出如下定義：

（一）凡日據時代居住平地行政區域內，其原戶口調查簿記載為
　　　　「高山族」者，為「平地山胞」。
　　　　（中略）
（五）凡符合於第一點規定條件之平地山胞，應於命令到達公告
　　　　後，向當地鄉鎮市區公所申請為平地山胞之登記，……。

　　如果就山地山胞的認定原則來推估，第一條對平地山胞的認定，主要指日治時期居住在普通行政區、種族欄為「生蕃／高砂族」的原住民，而未涵蓋「已視為平地人」的「熟蕃／平埔族」。第五條的「申請」政

策，則說明政府對普通行政區的原住民身分，傾向於同化式的開放態度。當時規定，符合條件的「高山族」，需在一定期限內（即公告日的 10 月 3 日迄 12 月 31 日）向當地鄉鎮市區公所申請登記，始能取得平地山胞身分。同時，省政府在同年 12 月 27 日答覆花蓮縣政府「關於辦理平地山胞認定登記疑義」時，也明白顯示對山地山胞、平地山胞的不同認定原則：「山地山胞女子嫁與平地人為妻時，該女子本人仍屬山地山胞；平地山胞嫁與平地人為妻時，可以放棄登記申請為平地山胞。」

九、「熟」視同平地山胞

這套規定的背後，顯示政府官員一方面在概念上視山地山胞、平地山胞都是高山族，另一方面則基於行政措施、治安控制的需要，對山地鄉與山地山胞採取最嚴格閉鎖的政策；既對山地鄉實施一連串強力管制，也對山地山胞與平地人的通婚予以限制。而對平地山胞因與平地人通婚而產生的族裔身分流動，較為開放與自主。

然而，上述規範仍未解決普通行政區的「熟蕃／平埔族」問題。地方政府在辦理平地山胞登記時，再度提出疑義，於是省政府在民國 46 年（1957 年）1 月 22 日的核示中答覆：「日據時代居住平地行政區域內，而戶籍簿種族欄記載為『熟』，於光復後繼續居住平地行政區域者，應否認為平地山胞乙節，應依照『平地山胞認定準則』第一項第一款之規定，經聲請登記後，可准予登記為『平地山胞』。」同時，在其後回覆花蓮縣政府的疑義時，仍表明如果平地山胞不願申請登記，可以聽其自便，不必強制登記，並且視為平地居民。3 月 11 日，省政府對屏東縣政府提出的疑義，也再度強調：日治時代居住於平地、「種族」為「熟」者，

應認為平地山胞，但沒有強制登記的必要。

　　經過此一過程，山地山胞、平地山胞的身分差異，終於在民國47年（1958年）的戶籍上取得明確分類。但因平地山胞認定的事務疑義極多，部分民眾也未能及時申請並辦理登記，所以曾經數次公告登記期限，最後機會則為民國48年5月1日起至6月30止。換言之，就國家對普通行政區原住民身分認定的相關政策而言，至此年已大致底定；「熟蕃」取得原住民身分的途徑，則是與「生蕃」一起申請登記，加入平地山胞（參見表二）。

表二　1958年底平地山胞現住戶口

區域別	男	女	計	戶數
宜蘭縣	53	50	103	18
新竹縣	201	212	413	78
苗栗縣	955	974	1,929	309
臺中縣	3	5	8	2
南投縣	146	112	258	61
嘉義縣	-	2	2	-
臺南縣	1	3	4	2
高雄縣	44	54	98	27
屏東縣	739	821	1,560	293
臺東縣	22,695	22,957	45,652	7,155
花蓮縣	20,024	20,168	40,192	6,351
臺北市	1	2	3	-
基隆市	33	20	53	3
高雄市	44	20	64	15
合計	44,935	45,392	90,327	14,314

資料出處：臺灣省政府民政廳印，《臺灣省戶籍統計要覽》（南投：臺灣省政府民政廳，1959），頁420-423。

十、平埔族僅存 1,306 人？

民國 47 年（1958 年）底，自日治時期普通行政區延續下來的西部各縣，由熟番申請登記而成為平地山胞的人數，約有 4,483 人。如果扣除南庄的賽夏族（1,769 人），魚池、水里日後被視為邵族的人數（249 人），及滿州鄉後來多登記為排灣族的人數（1,159 人），登錄為平地山胞的熟番應在 1,306 人之內。這時再回來對照 1935 年也排除臺東廳、花蓮港廳的熟番總人數（46,381 人），就會發現絕大部分熟番在當下未主動申請登記，而放棄了歷史上的族裔身分。

綜合明治 38 年（1905 年）、昭和 10 年（1935 年）與 1950 年代三個時間點的熟番人口比較（參見表三），對於理解日治時期到戰後初期平埔族人群的總體狀況，足可提供一個寬廣並極有啟發性的視角。明治 38 年的調查結果，披露了清代迄日治初期臺灣社會的主要人群——熟番的詳盡人數、村社分布與空間特性。昭和 10 年，熟番人數儘管在量上呈現

表三　從「熟蕃」到平地山胞 — 日治到戰後初期的人口情形

時間／人群　　空間	西部及宜蘭地區	花東地區	人口總計
1905 ／熟蕃	40,465[1]	5,967	46,432
1935 ／平埔族	1,722＋46,381＝48,103[2]	9,709	57,812
1958 ／平地山胞	3,177＋1,306＝4,483[3]	85,844[4]	90,327

[1] 1905 年的普通行政區，範圍與 1935 年不同，行政區劃也差異太大，難以區別日後視為邵族與排灣族的人口。

[2] 48,103 人中，有 1,722 人日後被視為邵族、排灣族，46,381 人為一般觀念中的平埔族。

[3] 4,483 人中，有 3,177 人日後被視為邵族、賽夏族與排灣族；餘下的 1,306 人，可能有部分平埔族裔。

[4] 主要為阿美族、卑南族。

成長趨勢，但在對照 1950 年代可自行決定是否聲請登記成為平地山胞時的全面潰退，則凸顯了量變與質變的不等性；亦即熟番集體身分固然在日治時代曾因調查統計而存在，但社會實態已經產生鉅大變動，並反映在 1950 年代的現象上。而花東地區在 1950 年代有將近 9 萬人的平地山胞，其性質及內涵，與日治時期的「熟蕃／平埔族」已不具有連續性了。

關於本篇主題之完整論述，請參見〈臺灣平埔族的身分認定與變遷（1895-1960）──以戶口制度與國勢調查的「種族」分類為中心〉，《臺灣史研究》12：2，2005，頁 121-166。或參考下列網頁：https://www.ith.sinica.edu.tw/members__faculty_look.php?l=c&no=3&id=71&page=1&ps=20

──本文原刊載於《原住民族文獻》3，2012，頁 22-32。

詹素娟教授授權使用。

一、伊能嘉矩的平埔族調查

① 認為與漢人沒有太大差異，但依然看得出族群的隔閡。

② 1910 年最後一次全島性調查，臺灣總督府民政部警察本署要求「平埔蕃族戶口及沿革」調查。

二、日本的臨時戶口與國勢調查

① 由臺灣總督府統籌，警察整理轄區內戶口調查簿，保正、甲長等人員協助進行。

② 日治時期共進行過 2 次戶口調查和 5 次國勢調查。

三、戶口調查中的臺灣本島人分類

① 1905 至 1931 年：內地人（含朝鮮人）、本島人（漢人〔福建、廣東、其他〕、熟蕃）、生蕃、外國人。

② 1932 年：內地人、朝鮮人、本島人（納入生蕃）、中華民國人、其他外國人。

③ 1935 年國勢調查：本島人底下分類「福建系、廣東系、其他漢人、平埔族、高砂族」。

④ 官方對種族的定義：反映血緣和文化、來源地（地區或國家）。

四、總督府如何認定種族？

① 以父親的種族為準。若父親不明，則依母親填寫。

② 實際操作的問題，如混血背景者如何判定？

③ 以父系為準、現實狀況（風俗、語言使用）、常用語。

五、第一次臨時戶口調查的結果

① 平埔族共計 4.6 萬人。

② 集中在東北的宜蘭廳，北部的苗栗廳、中部的南投廳、南部的鹽水港廳、臺南廳、蕃薯寮、阿猴廳、恆春廳，以及東部的臺東廳。

六、戰後的戶籍整理

① 行政長官公署設立山地行政科，接收總督府理蕃課事務。

② 將原住民（日治時期的生蕃／高砂族）歸類為「山地同胞」。

③ 平埔族被歸類為平地人，失去族裔身分。

④ 日治時期登記的熟番，則成為「平地山胞」。但大部分的熟番未主動申請登記，同樣失去族裔身分。

移民社會的形成

導論：來去臺灣／許雪姬

移民臺灣：臺灣移民歷史的考察／戴寶村

陳鴻圖

　　不論從考古、原住民族或海洋交流的角度來看，臺灣一直是移民的樂園，說臺灣的歷史是一部移民史並不為過，但過去臺灣的歷史大都在政治的框架下來論述，及受政權更迭影響，語言和資料難以掌握，以致移民史鮮少被關注，貫時性的研究更是闕如。為此，本文作者許雪姬在編著《台灣史論叢・移民篇・來去台灣》時，特別撰述〈導論：來去台灣〉，文中除依荷治迄清、日治、國治三個時期回顧移民史相關研究外，另有幾個特色：一是先對臺灣地理範圍做界定，例如 1949 年後的金門和馬祖和臺灣一體化的關係，及軍事要地「移民」的特殊性。二是「移民臺灣」和「臺灣移民」都同樣受到作者關注，臺灣人的海外移民，如在南洋的臺灣籍民、在滿洲國的臺灣人，甚至遠到美國和巴西的臺灣移民，向來我們較陌生，為此本文都有介紹。三是本文雖是導論，但作者非但講述臺灣移民的歷史輪廓，也盡可能將相關資料、主題和書目完整呈現，兼具小史和工具書的功能。

　　就臺灣移民史來說，清代的漢人移民和 1949 年的「大撤退」應是規模最大的兩波移民潮，但最有計畫的移民，應是日治時期由官方主導的日本農業移民。日本為紓解國內農村的人口壓力，及兼具國防和同化上

的任務，在臺灣推行官、私營移民，由於臺灣的氣候、風土與日本本土殊異，日本農民對於熱帶農業的經驗不足，以致移民的成果並不理想，隨著日本戰敗的撤離，而只留下「灣生」、「移民村」的故事。

終戰後到 1950 年代初期，隨著國共內戰戰火日熾、政府遷臺等因素的影響，中國大陸來臺的人數激增，估計約有近二百萬人，政府為安置大批的移民，以及便於管理、組織和動員，便在外省人聚集區域接收日人眷舍，及廣建住宅以供軍公教人員居住，「眷村」於是形成，據統計全臺總計有 879 個眷村，受國家政策及眷村結構特殊性等因素影響，早期眷村無需和本地居民互動，遂發展出具封閉性和獨特性的眷村文化。

移民臺灣並非人人都能順遂或馬上就能安身立命，因此我們也必須認識島內的二次或三次移民、新住民等課題。1960 年代後隨著臺灣經濟結構由農業轉向工商業，都市提供許多就業機會；1935 年的臺灣大地震、1959 年的八七水災、1999 年的九二一大地震等天災，以上這些因素都會造成居民的遷徙。以今日臺灣來說，1980 年代以後因各種原因移入的「臺灣新住民」，其處境和所融入的異文化，更值得我們來關注。

延伸閱讀

1. 張素玢，《未境的殖民：日本在臺移民村》（臺北：衛城出版社，2017）。
2. 林桶法，《1949 大撤退》（臺北：聯經，2010）。

導論：來去臺灣

許雪姬[*]

一、前言

　　臺灣移民史歷年來很少成為貫時性的研究主題，若有也只是依不同的統治者所制定的移民制度做斷代性的論述，大都偏向當時的移入、定住的相關法規。對於臺灣人的移出，則到近一、二十年來才開始有研究成果。之所以如此，實因臺灣是個移民之島，住民先後來到臺灣，歐洲殖民者、鄭氏王朝、清治、日治、國民政府統治時期（分成省、國兩個時期），隨著政權的轉移，有一批舊的統治者離開、新的統治者進來，來來去去，比朝代更迭較少的地區更難掌握詳密的資料，還要克服語言的多樣性。在未進入主題之前，先對臺灣做一個地理範圍的說明，目前臺灣的政府所能統治的領土除了臺灣本島外，還包括澎湖群島及金門、馬祖兩個外島。由於金、馬迄今仍屬福建省，且和臺灣合為一國是在1949年12月，中華民國撤退來臺之後。有關這兩個軍事要地的「移民」，

---

[*] 中央研究院臺灣史研究所特聘研究員兼所長。研究領域為臺灣史、清代臺灣制度史、臺灣家族史、臺灣人的海外活動、二二八事件及白色恐怖、口述歷史。

可能由軍事史的角度比移民史的角度來研究更適宜。不過 1955 年 1 月中國攻下浙江外海的一江山島，雙方均傷亡慘重，大陳島岌岌可危。此際美國總統艾森豪乃向蔣介石總統承諾協防金門，國府乃在美國要求下自大陳島撤退。[1] 何政哲已經在〈戰爭下的新移民——大陳人在臺灣的安置與輔導〉[2] 一文中說明得十分清楚。因此「臺灣移民」、「來去臺灣」指的是臺灣、澎湖兩地住民移出、移入的現象，當然此一移出、移入，有一時性的、也有永久性的。[3] 至於時間上，則由荷蘭在臺時期的 17 世紀迄今為範圍。[4]

　　有關過去移民史的相關史料，大都集中在使用族譜作為觀察家族移民的重要資料，[5] 另外使用方志資料，但往往資料有限；此外是官方的檔案，如 2017 年日本外務省外交史料館公布最後一部分「臺灣總督府的旅券（護照）下付（發給）表」（1897.4-1942.9），得以了解這時段臺灣人申請到海外的登錄紀錄，目前使用的人尚屬有限。[6] 此外以口述訪談的資

---

1. 張淑雅，〈金馬撤軍？美國應付第一次臺海危機策略之二〉，《中央研究代史研究所集刊》24（上）（1995.6），頁 411-472。

2. 何政哲，〈戰爭下的新移民——大陳人在臺灣的安置與輔導〉，《暨南史學》10、11 合輯號（2008.7），頁 147-196。

3. 清代對生童科舉考試入籍（定住）有嚴格規定，即：「凡生童呈請入籍者，寄籍地方官先確實查明，室廬以稅契之田為始，田畝以納糧之日為始，扣足二十年以上，准其入籍，並移會原籍。」參見童璜，《欽定學政全書》，收於四川大學古籍整理研究所編，《學校史志》第 20 冊（成都：四川大學古籍整理研究所，2010），卷 42，清釐籍貫，頁 127-128。

4. 史學研究偏重使用文字史料，但臺灣原住民沒有留下文字紀錄，而考古學提供了不少原住民的生活狀況與文化，但和其他學門一樣，目前學界連不同族的原住民都未能證出其何時、由何地遷來臺灣，從而也無法了解其所有的移民現象。鄭瑞明在〈臺灣早期的海洋移民——以荷蘭時代為中心〉一文的前言中有大致介紹，可做參考。該文收於邱文彥主編，《海洋文化與歷史》（臺北：胡氏圖書，2003），頁 11-12。

5. 謝國興，〈農業社會時期臺南地區的移民、婚配與社會流動：以家譜為例觀察〉，收於走向近代編輯小組編，《走向近代：國史發展與區域動向》（臺北：東華，2004），頁 453-486。

6. 已由中研院臺灣史研究所檔案館複製回臺，目前正在進行判讀以及製作「旅券下付表資料庫」。

料來突破、補充上述資料的不足，[7] 但受訪者往往不是本人，大半是後代，因此所能上溯的時代已經是日治中後期。戰後由於「省籍衝突」[8] 和長期戒嚴，再加上對政府的不信任，日治時期有移民經驗，尤其夥同日本帝國的「侵略」前往中國（包括滿洲）、南洋移民者，戰後面對漢奸／戰犯審判，對其經歷採取隱蔽的態度，以致這段不可說的歷史隱諱難明。戰後移民者，前期向日、美，中後期向美、加、澳、紐，甚至南美洲移民，除利用正常管道外，常有「跳機」、「留學即移民」、「移民的再移民」現象，這些移民的史料，在公家檔案上並不充分，亦即此時再不從事百年來的移民史的研究，趁早進行口訪，將有失去這一段歷史之虞。本文擬先分幾個不同的主題介紹目前斷代移民史的研究，及利用二手資料簡介臺灣移民史各個時代不同的移民背景和特色，最後提出編輯本書所採用的論文之重要論點。

二、荷治迄清的移民史的研究

由荷蘭治臺時期開始談唐人、華人／漢人移民來臺，可說是一個不得不如此的切入點。1624 年荷蘭東印度公司在今臺南一帶設治之前，在1622 年就已占領娘媽宮（即往後澎湖的媽宮、馬公）作為向明朝強要互市的根據地，在風櫃尾築城，經明廷出兵澎湖並帶領荷蘭人到非明朝版

---

7. 如鍾淑敏為研究戰前臺灣人移民英屬北婆羅洲，曾於 2014 年 6 月 1 日前往東馬斗湖訪問羅文光醫師，談廖有成的家族。鍾淑敏，〈戰前臺灣人英屬北婆羅洲移民史〉，《臺灣史研究》22: 1（2015.3），頁 55。

8. 〈葉盛吉文書〉，「1948 年 9 月 1 日至 1948 年 9 月 25 日葉盛吉日記」，1948 年 9 月 1-25 日，中研院臺史所檔案館所藏，識別號：YS_02_01_0019。他去中國大陸參觀後，體會到當時中國普遍存在貧富兩個階層，這就是所謂階級問題，至於臺灣卻是將階級問題隱藏在省籍問題中，且省籍問題先於階級問題（9 月 6 日日記）。

圖內的臺灣南部，命令荷人撤出澎湖。當時臺灣有多少華人，荷蘭兵又有多少人，史無詳書。本節擬以荷蘭、鄭成功家族統治時期、清領時期探討移民史的研究為對象加以探討。由於篇幅有限，僅以近 20 年來的研究成果為主。

（一）荷治與鄭氏王朝時期（1622-1683）

有關荷治時期的研究，對於南島語族遷徙來臺灣的時間，經李壬癸教授長期的研究，指出「南島語族由長江上游（金沙江）向東到達長江出海口附近，然後沿南岸南下，到達福建沿海一帶，距今約在七千多年前，大約再過一千年才到達臺灣。」[9] 此即根據語言學的角度，推測大約在六千多年前南島語族已經登陸臺灣，當時有多少人無由得知。荷蘭統治時期究竟原住民和荷蘭人加總有多少人？依 1650 年荷人的社名來看，共有 315 社，但有多少人則很難估計。另據江樹生的研究，當時漢人人口在 2.5 至 3 萬人左右。[10] 除了早期隨荷蘭人來臺的所謂「唐人」，[11] 如蘇鳴崗者，為了在臺灣進行蔗、稻的種植以便輸出，因此招募閩南一帶的農民來臺。[12] 鄭瑞明利用前述李壬癸、江樹生的研究，再利用荷蘭東印度公司（VOC）的檔案、《熱蘭遮城日記》、《巴達維亞城日記》等史

---

9. 李壬癸，《臺灣原住民史　語言篇》（南投：臺灣省文獻會，1999），頁 14-28。

10. 江樹生，〈荷據時期臺灣的漢人人口變遷〉，收於臺灣省文獻委員會，《媽祖信仰國際學術研討會》（南投：臺灣省文獻委員會，1997），頁 11-29。不過楊彥杰早在 1992 年出版《荷據時代臺灣史》時，已估為 3 萬人。

11. 唐人指 16、17 世紀由福建等地到東南亞的華人，為了區別荷蘭時期前後由爪哇、華南等地來的人，前者稱為唐人，後者稱為華人。見鄭維中，〈熱蘭遮市鎮的唐人市民〉，宣讀於 2018 年 12 月 23 日中研院臺史所舉辦的「大員港市的空間與治理」工作坊。

12. 楊彥杰，《荷蘭時代臺灣史》（南昌：江西人民出版社，1992），頁 157。

料；程紹剛、包樂史、中村孝志、曹永和、韓家寶等人的研究成果，指出 1641 年有 449 名 VOC 職員在臺，又有由荷、西（1626-1642）自爪哇、呂宋帶來的當地人，西班牙的駐臺人員有 143 人。得到的結論是荷蘭統治時期華人人口最多時為 3 萬人左右，此外荷、西人數百人，再加上他們帶來的印尼爪哇人、亞齊人、班達人，菲律賓 Pampangers、Cagajers、越南廣南人，印度的 Gougeratters、Bengalas，乃至於日本人，似乎具有地球村的雛形。[13]

荷蘭人在 1662 年向鄭成功投降，離開臺灣。鄭成功據說帶領 25,000 兵入臺，鄭氏三世共統治臺灣 22 年，當時的人口據陳紹馨推估自 1650 至 1680 年，這 30 年間華人為 20 萬人左右，[14] 迨 1683 年福建水師提督施琅率兵攻臺，鄭克塽降清，自己與文武大員被遷回內地安置，一時之間「井里蕭條、哀鴻未復」。[15] 依蔣毓英的《臺灣府志》卷七戶口所載，臺灣府「實在民口三萬二百二十九（男子一萬六千二百七十四、婦女一萬三千九百五十五）、實在番口八千一百零八人」，[16] 共 38,337 人。民口的數字和江樹生的 3 萬，數字相近，但和陳紹馨相比，只到約 4 成。由於研究不足，因此此問題只能探討至此。

以上純就人口數、移民人種做探討，也可處理閩南漳、泉文士支持、響應鄭成功的反清復明與渡臺的情形，據唐立宗的研究這批渡臺文士對

---

13. 鄭瑞明，〈臺灣早期的海洋移民──以荷蘭時代為中心〉，收於邱文彥主編，《海洋文化與歷史》（臺北：胡氏圖書，2003），頁 35-36、38-39、43-44。
14. 陳紹馨，《臺灣的人口變遷與社會變遷》（臺北：聯經，1985，第三次印行），頁 18。
15. 高拱乾，《臺灣府志》三種（上）（北京：中華書局，1985），卷之十藝文，〈蔣公守傳〉，總頁 1097。但蔣毓英所修的《臺灣府志》卷之五風俗，總頁 99 載：「地廣人稀，蕭條滿眼、蓁莽郡治之外，南北兩路一望盡綠草、黃沙，綿邈無際。」
16. 蔣毓英，《臺灣府志》三種（上），卷之七戶口，總頁 139。但卷之五風俗又稱「臺郡三邑之人民計之共一萬六千餘丁，不及內地一小邑之戶口」，顯示設府初期的人口數。

推動鄭氏王朝的文教、政經有所貢獻，但因與當政者漸不合，亦無法適
當的安插，因而大都消極隱退、思鄉，或選擇離開，對鄭氏王朝逐漸離心，
無形中消蝕了鄭氏王朝的國力和士氣，這些像沈光文、盧若騰、徐孚遠、
王忠孝者流，逐漸消失在歷史的洪流，而鄭氏王朝也在清軍攻伐下選擇
投降。[17]

（二）清的移民

　　不論前述的荷西、鄭氏王朝和即將要談到的清代移民，基本上到清
中葉之前臺灣仍有容納移民的空間，而且是私營移民，到了清領後期開
山撫番開拓東部時，出現一次官營移民格外令人矚目。臺灣真正成為漢
人與原住民的居住空間，而在人數上超過且遠超過原住民的人數都在清
朝時期。[18] 這時期有關清代移民的研究，可分幾個部分來加以探討：

1. 相關移民法令與政策
　　清代臺灣屬於移入地，不僅由中國大陸移民至臺，來到臺灣之後又
有在島內移民的現象，如由澎湖移民到臺灣，[19] 由前山移民到後山。這種

17. 唐立宗，〈渡海東來忽幾秋：明清之際渡臺文士的見聞與際遇〉，《臺灣文獻》65：2（2016.
　　6），頁 115-157。
18. 早期尹章義研究清代臺灣開發史時，提出「臺灣開發過程的五個階段」，但沒有指出相對應
　　的年代，即：一、番人社會，二、番人優勢、漢人劣勢期，三、番漢均勢期，四、漢人優勢期，
　　五、漢人社會，二、三、四期為轉型期。尹章義，〈臺灣開發史的階段論和類型論──代序〉，
　　收於尹章義，《臺灣開發史研究》（臺北：聯經，1989），頁 8。
19. 尹建中針對澎湖移民臺灣分為四期，第一期 1750-1850 年、第二期 1850-1908 年、第三期
　　1908-1960 年、第四期 1960 年以後。第一期為臺灣南端恆春一帶，第二期後往臺南、高雄一
　　帶發展。尹建中，《澎湖人移居臺灣本島的研究》（臺北：國立臺灣大學考古人類學研究所
　　碩士論文，1969）。

在島內再遷移的現象，不在此次研究範圍內。近 20 年來學界對清領時期的研究，投注在制度史的不多，其中有個關注的主題是，清廷是積極或消極治臺，若就清帝國而言，對攻下原本不屬清帝國的臺灣，自不可能消極治理，但對早已是「無所不有」[20] 的臺灣之立場來看就顯消極。尤其對閩粵移民是否有頒行所謂的「渡臺禁令」？渡臺禁令的具體內容為何？有沒有嚴禁廣東惠、潮之民來臺？是否禁止攜眷？都有各家的說法。據施志汶的研究，「渡臺禁令」的說法沿自伊能嘉矩，他說出自《六部處分則例》臺灣編查流寓；[21] 至於禁惠、潮之民來臺之說，則出自連雅堂的《臺灣通史》，事實上《六部處分則例》找不到任何相關記載，當然也沒有《臺灣通史》禁惠、潮之民來臺的相關出處。[22] 李文良進一步研究有關漢人移民臺灣的條例，指出第一次出現在《大清會典》中，對到臺移民者規定，即由原居地的縣給照發單，再令臺灣府、縣查明，出具印文，移交給內地府、縣，知照該縣，申報該道稽查，仍令報明該督、撫存案。亦即移民取得內地縣發給的照單，再發往臺灣查核，再知照內地縣、道、督撫，即可入臺。對於管理移民的地方縣，若有濫發照單，則由督撫題參，1 次罰番 6 個月、2 次罰俸 1 年、3 次者降 1 級留任、4 次者降 1 級調用。[23] 他同時對有權討論、決定的官員層級加以分析，並說明漳浦集團在規定上發揮的效力，對治臺政策中的移民做出順應實情、時勢做出具體的

---

20. 施琅，〈陳臺灣棄留利害疏〉，收於余文儀，《續修臺灣府志》（下冊）臺灣文獻叢刊本第121種，頁711-712。「臣奉旨征討，親歷其地，備見野沃土膏，物產利溥；耕桑並耦，漁鹽滋生。滿山皆屬茂樹，遍處俱植修竹；硫橫、水籐、糖蔗、鹿皮以及一切日用所需，無所不有。」這和註 15〈蔣郡守傳〉所言「地廣人稀，蕭條滿眼」不同。

21. 施志汶，〈臺灣史研究的史料運用問題：以清代渡臺禁令為例〉，《臺灣史蹟》36（2000.6），頁148-158；伊能嘉矩，《臺灣文化志（中卷）》（東京：刀江書院，1965），第十一篇〈交通沿革〉第二章〈臺灣渡航の弛張〉，頁769-770。

22. 連橫，《臺灣通史（上）》（臺北：黎明，2001），卷三〈經營紀〉，（康熙）23 年，頁109。

23. 崑岡，《欽定大清會典事例》（臺北：啟文，1963），卷 120，總頁 6689。

規定，有利於移民的攜眷和治產。[24]

2. 人口的估算

　　研究清代臺灣的人口，最主要在估計由 1684 至 1895 年間移民數及出生率，是否已使臺灣由移入區變成移出區。許毓良認為清領時期在臺各地所配置的兵力和人口數息息相關；由於綠營兵力最多時達 1 萬餘名，面對數百倍以上的人口，清廷如何在綠營外增加防禦類型和不同性質的人員。由武力配置基礎的發想，他先就人口的估量著手，[25] 分 3 期用不同的方式來設法估計，[26] 因而得出康雍時期（1683-1735）有 440,686 人；乾嘉時期（1736-1820）為 1,786,883 人（乾隆年間已突破 100 萬人大關）；到道咸同光時期（1821-1895）大約是 300 萬人，以上的推估根據相關的史料加以計算，並彈性考量各種人口的計算得出來的成果，具有參考的價值。他也徵引清末洋人對臺灣人口的諸種紀錄，最高達 300 至 400 萬人，其中包括英國領事報告中記為 255 萬人（相對於 1860 年的領事報告記為 200 萬），這個數字應是值得參考，相對應於伊能嘉矩利用 1895 年修成的《臺灣通志》中的戶口統計和《臺東州采訪冊》所載的人口加總為 2,545,731 人、陳紹馨估計 1896 年臺灣人口為 2,587,688 人相近。[27] 若採用 300 萬人，誠如作者所言：「無法對光緒 20、21 年間突然內渡的 50 萬

---

24. 李文良，〈清初入籍臺灣法規之政治過程及其歷史意義〉，《臺大文史哲學報》67（2007.11），頁 107-137。

25. 許毓良，《清代臺灣軍事與社會》（北京：九州出版社，2008），第一章〈武力配置的基礎——人口估量〉，頁 12-43。

26. 許毓良認為人口數據有 3 種，一是「帳面上」的人口，即丁類的財政收稅人口，二是「認知上」的人口，即由 1740 年起進行的人口編審數字，三是「預計上」的人口，由鹽額估算出來的成長。許毓良，〈清代臺灣的人口估量〉，《興大歷史學報》20（2008.8），頁 75。

27. 伊能嘉矩，《臺灣文化志（中）》，頁 239-241；陳紹馨，《臺灣的人口變遷與社會變遷》，頁 96，〈表一甲臺灣之總人口與其種族組成〉。

人口再做出更有力的說明。」[28]

3. 後山的開發與移民

　　1810 年清廷未在噶瑪蘭設治前，對前山而言噶瑪蘭也算後山，當時因已有 4 萬 3 千名漢人，才促成設廳，這些人在當地進行武裝拓墾，由北部到此地進行武裝拓墾的吳沙拓墾集團，扮演重要的角色。[29]另一個島內移墾地為東臺灣，即清代的後山（北起蘇澳南到八瑤灣之間），後來設臺東直隸州的地區。1874 年清廷在臺灣開始了開山撫番的工作，首先解除禁令允許漢人自由的進出，但當地有原住民且交通不便，因而開路為先，不過 1880 年後開山費用挪做海防經費，也就暫時中止開山事務。招撫原住民的「撫番工作」，一直要到 1887 年設州（州治水尾），並增設卑南、水尾兩個撫墾局，1888 年將水尾增設秀姑巒、花蓮港兩個分局逐次進行。

　　在築路、移民過程中需要駐軍築路、維持道路暢通，為了當地的拓墾，必須招徠武裝墾戶，但效果不彰。福建巡撫丁日昌見蘇澳到新城一帶沃壤甚多，卻未招墾，1877 年乃制定「撫番善後章程二十一條」，擬由臺灣道夏獻綸所轄的營務處先到汕頭、廈門、香港等地招工前來開墾，[30]是年秋天共有潮汕之民 500 人抵達，乃被安插在大庄、客人城一帶。1878 年夏獻綸再擬「招墾章程二十一條」，再招汕頭、廈門、香港之民來（數目不詳），安插在拔仔庄、水尾庄、新開園庄、里壟庄至鹿寮社、利基里吉社與知本

---

28. 許毓良，〈清代臺灣的人口估量〉，頁 106。
29. 陳南旭，〈19 世紀初年臺灣北部的拓墾集團與噶瑪蘭的移民開發〉，《臺灣文獻》67：2（2016.6），頁 133-156。
30. 不著編人，《劉銘傳撫臺前後檔案》，臺灣文獻叢刊第 276 種，頁 10-11，〈分巡臺澎兵備道札飭恆春縣勘定南路各番社界址並將已墾未墾地畝查明稟覆〉。

西岸間各處。另也招島內移民，但效果不佳。移民因環境惡劣而有部分喪生，當地又有水患，因此若非移至前山，即返回中國，留下的只有少數。[31] 可見清末由福建巡撫、臺灣道主導的第一次臺灣官營移民並未成功。究竟清末臺東廳有多少人？只能由《臺東州采訪冊》略窺一豹，據載當時番民丁口數為 9,424 人可為參考。[32]

後山臺東地區的移民狀況，也有以客家移民為中心，探討 1945 年前的移民狀況。孟祥瀚和潘繼道，是長期研究花東一帶歷史的學者。清代在臺東有多少客家移民，由於資料零散不易明瞭，前所利用《臺東州采訪冊》數字是民番丁口的總合，故民中的客家人有多少，無由得知，但大抵是島內的第二次移民。潘繼道的研究指出，如果由臺灣總督府民政局殖產部技師田代安定於 1896 年 8 至 12 月奉命前往調查臺東是否有適合日本人移入之地，之後所寫成的《臺東殖民地豫察報文》，他在支那人族統計簡表說「廣東人」有 498 人，全部中國人也不過只有 3,303 人。[33] 比前述《臺東州采訪冊》所載丁口要少三分之二。

清代臺灣史的研究在幾個大斷代中不敵戰後、日治時期，主要原因在於戰後相關檔案多，沒有語言的障礙；日治雖有語言的障壁，但並非難以突破，且可與日本、韓國學界交流；清代最不必顧慮政治立場的問題，但資料以文言文為多，又較少有國外交流的機會，因此研究人力逐漸流失。

31. 邵偉達，〈清代開山撫番下後山的駐軍、移民與聚落〉，收於吳翎君編，《後山歷史與產業變遷》（花蓮：國立花蓮教育大學鄉土文化學系，2008），頁 31-64。
32. 伊能嘉矩，《臺灣文化志（中）》，頁 240-241。
33. 潘繼道，〈從文獻資料論 1945 年之前的臺東地區客家移民〉，《東臺灣研究》24：3（2017.2），頁 3-41。

三、日治時期的移民研究

（一）背景

　　1895 年臺灣割讓後到底有多少人遷回中國大陸？如果依前許毓良的研究引用易順鼎的《魂南記》、洪棄生的詩，都強調當時臺灣人紛紛「內渡」，令人目不暇給。[34] 若據臺灣總督府在 1895 年 11 月 18 日公布「臺灣及澎湖島住民退去條規」，其中規定 1898 年 5 月 8 日「住民去就決定日」，所發布離開臺灣人數資料是，退去的清國人中，臺北縣 1,574 人、臺中縣 301 人、臺南縣 4,500 人，澎湖島有 81 人，[35] 共有 6,456 人。如以當時臺灣有 250 萬人來說，退去者的比例只有 0.25%，也未免過少。但與上述完全不同的資料，可做進一步的解釋。兵燹之禍，人人必欲逃離，但要渡臺灣海峽並非易事，天候、船都很難預測與安排。[36] 有些人一時逃離只在觀風，地方一平靜，就選擇歸家，因為臺灣總督府不准非日本籍者登記不動產，如此一來將喪失幾代以來累積的財產。清國文人的紀錄在於強調很多不願入日本籍的人倉皇出走；日方要強調的是這些走的人是聽說日本要禁鴉片、不准辮髮、有功名不回內地則沒有晉升之道、在清國內地有家產者，[37] 兩方似皆言之成理。戰爭前後不少臺灣人一度回閩

---

34. 許毓良，〈清代臺灣的人口估量〉，頁 106。
35. 緒方武歲，《臺灣大年表》（臺北：自刊本，1938），頁 24，5 月 8 日。
36. 1937 年七七事件發生後，在臺華僑亦紛紛回國，中華民國駐臺北總領事館還協助華僑訂外國船送華僑回國，短短半年間回國的至少有 2 萬人。臺灣拓殖株式會社調查課，《本島における華僑の地位》，1940 年 4 月，油印本，頁 11。在總領事郭彝民的協助下，半年內只能送出 2 萬人，在 1895 年 5 月前後要運送 50 萬人離開臺灣絕非易事。
37. 末光欣也，《臺湾の歴史：日本統治時代の臺湾：1895-1945/46　五十年の軌跡》（東京：著者自刊，2002），頁 33-34。其中幾個理由並非末光所提。

粵原鄉，但再回來的也有。舉例來說丘逢甲的表弟謝道隆、霧峰林家的頂厝林獻堂率領的一家 40 口人避難泉州，[38] 下厝林癡仙、林幼春叔侄都一時內渡再回臺灣。

不論割讓時臺灣有多少人口？最重要的要了解，日治 50 年的臺灣移民史有何變化？近 20 年相關的研究偏重哪些方面、取得什麼成果才重要。

研究這段移民具有幾個觀念必須釐清，首先是必須將臺灣人等同法理上的日本籍、日僑，而非中國人、華僑，儘管日本政府將在海外的臺人視為臺灣籍民；[39] 在臺灣本地的視為本島人，但在中國仍可和日本人一樣，在訴訟時享有領事裁判權，同理到中國已不能視為國內移動，已是跨境。其次是臺灣本地不再只是由中國移民而來的「臺灣在住華僑」，[40] 也成為日本統治者階層、工商界人士、農民、漁民移民的地方。1905 年日俄戰爭勝利，日本稱霸亞洲，趁勢擴張國力，侵略中國，隨後並想取得南洋的資源，臺灣人跟隨在後前往另一個日本帝國的殖民地，如果運用 Robin Cohen 提出的「輔助型離散」（auxiliary diaspora）的理論來做解

---

38. 葉榮鐘編，《林獻堂先生紀念集年譜‧遺著‧追思錄》，收於沈雲龍編，《近代中國史料叢刊續編第十輯》（臺北：文海，1974），頁 17。

39. 有關日治時期臺灣人對國籍的初體驗，王泰升著有〈日本統治下臺灣人關於國籍的法律經驗：以臺灣與中國之間跨界的人口流動為中心〉一文，談及「臺灣籍民」及其法律上的待遇中、日兩國間爭議不斷。王泰升，〈日本統治下臺灣人關於國籍的法律經驗：以臺灣與中國之間跨界的人口流動為中心〉，《臺灣史研究》20：3（2013.9），頁 43-123。

40. 指 1897 年 5 月以後來臺的中國人，稱為「臺灣華僑」或「臺灣在住華僑」，日治時期約有 5 萬多人在臺，大半是華工，曾組織臺灣中華總會館，1932 年起中國政府派有中國駐臺總領事，1937 年閉館。汪政權成立後再恢復領事館。參見許雪姬，〈日據時期的中華民國臺北總領事館，1931-1937〉，收於《日據時期臺灣史國際學術研討會論文集》（臺北：臺灣大學歷史系，2002），頁 522-526；許雪姬，〈日治時期的「臺灣華僑」（1937-1945）〉，收於張炎憲，《中國海洋發展史論文集》第 6 輯（臺北：中研院中山人文社會科學研究所，1997），頁 523-524。

釋，[41] 也許不失為一個研究方法。而研究這時期臺灣人到中國（包括滿洲）、南洋的跨境行動特別值得注意，因過去的政治禁忌雖在 1987 年解嚴後消失，但苦於老成凋零無法及時訪談，幸得近一、二十年不少資料開放，才得以做進一步的研究。

（二）資料與主題

由於日本外務省外交史料館逐年解密外交史料，其中尤以臺灣總督府發給的旅券下付／返納表，至 2017 年已全部（1897.4-1942.9）開放，對研究日治時期臺灣人的跨境和人流助益很大，目前已經有些人充分利用。早期研究旅券制度者首推已故的梁華璜教授，[42] 近年來中研院臺史所檔案館正努力將旅券下付表做成「知識庫」以利檢索，該所殖民地史研究群也預備在今年（2019）10 月 18-19 日召開「旅券研究」工作坊，積極由制度面、實用面、人流面進行多方探討。國籍問題的研究也相當重要，不只是臺灣人的轉換日本國籍、放棄日本國籍，中國人入臺灣籍，即有名的「福建籍民」，甚或隨著需要冒籍，為自己取得最大的利益的也有。旅券、國籍之外，還要重視的是日本人農、漁民的移民，以及臺灣人到琉球、中國（包括華南、華中、華北）、滿洲、南洋的移民。

---

41. Robin Cohen, *Global Diaspora: An Introduction*（second edition, London: Routledge, 2008），pp. 83-102. 其主要論點是，與殖民者相異的族群，隨著殖民政府之擴張而於異地展開商業貿易，其對於當地人民而言，更像是「外國人」與殖民政府的互相合作。
42. 梁華璜，〈日據時代臺民赴華之旅券制度〉，《臺灣風物》39：2（1989.9），頁 3。

（三）日本對臺灣的移民

　　日本得到臺灣，除了要經營臺灣、取得臺灣的資源外，將其國內過剩的人口移民至臺灣也是其目的之一，鍾淑敏在 1986 年研究吉野村的移民首開其端，[43] 張素玢曾研究過 1909 至 1945 年間的官營移民（包括中部、南部和臺東廳的移民村），指出日治時期的日本移民承襲日本在北海道開拓移民的經驗，應用在臺灣。[44] 在經營主體上，一為官營、一為私營，但都受到官方移民獎勵的支持，官營移民依其職業別分為農業、礦業與漁業三種，但後兩者時間不長、人數也不多。整個日本在臺灣的移民事業可分為四期，一是 1895 至 1908 年，私營移民期；二是 1909 至 1917 年，花蓮港廳移民期；三是 1917 至 1932 年，臺東廳私營移民時期；四是 1932 至 1945 年，後期官營移民時期，整個移民人數到 1945 年止，仍不超過 1 萬人，對調節日本人口起不了作用，但卻取得了往後對樺太（庫頁島）、滿洲移民的經驗。[45] 張素玢以研究農業移民為主，林玉茹則研究 1908 至 1911 年殖民政府在臺灣的 5 廳 6 港推行的漁業移民，指出漁業移民是有別於農業移民的政治移民，漁業移民偏重在經濟殖民，旨在改良臺灣沿岸之漁業為目標，引入移民作為示範，使臺灣人產生競爭心理，力圖漁業之發展。此一農業移民除東港移民稍有成果外，其餘 5 個港均告失敗，此一經驗使總督府中止了沿岸漁業，轉而大幅擴編水產相關經費，發展近海漁業。[46] 除

43. 鍾淑敏，〈日據時期的官學移民──以吉野村為例〉，《史聯雜誌》8（1986.6），頁 74-85。
44. 張素玢，〈從北國到南島──日本北海道的移民拓墾經驗在臺灣〉，《輔仁歷史學報》18（2006.12），頁 47-75。
45. 張素玢，《未竟的殖民：日本在臺移民村》（臺北：衛城出版社，2017），頁 23、27。
46. 林玉茹，〈殖民地的產業治理與摸索──明治末年臺灣的官營日本人漁業移民〉，《新史學》24：3（2013.9），頁 95-133。

了林玉茹外，陳鴻圖研究 1915 年開始臺東製糖株式會社在臺東廳的 4 個村進行私營移民，這 4 個村只有旭村農業條件較好，經興建卑南圳改良土質，地又近臺東街，市場方便，改良了農業環境；鹿野、鹿寮村因水資源狀況不佳，移民村收支長期處於赤字的狀況；池上村則因河川泛濫，使之前開墾前功盡棄。此文以農業環境的改善未能成功，作為移民失敗的根本原因，利用各種統計表、天災的大事記來佐證其論述，具有一定的說服力。經由以上的移民經驗，總督府停止了日本移民到東臺灣。[47]

（四）臺灣人的海外移民

日治時期臺灣人到日本求學的不少，但對日本本土移民的個案較少，但也有一些農業移民到琉球的八重山群島（石垣島）求發展，雖然當地的環境條件不佳，卻只有少數人離開，大多數人都留下來，經營炭礦採掘（一度有 400 名臺籍礦工），有些人將鳳梨栽培、罐頭製造或製米事業的技術帶去，終能留在當地成為永久移民。為了敦親睦鄰，1940 年曾組「八重山臺友會」，日久他鄉亦為故鄉。[48] 除了前往同一帝國領土中的琉球外，前往華北、華中、華南的不少，其中有關華南的臺灣移民早已有學者深入研究，如中村孝志、戴國煇、鍾淑敏、王學新、栗原純等，主要針對的是在廈門的臺灣籍民，如何利用日本國籍為非作歹，也有針對福建籍民利用取得外國籍（英、法、日等）影響地方社會的研究，另外則注意籍民圖像所反應出來的日本南進政策。華中、華北較少人研究，

---

47. 陳鴻圖，〈農業環境與移民事業——臺東廳下私營移民村的比較〉，《兩岸發展史研究》4（2007.12），頁 35-79。
48. 卞鳳奎，〈日治時期八重山群島的臺灣移民〉，《海洋文化學刊》9（2010.12），頁 1-28。

本人曾經撰成〈1937 至 1947 年在北京的臺灣人〉、〈1937-1947 年在上海的臺灣人〉，利用各種官方、私人資料探討他們在北京、上海的生活，在華北政務委員會、汪政權扮演的角色，並粗估當時約有臺灣人 500 多名。[49] 後來得到臺灣省旅平同鄉會，〈臺灣省旅平同胞名冊〉（第五冊，1946.1）的史料後，尚有增補的空間。[50] 近又撰成〈二戰前後在漢口的臺灣人〉一文，利用檔案、報紙、口述歷史描述臺灣人在武漢政府（汪政權）之下任官、做生意、當醫生的臺灣人，以及戰後被漢奸／戰犯審判的情形。據估當時約有 400 多名臺灣人在漢口一帶。[51]

　　至於在南洋的臺灣籍民，如何在日本的南進政策下到了南洋，如何利用當地的華僑網絡進行投資貿易，又如何扮演日本政府和華僑的中介？面臨戰爭時所遭遇的難題，戰後如何被清算。這方面以林滿紅和鍾淑敏的研究最為突出。[52] 如欲了解臺灣籍民赴南洋一帶移民，可以參考〈戰前臺灣人英屬北婆羅洲移民史〉這一章。文中揭露日本政府在 1917 年、1938 年兩次將臺灣人送到英屬北婆羅洲（今馬來西亞沙巴）的歷史。1917 年招募臺灣人千餘人前往，主要在日本農園缺工，華工不足才募臺人為替代品。唯因當地的環境差，因此大半轉移或回臺。1938 年臺灣拓殖株式會社提出的移民計畫，臺灣人已非單純的勞工，其背後有總督府的經費補助，並要配合的南進政策，此即如何發揮臺灣籍民作為日本政府和華僑間的橋梁，進行農業移民。而同為日籍，臺灣人如何和日本人

---

49. 許雪姬，〈1937 至 1947 年在北京的臺灣人〉，《長庚人文社會學報》1：1（2008.4），頁 33-84；許雪姬，〈1937-1949 在上海的臺灣人〉，《臺灣學研究》13（2012.6），頁 1-32。

50. 上述資料為中國臺胞聯誼會會長汪毅夫託中央研究院院士黃樹民轉送，謹致謝意。

51. 許雪姬，〈二戰前後在漢口的臺灣人〉，《臺灣史研究》26：1（2019.3），頁 113-164。

52. 僅舉兩篇以概其餘。林滿紅，〈日本政府與臺灣籍民的東南亞投資（1895-1945）〉，《中央研究院近代史研究所集刊》32（1999.12），頁 1-56；鍾淑敏，〈臺灣總督府的「南支南洋」政策——以事業補助為中心〉，《臺大歷史學報》34（2004.12），頁 149-194。

相處，臺灣人是否被日本人同化了，日本還想建「臺灣村」，卻很難落實。比較來說「日本人的斗湖」在戰後猶想重建，當時已時不我予。至於臺灣人則雖因「臺灣村」已不存在，然仍留下旅券下付表中的名單及表中的相關資料，可重新探討臺人在北婆洲移民的歷史意義。[53]

　　在臺灣與滿洲間的貿易，林滿紅曾以具體數據說明日本占領滿洲後對臺、滿貿易的影響。[54]至於臺灣人移民滿洲則較難引起研究者的興趣，主要是資料不足，且非前往今東北各處找檔案不可。其次是臺灣人的資料是附隨在日本人資料中，要補完資料非得對有滿洲經驗者做廣泛而深入的口述訪談不可。除史料外，史觀與立場超難掌握，不過臺灣人到滿洲者大半是菁英，有200多個醫生，在滿洲國中央政府和地方政府工作的不少，尤其有57位高等官，更有異於華中、華東、華北的臺灣人。他們回臺後帶回滿洲經驗，在學界、醫療界、銀行界、電業、電信業，都有優異的表現，在臺北市長吳三連時代，市政府還有「東北幫」的存在。許雪姬的〈滿洲國政府中的臺籍公務人員〉一文，先介紹滿洲國的官僚體系，次說明臺灣人到滿洲以及滿洲吸引臺灣人的原因。之後介紹臺灣人在滿洲國任公職的有140多人，其中有57個高等官（分行政官、技術官、司法官、教官），較為知名的是謝介石、謝秋濤、林景仁、張建侯等人。該章主要提醒讀者，在滿洲的臺灣人所締造的歷史，屬於臺灣史的一部分，不能因戰後國籍轉換，不僅不宜用中國國族主義批判這些前輩臺灣人在滿洲的作為，反而應重視十多年間臺灣和東北交流的經

---

53. 鍾淑敏，〈戰前臺灣人英屬北婆羅洲移民史〉，《臺灣史研究》22：1（2015.3），頁25-80。
54. 林滿紅，〈「大中華經濟圈」概念之一省思——日治時期臺商之島外經貿經驗〉，《中央研究院近代史研究所集刊》29（1998.6），頁653-696。林滿紅在頁80指出：「在日本占領臺灣的後期，以有資料的1932年至1939年為例，臺灣與滿洲國之間的貿易值為臺灣與福建貿易值的六倍，臺灣與東亞貿易值的八倍。」

驗。[55]

四、國治時期：戰後迄今

（一）背景

　　戰後的臺灣人面臨劃時代的改變，原來是日本籍，與中國為敵，必須是戰敗國的一員，而中國戰勝，且同盟國派中國接收臺灣，中國就以收復國土的思維來恢復臺灣人中華民國國籍，臺灣人反而成為戰勝國的一員。由於當時各國都主張應在同盟國與日本訂定和約後，此一國籍的轉換才能被認定，因此戰後在日本的臺灣人反而成為既不是日本籍也不是中國籍的第三國人或稱為新華僑。臺灣人的國籍問題是研究戰後臺灣移民不能不接觸的問題。

　　戰後留在中國的臺灣人因陸軍總部何應欽兼總司令在 1946 年 1 月發布「臺人處理辦法」，在第 4 條指出在大陸的臺人「大部分以送返臺交臺灣行政長官公署安置為原則」，加上又發布「關於朝鮮及臺灣人產業處理辦法」，臺人的財產遭接收保管及運用，除非證明自己「未擔任日軍特務工作，或憑藉日人勢力，凌害本國人民，或幫同日人逃避物資，或並無其他罪行者，確實證明後，其私產呈報行政院核定，予以發還。」[56] 處理臺人的財產引起臺人的恐慌和抗議，行政院雖在 3 月 4 日頒令地

---

55. 許雪姬，〈滿洲國政府中的臺籍公務人員（1932-1945）〉，收於許雪姬主編，《臺灣歷史的多元傳承與鑲嵌》（臺北：中研院臺灣史研究所，2014），頁 15-67。

56. 〈抄原電〉，9-1-55，「第六戰區長官部電囑查復各地集中之臺灣人及市轄內臺灣人調查表」、湖北省政府訓令，中華民國卅五年一月廿九日省秘一 718，〈准內政部函關於臺民及其財產之處理案令仰知照由〉。中國武漢市檔案館藏。

方政府，指出臺灣的公產依法辦理接收，私產不得接收，已接收者應予發還。[57] 但能發還的有限，上海市政府沒收蘇柴林的汽車，即使部分歸還，但重要零件已不翼而飛。[58] 令臺人欲趕緊回臺的另一重要原因是1945 年 12 月政府公布《懲治漢奸條例》，及 1946 年 10 月 24 日政府公布的《戰爭罪犯審判條例》，不少臺人因而被當漢奸逮捕，後來因「院解字第 3078 號」部分臺人解除漢奸罪名被釋，但也有部分被「院解字第3133 號」認為必須受國際法上的處置，而接受戰犯審判，臺人若能回到臺灣，被當地人民、政府控以罪名的機率會降低。面對如此險峻的情勢，臺灣人莫不組成同鄉會，團結起來向政府陳情並自保，[59] 這在東南亞、日本、中國各地皆然。

除了國籍轉換、臺人戰前跨境的移民莫不回鄉，這就是上述談到輔助型離散，跟隨殖民者日本擴張而移民的臺灣人，離居到異地，與殖民政府、當地人民的特殊關係，促使殖民統治結束時，往往得面臨選擇為當地人、回原鄉，或是被原殖民母國解救的局面。[60]

戰後臺灣由國府統治，才一年多即發生二二八事件，有人怕被牽連或事後追究，逃離臺灣，有些外省公教人員也在事件中受害，莫不離開臺灣，造成一些人口遷移。緊接著而來的是 1949 年 5 月的頒布戒嚴令，到 1987 年 6 月的解嚴，在長達 38 年的戒嚴時期，人們常因涉入叛亂、匪

---

57. 上海市社會局，上海市政府訓令「偽產處理局代電奉院令規定朝臺公私產業處理原則請查照一案除分行外令仰知照」。上海市檔案館藏，檔號 Q153_2_16（1）。

58. 蘇柴林，〈事由為新興汽車行被武裝機關扣去小汽車四輛呈請轉函發還由〉、〈新興汽車公司汽車七輛於扣留後被拆去零件細單〉，收於許雪姬主編，《臺灣重建協會與二二八事件文書（上冊）》（臺北：中研院臺灣史研究所，2018），頁 336-339。

59. 許雪姬，〈戰後京滬、平津、東北等地臺灣人團體的成立及在二二八事件中的對臺聲援〉，收於許雪姬主編，《七十年後的回顧：紀念二二八事件七十週年學術論文集》（臺北：中研院臺灣史研究所、財團法人二二八事件紀念基金會，2017），頁 97-103。

60. Robin Cohen, *Global Diaspora: An Introduction*, pp. 83-102.

諜案而遭軍法審判，全臺籠罩在肅殺的氣氛下。1949 年底國府因內戰失敗，撤到臺灣，人民隨著政府而大規模遷移來臺，據估計在 1947 至 1952 年間，最少有超過 90 萬的遷移人口，其中有 58 萬是軍事人口。[61] 這是臺灣前所未見大規模的政治性移民，不僅當時對臺灣產生重大的經濟負擔，對往後臺灣的各方面也造成極大的影響。在戒嚴期間，1971 年，中華民國政府被迫退出聯合國，臺灣不僅喪失聯合國的席次，緊接著各國紛紛與臺灣斷交，這些重要的政治事件發生，都考驗著臺灣是否為一個可以安身立命之處。在臺外省人來到臺灣是屬於最不得已的選擇，因此莫不以臺灣為移民的中繼站，想盡辦法再次移民新大陸；本省某些家庭厭惡國民黨統治者，或追求更自由的天地、更好的經濟生活、更佳的教育環境，莫不鼓勵子女向外發展，經由留學、經商等管道而達到目的。有關國人向海外移出的原因，早已有學者進行研究。

　　至於移出國方面，僑委會都有相關國移民數、年代、移民因素的統計及報導可以參考。以移民美國為例，美國各種移民法規，由二戰後期到 1970 年代前期是限額移民時期，1965 至 1982 年新移民法頒布，1982 年後則屬優惠移民時期，該年之後每年給在臺灣出生的中華民國居民 2 萬人的移民配額，而幾年後臺灣解嚴，因此這之後移民美國的可謂不絕如縷。[62] 移民巴西，則是 1974 年未與巴西斷交前，一方面巴西政府為開發其廣大的土地資源，向當時的中華民國政府建議自臺灣移民，但國府初時並不積極，但臺灣民間卻已有人在 1960 年代前期陸續移民巴西，由

61. 林勝偉，〈從「戰士」到「榮民」：國家的制度建構與人口類屬的形塑（1949～1970）〉，《臺灣社會研究季刊》52（2003），頁 189。
62. 洪玉儒，〈美國臺灣移民政策的現狀（1980-2004）〉，《中興史學》12（2006.6），頁 153-196。

僑委會的統計，自 1962 至 1964 年共有 3,518 人前往巴西。[63]

　　20 世紀末、21 世紀初臺灣因勞力缺乏、較底層的男性找不到配偶，因此開始了移工和外籍配偶的移入，這些新的移民是臺灣社會的生力軍，但也產生一些社會問題，有待進一步解決。

（二）目前的研究

1. 國籍問題

　　臺灣人在二戰前是日本籍，國府雖宣稱光復之日即臺灣人恢復國籍之時，但實際上在 1946 年 1 月 12 日國府才正式公布此一恢復國籍的命令，這對在臺灣的臺灣人影響不大，但對不在臺灣島內的臺灣人則面對國籍轉換和財產會被沒入的問題。政府在發布後，亦令駐外人員及駐日代表團通知各國，但因戰爭雖然結束，但和約尚未簽訂，尤其是臺灣人在戰爭期間協助日本人且為日本籍，若立刻變成中華民國籍，在追究犯行會有一定的困難。湯熙勇利用外交部檔案研究戰後在海外臺灣人面對的國籍問題，他估計當時旅外臺灣人在 1946 年初，約有 15 萬餘人，其中 75,000 人在中國，不是研究重點。要研究的是在東南亞、日本一帶的臺人，國府宣布旅外人的「復籍」登記的方法、時間後，就展開和各國間的協商，美國（駐日盟軍總司令部〔GHQ〕）直到 1947 年 2 月才正式承認旅外臺灣人國籍為中華民國籍。英國雖可以以友邦人民的待遇給臺灣人，但改變國籍之事，需俟和約簽訂，一直到 1947 年 6 月，英國照會國府駐英大使館，對臺僑持有中國護照者，一律給予簽證，而至和約簽

---

63. 湯熙勇，〈巴西招徠臺灣人移民——1960 年代我國政府的態度與人民的反應〉，《人口學刊》46（2013.6），頁 100。

訂時，英國早已承認中華人民共和國了。荷蘭政府因尚為印尼的殖民者，國府為了留在印尼的臺灣人的返臺，不得不與之交涉，但荷蘭的態度更為猶疑，迄未答覆承認國府領事館發給臺灣人的護照。由於上述原因，在海外的臺人未獲尊重，尤其在日本，1946 年終於爆發發生於東京的「澀谷事件」。[64] 有關臺灣人在日本轉換國籍與居留問題，何義麟拉長時段，探討 1952 年在日臺灣人才正式脫離日本籍，但臺僑和華人在居留日本上有差異，即適用的法律不同，臺人雖可長期居留，但在住民的權益上沒有任何保障。1965 年日韓建交，兩國協定賦予在日韓國人永住權之保障，華僑團體曾向外交部請願，要求向日方申請永住權，但沒有成功。1972 年臺日斷交，臺灣人失去法律保障，紛紛歸化為日籍。[65] 但在此之前亦有轉為中國籍者，因之在日臺灣人其認同有其複雜性，故其改變國籍絕非單純只在改善處遇。

戰後除旅外臺人不回臺而有復籍問題，要回臺者在未能得到政府或盟軍的協助前，臺灣同鄉會扮演重要角色，雖為時不久，各地同鄉會卻在類型、組織上有所不同，仍值得研究。[66]

2. 自中國來的移民

已敘及 1949 至 1952 年隨國府撤退來臺者，至少有 90 多萬人，九分之五是軍人，其中有一些是上海的商人，他們鑑於大陸情勢危急，而於

---

64. 湯熙勇，〈恢復國籍的爭議：戰後旅外臺灣人的復籍問題（1945-1947）〉，《人文及社會科學集刊》17：2（2005.6），頁 393-437。
65. 何義麟，〈戰後在日臺灣人的國籍轉換與居留問題〉，《師大臺灣史學報》7（2014.12），頁 47。
66. 湯熙勇，〈烽火後的同鄉情：戰後東亞臺灣同鄉會的成立、轉變與角色（1945-48）〉，《人文及社會科學集刊》19：1（2007.3），頁 1-49。

1949 年帶著資金、技術、設備、人員與現代經營概念遷到臺灣，他們對 1960 年代臺灣經濟的起飛、1970 年代臺灣輕工業的發展有其貢獻，但隨著時代的變遷，外省商幫勢力有所下降。到了 1990 年代，政府開放投資，上海商人以臺商的角色返回中國投資。上海商人的足跡，顯示了不同職業移民的不同選擇。[67] 除了商人外，軍人、軍眷為此次大遷移的重要角色，其人數至少占一半，1950 年前後的臺灣需要軍人保護，但以臺灣這塊土地的生產力，要養活這些新移民必須要有好的應變制度。隨著軍人馬齒徒長，政府必須進行軍事整編、裁軍，並安排退役軍人的出路；又為了國家社會的安定與整體的變遷，建立退除役、退輔等制度，但為牢牢掌握此一軍事人口，國家設立退除役官兵輔導委員會進行安置，同時也納入黃復興黨部，使之成為中國國民黨綿密組織的一環。換言之，由戰士到除役成榮民，政府將之完全置於國家人口管理機制之下，成為國家遂行人口管理的關鍵因素。[68]

今日臺灣社會中有所謂「外省人」、「外省族群」，以別於日治時期的內地人、本島人，又是如何產生的？迄今有無變化？李廣均先提出 4 個互相銜扣的歷史境況，即影響形成外省族群的因素為：（1）移民預期停留時間的模糊；（2）國家政策對族群類屬的建構；（3）經濟發展與相對優勢的喪失；（4）本土化的民主轉型與認同困境。經由如上的討論得到以下結論，外省人族群性的產生，是他們在臺灣地區近 50 年來，和「本省人」互動經驗的結果，而不是來臺前團體特徵的延續。[69]

---

67. 謝國興，〈1949 年前後來臺的上海商人〉，《臺灣史研究》15：1（2008.3），頁 131-172。
68. 林勝偉，〈從「戰士」到「榮民」：國家的制度建構與人口類屬的形塑（1949-1970）〉，頁 187-254。
69. 李廣均，〈從過客到定居者——戰後臺灣「外省族群」形成與轉變的境況分析〉，《中大社會文化學報》3（1996.5），頁 367-388。

隨著臺灣社會的變遷，由東南亞來的移工、甚至外籍新娘（跨國婚姻移民）也在近20多年來進入臺灣社會，他們對臺灣社會所造成的負面影響，在媒體的報導中可以掌握，但他們對臺灣的貢獻也是有目共睹的。王宏仁以越南新娘為例，認為分析臺灣郎和越南娘結親的原因，不能只由兩國間所得的差距來解釋。因婚姻而來臺的女性移民，對臺灣勞動市場有兩方面的影響，一是直接進入勞動市場而影響勞動力供需。另方面則透過生育而補充未來的新生勞力，亦即外籍新娘具有雙重的「生產力」：工作和家庭的生產力，成為臺灣弱勢階級輸入外籍新娘來應付家庭再生產問題的因應方式；至於中產階級則輸入外籍女傭和看護來解決家庭勞務的問題。[70]

外籍配偶除了東南亞新娘外還有大陸／中國新娘，這些外籍新娘臺灣社會的接受度也愈來愈明顯，影響的主要因素可以在政黨支持、價值觀念、經濟理性以及社會接觸這四方面來加以觀察，就 2014 年時而言，各政黨間的接受度沒有顯著的差異，性別上男性比女性更能接受外籍配偶，鄉村則因實際需要，最支持外配。上述研究多少了解 2004 至 2014 年間臺灣民眾對外籍配偶移民的態度。[71]

上述自中國、東南亞大量或小量的移民，造成除人口出生率之外人口增加的原因之一。不過如上所述，隨著臺灣人口密度高，再加上下一代教育的問題、投資的需要、政治局勢對臺灣不利的問題，臺灣人也不絕如縷地往日、美、加、紐、澳、中等國遷移或就職。1960 年代巴西政府向臺灣移民招手，希望能前往開發土地，一直到和臺灣斷交為止。[72] 至

---

70. 王宏仁，〈社會階層化下的婚姻移民與國內勞動市場：以越南新娘為例〉，《臺灣社會研究季刊》41（2001.3），頁 99-127。

71. 陳志柔、吳家裕，〈臺灣民眾對外籍配偶移民的態度：十年間的變化趨勢〉，《人文及社會科學集刊》29：3（2017.9），頁 415-452。

72. 湯熙勇，〈巴西招徠臺灣人移民——1960 年代我國政府的態度與人民的反應〉，頁 87-119。

於美國的移民政策變化，臺灣人的移民配額每年 2 萬人等，以及臺灣人透過留學、投資、依親、就職前往美國的情況，[73] 是研究臺灣移民史最重要的部分，洪玉儒已經做了不少研究。

最後來看看日本人移民臺灣 50 年，被遣回日本後，與臺灣的關係如何？至少「灣生」日本人同窗會和其臺灣母校及同窗的交流史早已展開，林初梅〈戰後臺灣的日本記憶——重返再現戰後的時空〉一文，不僅探討日臺人同學如何在共同的鄉土意識下編織日本時代的學校記憶，以及國民黨早期將設在日本時期的學校，其創校時間都改到戰後，解嚴後各校才逐漸恢復日治即創校的事實，創造迎接日本校友的有利環境。[74] 比起臺日的同學會，及畢業生和母校再續前緣，1950 年 9 月「財團法人臺灣協會」在原臺灣總督府東京官舍「七星寮」設立，主要在促進臺灣關係者的相互聯絡、親睦共榮，以及未來指向的日臺親善交流、貿易外，也需面對返回日本者最痛感的個人資產歸還問題。這之間有 4 個臺灣關係者的組織成立，迄 1963 年臺灣協會新宿大樓落成時，臺灣關係團體才合而為一。[75] 近年來由於來臺二世也逐漸凋零，該會是否能繼續維持下去，而其所藏會員捐贈的資料如何處理，也是一個難以解決的問題。1957 年大澤貞吉[76] 編成《臺灣緣故者人名錄》，包括一些居住日本的臺灣人，

---

73. 洪玉儒，〈美國臺灣移民政策的現狀〉，頁 153-196。

74. 林初梅，〈戰後臺灣的日本記憶——重返再現戰後的時空〉，收於所澤潤、林初梅主編，《戰後臺灣的日本記憶：重返再現戰後的時空》（臺北：允晨文化，2017），頁 307-359。

75. 鍾淑敏，〈戰後日本臺灣協會的重建〉，收於許雪姬主編，《臺灣歷史的多元傳承與鑲嵌》，頁 69-121。

76. 大沢貞吉，1886 年生，東京人，1913 年東京帝大文科大學哲學科畢業，同年 10 月入中央新聞社，1918 年任新愛知新聞編輯局長，1921 年任東京支局長。1923 年來臺，入臺灣日日新報社，歷任編輯局長、主筆，1941 年辭職，任皇民奉公會宣傳部長。戰後回日本任愛光新聞社長。興南新聞社，《臺灣人士鑑》（臺北：興南新聞社，1943），頁 56；大沢貞吉，《臺湾緣故者人名錄》（橫浜：愛光新聞社，1957），頁 56。

如臺灣共和國臨時大統領廖文毅，[77] 以及〈諸學校同窓會連絡先〉、〈地方ブロック會連絡先〉，[78] 在這之前三年前也編《愛光新聞》作為與「臺灣緣故者」間的聯絡機關，亦值得一提。[79]

五、《台灣史論叢》移民篇的編輯

（一）編輯的重點

本書以探討臺灣移民史為主，首先要對「臺灣」下一個地理範圍，即臺灣和澎湖再加上金門、馬祖，但以臺灣和澎湖為主。居住在這個地區的人稱作「臺灣人」，而臺灣人的概念既有屬人的概念，也有屬地的必要。所謂屬人即不論其遷移到哪裡，若仍與故鄉有聯繫都可以稱之；屬地則不論是哪一族群，只要他曾居住過臺灣，都算是臺灣人。當然這之間會產生國籍的問題，大清帝國在宣統年間才有國籍法，因此日治之前可以用民籍的觀念來看移民的現象。日本治臺後在 1897 年 5 月 8 日，選擇不遷回中國大陸的臺灣人即取得了日本籍，但日本帝國對殖民地人稱為「本島人」，如果其跨越國境，尤其到了中國，都稱之為「臺灣籍民」，必須申請「渡華旅券」，予以「差別待遇」，一直到日本戰敗投降。日治時期隨著日本帝國移民海外的臺灣人，在戰後暫時或永久地在日本、中國大陸、東南亞的，在「國籍」上發生了問題。中華民國政府宣稱戰後臺灣「光復」，臺灣人即「恢復」中華民國國籍，但外國可不這樣認為，

---

77. 大沢貞吉，《臺湾縁故者人名錄》，頁 235。
78. 同上註，頁 246-247。
79. 山本真平，〈私にも因縁　序にかえて……〉，收於大沢貞吉，《臺湾縁故者人名錄》，頁 1。

因而在海外的臺灣人吃了不少苦頭。一般均認為必須和日本訂立和約後，臺灣人才能取得中華民國國籍。至於中華民國被排出聯合國，各國紛紛與之斷交，在海外的臺灣人不得不選擇歸化、成為中華人民共和國的國民，當然也有部分「忠貞」僑民仍保有中華民國國籍。除了國籍問題外，人口數也是極需探討的，尤其是荷治、鄭氏、清領時期，由於沒有官方按年調查的人口數，因此產生種種推估當時人口的方法。在荷治迄清領，選的是人口的估算問題。當然移民史包括的範圍很廣，包括境內與境外的移民，一時移居還是永遠定居。這段期間可以談政府的移民法律規章、偷渡，人口遷移的「推拉理論」等。由於 2000 年前後臺灣史以研究清代為多，因此相關的關鍵問題大半解決，雖然「渡臺禁令」是否存在，在近 30 多年仍有一些新討論，但大致已經有了可以接受的論點。

進入日治時期的移民問題更為複雜，首先是臺灣人已是日本籍，日本人已成為統治者，官僚、軍隊、商人陸續來臺，而為了改善臺灣的漁業技術，有日本漁民早期移民來到臺灣的港口，但除東港外沒有成功；為了改善日本農民的生活，有私營、官營移民，相中臺灣後山；儘管臺灣總督府做了相當的協助，如援助經費、興築水圳，但除了少數地方都沒有成功。之後也不只指向後山，西海岸的河川浮覆地也成為日本農民（包括菸農）的移住地，亦不算成功。

對臺灣人而言，沖繩因地近臺灣，臺灣人也到了當地八重山、西表島，或採礦或進行農業經營。至於以「臺灣籍民」的特權前往華北、華中、華南的比比皆是，但人數以華南的廈門為最多，華中則以上海、華北則以北京為多，但遠遜於廈門。這方面有不少的研究成果，早期以研究隨中華民國政府遷往重慶、抗日的臺灣人，如臺灣義勇隊、臺灣革命同盟會、半山集團為多；相對於在傀儡政權統治之下「偽滿」、「汪偽」

的臺灣人，則很少有人研究，因此本書第四章特別提到 1932 至 1945 年的「滿洲國」治下的臺灣人。後世的研究者，如西方的研究者，或稱為「非正式帝國」或「準帝國」，因當時也有十多國承認其存在。滿洲國當時有高等文官考試，臺灣人考上的不乏其人，尤其是第一位女性考上高等文官技術官的謝久子，但一般研究臺灣高等文官考試及格的，從未提過。在滿洲國的臺灣移民有其特色，既沒有在廈門的黑幫，且以醫師和官僚為多。至於到南洋的，就分別要面對殖民者——歐洲列強英、法、荷等國，以及當地人與華僑，關係複雜，目前所知以在北婆羅洲（今東馬）英國的殖民地為多，由於久原農場在當地開發，種橡膠樹，1917 年曾有 1,000 餘臺灣人被招募來此，後因水土不服而在 1 年後，除少數人外大半回臺。除了上述移民外，還有隨著日本政府的南進政策，由總督府補助經費，擔任某種角色的人。也有一些有臺灣經驗的日本醫生、臺灣醫生（待遇與日本醫生同），及助理人員，作者藉著訪談補足了部分文字資料的不足。

　　二次大戰結束後，臺灣人又面臨翻天覆地的改變，首先統治者的日本人必須被遣送回日，換成國民政府當家，有語言和適應的問題要克服；其次是在外臺灣人都成為不受歡迎的人，必須自救組織臺灣同鄉會，向中華民國政府（包括臺灣省行政長官公署）和聯合國善後救濟總署（UNRRA）求援，才能回到故鄉。不到 14 個月發生二二八事件；才 4 年多，又面臨國民黨在內戰中被共產黨打敗，百萬軍民撤退來臺，臺灣面臨空前的困局。當然來臺的有些是上海等地的商人，帶來資金、設備和人員，對當時的臺灣有所貢獻；而來臺的軍人，退役後的問題，政府不能不考慮，於是設置退除役官兵輔導委員會，使退役軍人轉為榮民，在各行各業任職；又成立黃復興黨部，成為政府得以嚴密控制的人口。上述軍人

和其他外省人，分別來自各省，卻因來臺後有共同的生活經驗，又因相對於本省人為少數，因此團結在國民黨下，成為最支持政府的族群——外省人。戒嚴、懲治叛亂者和匪諜，進行威權統治，是早期國民黨政府恐共、壓制臺灣社會的手段，另方面自 1953 年起開始第一期的經濟建設計畫，逐漸使臺灣進入開發中國家，締造臺灣奇蹟。不過由於被中共取代在聯合國的地位，各國又逐漸與臺灣斷交，加上又有來自中國長期的文攻武嚇，因此不論外省人、本省人，一有機會即往外國移民。本書以移民美國及移民巴西為例，美國給臺灣移民的配額，是臺灣人公共事務會（FAPA）長期努力的結果，往巴西移民卻是應巴西政府的邀請前往的。臺灣移民當然不只往這兩國，因語言的問題，早期前往日本，接著德國、加拿大、澳洲、紐西蘭，南美的阿根廷等國。移民的原因除政治大環境不良外，還有投資經商、為子女的教育等。

（二）編輯的內容

由於本書必須以論文集方式呈現，雖然討論問題以專書較為全面，但限於篇幅無法納入。在選取論文時，以不超過 3 萬 5 千字為原則，荷治、清代兩篇，主要重點在於人口數，鄭瑞明引用江樹生的說法，荷治時期的臺灣人，約在 2 萬 5 千至 3 萬人之間；許毓良以種種方法來估算清末人口數，比陳紹馨估的 257 萬餘人還要多，雖無完美的證明，但其方法、史料，頗有參考的價值；日治時期 3 篇中，陳鴻圖討論臺東廳下的私營農業移民，得以窺見日本移民的一斑，若欲更深入，可參考前述張素玢的專書和林玉茹有關漁業移民的論文。另兩篇則討論日治時期有南洋和滿洲國經驗的臺灣人，都是最近 5 年內的研究成果，也是過去少有的研

究領域，這兩章不約而同使用口述歷史資料，篇幅也較長。戰後愈接近現代，應該更多了解，因此選了 5 篇，何義麟由戰後到日臺斷交後，臺灣人初始無奈地當「第三國人」，即使 1947 年後取得統治日本的 GHQ 的美國承認具有中華民國國籍，但臺日間簽署了中日和約、甚至韓日簽約後，臺灣人仍無法如韓國人在日本一樣取得永住權，當面臨臺日斷交後，臺灣人不得不做出決定，為自己的未來打算。李廣均在第七章則告訴讀者外省族群形成的原因，頗具啟發性。林勝偉在第八章旨在說明由戰士退役，在退除役官兵委員會的輔導下成為榮民，工作有著落；另方面成為中國國民黨黃復興黨部的一員，成為可控制的人口，也是支持政府的基幹。洪玉儒則在第九章探討 1980 至 2004 年美國臺灣移民的政策演變，對了解政策形成下，臺灣移民美國的情況有所幫助。湯熙勇長年接受僑委會、客委會的委託，前往國外進行臺灣僑民在各國的移民情況，以僑委會、外交部的檔案和口述歷史作為史料，在第十章開啟向來未有人進行的臺灣人在巴西的研究，極具參考的價值。

以下列表簡介這十篇論文的篇名及其出處：

序號	作者	章名	出版資訊	年代
1	鄭瑞明	臺灣早期的海洋移民：以荷蘭時代為中心	收入邱文彥主編，《海洋文化與歷史》，臺北：胡氏圖書，2003，頁 11-44。	荷西
2	許毓良	清代臺灣的人口估量	《興大歷史學報》，20（2008.8），頁 75-108。	清代
3	陳鴻圖	農業環境與移民事業：臺東廳下私營移民村的比較	《兩岸發展史研》，4（2007.12），頁 35-80。	日治

4	許雪姬	滿洲國政府中的臺籍公務人員（1932-1945）	收入許雪姬主編，《臺灣歷史的多元傳承與鑲嵌》，臺北：中研院臺灣史研究所，2014，頁 15-67。	日治
5	鍾淑敏	戰前臺灣人英屬北婆羅洲移民史	《臺灣史研究》，22:1（2015.3），頁 25-80。	日治
6	何義麟	戰後在日臺灣人的國籍轉換與居留問題	《師大臺灣史學報》，7（2014.12），頁 47-75。	戰後
7	李廣均	從過客到定居者：戰後臺灣「外省族群」形成與轉變的境況分析	《社會文化學報》，3（1995.5），頁 367-390。	戰後
8	林勝偉	從「戰士」到「榮民」：國家的制度建構與人口類屬的形塑（1949-1970）	《臺灣社會研究季刊》，52（2003.12），頁 187-254。	戰後
9	洪玉儒	美國臺灣移民政策的現狀（1980-2004）	《中興史學》，12（2006.6），頁 153-196。	戰後
10	湯熙勇	巴西招徠臺灣人移民：1960 年代我國政府的態度與人民的反應	《人口學刊》，46（2013.6），頁 87-119。	戰後

六、結語

　　有關臺灣移民史的研究範圍很廣，如各國的移民政策、國籍法、人口變遷、移民到新天地的適應、旅外臺灣同鄉的組織與相關團體、移民個人與家族的歷史、相關的文學作品等。本書所選取的，只是其中的一兩個主題，主要原因是其他主題的研究不足，或受限於只收論文不及專書之故。目前臺灣對此有興趣並有相關成果的研究者，除本書所收納的論文作者外，還有王泰升、陳志柔、王宏仁、林玉茹、卞鳳奎、張素玢、

謝國興、李文良、潘繼道、孟祥瀚、邵偉達等人，還有在日本的林初梅，以及已過世的梁華璜教授。至於研究本主題的相關資料，官方的檔案最為重要，但針對移民本人或其第二代或整個家族的訪談並搜集其私家史料（包括檔案、照片）也刻不容緩，尤其第二代若已不會母語，則更有訪談的必要。2014 年在芝加哥的王文隆博士發起「台美人歷史計畫」並建立公開的網站，[80] 也搜集台美人的相關著作，目前已有《台美人的腳跡 第一集》、《台美人的腳跡 第二集》出版，踵繼其後的還有《台美人生命的腳跡 第一集》；也有個人生平的出版，如日治時期移民滿洲的第二代楊正昭，臺大醫學院畢業後，先到美國，再移民加拿大，是個心繫臺灣的知名婦產科醫生，他在 2016 年接受我訪問，完成了訪問紀錄，又以英文出版有關於他的書。[81] 有關在日臺灣人，則有何義麟努力的成果。[82]

　　——本文原收錄在許雪姬編，《來去台灣》。臺北：國立臺灣大學出版中心，2019，頁 3-30。國立臺灣大學出版中心授權使用。

80. 台美人西遊足跡，網址 https://tajourneytothewest.wordpress.com/。

81. Julia Lin, *Shadows of the Crimson Sun: One Man's Life in Manchuria, Taiwan, and North America*（Toronto: Mawenzi House Publishers Ltd., 2017）。作者在臺灣出生，後遷往越南，在 9 歲時去到加拿大，是高中老師。

82. 吳修竹著、何義麟編，《在日台湾人の戦後史：呉修竹回想錄》（東京：彩流社，2018）。吳修竹（1922-2015），彰化人，1940 年臺北國民中學校畢業，同年入日本中央大學預科，1943 年入學法學部，1946 年進入同校大學院，肄業至 1947 年。戰後歷任臺灣學生聯盟及東京華僑聯合會幹部，之後成為東京華僑總會的理事，從事華僑運動，是該會的核心分子。1964 至 1967 年任亞細亞通信社常務取締役，1974 年任臺灣省民會理事兼事務局長，1977 年任副會長，到 1981 年辭去事務局長前一直擔任該會機關報《臺灣省民報》的編輯。1989 年中國發生天安門事件後，脫離華僑總會，1997 年一度回臺。

一、荷蘭到鄭氏時期的移民

① 原先臺灣島上即有南島語族。

② 荷蘭人招募閩南一帶的漢人，進行稻米、甘蔗的種植。

③ 還有印尼爪哇人、菲律賓 Papangers、越南廣東人、印度 Bengalas、日本人等，在臺灣島上活動。

④ 荷蘭人離開後，鄭成功則帶領 25,000 名官兵來到臺灣。其中一同渡臺的文士，對於推動鄭氏王朝的文教、政經有所貢獻。

二、清朝時期的移民

① 清朝政府積極或消極治臺？「渡臺禁令」有無？各有說法。

② 最終 1896 年臺灣人口的估算，約為 250 萬人。

③ 對於後山地區的開發，如吳沙集團拓墾噶瑪蘭、清廷開山撫番等。

三、日治時期的移民

① 臺灣人法理上成為日本籍、日僑，到中國已經屬於跨境移動。

② 近年日本外務省公布的新資料，如臺灣總督府發放的旅券，提供更豐富的面向。

③ 殖民政府為舒緩日本人口過剩，讓日本人移民臺灣。也推動漁業移民，試圖改善臺灣沿岸的漁業。

④ 臺灣人則有移民到琉球（石垣島）、華南地區，也隨著日本的南進政策，移動到南洋。另外，也有前往滿洲的臺灣人。

四、戰後迄今

① 戰後臺灣人的國籍問題，其中原本居住在海外，如東南亞、日本等地的臺灣人，受到相當的影響。

② 隨著國府撤退來臺的大量人口，共 90 萬人，其中近半數為軍人。

③ 近年來，東南亞來的移工，或是外籍新娘（跨國婚姻移民），逐漸融入臺灣社會。

④ 隨著人口、教育、投資、政治局勢等因素，臺灣人也往日本、美國、加拿大、紐西蘭、澳洲、中國等國家遷移或就職。

⑤ 日本人移民臺灣 50 年後，戰後被遣返回日本，後來他們與臺灣之間的連繫。例如：「灣生」日本人同窗會。

〈移民臺灣：臺灣移民歷史的考察〉

陳鴻圖

　　本文原是作者戴寶村在國立歷史博物館講座的講稿，有系統地討論清帝國的對臺政策、移民的族群分類、移民社會的特點、民變和械鬥、臺北盆地等地區的開發等，最後在結語中觀察移民「在地化」的歷程，所謂「一代親、二代表、三代散了了」，終而「金門不認同安，臺灣不認唐山」，從清初的分類械鬥拼個你死我活，到 1884 年清法戰爭時，臺人不分閩、客共同抗法，而有「西仔來打咱臺灣，大家合齊來打番」俗諺的出現即是事證。

　　清代是漢移民大量來臺，臺灣從原住民優勢社會轉變為漢人優勢社會的重要時期。移民為何要冒著生命危險渡黑水溝來臺？以當時的中國情況來說，閩、粵地區山多田少，能耕種的土地有限，面對宋、元以來的人口壓力，人民需自謀生路；且閩、粵本有航海技術與向外發展的傳統，海外貿易和移民本來就很活躍；再加上明中葉以來的戰亂、經濟社會不穩定等因素，逼使人民往海外遷移。作為漢移民移入地的臺灣，其自然條件適合農業發展，清領初期荒地多，且由於土著人口少，經濟以狩獵為主，對新移民而言，可利用的土地極多，相對吸引人。

　　關於清代臺灣社會的發展，從初期不穩定的移墾社會到 19 世紀中葉

後轉變為較穩定的文治社會，此變遷的歷程，學者有「內地化」和「土著化」兩種解釋。「內地化」最早由歷史學者郭廷以所提出，意指鄭氏時期移植中國的政制和文化在臺灣的事實；之後李國祁用以解釋清代臺灣的政治和社會文化發展以中國大陸的社會形態為目標，並強調中華民族向邊陲擴展融合、相似而趨於一體的過程，在此過程中還蘊含近代化和「番人」漢化的過程。「土著化」由人類學者陳其南提出，意指早期臺灣移民在心態上仍認同於內地（中國）祖籍，但隨時間的發展，移民在地緣意識上逐漸認同臺灣本土。

清代臺灣社會變遷的過程反應在幾個面向上：一是人口增加從初期的社會性成長到後期以自然增加為主；二是人口結構中的性別比例和年齡結構也漸漸趨於正常；三是職業結構前期以佃農、工匠和無業者居多，後期出現的職業種類已有百餘種；四是社會領導階層前期以豪強和郊商為主，後期則因文教發達，而出現有科舉功名的士紳階層；五是宗族關係從前期以奉祀「唐山祖」的「合約字祭祀公業」，轉變到後期奉祀「唐開臺祖」的「鬮分字祭祀公業」；六是宗教信仰從祭拜原鄉守護神，隨著聚落和街市的發展，轉變為村廟或全臺性的神明祭拜；七是認同意識的轉變，居民對本土的認同愈來愈強。

其實不論是早期來臺的移民，或是 1949 年以後來的移民，至少在臺灣都已落地生根三、四代，應有共同的生長經驗和集體記憶，紛擾多時的族群衝突和土地認同問題應會隨著時間而消弭。也或許藉由移民歷史的回顧和故事，有機會讓大家面對過去，並共同建構臺灣認同的可能性。

延伸閱讀

1. 賴福順，《鳥瞰清代台灣的開拓》（臺北：日創社，2007）。
2. 李廣均，〈從過客到定居者──戰後臺灣「外省族群」形成與轉變的境況分析〉，收錄於許雪姬編，《來去台灣》（臺北：臺大出版中心，2019），頁 297-321。

移民臺灣：臺灣移民歷史的考察

戴寶村*

一、唐山過臺灣，心肝結歸丸

1683 年，清康熙皇帝的時候派施琅帶兵攻打臺灣，鄭克塽投降，鄭氏東寧王國覆亡（1661-1683）。然而，清帝國取得臺灣之初，對臺灣並沒有強烈的領土野心，康熙皇帝曾認為「臺灣僅彈丸之地，得之無所加，不得無所損」，朝中亦有不少大臣反對將臺灣併入清國版圖。

經過施琅向康熙皇帝上奏後，情況才有了改觀，在其著名的奏章〈恭陳臺灣棄留疏〉中提到：將臺灣併入版圖並不增加中央的財政、兵力負擔，此外臺灣又更可作為中國東南沿海各省的屏障。在這樣的前提下，康熙皇帝接受了施琅的建議，在 1684 年，正式將臺灣納入清帝國版圖，編為福建省轄下臺灣府。

清帝國治臺初期採取被動防制政策，並對臺灣人民十分不信任，制定了各種嚴厲的禁令與規定，如：頒布限制渡臺禁令、採取班兵制度以及禁止築城等。簡言之，治安是清領初期清廷治臺的首要考量，基本上

---

* 吳三連臺灣史料基金會秘書長。研究領域為臺灣史、臺灣文化史、海洋史、產業史、志書編纂。

清朝對於臺灣的統治態度，多半只在防止臺灣發生動亂。

（一）清帝國的渡臺限制

當時中國的福建省、廣東省人口多耕地少，加上距離臺灣又近，臺灣的經濟條件也不錯，因此有不少人希望到臺灣來另闢新天地；但是清朝政府對於這兩省的人口移動往外拓殖，卻採取限制及禁止的措施。

17 世紀末年，到 18 世紀，到 19 世紀前期的臺灣還是一個地廣人稀的地方。因為當時臺灣原住民族群，他們僅是從事於漁獵及游耕的方式生活而已，他們也沒有從事水田稻作的技術。因此，有些已經先來到了臺灣的廣東或福建的移民，就回去跟他們故鄉的人說，在臺灣生活非常容易。所以時常可以聽到臺灣民間的一些俗話：「臺灣好賺食」、「種一冬，吃三冬」、「臺灣錢淹腳目」。這也是早期的福建及廣東的住民，在還沒有大量移民到臺灣來之前，對於臺灣狀況的理解。

臺灣與福建兩地之間的距離很近，以平均數來說，臺灣海峽阻隔臺灣與福建的距離，只有 180 公里而已，在順風的情況下，以帆船依自然風力航行，從福建到臺灣行程僅需一天一夜。福建地方的人，從宋代以後，就已經有人開始到海外去做貿易，或者是捕魚維生。泉州港從宋以來就是一個非常繁榮的對外通商、貿易港口。因為有這些海洋生活的經驗，福建、廣東的人，他們也比較敢於在海上活動，藉著從事商業貿易或漁業來改善生活。

清領臺灣後，雖解除過去對鄭氏政權的海禁封鎖，但基於安全考量，對於人民渡臺一直有嚴格的限制，頒布有「渡臺禁令」，相關內容包括：

渡臺者必須先取得原籍地方官的「照單」（許可證），並經臺灣海

防同知（當時臺灣最高武官）許可；不得攜帶家眷；由於廣東常為海盜淵藪，還禁止廣東地方的人民渡臺。

這樣的規定顯然不符合民間的期待，且不利於臺灣的發展。當時中國福建、廣東一帶，由於人口多、耕地少，生活不易，因此不少人選擇前往海外尋求較好的生活環境，故偷渡至臺者甚多。但因清廷限制渡臺的政策，引發許多弊病且釀成不少悲劇。

1683 年之後，雖然臺灣是福建省的一個府，但是福建省或者是廣東省的人要到臺灣來，都須要申請照單，所謂的照單，就是如同現在的護照一樣。雖然獲准可以到臺灣來，卻仍然不准他們攜帶眷屬來臺。大致上來說，在清朝統治臺灣的二百一十二年當中，從西元 1684 年，到西元 1790 年代，是採取一種比較嚴格的禁止與限制；西元 1790 年以後，才改變為放鬆一點點，到了西元 1875 年的時候，才真正的開放，讓福建省及廣東省的人自由前來臺灣。西元 1875 年完全的開放，其實已經沒有很大的意義了。因為在那個時候，臺灣的西部，以及東北角的宜蘭地區，已經是全部住滿移民拓墾的漢人了。

清朝有鑑於臺灣的西海岸港口非常的多，人民往來很方便，也很頻繁。他們為了要管制往來的人民，所以指定開放臺南的府城，中部的鹿港，以及北部的八里坌，作為臺灣與中國大陸之間相互往來指定港口。在這些港口的地方，清朝會設立官吏、兵員來檢查人員及貨物的出入及往來狀況。這三個港口，我們稱作「正港」，因此有一句話說稱真正進口的東西，有抽稅或不是仿冒品就叫作「正港的」，即是這個意思。

雖然清朝政府採取禁止或是限制的措施，但移民還是源源不斷，在清朝臺灣海峽偷渡的風氣就已經非常的盛行，甚至有人專業經營載運偷渡客的生意。這一種專門做載運偷渡客生意的人，在清代的時候，叫作

「客頭」。這些客頭有的時候全無良心，他們招攬到一些偷渡客之後，就用一艘破船，把他們載運到海上去，因為使用破船，在海上就很容易發生狀況，或沉沒，或遇海難而死。這有一個名詞叫作「灌水」。灌水就是被海水溺死在海中，然後被魚吃掉，又有一個名詞，叫作「餌魚」。更有些客頭帶著這批偷渡者，還沒有到達臺灣海岸，就叫他們下船，叫作「放生」。更有一些人，到了海岸就要他們下船，結果陷入海砂泥淖中沉陷亡命，叫作「種芋」。

　　來到臺灣的這些漢人移民，他們冒了千辛萬險渡過了黑水溝要到臺灣來，心中其實是交雜期待與惶恐，所以有一句話說：「唐山過臺灣，心肝結歸丸」。反應了當時移民者萬般無奈、莫可奈何的心情。在渡海的過程中，有人已經遭遇了海難溺水死亡，或者是由於抵臺之後的水土不服而死亡，到了臺灣之後，有的與本地的原住民族發生了衝突，或者是由於遭遇原住民族的出草、獵頭而喪失生命，不一而足。所以臺灣有一句俗語說：「六死、三留、一回頭」，也就是說，當時移民臺灣的人，幾乎是只有三分之一不到的比率會在臺灣定居生存下去，其他則是多人死亡，很少的一部分，則是來了以後又再返回大陸。同一時期有人來臺灣，也有人移居南洋，所以也會說：「過番剩一半，過臺灣無得看」。「過番」就是去南洋，意思是去南洋的人，大概有一半的存活率；到臺灣的人，則前途未卜，根本不敢聞問。

（二）福佬、客家，分漳泉

　　福建、廣東的移民來到臺灣以後，居住地的分布有其地理特徵，並在社會、文化方面反應各有特色。來臺灣拓墾的先民之中，以福建人為

多，是由於福建距離臺灣最近，廣東省的人則次之，因為廣東比起福建到臺灣的交通航線稍遠了些，因此清代移民來臺灣的人當中，福建人比客家人多。

日治時代臺灣總督府在西元 1926 年時，曾經對於臺灣漢人做了一次祖籍調查。調查結果福建人占了總數的 83.7%，廣東人則占 15.6%。在福建人的 83.7% 裡面，泉州人占了 45%，漳州人占了 35%。我們大致上可以參考那一次的調查結果，依其統計仍然可以了解，目前的臺灣人，仍是以福佬人占多數，客家人次之。

在地理空間的分布上，泉州人比較多是住在靠海線的西南沿海地方，漳州人的居住地則比較靠內陸地方，廣東人大部分是居住在丘陵地，或者是靠山的區域，或者是也有移民到花蓮、臺東的地區。臺北盆地早期也有很多的客家人居住，像在新莊，就有一間三山國王廟（廣福宮），三山國王廟就是客家人所崇拜、信仰的象徵。後來由於客家人與福佬人之間的對立，客家人很多都移遷到今天的桃園、中壢等地，臺北盆地的居民就以福建人為主。

在當時來臺的福建人當中，又分漳州人與泉州人。如艋舺（今萬華），以泉州人最多，該地的龍山寺，就是泉州人拜得最虔誠的觀音廟。大稻埕地區則以同安人較多，他們信仰的主神是保生大帝，所以有保安宮以及霞海城隍廟等廟宇。西元 1853 年，同安人在艋舺與泉州人發生衝突。結果是同安人失敗，於是移居大稻埕。另外，在內湖、士林附近的那些地方，住有漳州人的後裔。再靠近山區的地方，像是景美、木柵、新店，那裡就住有比較多的安溪人，福建省的安溪人，他們是最會種茶的人。所以，木柵、景美、新店、坪林等地，就有很多的安溪人之後裔。

在臺灣的客家人的話主要分成兩種。一種是祖籍廣東惠州府海豐、

陸豐的；一種是嘉應州四縣（梅縣、興寧、平遠、長樂）的。講海豐、陸豐的語言，例如桃園市的觀音區與新屋區就是，而平鎮區及中壢區、龍潭區則是講四縣話。另外，在宜蘭有很多紹安客，彰化、雲林縣則本來有很多客家人，但因為彰化平原的主要族群是福佬人，所以當地少數族群的客家，也就被福佬化了，成為「福佬客」。在彰化的田中、永靖、花壇、芬園、田尾、員林及西螺、崙背等鄉鎮，這裡的居民有很多他們原來是客家人，是後來被福佬化了。客家人有很多常見大姓，看到姓什麼，大概也就可以猜出他們原來是客家人。如：詹、彭、邱、徐、鍾、羅、古、劉、范、宋等都是。

另外還有一種客家人，是福建省西北部的汀州府人，例如：汀州府的永定縣，就有很多的客家人移民臺灣，稱為永定客。如：前總統李登輝先生，他們的祖先就是從福建省汀州府的永定縣移民到臺灣三芝的。在先民移墾臺灣的時候，這些人當中，有很多的姓在同一個地方，出現的頻率非常的高。我們所說的臺灣十大姓即是：陳、林、黃、張、李、吳、王、劉、蔡、楊。大致上來講以陳、林二姓為最多，有一句話說：「陳林滿天下，剩的給狗咬」，就是形容陳、林二姓實在是很多。另外，也有一些地方，大姓會很集中，如：彰化縣的社頭鄉、二林鎮，就是一個例子，同姓之多，多到有人會以諧音戲謔。「社頭蕭（猙）一半，二林全是洪（紅）」，這些話是挖苦語，以諧音來戲稱而已。譬如你碰到姓廖的人，心中大概會想「他是住在雲林縣的人」，因為姓廖的人很多都是雲林縣人。這些漢人移民到臺灣，也因為其祖籍地的關係，行互相牽引渡臺，到了臺灣之後，也就影響其分布的特徵。

不但是如此，就是不同地區的移民，在語言上也有其不同的聲腔。例如：漳州人的後裔，漳州腔就很濃。宜蘭人講話就有很濃厚的漳州腔，

如像他們講下昏（晚上）、開門、吃飯、配蛋等句語的尾音（ui尾音多），即可以知道是漳州人。而臺中市靠海岸線的清水、沙鹿是泉州人，他們講的話，其發音也是有「海口腔」的特色。如：來坐、長、短、吃糜；等腔也就特別的明顯。在臺灣泉州腔講得最有特色的地方，就是鹿港這個地方，因為鹿港的對航的港口是泉州，所以鹿港生意人也特別多，也有很多的巨富，因為他們很會做生意的緣故。聽說鹿港小姐，脾氣也特別的烈。鹿港姓施、黃、許三大姓的最多，因此鹿港有一句話說：「施黃許、赤查某」。以上介紹的是幾個早期臺灣移民社會的一些現象。

（三）移民社會初期的「羅漢腳」

年輕的男性移民來到了臺灣後，有一個很嚴重的問題發生，就是不容易有對象可以結婚成家。沒有成家立業的男子，有時睡在廟中羅漢的腳旁，因而被稱為「羅漢腳」。他們甚至居無定所四處遊蕩，有的已儼若現今的流浪漢，現在稱呼那一種一直沒有結婚的人為「羅漢腳」，此話也是由此而來的，也衍生了輕視、瞧不起的意思。

當時臺灣的移民要結婚是一件不容易的事，所以有一句話說：「娶一個某，卡贏三個天公祖」。也就因為這些移民，他們要在臺灣結婚不容易。因此娶到年紀比自己大的女性，也自我解嘲說：「娶著某大姊，卡贏坐金交椅」，也就是說娶妻娶到年紀大一點的，也是一件很好的事。

由此可知，其餘的那一些沒有娶妻的羅漢腳，其心中是何等的無奈與猴急，我們也可以很理解其心中的鬱卒。當時也有一句話說：「紅柿上樹頭，羅漢腳目屎流」，我們都知道，紅柿是秋天才成熟，紅柿上市表示冬天快到了，冬天一到農曆春節也跟著來臨，平時的開墾拓殖，倒

也可以消除心中的煩悶，但年節一到的每逢佳節倍思親，想到此情此景不流淚才怪。當時的羅漢腳，他們沒有妻女家庭，其心中無奈與盼望，真是淒情無以復加。

平埔族與漢人的社會結構不同，女性比較平權，結婚時有時是由男人到女方家，生育子女後獨立門戶，有點類似母系社會的招贅婚制，因此有很多的移民與之成親，這樣一來漢人結婚，一方面可以成立家庭，一方面也可以獲得土地，達到拓墾移民的目的，也是兩全其美的事，與平埔族女性結婚的儀式稱作「牽手」，牽手也就成為臺灣人太太的另一種稱呼用語。臺灣有一種「有唐山公、無唐山媽」的名言，這一句話的意思是，男的祖先是從唐山來的移民，稱為唐山公，女的祖先是在地原住民族，不是唐山媽。此話並未寓有褒貶，而是歷史的實情寫照。

因為移民來臺的青壯人口，要結婚組織一個家庭相當的不容易，於是就有結拜的風氣，建立擬血緣的團體。結拜的目的，當然是尋求合作的對象與互助的朋友，以資可以安危相扶持，患難相與共的一種組織儀式。而臺灣目前的派系、角頭、幫派，也有可能受了當時移民社會的結拜背景，以及風氣或作為所啟發，而形成的一種非正式組織，而有超過社會規範的不良行事。

因為早期移民要成家不易，也產生另外的一種情況，即收養義子、養女的風俗。一方面大概是藉著這些小孩子的承歡膝下而慰寂寥，一方面是藉此能使家族繼起有人，以免斷了香火，死後成為孤魂。過去臺灣的養女也造成不少的社會問題。也許是這些移民，他們不能成婚，既沒有家室負擔，又加以心靈的空虛寂寥，也有了拜把兄弟結成幫派，或者是他們本來就是比較具有冒險犯難的精神，或者是因為血氣方剛，好勇鬥狠等這些因素存在，於是為了墾殖的爭水源，爭土地而衝突。臺灣在

清代的時候動亂很多。這個動亂的原因，與移民社會羅漢腳之間互鬥、爭奪經濟資源等等事件有密切的關係。

由於這些人結拜、結盟，結拜後就有排行以別長序，如：老大、老二、老三、老么等等，這樣的按序排行下去。如有衝突互鬥而造成傷亡，就成為孤魂野鬼。而他們也把這些沒有人祭拜的屍骨埋在一起，叫作「大墓公」。而很多人死後埋在一起的大墓公，也有人稱之為「老大公」的，因為先死為大之謂也。我們有時可能會在路旁，就可以看到有比廟堂小的建築物，都會綁著「有求必應」的紅布條。這些小廟祠都是祭祀無主孤魂的「有應公」、「老大公」、「萬善堂」、「百姓公」、「同歸所」等。因此有人說：臺灣與「埋冤」的發音相似。

（四）臺灣不認唐山　金門不認同安

清領末期漢人移墾臺灣也多經歷過好幾代，使臺灣從原先的移民社會轉型為定居的在地化社會，對原鄉的認同也逐漸淡薄，遂有「臺灣不認唐山、金門不認同安」的在地認同，以及「一代親、二代表、三代散了了」等各自發展的諺語。

這樣的情況可從清末臺灣的分類械鬥形式的轉變，以及日治初期自由選籍的期限過後，僅有 0.16% 的人口返回中國原鄉等看出端倪。清初的分類械鬥，多以原鄉祖籍別作為械鬥單位，到了清領末期則改以現居地團結者較多見。而日治初期，多數漢人仍選擇居住在臺灣，也多少反映出清代漢人移民的後代，已形成臺灣在地認同。

福建、廣東兩省的這一些漢人，他們冒了很大的危險來到了臺灣。這些人來到臺灣久了以後就逐漸定居落戶，臺灣成為他們長久要在此生

活下去的土地。於是在清末 19 世紀初期的時候就有：「金門不認同安，臺灣不認唐山」。這一句話就是說，從同安移民來金門的同安人，他們已經久住金門形成了命運共同體，已不再說他們是同安人，而說他們是金門人。同樣的，在臺灣定居下來的移民，也一樣的在臺灣和臺灣這個地方形成了緊密關係的命運共同體，不再認為大陸是他們的故鄉，他們已經不是唐山客而是臺灣人，臺灣才是他們的家鄉。他們逐漸的認同在臺灣的生活，臺灣才是他們的生命共同體，臺灣才是他們的家園。

二、清代漢人移民取得土地

（一）臺北盆地的開拓

清代臺北盆地的開發，較南臺灣晚了很多年，正式的紀錄是清康熙 48 年（1709 年）才出現，是泉州移民陳賴章墾號申請拓墾大佳臘荒埔的歷史見證，當時其範圍涵蓋了整個臺北盆地。

漢人移民臺灣主要是從事水田稻作，水利設施是農業的開墾的必要條件之一。開發水利在清代臺灣，是一件利潤高但風險亦高的專業，隨著農墾的開拓，水利建設也逐漸興建。在臺北盆地中最著名的水圳是瑠公圳，是清代臺北盆地內最大的灌溉設施。1740 年，郭錫瑠在青潭溪建築圳頭，企圖將溪水引入臺北盆地內。郭錫瑠歷經二十多年的努力，最後以暗渠方式修築穿越景美溪河底的渠道，幾近成功時水圳卻被暴風雨摧毀，最後由其子完成此水利工程，為紀念郭錫瑠故將此圳命名為「瑠公圳」。農田的開發促成漢人街庄的發展，18 世紀末期，臺北盆地的街

庄已有 4 街 68 庄，漢人社會已大致形成。

　　淡水河系除供應農田灌溉外，其主要支流河段，大多可航行船隻，隨著農墾的擴大、人口的增加，使商業貿易日漸發達，而形成河岸市街。1746 年到 1790 年之間，新莊成為臺北地區經濟、政治的中心，而後由於河道淤積而被較下游的艋舺所取代。

　　艋舺也就是今天臺北市的萬華區，原來是臺灣北部平埔族凱達格蘭人居地的社域，他們沿著淡水河往返和漢人交易，所用的交通工具是一種叫 BANKA 的小船，後來漢人就把這個地方稱做 BANKA，也就是艋舺。首先到艋舺地區開墾的是泉州府的晉江、惠安和南安人，總稱為「三邑人」。他們建立了香火鼎盛的龍山寺，帶動了商街興起，也產生「臺北三郊」的組織。隨著艋舺的繁榮，而有「一府、二鹿、三艋舺」的俗諺，多少說明臺灣歷史發展由南移北的進程。在 19 世紀中葉以前，艋舺成為臺北經濟重鎮，後來由於瘟疫、河道漸淺、頂下郊拼、居民保守排外等原因，而被後起的大稻埕所取代。

　　「大稻埕」原是指曬稻米的空地，初期此地是以農業經濟為主。等到艋舺一帶淤積之後，大稻埕成了新的商貿中心。開港通商後，洋商來臺經營貿易，1866 年，英人陶德（John Dodd）從福建安溪引入茶樹，改良烘焙技術，並在大稻埕設立寶順洋行，進行茶葉加工製造出口。19 世紀末期，臺灣有 90% 的茶葉是在大稻埕精製後再由淡水輸出的。

　　1875 年，因行政需要以及臺灣經濟重心轉移，清廷更在北部增置臺北府，臺北府城的城垣建設從 1882 年開始，1884 年底竣工。城垣的範圍約為今天中山南路以西、中華路以東、忠孝西路以南、愛國西路以北的區域。1885 年受清法戰爭影響，決議將臺灣改設省制，1887 年閩臺正式分治，並以臺北府城作為省城。而後臺北市的發展，即是以艋舺、大稻埕、

城內等三個市街為基礎，逐漸向東擴大。

（二）吳沙入墾宜蘭

蛤仔難（今宜蘭平原）原為噶瑪蘭平埔族原住民生活的所在，其部落、村舍大抵分布在臨河之地，負載、舟運為其基本的交通方式。1796年吳沙率眾由三貂地區進抵頭圍拓墾。吳沙在拓墾蛤仔難時亦率有漳籍、泉籍與客籍人士共同入墾，顯示清領時期臺灣各族群間除分類械鬥外亦有合作。

漢人移民來到了臺灣之後，很多人都是從事於農業的開墾，與農事的耕作。而農業的開墾與農事的耕作，需要很多的人力一齊來合作，所以就由大家平均分攤，出錢、出力來合作開墾土地，「開埤造圳，人人有份」正是此事質的反映。在宜蘭此種情形就比較特別，宜蘭漢人的拓墾具有武裝開墾的性質，出錢出力出壯丁防守田園阻擋原住民，就是所謂的「結首制」，當地較不稱股（如七股），也不叫份（如頭份），而常稱為結。所以宜蘭就有很多結的地名，從一結、二結、三結、四結（詩結）、五結，到三十九結（在礁溪鄉）。

此外，漢人移民來到了臺灣以後，怕受到原住民族的攻擊，所以會建築防禦工事以防禦之。因此臺灣有許多以圍、柵等為名的地名，其中比較堅固的防禦設施，叫作城，宜蘭的壯圍、頭城等地名便是這麼來的。由於吳沙武力開拓宜蘭的過程，還會在半夜偷移田埂來擴充自己的土地，引發原住民不滿，諷刺地說：「難怪你們的頭圍會叫作頭圍（偷圍）」。

1812年噶瑪蘭正式在五圍（今宜蘭市）設廳治，1819年廳城興建完成，1850年代漢人的農墾已遍及溪南羅東、蘇澳之地，以廳城為中心四

向往外的道路已初步開設，交通要站設有舖遞，靠山近原住民境域則設關隘以維行旅安全。清代宜蘭聯外道路有路徑可通往南投、臺中、新竹、臺北等線，溯基隆河越三貂嶺通大里、頭城的淡蘭道路成為著名的「淡蘭古道」。清末為了鎮壓統治後山原住民，1874年曾由羅大春率兵工興建蘇澳往花蓮道路，但只數年後即告廢棄，劉銘傳治臺期間亦曾修建臺北—坪林—礁溪道路。水運方面，清代宜蘭海岸有烏石港、加禮遠港、馬賽港、蘇澳港、抵美福港、過嶺港、辛仔罕港、奇武蘭港、二圍港等港澳供船隻進出，沿河的舟運或河兩岸的往來也形成各種渡口。

由於宜蘭地區是漢人較晚入墾的區域，平原上的聚落鄉街間的交通便捷易達，形塑內在凝聚力。但也因為長期受地理環境的限制，與外部聯繫則有相對的不便，這種長期的交通條件相當程度影響了宜蘭歷史發展的特殊風貌。

（三）「金廣福」開墾的故事

隨著漢人拓墾的範圍加大，漸漸侵害到平埔族的生活空間，平埔族原住民向來在平原上進行粗放式農業，或獵或漁為生。但由於漢人大量移入依恃比較高的農作技術，嚴重壓縮到平埔族的生存空間，也造成不少衝突，使得平埔族逐漸與漢人混居同化而放棄自己的文化，或是遷移中部埔里盆地乃至花東後山地區。

為了避免漢人往深山發展，造成原漢衝突，清廷於是在沿山區劃分一條界線，嚴禁漢人進入山區，這條界線俗稱「紅線」，紅線指的是在地圖上用紅墨所畫的界線。土牛是挖土作堆，狀似臥牛，也是作為分隔原漢的界線，有的地方則是豎立界碑，及民間所稱的「石牌」。但實際

上漢人越界私墾非常嚴重，以致界線不斷往山區遷移，而更靠近山地原住民的生活領域，壓迫到高山族的生活空間，尤其是北部的泰雅族的地區，衝突更加激烈。為了保護漢人的生命財產，清政府沿著「番」界設隘，讓漢人進行武裝移墾，防範泰雅族人反擊。新竹北埔的金廣福公館就是臺灣最大的隘墾組織。

「金廣福」的組成，一方面是要防止原住民的出草攻擊漢人，一方面則是為了樟腦及土地的利益，所以當時的淡水同知李嗣於道光 14 年（1834 年）12 月，先給銀一千元，命令九芎林（今新竹芎林）庄總理——粵籍的姜秀鑾建隘樓 15 座，僱募隘丁 160 人，負責沿山一帶防務。道光 15 年（1835 年）2 月，更先後下令竹塹城西門經理林德修及周邦正與姜秀鑾同立合約，組織金廣福總墾戶的合資墾號。公號既成，姜、周二人乃分工合作，由周在竹塹運籌帷幄及洽公，姜氏則駐守開墾現場，擔任守隘防「番」及督工開墾之任務。

姜氏一面調配原有隘丁，向內層逐漸縮小對原住民包圍圈，並隨即招佃開墾，以強化防堵力量；一方面對原住民採取強力中央突破戰術，率領數百人眾由竹東三角城循原住民出草劫掠耕牛之牛路，突入今之北埔，擊退原住民以為根據地，即在中正路現址建立金廣福公館為辦公處所，統轄全部墾務，金廣福公館的建築年代約在 1835 年左右。其墾號命名為「金廣福」，其中「廣」代表廣東，「福」則代表福建，金廣福的成立，也是清代移民中閩客合作的例證。

三、豎旗抗官：朱一貴、林爽文、戴潮春

（一）移民性格強悍　官逼民反

伴隨著「唐山過臺灣」，漢人也將傳統中國社會所有的特質移植到臺灣，移民本就具有奮鬥進取、冒險犯難、勇敢打拚的特質，因此造成清治時代臺灣民變頻仍社會衝突不斷的現象。「民變頻仍」也充分顯示出長久以來臺灣社會一直是處在一種不安定的狀態，其主要導因於：公權力無法伸張，因此民眾必須自力救濟，臺灣社會都是被外來政權所統治，且政權的更迭頻仍，政府無法滿足當地住民的需求，以及島內不同族群必須經常面對激烈的生存競爭，這都是臺灣社會動亂多的原因。

清領臺灣初期，因政治制度尚未完備，加上地方機構員額不足，政府的控制力弱。而清代三年一調的任官制度，也使得來臺官吏多半無心治臺。此外，清代任官辦法規定迴避本籍，來臺官吏多半不懂閩南話、客家話等臺灣語言，而須仰賴地方上的胥吏，以致讓胥吏與差役有不當需索、中飽私囊的機會，往往造成社會不安並引發民怨。清代臺灣政府機制並未有效運作，可從初期多數地方官都駐在府城（今臺南），而未赴縣治上任看出端倪。在這樣的情況下，臺灣的吏治敗壞時有所聞，民間並流傳許多滿清在臺灣官員的相關俗話，如：「作官若清廉，吃飯要攪鹽」、「一年官，三年滿」、「官不驚（怕）你散（窮），鬼不驚你瘦」、「一世做官，三世絕」、「交官散（窮），交鬼死，交縣差吃了米，交好額（富人）作乞食（乞丐）」等。

因此在清領前期，臺灣爆發不少抗官事件。所謂「抗官」，是指人

民以武裝力量反抗官府的官民衝突事件，又有「民變」或「豎旗」之稱。當時臺灣吏治腐敗，駐臺班兵無力鞏固統治秩序，以及社會結構不穩定，是造成臺灣抗官事件頻繁的主因，乃有「三年一小反（亂）、五年一大反（亂）」一說。其中規模較大的有三次，即朱一貴事件、林爽文事件以及戴潮春事件。

（二）鴨母王（朱一貴）事件（1721）

朱一貴（1689-1721），福建漳州人。因家貧赴臺謀生，曾任衙役，後為傭工、種田為生。後在鳳山縣（今高雄市內門區）幫人飼鴨，故又被稱作「鴨母王」，因素有民望，成為地方角頭領袖。

1721年，臺灣知府王珍作威作福，引發民怨。朱一貴以朱姓以及反清復明為號召，聚眾千餘人，由羅漢內門開始出兵，進占府城。同時與客籍領袖杜君英合作，攻下鳳山縣城，自稱中興王，年號永和。

朱一貴等群眾因缺乏政權規劃與統治能力，加上內部閩、客內鬨，起事不及兩個月，攻臺清軍便控制全局，朱一貴被捕。朱一貴雖為草莽英雄，但識見、氣宇亦有過人之處，被捕時面對平亂之福建水師提督施世驃，猶昂然自立，自稱孤家，後被解送北京凌遲處死。

朱一貴事件爆發時，清廷令福建水師提督施世驃與南澳總兵藍廷珍領兵鎮壓。當時藍廷珍的族弟藍鼎元也隨軍來臺。藍鼎元是文人，朱一貴事件後，他提出《平臺紀略》奏摺，說道：「太平日久，文恬武嬉，兵有名而無人，民逸居而無教，官更孳孳以為利籔，沈湎樗蒲，連宵達曙，本實先撥，賊未至而眾心已離，雖欲無敗，弗可得。故可知民不畏官，是法令如故紙。」其中對清廷之治臺政策有頗多建言。透過此事件的爆

發，促使清廷重新檢討對臺的統治政策。

（三）林爽文反清（1786-88）

林爽文（？-1788）原籍福建漳州，隨父母來臺謀生。由於目不識丁，在臺灣傭工趕車，也曾擔任衙門雜役，而後加入天地會，後來成為大里杙附近會黨的領袖人物。

1786-1788 年林爽文起兵反清，一度控制近半個臺灣，是清代臺灣最大規模民變，但因缺乏號召全島住民的政治理念和動員機制，林爽文軍隊南下想進攻臺南府城，在嘉義遭到同屬漳州祖籍的諸羅城人守城頑抗，客家人基於保衛鄉土、安定家園的觀念，也助清軍平亂。林爽文終於失敗被殺徒留「爽文路」、「爽文坑」等的地名而已，相較於同時期 1776 年的美國獨立戰爭和 1789 年的法國大革命，美、法兩國的獨立建國與君主立憲，開創歷史影響全世界，林爽文的反清只是「官逼民反」的原始反抗（primitive rebellion）而已。

在事件過程中，諸羅縣民曾奮勇抵抗林爽文，事後清乾隆皇帝將諸羅改名嘉義，並獎勵協助清軍鎮壓反亂的民軍為義民。林爽文事件是清帝國統治臺灣期間，規模與影響最大的叛亂事件，乾隆皇帝將此事件視為其畢生十大武功之一。事件平定後清政府除犒賞平亂的將軍，還下令建造紀功碑，包括〈御製平定臺灣二十功臣像贊序〉、〈御製福康安奏報生擒莊大田紀事語〉、〈御製平定臺灣告成熱河文廟碑文〉、〈御製剿滅臺灣逆賊生擒林爽文紀事語〉、〈命於臺灣建福康安等功臣生祠，詩以誌事〉等。這些碑文皆立於 1788 年（乾隆 53 年），並存放在赤嵌樓前，也就是被贔屭馱負著的那九個石碑。另外，清廷又印製了一系列「平

定林爽文事件」的銅版畫。

經過此事，清政府更加對臺灣加強戒備，採取了一些防禦措施，如將平埔人納入防衛體系的「番屯」，並對民間勢力進行鎮壓和分化削弱民間反抗。

（四）戴潮春——萬生反（1862）

戴潮春事件是臺灣三大民變之一，也是歷時最久的叛亂，起事者為戴潮春（又名萬生）。戴潮春原籍為福建漳州府龍溪縣人，祖先從龍溪縣移民至臺灣彰化四張犁，由於先人的努力，到戴潮春這一代已累積不少的財富。戴潮春原本在官府擔任北路協稿識（武官的低階稿書人員），後因家境富有招致長官勒索，戴潮春辭掉官職。

由於戴家在地方頗有勢力，加上戴萬桂（潮春之兄）曾為了與阿罩霧（霧峰）林家爭奪田租，於是組織八卦會鞏固自身的勢力。戴潮春卸職回家後，為了自保而擴大組織八卦會，並利用團練幫助地方維持治安的名義，大量吸收成員。剛開始會員的確發揮維持治安的功用，後因入會成員逐漸複雜，漸有橫行鄉里之情事發生。

同治元年（1862 年）臺灣道孔昭慈恐其勢力過大，準備開始清剿會黨，戴潮春先聲奪人，率先起事並攻下彰化城。攻下彰化城後，戴氏自稱為大元帥，公告人民蓄髮，模仿明朝的政治制度。然而戴潮春與其部屬之間，也存在許多問題，首要的就是缺乏統一的軍事指揮，造成力量分散；而清廷在太平天國局勢穩定後，派遣丁曰健（新任臺灣道）及林文察（福建陸路提督）督辦平亂軍事，同治 2 年（1963 年）12 月戴潮春於芋仔寮莊被捕，並在軍中被處死，亂事宣告結束。

在多次的民變中「義民」所扮演的角色，是一個值得討論的課題。在清廷的眼中，「義民」相對於起事的「亂民」或「叛民」，是清廷對幫政府平亂之協力者的褒稱。在臺灣眾多抗官民變中，固然有許多社會底層的羅漢腳游民投身其中，但是社會上也有許多所謂的「義民」，站在官方這邊協助官方平定民變。從政治的觀點看，「義民」們似乎沒有臺灣的民族精神，竟然幫助外來的統治者壓迫自己人。但是事情並不是這麼簡單，如果從經濟及社會的觀點看，「義民」協助官府平定民變，並非以「擁清」為其動力，而是基於對社會安定的要求，保護家園產業，不讓開墾的成果毀於一旦。如果再從族群的觀點看，也與閩、粵族群衝突有關，顯然當時義民的族群認同，勝過政治立場的選擇。「義民」當中，客家人往往比較多，客家人在臺灣是相對少數的族群，為了鄉土家園安全與生活安定，阻擋外來的戰亂破壞是自然反應的舉措，加上清政府也善用臺灣族群的複雜性與矛盾性，離間分化的策略以及部分人會「以利稱義」，增加了族群關係的複雜性。

四、社會分類械鬥——拼

（一）清代移民社會的多樣性

清代臺灣的福、客、漳、泉等族群，由於語言、習俗、信仰有別、經濟資源的競爭，加上清政府「分化利用」的統治政策，使異族群人民一再爆發分類集體械鬥，甚至造成族群關係的刻板印象。當時臺灣的移民社會間的動亂很多，如：福佬人與客家人的衝突；漳州人與泉州人的

衝突等，分類械鬥情況非常的嚴重。在清朝的臺灣，總共發生 60 多次的分類械鬥。分類械鬥的結果常造成不同族群的再移民。例如：客家人現在都是比較集中住在桃園、新竹、苗栗，或者高雄、屏東、美濃、六堆的地區，不無是人口再移動與集中的現象。

　　臺灣分類械鬥發生的原因，大致可分為政治、經濟等因素。政治因素包括有：清政府的分化政策、行政控制鬆散以及班兵問題等。由於清廷並未積極添設行政區，每於亂事後方考慮改善，顯示清廷對臺灣治理的「被動」性質。加上臺灣各地區因河川形成天然障礙，南北交通不便，許多地方的開發皆依大陸對渡口岸為主，全島性的社會共同體遲遲未形成。人民只有依地方自衛組織，採自救方式，是以械鬥的形式不斷的重複出現。清代臺灣由於施行班兵制，其戰力不但無法負起作戰或維持治安的功能，還因為戍臺班兵大半以漳泉府為主，各自袒護同籍，使雙方更肆無忌憚地進行分類械鬥。

　　清代臺灣社會的發展，因為語言、風俗、信仰、習慣等因素，在移墾發展過程中形成各籍分類聚居的現象。早期臺灣土地尚多，各籍可以分別開墾，等到後期開墾的範圍愈來愈接近，田界、水利資源、田租等利益衝突，便容易激發族群間的分類械鬥。此外，較城市化的地方對土地的依賴較輕，但職業上的衝突亦容易引發械鬥，如：1815 年在臺北府城發生的挑夫械鬥，便是因為劃分地盤、包攬挑貨工作，互爭利益而引起的分類械鬥。

　　清代統治臺灣的 211 年間，臺灣社會發生過 60 多次較大規模的分類械鬥。其中以閩客械鬥與漳泉械鬥最為常見，可見當年這個移墾社會的族群對立的嚴重，有礙於臺灣全島意識的形成。

（二）福客對立與漳泉拼

　　閩客械鬥最初多發生於高屏地區，這可能是因為當地的客家人在朱一貴事件以後，即建立強而有力的武裝組織——六堆，而能在閩客械鬥中屢占上風，因此福佬人必須不分漳、泉，團結一致才能對抗客家人。臺灣中部和北部則是以漳州系和泉州系的福佬人的械鬥為盛。

　　「朱一貴事件」由民變演變為閩客械鬥，這也是閩客間第一次大規模的衝突，當時由高屏地區「六堆」的鄉勇組織助平亂，清廷表揚其鄉里為「懷忠里」，建亭曰「忠義亭」。「林爽文之變」，由今竹北地區客家人所平，乾隆皇帝特賜粵東義民「褒忠」等匾額，建義民廟以祭祀罹難的客籍人士。另外，在北港、嘉義等發生過大規模閩客衝突處也多立廟配享。由此也可知清代閩、客間的械鬥，官方的刻意分化有其一定的影響。

（三）艋舺的「頂下郊拼」

　　頂下郊拼是發生在 1853 年的臺北市分類械鬥。械鬥當事者一方為俗稱「頂郊」的三邑人（晉江、惠安、南安），一則為俗稱「下郊」或「廈郊」的同安人。這次分類械鬥，同安人落敗，並敗走大稻埕。

　　清朝 18 世紀中葉後，大量泉州人移民跨海沿著淡水河靠岸定居臺北艋舺，其中，移民於艋舺有兩大族群，一為居於八甲庄的福建泉州同安籍移民，另外一個較大族群則是居於舊街與艋舺淡水河沿岸的泉州三邑人。其中以三邑人人數較多，也較早落腳於此。同安人因主要跟中國廈門一帶進行貿易，因此被稱為「廈郊」或轉音為「下郊」，而泉州三邑

商人，因較能掌握貿易優勢，故稱作「頂郊」。

19 世紀後，艋舺移民漸多，同安人為主的下郊與三邑人的頂郊，由於爭奪艋舺碼頭，加上宗教信仰不同，時常發生衝突。1853 年，三邑人終於與同安人發生了俗稱「頂下郊拼」的分類械鬥。1853 年年初，下郊人對於三邑人霸占碼頭與龍山寺深感不滿，三邑人見狀，在取得泉州仕紳黃龍安同意後，以艋舺龍山寺作為其作戰指揮中心，先行主動攻擊同安人。兩方人馬於是於 8 月展開械鬥，各有攻防，不久設於艋舺的新莊艋舺縣丞署，海山堡潭底公館等兩官署，遭兩方人馬焚毀。

後來三邑借道安溪人所居區域，攻進同安人所居住的八甲庄，艋舺祖師廟雖在此次戰役中全燬，不過三邑人不但攻進同安人所居住的八甲庄，還將其同安人家屋全數焚毀。而敗逃同安人不得不放棄艋舺碼頭的地盤，逃往大稻埕另闢商埠。頂下郊拼影響層面甚廣，除了造成人員傷亡、同安人所居村里付之一炬外，也間接促成大稻埕與大龍峒的開發，臺北從此流傳「咸豐三，說到今」，代表雙方結仇難解的諺語。

（四）異姓對抗與輸人不輸陣

清代臺灣的分類械鬥，除了因祖籍別的閩粵械鬥、漳泉械鬥外，異姓之間的械鬥與職業別間的械鬥也層出不窮。

以發生於 1865 年的陳、林李械鬥為例，這是噶瑪蘭地區的異姓分類械鬥。事件起因於羅東、冬山地區的林、李兩家族因為賭博而發生糾紛，陳姓居中調解，但林姓不從，於是陳、李兩家便聯合對抗林姓。此次的械鬥，除了陳李林家族聚族械鬥外，還夾雜了暴徒遊民，使械鬥的範圍愈形擴大，最後影響了整個蘭陽地區的平靖。林姓家族曾言：「陳無情、

李無義，姓林仔娶家己」。最後，清廷不得已派兵鎮壓，才平息了這場動亂。而後陳李兩姓與林姓家族間水火不容，而留下「陳李林，結生死」的諺語。

因職業別而產生的械鬥，以「西皮、福祿拚」為例，西皮、福祿通稱北管，是北方戲曲的通稱。西皮與福祿的對抗，最初發生於噶瑪蘭地區，而後擴大到基隆、臺北、花蓮等地。兩者的械鬥是因為音樂樂器與信仰不同，互相爭鬥而產生的分類械鬥。西皮派的主要樂器為以桂竹筒包蛇皮做的胡琴，蛇皮音類似西皮，奉祀田都元帥；福祿派的主要樂器是以椰子殼做的胡琴，形狀類似葫蘆，音同福祿，奉祀西秦王爺。

雙方各自設館、集合門徒，相互仇視，屢屢因出陣時的拚陣，終於釀成分類互鬥。西皮與福祿互鬥事件不止一次，而是由同治年間迄臺灣割讓給日本期間，持續不斷的衝突，比較大的有同治年間、1886、1887年等三次械鬥，而西皮派會以交結官方打壓福祿派，所以有「西皮倚官，福祿走入山」的俗語，代表福祿不敵西皮而逃逸的情狀。日本統治臺灣時期雙方仍然不和，遇有節慶出陣常須派警吏維持秩序，一直延續到二次大戰後，雙方爭執才消失。

五、結語

1683 年清帝國攻占臺灣，採行特殊的統治與限制渡臺政策，閩粵漢人則勇渡黑水溝來臺開拓建立家園，在清帝國統治兩百多年間，漢人移民社會發展成形。

清代臺灣的福、客、漳、泉族群間，因為語言、習俗、信仰的差異、經濟資源的競爭，加上清政府「分化利用」的統治策略，因而一再爆發

分類械鬥。然而隨著落地生根的生命史歷程而「在地化」，所謂：「一代親、二代表、三代散了了」，終而「金門不認同安，臺灣不認唐山」。清治末期 1884 年法軍攻臺，不分福、客人士均出力抗法，「西仔來打咱臺灣，大家合齊來打番（法國人）」的諺語就是臺灣人敵愾同仇的表徵。1895 年清日簽訂的《馬關條約》，讓臺灣人有兩年的國籍選擇緩衝期，然而到 1897 年，離臺者只有六千多人，臺灣已是住臺者要永遠生活的家園。

名作家馬奎斯（Gabriel Garcia Marquez）說：「一個人若沒有他的親人埋葬在他所生活的土地，他就不是屬於這片土地的人」，這是從生到死認同歷程的最佳詮釋。現在在臺灣的人，不管是早期來的移民，或者是 1949 年以後來的人，也進入移民在地化的第三代，共同渡過黑水溝的歷史集體記憶，將是營構臺灣命運共同體的歷史資產。

——本文原收錄於李明珠等編，《臺灣史十一講》。臺北：國立歷史博物館，2006，頁 48-67。戴寶村教授授權使用。

一、唐山過臺灣，心肝結歸丸

① 17世紀末到19世紀初，臺灣尚且地廣人稀，早期福建、廣東住民有「臺灣錢淹腳目」等俗諺。

② 清朝政府的渡臺限制：需要申請許可證、指定開放往來的港口（正港）。

③ 仍有許多偷渡來臺的移民，途中經歷的危險又有「灌水」、「餌魚」、「種芋」等。

④ 因為渡臺的危險、來臺的水土不服和紛爭，產生「六死、三留、一回頭」，「唐山過臺灣，心肝結歸丸」等俗語。

⑤ 移民到臺灣的人群：

廣東：居住在丘陵或靠山地區，也有移民花蓮、臺東地區。

福建：泉州人多住在西南沿海地區；漳州人則是靠內陸地區。

客家：分為廣東惠州府海豐和陸豐、嘉應州四縣、福建汀州府。臺灣有些地方的客家人，也被福佬人影響，而被福佬化。

⑥ 羅漢腳：

反映年輕男性移民結婚成家的不易。

產生結拜風氣，建立擬血緣的團體。彼此之間互動、爭奪經濟資源，也是動亂發生的原因。

⑦ 定居下來的移民，逐漸將臺灣視為家園，「臺灣不認唐山，金門不認同安」。

二、清代漢人移民取得土地

① **臺北盆地的拓墾：**

郭錫瑠的瑠公圳。

淡水河沿岸的市街，如新莊、艋舺、大稻埕。

② **吳沙移墾宜蘭地區：**

當時武裝開墾的「結首制」、防禦據點的「城」，成為宜蘭地名的由來，如五結、頭城、壯圍。

③ **姜秀鑾的「金廣福」墾號：**

目的是防止原住民出草攻擊漢人，以及保護樟腦和土地的利益。

金廣福的「廣」代表廣東，「福」代表福建，是清代移民中閩客合作的例證。

三、豎旗反官：朱一貴、林爽文、戴潮春

① 清朝統治初期，政治制度尚未完善、地方機構員額不足，導致政府控制力弱。

② 當時吏治腐敗、駐臺班兵無力、社會結構不穩定，是民變抗官的主因。

③ 「鴨母王」朱一貴事件：

由於缺乏規劃與統治能力，兩個月被平定，也促使清朝政府重新檢討治臺政策。

④ 林爽文事件：

一度控制半個臺灣，為清代臺灣最大規模的民變。

⑤ **戴潮春事件：**

清代臺灣三大民變之一，是歷時最久的民變。

⑥ **民變中「義民」的角色：**

包含社會安定、閩粵衝突等因素，協助清朝政府對付民變勢力。

四、分類械鬥

① 政治因素：清政府的分化、行政控制較弱、班兵問題等。

② 經濟因素：土地、水利、田租、職業衝突等。例如：福客對立、泉漳拚、
艋舺「頂下郊拚」、異姓對抗、「西皮、福祿拼」等。

貿易與經濟的發展

|導讀| 〈臺灣歷史上的貿易與航運〉

──── 陳鴻圖 ────

　　對外貿易是海島臺灣的經濟特性，在16世紀臺灣和西方勢力接觸前，豐田玉的流傳、漢本遺址的意涵、馬賽人Sanasai傳說等考古發現，均說明早期臺灣和東南亞之間已有頻繁的貿易往來。16世紀後，因航路開拓及國際貿易需求，臺灣跟中國大陸、日本、東南亞及歐洲大陸等地，透過海盜、海商、貿易者的牽引，成為東亞海運的轉運站及重要貿易據點。

　　荷蘭在臺灣的經營，奠定臺灣轉口貿易及以出口為導向的發展特色，與中國強調自給自足的小農經濟體系截然不同，但由於地緣政治及東亞局勢的變化，使臺灣和中國大陸之間的經貿關係仍然相當緊密。回顧臺灣的經貿發展歷程：清領時期臺灣和中國大陸間具有「區域分工」的產業特性；開港後臺灣的貿易轉向國際市場的開拓，茶、糖、樟腦為臺灣賺進可觀的外匯；日治時期臺灣成為日本的國內市場，日本也成為臺灣主要的貿易對象；戰後初期，臺灣被迫納入中國經濟圈，無端被捲入國共內戰，通膨嚴重經濟惡化；1949年到1980年後期，臺灣中斷和中國的經貿關係，與美國、日本建立三角貿易關係；1980年代後，因兩岸交流頻繁，及國內產業條件變化，致使臺灣出現「西進熱潮」，但也因中國的政治極權和資訊不透明而具有高度的風險，挑戰更甚以往。

過去在討論臺灣是否對中國經貿開放的問題時，主張開放者認為「閉關的臺灣」會像琉球一樣在後朝貢貿易時代被邊緣化。「臺灣是否會琉球化？」我們可以從產業特性和歷史軌跡來找到解答，本文作者陳國棟從海洋及世界貿易史的脈絡來建構臺灣經貿發展的歷史圖像。全文的論述主要有兩部分：一是討論從 16 世紀到 21 世紀前臺灣貿易和產業發展的歷程，特別注意臺灣轉口港的地位、貿易對手、進出口內容及產業發展。二是探討臺灣作為「出口導向」的經濟體，航運在其中所扮演的角色，除航線外，船舶、港口與港埠都是關注的對象。文末更從歷史的視角檢視政府在 1990 年代規劃的「發展臺灣成為亞太營運中心」及「發展臺灣成為東亞海運轉運中心」計畫的優勢與局限，以古鑑今，值得思考。

　　至於「臺灣是否會琉球化？」或許可從「MIT」的縮寫就可找到答案了！

延伸閱讀

1. 曹永和，〈十七世紀作為東亞轉運站的臺灣〉，收錄於石守謙主編，《福爾摩沙：十七世紀的臺灣・荷蘭與東亞》（臺北：故宮，2003），頁 13-32。
2. 林滿紅，《四百年來的兩岸分合：一個經貿史的回顧》（臺北：自立晚報，1994）。

臺灣歷史上的貿易與航運

陳國棟[*]

一、前言

在 16 世紀以前，專就臺灣本島而言，除了原住民之外，幾乎沒有其他人群往來本島。原住民的經濟基礎為狩獵和簡單的農業，自給自足，並無多餘的產品可以賣給外人。另一方面，天然賦予（natural endowment）有限，[1] 也同樣不能吸引外人前來開採利用。在缺乏可資出口的物資的情形下，臺灣的原住民也就不具有購買力，從而不能吸引外來商人前來推銷他們的商品。

其實，臺灣島鄰近的中國大陸地區，早在唐（618-907）、宋（960-1278）時代，海上的船運與貿易就已十分發達，西亞、南亞、東南亞的商人也揚帆前往中國貿易。可是當時往來中國的船舶偏靠中國大陸海岸航行，因此也就極少有機會接觸到臺灣本島。[2]

---

[*] 中央研究院歷史語言研究所研究員。研究領域為東亞海洋史、明清史、臺灣史、經濟史。

[1] 所謂「有限」，一方面是指天然資源的種類不多，另一方面也指不經加工程序而可直接利用的資源稀少。

[2] 曹永和，〈荷蘭與西班牙占據時期的臺灣〉，收入所著《臺灣早期歷史研究》（臺北：聯經，1979），頁 26。

16 世紀中葉以後，這種情形改變了。改變的原因可以分從四個方面來看：

　　第一、中國海盜尋求海外的據點。先是中國沿海海盜猖獗。在官方追捕之下，往往入據臺灣，如林鳳、李旦等人就是其中最有名的例子。李旦後來將鄭芝龍引介給荷蘭東印度公司，從此開啟了他的事業，也為日後鄭家的臺灣政權埋下基礎。

　　第二、中國沿海漁業的發達，臺灣近海成為中國人的漁場。中國傳統漁業最大的漁場是舟山群島一帶，捕捉的魚種是黃魚。16 世紀時，由於漁業的發展，新開闢了兩大漁場。一處是南中國海海域，捕的是鮪魚；另一處是澎湖與南臺灣之間的海域，捕的是烏魚。由於以前沒有冷凍處理的技術，捕了烏魚就要趕快上岸曬乾，於是開始在南部海岸搭草寮暫住，與原住民有了較多的接觸，有人也開始學會原住民的語言，便利彼此的溝通。

　　第三、臺灣被發現有具出口價值的商品。在 16 世紀後半，臺灣盛產鹿的事實被來訪的外人發現。由於鹿皮可以用來做刀鞘，為戰國（1467-1568）時代以來日本武士所積極追求，臺灣開始有了可資出口的商品。日本人在這段時間正好開始從事南向的貿易，臺灣鹿皮也是他們所購買的商品。有了東西可以出口，臺灣原住民也就有了購買外來商品的能力。

　　第四、臺灣成為新發展出來的國際航線的中繼站。日本戰國時代末期，也就是進入 16 世紀中葉以後，海上貿易發達，九州大名（諸侯）紛紛派遣船舶出海貿易。在隨後在安土──桃山時代（1574-1598），豐臣秀吉開始發出出海貿易的許可證。德川家康取得政權後，經他特許的「御朱印船」幾乎完全以東南亞地區為貿易對象。臺灣正巧處在南下的日本船前往東南亞航道的中樞位置，日本的貿易船經常利用臺灣為中繼站，

在此整備、休憩。[3]

二、臺灣歷史上的貿易與產業發展

　　16 世紀開始到臺灣來的漢人、日本人或琉球人，不拘其為商人、為漁人或為海盜，多少都為臺灣帶來貿易的機會。不過，當時來到臺灣的日本人和漢人，並不以購買臺灣本島的產品、或者販賣由外地帶來的商品給臺灣原住民為主要目的（交易原住民所生產的鹿皮及鹿脯為例外，但是當時的交易值並不大）。他們只是將臺灣當成是「會船處」（rendezvous），在一定的時間點，大家把船開到臺灣，在事先約定（或依默契自然形成）的地點，交易彼此帶來的商品。這樣的「會船點」貿易，是在中國禁止與日本往來的情形下，選取一個近便的地方，從事（中國的）境外貿易，對臺灣的產業發展，沒有帶來多少影響。當時的漢人或日本人皆未在臺灣定居，而原住民除了以鹿皮、鹿脯交易少量外來物品外，幾乎與此一「會船點」貿易完全無關。這種情形在 17 世紀初（1624），荷蘭東印度公司入據臺南一帶開始才發生重大改變。大約在荷人入據臺灣十年以後，臺灣開始發展產業，出口本地的產品。以下先以簡單的圖表說明這以後臺灣的貿易與產業發展之間的連動關係。

---

3. 日本的船舶貿易為什麼以東南亞為對象？不以中國為目標？原因很簡單，因為明初以來即已禁止中國人前往日本，而 16 世紀中葉以後，它又禁日本船前往中國。本來日本可以透過琉球得到中國及東南亞產品的供應，可是琉球在 16 世紀中葉以後，也停止前往東南亞。

臺灣貿易與產業發展簡表

陳國棟製作

政權與時代	轉口港地位	貿易對手	出口大宗	產業發展	進口大宗
16世紀	*（會船處）	琉球、大陸		硫磺、（鐵）	（零星雜貨）
荷據時期 西據時期 （1624-1662）	*（絲、瓷、棉布）	日本、大陸、巴達維亞、馬尼拉	糖、鹿皮、硫磺	製糖	米
明鄭時期 （1662-1683）	*（香料、棉布）	日本、暹羅、廣南（中坊）	糖、鹿皮	製糖、米作	米、造船材料、（武器）
清領時期（A）（1683-1862）		大陸	米、糖、芝麻、花生油、樟腦、靛菁	製糖、米作、經濟作物（碾米、榨油）	絲綢、鐵器、紙張、木材、棉布、鴉片
清領時期（B）（1862-1894）	*（多種商品）	世界	茶、糖、樟腦、煤	製茶、製糖、熬腦、煤礦、（碾米、榨油、染布）	鴉片、棉織品、毛織品、雜貨
日治時期（A）（1895-1930s）		日本	米、糖、珍稀木材、特產	米作、製糖、伐木、特產手工業	雜貨
日治時期（B）（1930s-1945）		日本	米、糖、加工食品、戰略物資	米作、製糖、食品加工、軍需工業	雜貨、機械、原料
光復後初期 （1945-1949）		大陸	糖	米作、製糖、民生工業	雜貨
工業化初期 （1950-1970）	*	世界各國（不含中國大陸）	糖、紡織品、加工食品、珍稀木材、輕工業產品	製糖、伐木、進口替代及出口擴張產業	肥料、資本財、耐久財
第一次石油危機以後 （1970-1985）	*	世界各國（不含中國大陸）	加工食品、輕工業產品	加工出口業（如成衣業、製鞋業等）	資本財、耐久財、原料
最近期 （1985-2000）	*	世界各地（含中國大陸）	輕工業及資訊產品	資訊業及服務業	資本財、耐久財、原料、服務業產品

註：＊號代表有轉口港功能。

（一）荷據及明鄭時代的貿易與產業發展

在地理大發現以後，西歐海權國家開始東來。最先到達遠東的葡萄牙人以澳門為基地（1557 年始），展開了利潤豐厚的中、日貿易，從中國進口生絲到日本，從日本出口白銀到中國，並未利用臺灣。但是另一個對日本貿易極感興趣的西北歐國家為荷蘭。荷蘭人在 1596 年才到達遠東，先是利用爪哇島的萬丹（Banten）為據點，隨後更在 1619 年建立巴達維亞（今印尼雅加達）為貿易中心。[4]

最初西方國家到遠東來有一個很大的目的，那就是想要取得僅在遠東才有出產的香料。這些香料主要包括了胡椒、丁香和荳蔻。胡椒的產地較廣，從印度到印尼各大島都有。可是丁香與荳蔻就只產在稱作「香料群島」的摩鹿加（Maluku）。以往這些香料都透過迂迴的貿易，最後由阿拉伯人賣到歐洲，售價高昂，當然利潤也很可觀。而歐洲人由於保存食物過冬的必要，同時也為了增加食物的美味，對香料的需求很大。簡言之，葡萄牙人最初東來的目的，就是為了「追尋基督徒與香料」，尤其是後者。[5]

荷蘭人東來當然也抱著蒐羅香料回歐洲販賣的目標。但是要取得香料，就必須透過交易。東南亞香料的生產者對歐洲商品不感興趣，他們最需要的商品是棉布，而棉布最大的生產國是印度。印度也不需要歐洲的產品，棉布的供給者只想得到金、銀，尤其是銀子。當時世界上最大的白銀供給者一是現在的中南美洲、一是日本。前者是西班牙的殖民地，

---

4. 葡萄牙人自澳門前往日本，只花上一、二十天，不必入泊臺灣。日本人不可至中國，故入泊臺灣。荷蘭人必須利用中繼點臺灣。
5. 此為 1498 年，航海家達伽瑪（Vasco da Gama）在印度西岸的古里（Calicut）回達到該地貿易的突尼西亞商人的話。引在 K. N. Chaudhuri, "Foreign Trade," in Tapan Rauchaudhuri and Irfan Habib eds., *Cambridge Economic History of India*, vol. 1 (Cambridge: Cambridge University Press, 1982), p. 382.

而因為宗教上的對立（西班牙為天主教、荷蘭為基督新教）與國際貿易上的激烈競爭，荷蘭人不容易取得中南美洲所產的白銀。他們便把目標放到日本。較早開始的葡萄牙人所經營的澳門——長崎貿易已經證明可以獲取大量的白銀。[6]

16 世紀時，日本由於大量礦藏的發現，並且間接由中國引進較為進步的鍛冶技術，白銀產量達到當時世界年總產量的三成左右，有能力大量出口。另一方面，由於戰國時代後期武家兼併的結果，財富集中於貴族與武士，他們需要消費奢侈品來彰顯他們的身分。最大宗的奢侈品是生絲與絲綢織品，而最主要的生產國是中國。葡萄牙人因為據有澳門，享受地利之便，早就藉由出口中國絲類產品獲得鉅量的日本白銀。荷蘭人要經營日本貿易，當然要先設法打開與中國的貿易，或是在中國沿海取得貿易據點，但都未成功。他們一則透過萬丹和巴達維亞，經由來此貿易的中國帆船取得運銷歐洲和日本的商品（生絲和瓷器）；再則不斷想辦法在中國或靠近中國的地方取得一個貿易據點。從萬丹或巴達維亞到日本，本來就會路過臺灣。1624 年以後他們乾脆就占據臺灣南部，以之作為取得中國產品以進行對日貿易的中繼點。

然而當時有數個不同幫群的海盜騷擾臺灣海峽及中國沿海，荷蘭人想取得中國的生絲和絲綢織品的目標遂難以達成。1628 年，鄭芝龍接受明朝的招安，在往後幾年，陸續擊敗其他海盜群，臺灣海峽一帶海面在1635 年以後才定於一尊。同一段時間，1628 年，因為「濱田彌兵衛」事件，荷蘭人與日本人在臺灣發生嚴重衝突。日本江戶幕府暫停荷蘭人在日本

6. 參考陳國棟，〈十七世紀初期東亞貿易中的中國棉布——Cangan 與臺灣〉，中央研究院臺灣史研究所籌備處等主辦，「近代早期東亞海洋史與臺灣島史——慶祝曹永和院士八十大壽國際學術研討會」（中央研究院，2000 年 10 月 26-27 日）論文，頁 1-2。

貿易的權利。1633 年，荷蘭東印度公司與江戶幕府達成協議，讓兩國間的貿易恢復，而江戶幕府則禁止朱印船前往臺灣。

在臺海海盜競雄的年代與在荷蘭人被江戶幕府中斷貿易權的年代，熱蘭遮城的荷蘭人既難以取得中國產品，且難以執行與日本的貿易。原本以臺灣為轉口港（entrepôt）的荷蘭人，開始考慮逕行在臺灣從事生產事業。見諸文字的論點可以用巴達維亞總督布勞爾（H. Brouwer）的構想作為代表。1636 年時，他說明了開發臺灣產業的可行性：

> 公司在短期內能使臺灣成為像前葡屬印度而較荷屬錫蘭更好的優秀殖民地──良好的氣候、清潔的空氣、肥沃的土地，位於強國的管轄之外生活著愚蠢的、不信基督教的人民。大量貧窮而勤勞的移民將會從鄰近強大的中國湧入臺灣。這正中我們的下懷。[7]

大約就在 1636 年，可能在鄭芝龍的協助下，第一批大規模漢人移民來到臺灣，種植水稻和甘蔗。種植甘蔗免稅（水稻則收十一之稅），因此似乎較有發展。1637 年即已產糖 300,000-400,000 斤（3,000-4,000 擔）。[8] 十餘年後，即 1650 年左右，年產糖 20,000-30,000 擔。[9] 再過四、五十年（1697，清康熙 36 年），臺灣年產糖 200,000-300,000 擔，乃至 500,000-600,000 擔。[10] 臺灣糖業的基礎，就是在荷據時代奠下的。

---

7. 包樂史著、庄國土、程紹綱譯，《中荷交往史》（阿姆斯特丹：路口店出版社，1989），頁 50-54。
8. 包樂史，《中荷交往史》，頁 54。
9. 包樂史，《中荷交往史》，頁 59。
10. 此為郁永河的觀察。參考陳國棟，〈清代中葉（約1780-1860）臺灣與大陸之間的帆船貿易──以船舶為中心的數量估計〉，《臺灣史研究》1：1（1994），頁 60-61。

米的生產規模始終不大，基本上是以供應本島消費為主，不以出口為目的。事實上，荷據時代臺灣的米產仍然不足，有從島外進口的必要。

此外，荷蘭人也將北臺灣採取硫磺的權利贌出給漢人經營。他們也試種棉花、薑、藍靛、苧麻、蘿蔔。[11] 只是這幾種產業的發展都不順利。

繼荷蘭人之後統治臺灣的明鄭（1662-1683）對貿易的依賴也很強，貿易的對象為日本和東南亞，糖、生絲與鹿皮依舊是主要出口品。糖業的發展因而持續不衰。不過，臺灣的居民也日益增加，土地的開拓和以內需為主的稻作也跟著發展。透過把蔗糖賣到日本換取白銀，再到東南亞購買香料賣給日本人，同時又自泰國及越南進口米到臺灣，就成了明鄭政權的主要糧食供給方式。[12]

（二）清領時代的貿易與產業發展

從 1683 到 1894 年，前後 212 年間，中國清朝領有臺灣。從一開始到 1875 年為止，清朝對臺灣的統治與利用都是比較消極的。它追求一種原則：不讓臺灣成為海盜與反清勢力的據點。因此，清朝一方面要直接統治臺灣以便利控制，一方面又經常採取禁止或限制移民的政策。清初這種禁止或限制移民的政策時舉時廢，到乾隆 55 年（1790）最後一次開禁後，相沿至沈葆楨蒞臺（1874），基本上是以港埠管理（port control）的

---

11. 苧麻、蘿蔔、薑之引進或試種，參考江樹生，〈荷蘭時代的「安平街」——熱蘭遮市〉，收在鄭水萍編，《安平文化學術討論會論文集》（臺南：市政府文化局，1995），頁 33；其他請參考《巴達維亞城日誌》及《熱蘭遮城日誌》等文獻。

12. Kuo-tung Ch'en, "Structure of the East Asian Trade during the Maritime Ban against Koxinga's Successors in Taiwan, 1664-1683," paper presented in "Asian Business and Taiwan: A Historical Perspective," Session III-1-3 of The Ninth Pacific Science Inter-Congress (Academia Sinica, 15-19 November 1998).

方式來限制移民。合法的移民只有在申報後，經由有限的對渡口岸才可入臺。[13] 但在生計的壓力下，更多的福建與廣東的人民仍然偷渡來臺，致使臺灣人口在 18 世紀初以後快速增加。人口增加造成土地的加速拓墾，有助於稻作與糖業的發展。也就是說，臺灣雖然其他天然賦與不足、自然資源不多，但是土地與勞動力卻相對豐沛，有發展農產及初級食品加工業的優越條件。只不過因為本地的內需有限，農產品和初級食品加工業的維持仍有賴出口市場以為宣洩。

由於清朝統治臺灣的態度是消極的，因此不容許臺灣居民與外國從事包括貿易在內的往來。而且，為了執行禁止移民的政策、稽查海盜，還規定臺灣與大陸的對渡港口。不過，臺灣與大陸的貿易還是得以合法進行。由於福建稻米供應不足，臺灣米在福建有很大的市場。因此，所產稻米除在本地消費之外，幾乎全都運銷福建及其附近一帶的大陸地區。[14] 其出口量最高的估計，在 19 世紀之初為 3,000,000 石。保守的估計，在 18 世紀後半，每年總在 1,000,000 石左右。[15] 換言之，清領時期大部分的時間裡，移民的增長、土地的開墾與稻作的展開，在相當程度上是針對出口市場而發。出口市場相當影響臺灣的米作發展。

福建產糖，華中、華北與東北不產糖。福建雖然出口大量的糖到長江以北，但不能充分滿足市場的需求。臺灣的糖業在荷蘭時代已經奠定基礎，明鄭時代繼續發展，當時的市場主要是日本。清領時期，日本所需之糖大都由福建供應，而臺灣因為不許與外國來往，因此也就由帆船

---

13. 臺灣史蹟研究會，《臺灣叢談》（臺北：幼獅，1977），頁 376-379。
14. 有些大租戶根本要求小租戶或佃戶直接把租穀運到港口倉庫交納，以方便出口。此在文獻上稱為「車運到港」。
15. 陳國棟，〈清代中葉（約 1780-1860）臺灣與大陸之間的帆船貿易——以船舶為中心的數量估計〉，頁 55-96。

運銷華中、華北與東北。臺灣本地消費砂糖不多，生產大致也是為了出口。在 18 世紀後半，每年的出口量亦約在 1,000,000 擔左右。[16] 從砂糖的生產來說，這也是受出口影響而發展的產業。

米、糖之外，芝麻、花生油、樟腦、苧麻和靛菁也都是因應出口而發展的產業，其中極少成分是為了本地市場。

1862 年，依據天津、北京條約，臺灣開放通商口岸。一時之間使得臺灣的貿易對手發生重大的改變。主要出口品也跟著變成以「茶、糖、樟腦」為著名。

臺灣原本有茶樹生長，但無製造。[17] 嘉慶時期（1796-1820），有一名叫柯朝的人從福建移植武彝茶來臺灣，稍事生產，但產量與出口量皆有限。[18]1865 年後英商杜德（John Dodd）到深坑、石碇、木柵、新店一帶推廣茶樹栽培。由於此時臺灣已經可以與外國市場來往，茶葉的利潤很高，茶樹栽培迅速展開。隨後杜德試行將臺灣茶運銷美國，又獲得很大的成功。臺灣茶的生產與出口在清末遂蓬勃地發展。[19] 茶葉的出口暢旺，茶樹很快地就被推廣到北臺灣的其他丘陵地帶。

樟腦過去輸往中國大陸為藥材，占出口總值的比例極低。19 世紀中葉，歐、美商人對臺灣樟腦產生很大的興趣。從某個角度來說，這也是列強要求開放臺灣港口的主要動機。通商口岸開放以後，臺灣樟腦的生

---

16. 同上註。
17. 陳哲三，〈「水沙連」及其相關問題之研究〉，《臺灣文獻》49：2（1998.6），頁 36-37。2020 年，國棟按：近年來新開放的史料指出，從乾隆（1736-1795）末、嘉慶（1796-1820）初開始，北臺灣深坑萬順寮與南港倒照湖一帶已經有不少茶園產茶。
18. 李國祁，《中國現代化的區域研究：閩浙臺地區，1860-1916》（臺北：中央研究院近代史研究所，1982），頁 51 及 349-350。
19. 東嘉生，〈清代臺灣之貿易與外國資本〉，見周憲文譯，《臺灣經濟史概說》（臺北：帕米爾，1985），頁 188。

產與出口都急遽增加。不過，臺灣樟腦能增加產量以滿足出口要求，還有一個配合的因素。原先，清廷封禁山林，不准自由伐木、熬製樟腦，所有樟腦產品全由政府專賣。[20]1860 年代以後，因為列強的干涉，政府的專賣受到打擊。隨後在 1875 年，因為來臺處理牡丹社事件善後事宜的欽差大臣沈葆楨奏准實施「開山撫番」的政策，伐木熬腦的事業也得以擴展。不過，在 1885 年以前，「番害」嚴重，樟腦的出口因為生產時常受到干擾而有大幅度的波動。1885 年以後，有兩個因素促成樟腦出口的大幅度增長：其一是劉銘傳來臺籌備建省，在理番政策上較為成功，解決了生產面的問題；其二是西方工業國家開始採用樟腦為製造煙火、賽璐珞（celluloid）、無煙火藥等的原料，價格暴漲，再次刺激了臺灣樟腦的增產與出口。因此，拋開生產環境的問題不說，造成出口旺盛和產出成長的動力完全來自島外需求的改變，顯而易見。

就實際的數據來說，主要的出口品除了新興的茶葉以外，就是傳統出口品的砂糖。至於樟腦，雖然和此一時期的國際市場的聯繫十分密切，可是樟腦源出於採集而非栽培，發展還是受到較大的限制。大約只占出口總值的 10%。至於前一時期主要出口品之一的米，在 1860 年代也占有出口總值 10% 左右的規模。[21]出口米占全島米產量的分量比以往小得很多，而且繼續下降，主要是因為東南亞的米取代臺灣米占有中國大陸東南沿海的市場。臺灣米因此倒退回以本地消費為目的而生產。

---

20. 陳國棟，〈「軍工匠首」與清領時期臺灣的伐木問題〉，中央研究院《人文及社會科學集刊》7：1（1995.3），頁 123-158。

21. Samuel P. S. Ho, *Economic Development of Taiwan, 1860-1970* (New Haven and London: Yale University Press, 1978), p. 14, Table 2.2.

（三）日據時代的貿易與產業發展

　　臺灣在 1895 年到 1945 年期間受日本統治。日據時代臺灣產業發展的方向，絕大部分仍舊是決定於對外貿易，特別是出口市場。在日據時代最初的十年，臺灣的進出口結構及貿易對手仍與清領時期的第二階段（1862-1894）相近。在這十年當中，日本殖民地政府敉平了島內此起彼落的反抗運動、驅逐外資與外商，並且將傳統的製糖業加以現代化，使用蒸汽機，取代原來以動物力（牛）為動力來源。

　　從 1900 年代中期到 1930 年代中期的三十年間，日本人極力從事交通、水利等基礎建設。但在產業方面，除了獎勵製糖事業之外，事實上並沒有全面性或有計畫的發展工、商業的政策。獎勵糖業的目的主要是為了替日本節省外匯。[22]

　　日本本土地狹人稠，有進口糧食的必要。臺灣在來米因品種與口味的問題，原本無法開拓日本市場。1914 年之前，臺灣就已開始引進日本米試栽，並且進行品種改良，培養出良質的蓬萊米。同時加上水利設施的改善，1925 年以後產量遽增，有多餘的稻米可以出口。米遂成為僅次於糖的第二大項出口品。在此情形下，臺灣水稻的生產，又恢復受到出口市場的影響。[23] 茶葉與樟腦在整個日據時代也都還是為出口而生產，但樟腦在總出口值中所占的分量迅速減少，在 1910 年代以後就沒有多大的

---

22. 所以，如果將臺灣與日本視為同一個經濟體，發展臺灣糖業是一種「進口替代」型的產業發展；但若將臺灣視為一個個別的經濟體，則發展糖業是一種「出口導向」型的產業發展。若從同一個經濟體內部的產業分工來說，臺灣出口糖、進口日本輕工業製品也完全符合比較利益的原則。

23. 馬若孟（Ramon H. Myers）著、陳其南、陳秋坤編譯，《臺灣農村社會經濟發展》（臺北：牧童出版社，1978），第十二章，〈臺灣的綠色革命：蓬萊米之推廣（1922-1942）〉，頁273-293。

重要性。

　　從以上所作的長期觀察得知，從 16 世紀開始到 1930 年代中期以前，臺灣產業的發展基本上決定於出口市場。即使因為統治臺灣的政權有所更換，影響到貿易對手的改變，但此現象則始終一貫。1930 年代中期以後，情況稍有改變。這是因為日本開始有意在某些範圍上將臺灣地區工業化。

　　日據時代臺灣的工業化始於 1934 年日月潭水力發電廠完工運轉；工業化政策的宣示則始於 1936 年總督小林躋造就職時的示諭中所揭櫫的「皇民化、工業化、南進基地化」三大目標；進一步的落實則取決於 1938 年全日本帝國生產力擴張計畫下，臺灣地區的「生產力擴張五箇年計畫」。這個計畫在日本本土稱為「四箇年計畫」，而在臺灣實際上也只執行了四年（1938-1941）。配合臺灣電力事業的發展，在 1938 到 1941 年間，臺灣主要發展的工業為耗電的金屬工業和化學工業，亦即因應時局所需的軍需工業。金屬工業的主要原料矽礦和鐵礬土（bauxite）來自進口（滿洲和東南亞），化學工業則取材自本地的資源（如利用糖蜜、蔗渣等），而電力則利用臺灣天然水力資源。整體說來，發展金屬與化學工業未必完全符合比較利益的原則，因為其推動的力量完全受政策的影響，生產的目的有很大的成分是軍事的，而非純經濟的。[24]

　　日據時代臺灣的工業發展主要是在 1938-1941 年間進行的；其後則因戰局影響，不能順利持續推行。1941 年年底爆發了太平洋戰爭。日軍先盛後衰。1943 年下半年以後，臺灣對外貿易因航運受阻而蕭條。以出口為目的的產業受到波及而倒退。然而航運的困難同時也造成進口輕工業

---

24. 參考張宗漢，《光復前臺灣之工業化》（臺北：聯經，1980）。

產品的缺乏；島內的需求迫使臺灣在 1943-44 年間，以「次級的進口替代」為原則的輕工業也有少許的發展。[25] 1944 年 10 月起，盟軍對臺灣地區展開密集的轟炸。不但貿易停擺，工業生產亦趨於停頓。

（四）光復以來的貿易與產業發展

1945 年年底臺灣光復。1946 年，中國政府在經過監理階段後，完成了日資產業的接收。1948 年，中國大陸的國共內戰局勢逆轉，不利於國民黨政府。從 1946 到 1948 的三年間，臺灣雖然中止與日本的貿易，又無力開拓其他海外市場，卻小規模地恢復了與中國大陸的貿易，出口少量的米、糖，進口少量的輕工業製品。多數的米、糖和本地所產為數不大的輕工業製品則以供應本島市場為目的。至於 1938 年以來所建立的小規模金屬與化學工業，一方面因為原料來源中斷，他方面因為發電廠因轟炸損壞尚未完全修復，在 1949 年前夕已形同虛設。

光復以後，熬過 1940 年代後半及 1950 年代前半之擾攘，在 1950 年代後期開始恢復積極的工業發展策略。早期的方向為「進口替代」，但很快地即以「出口擴張」為主導的方向。這是大家耳熟能詳的事實。以臺灣的有限資源來說，內需所能創造的經濟成長只是短期的、有限的。長程與永續的經濟發展，必得靠出口來創造。出口創匯，臺灣才有能力購入（進口）各類的民生物資與資本財。

---

25. Gustav Ranis, "Industrial Development," in Walter Galenson ed., *Economic Growth and Structural Change in Taiwan* (Ithaca: Cornell University Press, 1981), p. 208.

（五）補充說明

　　臺灣因為天然資源稀少，經濟發展取決於對外貿易。在長久的歷史過程中，產業的發展深受出口市場的影響。這可以說是臺灣經濟最顯著的特色。其次，一方面由於內需市場相對為小，而出口帶來強大的購買力，因此在相當長的時間裡，出口導向以外的產業並不發達，臺灣居民所需相關產品透過進口來供給。第三，臺灣的居民深深體認到出口市場所帶來的經濟機會，因此常能迅速地調整其生產事業。

1. 出口導向經濟

　　臺灣的產業發展肇始於荷據時代。其後歷經明鄭及清代，甚至在1930年代中期以前的日據時代，出口導向大體為臺灣產業發展的基本方向。在考慮到資源、地理與氣候等條件的比較利益原則之下，臺灣以發展農業（稻作和經濟作物的生產）、農產品加工業（砂糖、大青、花生油、茶葉、碾米等）最為有利，因此除了簡單利用自然資源的手工業（樟腦）和礦業（煤炭，1860年以後）之外，並無發展手工業或工業的必要。[26]

　　在利用勞力與土地的貿易導向的產業發展過程中，有一些技術的革新，例如：荷據時代耕牛的引進、清代的水利發展與日據時代稻米的品種改良、蒸汽機取代牛隻作為榨蔗成糖的動力⋯⋯等等，但長期來說其技術進步是十分緩慢的。一直到1934年日月潭水力發電開始提供工業能源以前，貿易所帶動的經濟發展偏重於勞力與土地（本地資源）的利用。

---

26. 其間還有制度性的限制，如1875年以前，進口鐵到臺灣是完全由政府控制，鐵原料的供給不足。參考陳國棟，〈臺灣的非拓墾性伐林（約1600-1976）〉，收在劉翠溶、伊懋可編，《積漸所至：中國環境史論文集》（臺北：中央研究院經濟研究所，1995），頁1037。

日月潭水力被運用到工業發展以後，也引進了國外的原料，但如前所述，這是例外。

在光復以前貿易所帶動的產業發展，基本上也是以農產品和農產加工品為主。光復以後的產業發展，雖然說初期仍以廉價勞力為主、配合進口原料，以先滿足內需，然後恢復以出口為主要考量的經濟發展模式，但是此時又加入了一項前所未有的重要因素，那就是技術。

1960 年代以後臺灣的經濟發展根本上還是屬於出口導向的模式。可以說不脫臺灣經濟發展之特色。只是和前此三百多年不一樣地，進口原料、引進技術已經讓臺灣脫離了被自然條件所支配的國際分工。

2. 產業調整的快速

歷史上的臺灣多次因為政權轉移或者政策改變而造成出口市場在短時間內發生變化。臺灣的生產者經常能對這樣的變化採取立即的反應。在此，我們舉茶葉取代大青的事件作個例子來說明。

大青即荷據時代試種失敗的藍靛作物。荷蘭人雖然經營失敗，入清以後卻在臺灣南部開始發展，並且運銷中國大陸。康熙 50 年（1711）時，臺灣府知府周元文就說「臺灣一縣，地土高燥，僅堪種蔗、種菁[27]。」[28]顯然當時已有生產。大約一百年後，1807 年的《續修臺灣縣志》更以大青（澱菁）為當地之主要出口貨。

> 貨：糖為最，油次之。糖出於蔗，油出於落花生，其渣粕且厚值。

---

27. 「菁」即大青，用以製造藍靛。
28. 周元文，《重修臺灣府志》（臺北：臺灣銀行經濟研究室，1960），頁 323-324。

商船賈販，以是二者為重利。澱菁盛產而佳，薯榔肥大如芋魁，
故苞布甲於天下。[29]

大青雖然盛產於臺灣南部，但在 18 世紀以前的北臺灣則無栽植。到了
18、19 世紀之交，大青才被移植到臺灣北部的深坑、石碇、木柵、新店一
帶丘陵地，發展迅速。所產之染料幾乎全部運銷華中、華北。每年產量最
多時不下於 140,000-150,000 萬擔（約 9,000-10,000 公噸）。大青的生產在北
臺灣低處丘陵並沒有維持太久。在 1860 年代，也就是淡水開放「通商口岸」
後不久，茶葉迅速成為炙手可熱的出口品，於是農人紛紛改種茶樹。根據
英國領事的觀察，由於發展茶葉栽植的關係，許多原本保留給大青的種植
地，在很短的期間內都被代以茶樹。[30] 從大青倏起倏滅的歷史來看，臺灣
農人對出口市場反應的迅速可以說到了一個令人嘖嘖稱奇的地步。[31]

3. 內需性質產業的不發達

日據時代，日本殖民政府除了推廣地方性小小規模的特產業（如大
甲藺草帽）以外，在 1930 年代以前，臺灣的工業、手工業都不發達。所
有民生所需的手工業、工業產品，以及奢侈品（如綢緞、鴉片之類）大
都由島外進口。進口購買力的來源當然就是出口農產品、農產加工品的

---

29. 謝金鑾，《續修臺灣縣志》（臺北：臺灣銀行經濟研究室，1962），頁 52。

30. *British Parliamentary Papers* (Belfast: Irish University Press, 1972), vol. 10, p. 135; 1872 年 4 月 30 日。

31. 《清季申報臺灣紀事輯錄》（臺北：臺灣銀行經濟研究室，1964），頁 8-9 記載：「淡水地方，
向多種植靛樹，參天黛色，一望如染，顧居人之藝此者，其利雖溥，然較之栽植龍團、雀舌者，
誠未若也。茲者該境人心慕業茶之利，而又審厥風土甚宜於茶，乃改植茶樹；凡高隴平壤，多藝
此焉。今該境生理漸廣於前，實由此巨宗之所致也。」也說明了改種大青的原因是遷就市場的獲
利。在實地的訪述中，我們也發現：木柵貓空觀光茶園的「邀月寒舍」的張姓家族早期的產業過
渡亦依循此一途徑。張家為泉州安溪人。早期來臺種植大青，後來才改植茶樹，發展文山鐵觀音
茶。參考廖守義、吳智慶，《臺北市珍貴老樹》（臺北：臺北市政府民政局，1997），頁 37。

所得。因此，除了特殊性的例外（如染布業）外，只有某些規模極小或極不利於海上運輸的手工業則零星地存在。如碾米業（土礱間）。

由於內需市場小，由於外銷創造了進口所需的購買力可以用來購買手工業和工業產品，臺灣要到相對很晚的時間才開始發展自己的手工業。一般民生所需的手工業產品中，紡織品與陶瓷器皿可能最具代表性。紡織品的問題容後再提。陶瓷業從真正開始發展到今天，也不過一百年左右。例如，水里著名的「蛇窯」自印的簡介就說：

> 水里蛇窯源自民國十五年，南投製陶師傅林江松鑑於水里之地，
> 為當時木材之集散地，資源豐富且陶土質佳，頗適合製陶，因此
> 舉家遷徙在水里水沙連落根（現址），砌築蛇窯生產陶器至今。

至於一般的磚瓦陶瓷業，開始得也晚，而且規模不大。《臺灣省通誌》云：

> 臺灣之磚瓦陶瓷工業，創始於清代嘉慶元年，當時臺中南投即
> 利用附近之黏土開始製造磚瓦，於道光元年設立頭尾中三窯，
> 經過三十年，至咸豐元年間，則已相當發達。日據時期，民國
> 前十一年，日本廳長小柳重道自日本聘入技術人員，專心改良
> 陶瓷器，並拓展銷路，一時「南投燒」名聲頗著。其後民國
> 十二年復組織合作社受官廳輔助，逐漸發展。此外在北投、苗
> 栗等處，亦紛紛創設陶瓷工廠。[32]

---

32. 《臺灣省通誌》卷四，〈經濟誌‧工業篇〉，第三冊，頁 248 上。

雖然追溯到嘉慶元年（1796）為嚆矢，但有規模的生產顯然已在日據時代了（民國前 11 年為西元 1900 年）。

4. 一個例外：19 世紀中葉的一次「進口替代」與「出口擴張」

最近幾年，臺灣地區有些鄉鎮在發展觀光產業的動機下，設法以該地曾有的歷史產業為號召。染布業為其中一個熱門的話題。為了援引歷史作佐證，有些地方，如新北市三峽區，還把染布業的歷史追溯到嘉慶（1796-1820）年間。嘉慶年間臺灣已有染布業是可能的。因為南部臺灣在同一時間也有染布業。前引 1807 年的《續修臺灣縣志》不是說「皂布甲於天下」[33] 嗎，這當然意味著 19 世紀初臺灣所染的棉布已有一定的知名度。

可是臺灣居民在 19 世紀中葉以前，主要還是消費由上海一帶進口的成布（完全染整好的棉布）。上海所在的長江三角洲地區為中國最有名的棉布盛產區。由臺灣出航的帆船運載砂糖和藍靛到當地出售後，可以利用艙位裝運棉布回頭。大約 1820 年代以後，臺灣染布業才普及開來。三峽、大溪之外，清水、後壠、宜蘭、臺南和美濃等地，都陸續出現染坊。當時臺灣自福建進口胚布，染好後再回銷大陸沿海各地。開放通商口岸以後，轉為自廈門或香港進口英國本色西洋布（grey shirtings），在臺灣染整，部分供應內需，其餘則銷往大陸。[34]

一般在討論臺灣的貿易與產業發展時，通常都會強調 1950 年代後期由紡織業所帶動的「進口替代」與「出口擴張」式的經濟發展模式，認

---

33. 黑色的棉布，由藍靛與薯榔染色而成。

34. 參考蔡承豪，〈從染料到染坊──17 至 19 世紀臺灣的藍靛業〉（南投：國立暨南國際大學歷史學系碩士論文，2002），頁 192-201。

為是一件了不起的成就。就民生工業產品而言，前面提到過的 Ranis 曾經指出第二次世界大戰末期，臺灣在對外交通被封鎖的情況下，進行過臺灣第一次「次級的進口替代」生產。很顯然 19 世紀期間，臺灣在染布及整布（將布碾光）的工序上早已發生過「進口替代」的事實，進而反銷大陸，實現「出口擴張」的這個現象並沒有被觀察到。不過，臺灣染布業之所以能夠發展，還是因為臺灣自己能生產大青。

三、臺灣歷史上的航運

臺灣既為「出口導向」的經濟體，航運便成為整個經濟命脈之所繫。事實上，在中國人的傳統中，長程航運從來就不是一項獨立的產業，它從屬於貿易商的貿易而存在，而非一種純粹以提供運載服務為目的的產業。航運的發展，使用船舶的噸位數，全都看貿易規模而定。就臺灣來說，要到日據時代，船運與貿易才逐漸脫勾，有了獨立的航運業。在這個單元中，我們簡單回顧一下關係到航運的幾個要素，即（一）航運政策與航路、（二）船舶、（三）港口與港埠。限於篇幅，其他有關航運的問題暫時略過。

（一）航運政策與航路

臺灣之有常態性的對外交通，大概也只能從 16 世紀算起。當時，以臺灣為起迄點的航路，另一邊的端點分別在中國（以福建為主）與日本（以九州為主）。利用這兩條航路的中國人與日本人，來到南臺灣或北臺灣，從事「會船點貿易」。當時偶有海盜往來臺灣，或許也將航路擴

展到其他港口，但非常態。

進入荷據時期，荷蘭禁止中國船前往馬尼拉，因此臺灣與馬尼拉之間不可能有直接的航運。荷據時期，往來臺灣的船舶，除了造訪福建港口之外，幾乎就與荷蘭東印度公司的航運網絡重疊，往來的地方差不多就是荷蘭東印度公司在亞洲的商站，包括日本（長崎）、東京（在越南北圻，今河內）、巴達維亞（今印尼首都雅加達）、印度東南的科羅曼德爾海岸（the Coromandel Coast）、印度西北的固加拉特（Gujerat）地區、波斯、阿拉伯，延伸至歐洲的港口。

明鄭時期，往來臺灣的船舶造訪的港口包括廈門灣一帶（廈門、安海、銅山）、日本（長崎）、廣南（在今越南中圻，主要港口為會安，在今峴港附近）、暹羅（今泰國，當時首都為大城，即 Ayutthaya，由湄南河上溯而至）、馬尼拉。

入清初期，臺灣出發的船隻除了可以前往中國大陸口岸之外，也可以前往外國。郁永河就提到當時（1697）臺糖銷往日本的事情。

曹永和先生更進一步指出：

鄭氏降清後，由臺灣航往長崎的船隻暫時中斷。至 1687 年始有 2 艘入港，其後則年有 2-3 艘或 4-5 艘的船隻至日本，但 1703 年增至 12 艘，1704 年則為 14 艘。由此可知，到了 18 世紀臺灣船前往長崎增加了，這顯然是隨著臺灣農業的發展，臺灣砂糖增產，對日的輸出也隨之增加。根據《華夷變態》等日本資料，其記載雖是臺灣船，事實上其起帆地都是大陸口岸，主要是漳泉、廈門等地採辦輸往日本，自 1690 年代以後則多由寧波等地來臺採購，並登錄為臺灣船。其後因日本的貿易限制，不再有

給臺灣船的配額，但是，臺灣的砂糖從臺灣向寧波等地輸出、從寧波等地向華中、華北販賣之外，也向長崎輸出。此一情況顯示清聖祖解除海禁的政策，導致了在中日貿易上福建海商地位的衰落，而江浙海商因得地利之便而興起。同時由於清朝開放海禁，致使臺灣終於失去了在國際貿易上的有利地位。[35]

日本正德 5 年（1715）限定中國帆船造訪日本長崎港的船數為 30 艘時，配額中尚有「臺灣船」兩艘。[36] 但如曹永和先生所言，這只是名目上如此。實際上，大約從 18 世紀初開始，從臺灣出發的船舶不但不能前往外國，而且也不應直接前往廈門以外的港口。因為差不多就在康熙 60 年（1721）朱一貴之亂前後，清廷開始嚴格執行所謂「對渡口岸」的政策，指定臺南鹿耳門（安平港）對渡福建的廈門。所有自臺灣離境的船舶，原則上應該先到廈門報到，然後才能續航前往其他的地方。

隨著臺灣的土地開發由南而北，繼而向東北方的宜蘭地區推展，這些新闢之地的產品同樣也以銷往大陸為目標。不過，臺灣島內交通不便，產品由產地輾轉運至臺南出口既曠時廢日，也造成成本的增加。於是有在產地附近開放港口的必要。在 1862 年以前，清廷先後加開了幾個對渡港口，即：鹿港（1783）對渡泉州蚶江及廈門；淡水（八里坌、滬尾，1788）對渡福州五虎門；海豐港（1826）——其目的在取代鹿港，因此對渡港口與鹿港相同；烏石港（1826），與泉州的小港口——祥芝、獺窟、

35. 曹永和，〈東亞貿易圈與臺灣〉，「臺灣商業傳統國際學術研討會」（中央研究院，1996 年 12 月 14-15 日）論文，未刊。
36. 大庭脩，〈平戶松浦史料博物館藏「唐船之圖」について——江戶時代に來航した中國商船の資料——〉，《關西大學東西學術研究所紀要》五（1972），頁 18。

永寧、深滬——對渡。[37]

在此同時，打從雍正3年（1725）開始，實施了所謂的「臺運」制度，也就是規定前來臺灣的商船裝運一定數量的「兵米」、「眷穀」回大陸，以供在福建的兵丁及其眷屬使用。其他對渡口岸在開港後，也陸續適用這樣一項規定。由於這些米穀的交運地點都在福建，當然也就應該直接運到對渡之口。

可是臺灣出口商品的市場並不是都在福建一地。例如：藍靛的出口地主要為長江下游的棉布生產區，以供染布之用；又如糖的市場主要在長江以北，包括天津及東北各地，因為長江以南主要為福建糖的行銷地，臺灣糖必須避開競爭。若要商船於離臺之後，先往福建，再往北行，則必然會損及商機。因此，文獻上經常看到臺灣船於離境之後，立刻直航華北或東北。這些船若於銷貨完畢再回福建交遞「兵米」、「眷穀」，除了喪失部分裝載量外，也可能因為航程及在其他港口停留的時間較長而導致米穀變質。因此，清廷也就允許在繳納罰金的前提下，商船可以逕往目的地港口。結果，指定對渡港口的作法根本沒有辦法確切執行。而臺灣出發的船舶也就直航中國大陸沿海的各處口岸。[38]

清代後期，往來臺灣的船舶基本上係以廈門和香港為聯繫點。香港更加重要，凌駕於廈門之上。晚清臺灣的三大出口品——茶、糖、樟腦——大多經過香港轉運到歐、美市場。

日本據臺之初，中式帆船繼續往來兩岸。但是日本為了拓展臺灣的貿易，很快地就介入航運的發展，開拓了許多輪船航路。日據時代的輪

---

37. 詳見陳國棟，〈清代中葉臺灣與大陸之間的帆船貿易〉，頁 55-96。
38. 參考高銘鈴，〈試論清代中期閩臺間商船活動與臺運——以乾隆嘉慶年間為主——〉（草稿）。

船航路可區別為兩類：一類稱為「自由航路」，即船公司自行開發經營的航線、另一類稱為「命令航路」，也就是「指定航線」。初期以「指定航線」為主，由日本的船公司在政府補助之下，經營臺灣沿岸及臺灣與境外港口之間的定期航班。最早的一條「指定航線」於 1896 年開航，由大阪輪船公司每月航行日本本土與臺灣三次。其後陸續發展。在太平洋戰爭爆發前夕（1941）時，往來本島的定期航線計有 47 條，擔任航運的船舶有 144 艘。其中「自由航線」有 25 條，擔任航運的船舶有 91 艘（以本島為起迄點的航線有 14 條、39 艘；路過的航線 11 條、52 艘）、「命令航線」22 條，使用船舶 40 艘。1941 年以前，這些船舶離開臺灣之後，前往的第一個港口通常就在日本、中國大陸或海南島；延駛的去處則以東南亞為主，當然也可以到更遠的地方。[39]

（二）船舶

16 世紀往來臺灣的有中國及日本的帆船；荷據時代則中國及東亞的中式帆船、荷蘭人的歐式帆船都在港口出出入入。明鄭時代雖然偶爾可見歐式船舶，不過絕大部分的貿易都由中式船舶為之。入清以後，原未禁止臺灣船運從事國際貿易，但在康熙末年政策轉了個彎，從此自臺灣出航的帆船都得先回大陸報到。清朝治下，臺灣於 1860 年代初開放通商口岸與國際人士貿易。不過西洋勢力早在數十年前就活躍於臺灣海域，甚至前來臺灣從事非法貿易。1850 年代以後，造訪臺灣的船舶除了既有

---

39. 臺灣總督府編印，《昭和二十年臺灣統治概要》（臺北：臺灣總督府，1945），第四章〈海運〉。該書的資料最晚者截至該年 8 月 31 日。

的中式帆船外，又加上了中西混合的「銅底夾板船」與歐式帆船。同一時間，輪船（steamship）登場，也來到臺灣。進入日據時代，擔任臺灣聯外貿易運輸角色的主要交通工具就是輪船與中式帆船。但自 1920 年代，中式帆船終於競爭不過輪船，淡出歷史的舞臺，成為輪船獨霸的局面。

一般的歐式帆船種類繁多，在此不能詳細介紹。只能就通常較不為人熟知的幾個方面稍加簡單的說明。

首先要說的是，中文文獻中把歐洲帆船概稱為「夷船」或「夾板船」。「夾板船」的「夾板」也寫作「甲板」或類似的字樣，但請不要與船體上方鋪面的「甲板」（deck）搞混。「夾板」或「甲板」不能從字面去理解，因為他是自馬來文借來的字眼「kapal」。

「Kapal」這個字在馬來文中的定義是「*perahu besar*」，也就是「大型船」的意思。16 世紀後，歐洲帆船開始在東南亞游弋時，當地人為了與習見的中國式帆船（馬來人稱之為「jong」，即英文的「junk」）作一區分，於是賦予「kapal」一名。往來東南亞的華人把「kapal」這個叫法帶回中國，中國人就以譯音的方式，稱呼歐洲人的「ship」為「夾板船」或「甲板船」。從明末到清代，這個用法都延續下來。不過，對於這些歐洲人的船舶也還有另一個比較模糊的叫法是「夷船」。

其次，荷據時代所使用的歐式帆船，應該區分成以下三種：一是「pinas」[40]，為大型遠洋商船，也就是通稱的「東印度船」（East Indiaman）；一是「fluijt」（笛形船），原本用於荷蘭本土與波羅的海的中型商船。荷蘭人東來時也將它們帶至亞洲海域，用作中程（如臺灣與

---

40. 這個字與英文的「pinnace」雖然出自同一語源，但指的並不是同一類型的船舶。「Pinnace」為附屬於母船的中、小型船隻，但「pinas」卻是載重數百噸的獨立商船。

巴達維亞之間、臺灣與日本長崎之間）貿易載貨之用；第三種是「jacht」（快艇），較小型、船身較淺的船舶。在荷蘭本土以載運乘客為主，在臺灣則用作聯絡船，但也用來搬運物資，如由嘉義魍港（布袋）搬運石灰到臺北淡水之類。

第三點，要提到的是「銅底夾板船」。這種船也叫作「廣艇」，英文叫作「lorcha」。型制不大，為中、西混合式的帆船。一般而言，船體為中式帆船，但其裝備（rigging）則為西式；水手一般為華人，但船長通常為歐洲人。歷史上最有名的一艘「廣艇」為導致英法聯軍的「亞羅號」（the *Arrow*）；出現過在臺灣的則有臺灣道員徐宗幹離任返回大陸時所選搭的「銅底夾板船」。這種船造訪臺灣港口的情形並不普遍，時間也很短（1850 年代左右）。[41]

第四、大約在道光末期，也就是接近 1850 年時，歐洲及美國的商人由於要快速從中國運回茶葉，因此發展出來一種淺底、細長型的帆船，稱為「飛剪船」（clipper）。流行了一、二十年的時間。但是在 1860 年代中期以前，臺灣尚未出口茶葉。等到開始出口後，也都先運到廈門或香港再行轉口，因此飛剪船可能不到臺灣來。

第五、1862 年開放淡水、安平為通商口岸之後，傳統的中式帆船業還維持了相當長一段時間的繁榮，並且因為通商口岸帶來的商機，甚至一度還盛於清代前期。然而來自外國的海運業亦已開始向傳統的帆船業挑戰。這種新興的船舶種類就是輪船，當時的中國人稱之為「火輪船」。

輪船的問世是在 19 世紀上半葉，剛開始時使用煤炭為燃料，因為經

---

41. 參考 Harold D. Langley, "Gideon Nye and the Formosa Annexation Scheme," *Pacific Historical Review*, 34 (1965), p .400；徐宗幹，《斯未信齋文編》（臺北：臺灣銀行經濟研究室，1960），頁 5。

常得補充燃煤，續航力不強，只用於中、短程運輸。大約在 1870 年代開始，才大規模取代傳統帆船，從事各類型的航運。輪船初造時為「明輪」（paddlewheels），即輪子在船身外；稍後將輪子隱藏在船身內，成為「暗輪」推進器（screw propeller）。

初期的輪船使用蒸汽引擎（steam engine），其後被蒸汽渦輪（steam turbine）取代；到了 20 世紀初年，柴油引擎（diesel engine）又取代了蒸汽渦輪作為發動機。柴油引擎出現後，輪船也由以煤炭為燃料轉為以柴油為燃料了。

至於臺灣歷史上船舶的總載運量，日據之前，相關的研究不是很多。我個人估計，18 世紀末時，出口商品總重量至少在 1,900,000 石（約 133,000 公噸）至 2,250,000 石（約 157,500 公噸）之間。[42]

日據時代的情形，以昭和 15 年（1940）為例，當年進入主要貿易港泊碇的輪船就有 4,850 隻；承載量 19,009,183 噸。[43]

（三）港口與港埠

臺灣歷史上的港口，大多位於西部海岸。港口的使用係利用其天然條件，極少經過人工整治。大自然的作用經常使得既有的港口淤塞，不便於船舶停靠，因此同一個地名的港埠，其港口位置經常不得不在附近的地方移動，以遷就天然條件。

其實，即使是被選定的港口，因為未經整治，進出其實並不方便。

---

42. 陳國棟，〈清代中葉臺灣與大陸之間的帆船貿易〉，頁 92。

43. 《昭和二十年臺灣統治概要》，第四章〈海運〉。

大船經常要在外海拋錨處（roads）泊船，再用小船或竹筏將貨物及人員接駁進港或上陸。在 18 世紀末淡水（八里坌、滬尾）開設為與大陸福州的對渡口岸之前，幾乎獨占境外船運兩百多年的臺南安平港的情況更差。大陸方面的來船停泊外海，由竹筏接駁人貨進港時，還不能直接靠岸，因此還要利用牛車駛入海中做另一回的駁運。1697 年來臺灣採買硫磺的郁永河對此曾有精彩的描述。

即使到了 19 世紀末年，這種港埠設施簡陋的情況也未曾改善。舉個例子來說吧。光緒 17 年（辛卯）10 月 20 日（1891 年 11 月 21 日）池志徵來臺灣，搭乘的輪船為「斯美」號，從上海出發，兩天後的 10 月 22 日到達雞籠港外。輪船泊碇時，他看到「小划數十，望輪爭飛」，因為輪船不能靠岸，依靠小划駁運。這種港埠設施不足的情況和清代前期相仿。[44]

在日據時代以前，臺灣合法的境外貿易港口主要有五個。其中兩個就是前面提到的安平（含高雄）、淡水（含基隆），這兩處地方對外國來船開放；此外還有彰化一帶的鹿港與海豐港，還有宜蘭一帶的烏石港。後面這三個港口只容許中國帆船出入。

日據時代港口的情形，簡單用日本投降之際編輯出版的《昭和二十年統計概要》作一介紹。該文獻提到：基隆、高雄、淡水、安平四個港口，在割讓給日本以前，原本已開放為通商口岸；割讓後維持原狀。在這四個港口之外，日本殖民政府也以「特別開港制度」的方式，准許蘇澳、（新竹）舊港、後龍、梧棲、鹿港、布袋、東石、馬公、東港這九個港口讓中國式船舶出入，以便與對岸維持一種特別的關係，並且兼作島內沿岸船運的港口。「特別開港」當中最重要的六個——鹿港、舊港、梧棲、

---

44. 池志徵，《全臺遊記》，收在諸家，《臺灣遊記》（臺北：臺灣銀行經濟研究室，1960），頁 3-4。

東石和馬公和後龍——在日據初期，就全臺灣（含澎湖）的進出口總值而言，尚占有八分之一左右的分量。可是，隨著時間的下移，一方面因為陸上交通的改進，對沿岸船運的需求急速下降；另一方面，由於日本政府刻意把臺灣的對外貿易導引向日本，因此這幾個「特別開港」也緊跟著式微。此六港在 1930 年代遂逐步走入歷史。[45] 到了昭和 18 年（1943）11 月，最後一個「特別開港」的後龍也被廢止，臺灣與境外聯繫的港口就剩下基隆、淡水、高雄、安平四處。[46]

臺灣的四個主要港口在日據時代的相對重要性也與時推移，互有消長。徐茂炫、黃登興根據《臺灣省五十一年來統計提要》對日據時代臺灣各港口進出相關數字的分析，指出：

> 日人據臺初年，基隆、高雄、安平和淡水四港的輸出／入合計，分別占有 84.55% 和 87.90%。此後各年，四港合計的輸出／入比重雖均呈增加趨勢，但其中基隆和高雄兩港是呈現逐年上昇的趨勢，反之安平和淡水則是呈現逐年急遽下滑的走勢。……就輸出／入記錄來看，僅淡水一港在二十世紀以前的吞吐量即足以匹敵於安平、基隆和高雄三港之合，占有全臺約一半左右的吞吐量，為當時臺灣的第一大港。孰料不過數年，淡水與基隆間竟互易其位。例如 1902 年時，淡水所吞吐的貿易值占有 38.03%，而基隆則為 30.42%。翌年，淡水所吞吐的貿易質降為 33.22%，而基隆則昇為 36.40%……。1904 年，基隆吞吐值

---

45. 徐茂炫、黃登興，〈日據時期臺灣各港口貿易結構〉，東吳大學主辦「2000 東吳經濟學術研討」，臺北東吳大學城區部，2000 年 3 月 4 日。

46. 《昭和二十年臺灣統治概要》，第三章〈港灣〉，第一節「概況」。

再昇為 37.01%，而淡水吞吐值卻繼降至 30.31%。……基隆遂
在日人開始有效統治全臺的前夕，正式取代淡水成為臺灣第一
大港，開啓了其橫亙整個日據時期的霸主地位。至於與此同時
的安平和高雄兩港，前者已成強弩之末、後者猶尚在萌芽階段，
因此都談不上爭雄可能。[47]

雖然高雄一時尚不能與基隆並駕齊驅，不過，基隆與高雄卻分別扮
演不太相似的角色。徐茂炫與黃登興進一步把進口值與出口值分開來觀
察，結果發現：

基隆在整個日據時期都是輸入比重高於輸出比重的港口；反之，
高雄則是輸出比重遠甚於輸入比重的港口。基隆自第一次世界
大戰前的 1912 年開始，即占有全臺超過一半以上的輸入比重，
最盛時更幾達三分之二左右，反觀其輸出則僅在 1925-27 三年
間超過一半，此後又略降，各年平均維持在四成餘左右。相形
之下，高雄事實上在 1908 年即以接近全臺一半的 48.62% 輸出
比重，遠超前於基隆的 33.73%，成為全臺最大輸出港。此後各
年，高雄所占的輸出比重都一直在全臺一半以上，但因輸入比
重遠不如基隆，故整個吞吐量仍遜於基隆。……[48]

47. 徐茂炫、黃登興，前引文，頁 4-5。
48. 同上，頁 5。

基隆偏重於進口而高雄偏重於出口的現象，簡單地說是因為臺灣的生產事業較集中於南部，而政治與商業中心在北部，因此進口商品先送到基隆再往其他地方行銷。

四、結語

臺灣雖然其他天然賦與不足、自然資源不多，但是土地與勞動力卻相對豐沛，因此一直到 1934 年日月潭水力發電開始提供工業能源以前，臺灣的經濟發展大體上偏重於勞力與土地（本地資源）的利用。19 世紀引進胚布在臺染色，再行內、外銷可以說是引進境外資源的先聲；而日月潭水力被運用到工業發展以後，更進一步引進境外的原料（鐵礬土），以發展臺灣的產業。不過，大規模利用境外原料的情形還是要等到光復以後才發達。

在利用勞力與土地的貿易導向的產業發展過程中，有一些技術的革新，例如：荷據時代耕牛的引進、清代的水利發展與日據時代稻米的品種改良、蒸汽機取代牛隻作為榨蔗成糖的動力……等等，但長期來說其技術進步是十分緩慢的。在光復以前貿易所帶動的產業發展，基本上也是以農產品和農產加工品為主。

臺灣的工業化，真正的發展，要等到光復後才展開。雖然進口原物料以及生產技術與竅訣（technology and know-how）愈來扮演愈重要的角色，可是出口貿易帶動經濟成長與繁榮的特色卻始終如一。貿易為「（經濟）成長的發動機」這樣的模式，在臺灣經驗上展露無疑。

貿易造成 16 世紀的航海家與商人「發現臺灣」，貿易也造成臺灣的經濟成長。不容置疑地，將臺灣產品帶出境外、將臺灣所需的物資帶回臺灣，靠的就是船運。

就現代的眼光來看，臺灣聯絡境外的船舶運輸，在日據時代以前規模其實很小，可是很能滿足當時的需要。臺灣的港口設施，在日據時代以前，顯然也缺乏建設，相當不方便，可是當時人似乎也可以將就。甚至於航運政策，一時也不利於航道的開發。不過，少數的航線也可以將臺灣產品推向島外的廣闊市場。

拋開光復以後臺灣船運的經營和港埠服務的發展不談，至少在 17、18、19 世紀，以及 20 世紀前半的三百多年間，船舶的所有人與船運的經營者，經常非屬島內的居民——家在廈門、泉州的大陸居民（清代）、歐美船東及日本船公司（清末及日據時代）。在 20 世紀後期長榮海運興起以前，似乎船舶運輸只是從屬於貿易的一項輔助事業，而非單獨的一項產業。同樣的道理，港埠也僅是作為商品的出入口，並未朝「轉口港」方向積極發展。前者在長榮海運成功發展後已有長足進步，後者在光復以來也有所發展，目前高雄港也已成為全球前幾名的貨櫃港。

在既有的條件下，民國 84 年（1995）行政院經濟建設委員會提出「發展臺灣成為亞太營運中心計畫」，其中的一項是以高雄港為主，以臺中港及基隆港為輔，發展臺灣成為「海運轉運中心」。其定位為：

> 發展海運轉運中心係將臺灣發展成為東亞地區貨櫃轉口及相關
> 附加價值活動之集中點，其目的在暢通臺灣與東亞地區貨物運
> 輸，增強臺灣作為亞太地區商業中心的功能，並發揮支援製造
> 中心發展的作用。[49]

---

49. 行政院經濟建設委員，《發展臺灣成為亞太營運中心計畫》計畫書（1995 年 1 月 5 日），頁 22。

發展臺灣成為東亞海運轉運中心的工作，到目前為止，因為種種的因素，進行得並不算順利，但是個值得努力的目標。不過，這樣的發展趨勢如果成功，雖然能適切地利用臺灣優越的地理位置，但其結果也必定使臺灣的貿易主導船運的傳統發生重大改變。就某個方面來說，船運勢將與貿易部分脫鉤，真正成為一項重要的獨立產業。

參考書目

- 大庭脩，1972，〈平戶松浦史料博物館藏「唐船之圖」について──江戶時代に來航した中國商船の資料──〉，《關西大學東西學術研究所紀要》5，頁 13-49。
- 包樂史著、庄國土、程紹綱譯，1989，《中荷交往史》。阿姆斯特丹：路口店出版社。
- 江樹生，1995，〈荷蘭時代的「安平街」──熱蘭遮市〉，收在鄭水萍編，《安平文化學術討論會論文集》。臺南市：市政府文化局。
- 池志徵，1960，《全臺遊記》，收在諸家，《臺灣遊記》。臺北：臺灣銀行經濟研究室。
- 行政院經濟建設委員會，1995，《發展臺灣成為亞太營運中心計畫》（計畫書）。
- 李國祁，1982，《中國現代化的區域研究：閩浙臺地區，1860-1916》。臺北：中央研究院近代史研究所。
- 周元文，1960，《重修臺灣府志》。臺北：臺灣銀行經濟研究室。
- 東嘉生，1985，〈清代臺灣之貿易與外國資本〉，收在周憲文譯，《臺灣經濟史概說》。臺北：帕米爾。
- 高銘鈴，1999，〈試論清代中期閩臺間商船活動與臺運──以乾隆嘉慶年間為主──〉（草稿）。
- 徐宗幹，1960，《斯末信齋文編》。臺北：臺灣銀行經濟研究室。
- 馬若孟（Ramon H. Myers）著、陳其南、陳秋坤編譯，1978，《臺灣農村社會經濟發展》，臺北：牧童出版社。
- 曹永和，1979，〈荷蘭與西班牙占據時期的臺灣〉，收入所著《臺灣早期歷史研究》。臺北：聯經。
- 曹永和，1996，〈東亞貿易圈與台灣〉，「台灣商業傳統國際學術研討會」（中央研究院）論文，未刊。
- 《清季申報臺灣紀事輯錄》，1964，臺北：臺灣銀行經濟研究室。
- 陳哲三，1998，〈「水沙連」及其相關問題之研究〉，《臺灣文獻》49：2，頁 35-69。
- 陳國棟，1994，〈清代中葉（約 1780-1860）臺灣與大陸之間的帆船貿易──以船舶為中心的數量估計〉，《臺灣史研究》1：1，頁 55-96。
- 陳國棟，1995，〈「軍工匠首」與清領時期臺灣的伐木問題〉，《人文及社會科學集刊》7：1，頁 123-158。

- 陳國棟，1995，〈臺灣的非拓墾性伐林〉，收在劉翠溶、伊懋可編，《積漸所至：中國環境史論文集》。臺北：中央研究院經濟研究所。
- 陳國棟，2000，〈十七世紀初期東亞貿易中的中國棉布──cangan 與臺灣〉，中央研究院臺灣史研究所籌備處等主辦，「近代早期東亞海洋史與臺灣島史──慶祝曹永和院士八十大壽國際學術研討會」論文。
- 張宗漢，1980，《光復前臺灣之工業化》。臺北：聯經。
- 蔡承豪，2002，〈從染料到染坊──17 至 19 世紀臺灣的藍靛業〉。南投：國立暨南國際大學歷史學系碩士論文。
- 臺灣史蹟研究會，1977，《臺灣叢談》。臺北：幼獅。
- 臺灣總督府編印，1945，《昭和二十年臺灣統治概要》。臺北：臺灣總督府。
- 廖守義、吳智慶，1997，《臺北市珍貴老樹》。臺北：臺北市政府民政局。
- 謝金鑾，1962，《續修臺灣縣志》。臺北：臺灣銀行經濟研究室。
- Chaudhuri, K. N. ,1982, "Foreign Trade," in Tapan Rauchaudhuri and Irfan Habib eds., *Cambridge Economic History of India*, vol. 1, Cambridge: Cambridge University Press.
- Ch'en, Kuo-tung, 1998, "Structure of the East Asian Trade during the Maritime Ban against Koxinga's Successors in Taiwan, 1664-1683," paper presented in "Asian Business and Taiwan: A Historical Perspective," Session III-1-3 of The Ninth Pacific Science Inter-Congress (Academia Sinica).
- Ho, Samuel P. S., 1978, *Economic Development of Taiwan*, *1860-1970*, New Haven and London: Yale University Press.
- Langley, Harold D., 1965, "Gideon Nye and the Formosa Annexation Scheme," *Pacific Historical Review*, 34, pp. 397-420.
- Ranis, Gustav ,1981, "Industrial Development," in Walter Galenson ed., *Economic Growth and Structural Change in Taiwan*, Ithaca: Cornell University Press.

　　──本文原刊於邱文彥主編，《航運貿易新趨勢》。臺北：胡氏圖書，2003，頁 1-29；後收入陳國棟，《臺灣的山海經驗》。臺北：遠流，2005，頁 67-97。陳國棟教授授權使用。

一、16 世紀中葉臺灣受到矚目的原因

① 中國海盜尋找新的據點。

② 中國沿海漁業的發達。

③ 臺灣發現有價值的商品，如鹿皮。

④ 成為國際貿易的轉運站。

二、荷蘭與鄭氏時期的貿易與產業發展

① 荷蘭人為了香料來到亞洲，又須取得交易媒介的銀，來到日本，最後前往中國尋找日本人追求的奢侈品——生絲和絲綢。

② 1624 年荷蘭人便取得臺灣，作為取得中國商品對日貿易的據點。

③ 後來海盜猖獗，加上被江戶幕府中斷貿易，荷蘭人開發臺灣的產業，如蔗糖、硫磺。

④ 後來鄭氏的主要貿易對象為日本和東南亞，出口品為糖、生絲和鹿皮。

⑤ 鄭氏時期隨著人口的增加，土地開墾和稻作生產也逐漸發展。

三、清朝時期的貿易與產業發展

① 自然資源不多，但人口充沛，擁有發展農產品和初級食品加工的良好條件。

② 臺灣商品多銷往大陸。例如：米、糖、芝麻、花生油、樟腦、苧麻、靛青等，都為因應出口的產業，只有極少數是為了本地市場。

③ 1862 年臺灣開港通商後，貿易對象轉變，主要出口品改為「茶、糖、樟腦」。

四、日治時期的貿易與產業發展

① 1900 年代中期至 1930 年代中期，日本政府著重培養水利、交通建設。產業則以獎勵糖業、發展水稻為主。

② 1934 年日月潭水力發電廠的完工，加上 1936 年的臺灣工業化政策，發展金屬和化學工業。

③ 1941 年以降受到太平洋戰爭爆發的影響，產業發展不能順利推行。

五、光復後的貿易與產業發展

① 1950 年代後期，工業逐漸復甦。

② 早期為「進口替代」，很快便轉向「出口擴張」為主。

六、臺灣貿易發展的總結

① 出口導向經濟。

② 產業隨著出口市場快速調整。

③ 內需性質產業不發達。

七、臺灣歷史上的航運

① 16 世紀中國人和日本人以臺灣為中繼點，從事「會船點貿易」。

② 荷蘭時期，除了前往福州港，與東印度公司的航線重疊，遠至印度、波斯、阿拉伯地區，延伸到歐洲。

③ 鄭氏時期，以廈門灣、日本、廣南（越南）、暹羅（泰國）、馬尼拉為主。

④ 清朝時期：

康熙 60 年朱一貴事件以後，執行「對渡口岸」制度，只能從規定的港口出發，前往對應的港口。隨著臺灣的發展，後來也陸續開放不同地區的港口。

清朝後期，則以廈門、香港為主。尤其是香港，臺灣輸出的茶、糖、樟腦，便是從香港轉往歐美市場。

⑤ 日治時期：

日本為了拓展臺灣的貿易，開設許多輪船航線，分為「自由航線」與「命令航線」（指定航線）。

抵達的第一個港口通常為日本、中國大陸或海南島，再開往東南亞等地區。

八、臺灣歷史上的船舶

① 16 世紀：中國、日本帆船。
② 荷蘭時期：歐式帆船。
③ 鄭氏時期：中國船舶為主。
④ 清朝時期：1850 年代以後，中式帆船之外，出現中西混合的「銅底夾板船」和歐式帆船。此外，輪船也開始航行於臺灣。
⑤ 日治時期：中式帆船和輪船。在 1920 年代以後，成為輪船獨霸的局面。

九、臺灣歷史上的港口

① 集中在西海岸，多為天然港口，經常淤塞。
② 受限於自然條件，大船往往要在外海停泊，讓小船或竹筏將貨物和人

員送到岸上。到了 19 世紀末年也沒有改善。

③ 日治時期的主要港口為基隆、高雄、淡水、安平。其中基隆和高雄的重要性不斷提升。基隆以進口為主（政治、商業中心集中北部）；高雄則以出口為重（生產事業集中南部）。

|導讀| 〈臺灣近代統治理性的形構：
晚清劉銘傳與日治初期後藤
新平土地改革的比較〉

——————————— 陳鴻圖 ———————————

　　「臺灣近代化的開端」究竟是始於晚清劉銘傳在臺的自強運動？抑或是日治時期後藤新平在臺的施政？此論爭不但是 1980 年代以來史學界常被討論的問題，也延伸到「統、獨」、「親中、媚日」、「日本統治評價」的意識形態之爭。

　　此課題有無持平討論的可能？本文作者林文凱試圖以晚清和日治初期兩次的土地改革為考察對象，觀察其土地改革事業對臺灣土地制度和法律土地近代化的影響，最後討論所涉及的國家統治理性的轉變。本文討論的重點有二：一是從政策規劃、組織邏輯和調查方式三個面向來比較晚清清賦和日治初期土地調查的實施過程，指出晚清家產官僚制與日治科層官僚制所分別進行的土地改革事業的不同內涵。二是比較兩個事業的具體成果及影響，指出清賦事業完成後雖賦稅體制較明確，但土地行政體制並沒有改變；日治的土地調查事業完成後，經由「以圖統地、以地統人」的數字管理，近代臺灣土地制度和法律文化得以建立，人民

土地所有權獲得有效的保障，且確立國家支配社會與人民的近代統治理性。

　　閱讀本文對兩個時期土地改革事業的比較，除了留意內容和所帶來的影響外，也可從文中學習作者是從什麼視角來看待此一課題。首先，本文將臺灣史和東亞及世界史做連結，特別是兩波全球化對臺灣及東亞歷史的影響，在 16 到 18 世紀地理大發現以來的第一波全球化，臺灣雖從南島語族優勢和孤立的世界被捲入國際舞臺，然而鄰近的東亞儒家圈並沒有被打敗。但到 19、20 世紀第二波全球化的到來，東亞儒家圈就無法抵擋這波挑戰，清帝國的洋務運動和日本的明治維新即是挑戰所出現的回應，劉銘傳在臺的自強運動就是中國洋務運動的一環，後藤新平在臺的施政其實也就是明治維新的一環，1895 年日本在臺的殖民是帶著明治維新的技術進來，對臺展開「近代化的統治」。其次，作者從臺灣史觀的發展脈絡來看待此一課題，以劉銘傳的地位被抬高來說，其實是歷經戰後初期陳儀的「去日本化、再中國化」，及 1960 年代郭廷以將臺灣的自強運動從中國自強運動中抽離，給予特別肯定而來。最後，作者特別重視研究回顧及學理的討論，以「臺灣近代化的開端」論爭來說，諸如戴國煇的「臺木論」、楊碧川的「奠基論」、矢內原忠雄的「兩個改革的連續性」等，都提供我們很紮實的基礎和進一步對話的可能。

延伸閱讀

1. 矢內原忠雄著，林明德譯，《日本帝國主義下之臺灣》（臺北：財團法人吳三連臺灣史料基金會，2014）。

2. 徐世榮，《土地正義：從土地改革到土地徵收》（新北：遠足文化，2016）。

臺灣近代統治理性的形構：晚清劉銘傳與日治初期後藤新平土地改革的比較[*]

林文凱[**]

一、前言

　　臺灣原是南島語族原住民族的聚居地，17 世紀初荷蘭與明鄭王朝陸續建立殖民政權以後，開始有漢人移民進入島上開墾，然當時開墾範圍僅及其西南一隅。康熙 22 年（1683）清朝打敗明鄭王朝之後，臺灣成為清朝領土，隸屬於一海之隔的福建省管轄，此後方有大量漢人進入各地墾殖。清朝統治兩百餘年間，除未歸化的原住民族聚居的中間狹長山地

＊　本文乃科技部補助專題研究計畫獎助成果之一（計畫編號：MOST 105-2410-H-001-032）。本文部分初稿曾於 2014 年 11 月 22-23 日在日本大阪大學文學研究科主辦之第五屆「近代東アジア土地調查事業研究」國際工作坊發表，蒙片山剛、田島俊雄、栗原純等教授提供評論意見，謹表謝意。另蒙《臺灣史研究》匿名審查人提供修正意見，非常感謝。然文中如有任何問題，仍由筆者自負。

＊＊　中央研究院臺灣史研究所副研究員。研究領域為臺灣社會經濟史、臺灣族群史、臺灣法律史、歷史社會學。

與東部地區以外，臺灣平地與沿山地區都陸續拓墾完成。[1]清朝治理期間，臺灣的農業商品化非常發達，17 世紀中葉對西方開港以前，主要以稻米、蔗糖等農產品為輸出大宗，藉以交換華中與華南的棉布、瓷器、建材與雜貨等各類手工業商品。開港以後，除原有兩岸輸出入貿易基本延續外，又增加茶葉、樟腦與煤礦等國際商品輸出，用以交換鴉片與英國棉布等新的國外輸入品。[2]

　　一田二主的多重地權制度是支撐清代臺灣農業商品化經濟的主要制度基礎，來臺民人透過這種制度進行大規模的土地開墾、租佃與買賣活動，並方便資本與勞動力投入各種農業經濟活動。所謂一田二主，即一塊田園上通常有大租戶與小租戶兩個業主，大租戶是官府登記在案的業主，有的須向官府繳交土地稅（米穀正供），有的無需繳稅但須承擔防守邊界等勞役；而小租戶則須向大租戶繳交大租（通常為永久定額，最高為土地收穫量的 10%）。但大、小租戶的土地業主權都可以自由轉讓，互不干涉。另外，許多小租戶並未耕種自己的所有土地，而是將土地轉租給現耕佃人短期佃耕，並向其收取高額小租（通常為土地收穫的 50% 左右，並可隨生產量的提高，於重新訂約時提高小租數額）。[3]

---

1. 清代臺灣的土地拓墾歷程，參見施添福，《清代臺灣的地域社會：竹塹地區的歷史地理研究》（新竹：新竹縣政府文化局，2001）；John Robert Shepherd, *Statecraft and Political Economy on the Taiwan Frontier, 1600-1800* (Stanford, Calif.: Stanford University Press, 1993)；柯志明，《番頭家：清代臺灣族群政治與熟番地權》（臺北：中央研究院社會學研究所，2001）。

2. 有關開港前、後臺灣的經濟演變，參見林滿紅，《茶、糖、樟腦業與臺灣之社會經濟變遷（1860-1895）》（臺北：聯經出版事業股份有限公司，1997）。但其討論過度強調開港前後經濟結構的斷裂性，而忽略開港前後的連續面向，參見林文凱，〈再論晚清臺灣開港後的米穀輸出問題〉，《新史學》22：2（2011.6），頁 215-252。

3. 較詳細的土地賦役安排，參見本文第二節第一小節的說明。參見戴炎輝，〈清代臺灣之大小租業〉，《臺北文獻》4（1963.6），頁 1-48；臨時臺灣舊慣調查會編，《臨時臺灣舊慣調查會第一部調查第三回報告書：臺灣私法・第一卷（上）》（臺北：該會，1910），頁 246-338。

晚清同治 13 年（1874）牡丹社事件與光緒 10 年（1884）中法戰爭發生後，日本與法國軍隊先後出兵臺灣，清朝中央為加強臺灣的防衛與建設，乃派遣沈葆楨與劉銘傳等晚清名將與洋務大臣來臺主政，並進行行政改革與各項洋務建設。[4] 就本文來說尤其重要的是，劉銘傳主政期間為了籌措建省與各項建設所需財源，乃創設清賦總局進行全島平原地區的土地改革事業（1886-1890 年，以下簡稱「清賦事業」），全面清查逃稅隱田，並試圖改革土地稅收體制。此一改革後，應稅田園與土地稅大量增加，土地行政與稅收體制也有部分改變，但一田二主的地權制度仍然維持。[5]

光緒 21 年（1895）甲午戰爭戰敗後，清朝將臺灣割讓給日本，直至 1945 年二次大戰結束日本戰敗為止，臺灣經歷了半個世紀的日本殖民統治。日本殖民初期，臺灣持續發生激烈的武力反抗事件，統治上遲遲難有進展，一般認為殖民統治的穩定與基礎，係在第四任總督兒玉源太郎

---

4. 沈葆楨，字翰宇，福建侯官人，1820 年生。1847 年中進士，1856 年間清廷派任其署理江西廣信府知府，參與平定太平軍屢次立功，1861 年升任江西巡撫。1867 年，被任命為船政總理大臣，在福建福州籌設馬尾造船廠與福建船政學堂。1874 年牡丹社事件，日本出兵臺灣，清廷派任其來臺籌防，並在臺灣推動開山撫番等事業，但無具體成效。參見蘇同炳，《沈葆楨傳》（南投：臺灣省文獻委員會，1995）。劉銘傳，字省三，1836 年生於安徽合肥。1854 年太平天國之亂時，先是組織團練保鄉，後加入李鴻章的淮軍，又進一步成立銘軍，除協助剿平太平軍外，也在平定捻亂立下大功，清廷晉升其為一等男爵。1884 年中法越南戰役，法軍進攻臺灣，清廷乃派劉銘傳來臺督辦海防。戰爭結束後，劉銘傳續留在臺灣，在清廷諭令下籌議臺灣建省事宜、並擔任臺灣第一任巡撫，而後進一步推動包括清賦在內的各項建設，直至 1890 年 6 月因病告假離臺。參見羅剛編撰，《劉公銘傳年譜初稿》（臺北：正中書局股份有限公司，1983）；葉振輝，《劉銘傳傳》（南投：臺灣省文獻委員會，1998）。

5. 劉銘傳的土地制度改革，包括土地清丈（即量田）與地稅改革（即清賦）兩部分，學界一般沿用當時的歷史用語簡稱「清賦」事業。有關該事業的詳細過程，參見劉銘傳著、臺灣銀行經濟研究室編，《劉壯肅公奏議》（臺北：臺灣銀行經濟研究室，臺灣文獻叢刊 [以下簡稱「文叢」] 第 27 種，1958；1906 年原刊）卷七，頁 303-326；臨時臺灣土地調查局編，《清賦一斑》（臺北：該局，1900）；程家穎著、臺灣銀行經濟研究室編，《臺灣土地制度考查報告書》（文叢第 184 種，1963；1915 年原刊），頁 4-30。

與民政長官後藤新平（1898-1906）主政的任內所奠定。[6] 後藤新平為了推動臺灣的財政自立以減輕母國對臺灣的財政補助，乃創設臨時臺灣土地調查局（以下簡稱「土地調查局」），推動了全島性的土地改革事業（1898-1905 年，以下簡稱「土地調查事業」）。[7] 此一改革除精確調查臺灣各類田園的方位與面積外，並以公債買收大租的方式廢除了大租權，建立一田一主的土地所有權制度，同時創設了近代土地行政與法律體制。經此改革後，土地稅收比起劉銘傳時期再增加兩倍，奠定了殖民初期臺灣財政的基礎。[8]

比較晚清到日治初期的這兩次土地改革事業，除了有助釐清臺灣土地制度的演變與田土管理的近代化歷程之外，還有幾個層面的重要性，首先，清代臺灣史的研究長期以來關注一田二主制度的成立與演變過程，因其不僅與臺灣的土地開墾歷程密切相關，更與臺灣的漢、番族群互動，清代國家的統治政策，國家與地域社會的互動，社會階層關係的變遷，以及農業商品化經濟的演變有著密切的關聯。就此而言，這兩次土地改革對於土地制度的改造，必然對於臺灣的族群互動、國家統治及其與社

---

6. 後藤新平，1857 年出生於日本岩手縣，畢業於日本須賀川醫學校，1890 年留學德國，兩年後取得醫學博士學位，回國擔任內務省衛生局長。1895 年中日戰爭時，擔任臨時陸軍檢疫部長，受到當時陸軍次官兼軍務局長兒玉源太郎少將的賞識。兒玉源太郎 1898 年任第四任臺灣總督時，乃拔擢後藤新平擔任民政長官，因兒玉源太郎長年不在臺灣且對其十分信任，所以後藤新平等於全權統理臺灣的殖民統治事務。後藤在任內（1898 年 3 月 -1906 年 11 月）積極推動各項政策，奠定了殖民地時期臺灣資本主義發展的基礎工程。參見鶴見祐輔著、一海知義校訂，《正伝後藤新平・決定版 3：台湾時代，1898-1906 年》（東京：藤原書店，2005）。

7. 土地調查事業僅調查臺灣平原地區的所有土地資訊，隨著對山地原住民族征服事業的進展，殖民政府又陸續推動了林野調查（1910-1914）、林野整理（1915-1925）與森林計畫事業（1925-1935）等山地地區的林野調查與利用規劃事業，終而全面掌控了臺灣全島的土地資訊。參見矢內原忠雄著、周憲文譯，《日本帝國主義下之臺灣》（臺北：帕米爾書店，1987），頁 18-24。

8. 中村是公，《臺灣土地調查事業概要》（臺北：臨時臺灣土地調查局，1905）。

會的互動、社會階層化以及經濟發展都將產生某些影響，因此有必要細究這兩個事業的歷史意義。

其次，19 世紀中葉以來面對西方列強的衝擊，清朝與日本都推動了國家改造的政策，清國推動了自強運動與其後的新政，而日本則推動了明治維新的改造運動。[9] 值得注意的是，劉銘傳包括清賦事業在內的改革與洋務建設，實際上是 19 世紀中期清朝東南各省自強運動的重要個案；而十年後後藤新平的土地調查事業，則是日本包括「明治土地改革」等維新事業在殖民地的移植。因此土地調查事業與清賦事業的比較分析，某個程度上可作為日本明治維新與清朝洋務運動的個案比較，可望部分解答清朝洋務運動為何失敗，以致在近代化路途上嚴重落後於日本的歷史因由。

最後，1980 年代伴隨臺灣內部政治情勢的變動，臺灣史研究重新展開以來，開始出現有關臺灣近代化到底起始於何處的問題，並因牽涉到臺灣的統獨意識而引發了持續至今的激烈爭辯。以戴國煇為代表的「臺木論」者，主張臺灣近代化始於晚清劉銘傳在臺灣的洋務建設時期；而楊碧川為代表的「奠基論」者，則主張日治初期後藤新平的統治措施與成就奠定了臺灣近代化的基礎。[10] 本文此處關切的是在劉銘傳與後藤新平的討論中，前述提到的清賦作業與土地調查事業常被舉出作為兩人的代表性事功。因此透過這兩個土地調查事業的比較，應該也有助於解決此

---

9. 有關清朝的自強運動，參見 Mary C. Wright, *The Last Stand of Chinese Conservatism: The T'ung-chih Restoration, 1862-1874* (Stanford, Calif.: Stanford University Press, 1962)；劉廣京，《經世思想與新興企業》（臺北：聯經出版事業股份有限公司，1990）。有關日本明治維新，參見明治維新史学会編，《明治維新史研究の今を問う：新たな歴史像を求めて》（東京：有志舍，2011）。

10. 關於這一論爭，參見張隆志，〈劉銘傳、後藤新平與臺灣近代化論爭：關於十九世紀臺灣歷史轉型期研究的再思考〉，收於國史館主編，《中華民國史專題第四屆討論會：民國以來的史料與史學論文集》（臺北：國史館，1998），頁 2031-2056。

處所謂的「臺灣近代化論爭」的議題。[11]

　　而在仔細比較這兩個土地改革事業之前，有必要指出矢內原忠雄、江丙坤、涂照彥與柯志明等前輩學者，曾對這兩個事業做出重要的分析。首先，矢內原忠雄認為劉銘傳的清賦事業具有改革混亂的土地所有權、制定單一而明確的土地所有權，以推動資本主義經濟開發的意義，但這一改革並未成功。而後藤新平的土地調查事業則是延續劉銘傳的這一改革，並達成以下三項效果：「一、明白地理地形，獲得治安便利；二、整理隱田，廢除大租權，並大幅增加財稅收入；三、確定土地權利關係，使土地交易安全」。土地調查事業因此成為臺灣「資本主義化」以及「日本資本征服臺灣」的基礎工程。[12]

　　其次為江丙坤，基本上他延續矢內原的說法，強調兩個事業的歷史性格具有同一性，差異僅在於殖民政府吸收了清賦事業的教訓，採取欺瞞的策略掩蓋土地調查的加稅目標，並強勢推進該事業而取得最終成功。另一方面，他雖承認土地調查事業提升了土地財產權與交易安全的保障，但他並不認同其具有為臺灣資本主義經濟發展奠基的效果；而是從殖民剝削的角度，強調總督府透過該事業的田賦改革大幅提高臺灣人民的財稅負擔，並藉由這一事業協助日本資本家掠奪了臺灣人的土地資源。[13]

---

11. 研究過晚清臺灣自強運動歷史的前輩學者許雪姬，晚近也曾提示在分析、評價劉銘傳等人的事功時，過去學界提出的內地化觀點未必能有效說明這段歷史，主張應該可從貫時性比較的視角，透過劉銘傳與後藤新平等人在開山撫番、土地改革、財政改革等面向的比較，對晚清臺灣歷史提出更為中肯的定位。參見許雪姬，〈晚清（1875-1895）臺灣史研究方法芻議〉，發表於中國社會科學院文學研究所主辦，「重返臺灣的近代」學術工作坊（北京：中國社會科學院文學研究所，2013 年 9 月 21 日）。

12. 矢內原忠雄著、周憲文譯，《日本帝國主義下之臺灣》，頁 13-30。

13. 江丙坤，《臺灣田賦改革事業之研究》（臺北：臺灣銀行，臺灣研究叢刊第 108 種，1972）。

至於凃照彥，除了同意矢內原忠雄的前述說法外，進一步從政治經濟學的角度分析兩個土地改革事業的意義。他認為清代臺灣一田二主制的發展過程中，大租戶的勢力本就日益弱化、小租戶的實力則逐漸強化，晚清的清賦事業雖然未能順應時勢革除大租戶，但已強化小租戶的業主權地位；而日治初期的土地調查事業則透過大租權的買銷一舉廢除一田二主的舊慣，讓小租戶成為唯一的土地所有權人。凃照彥進一步強調總督府並未試圖革除小租戶與現耕佃人間的租佃關係，而是「保留臺灣的地主制」，並通過高額佃租與土地稅來坐收農民的勞動剩餘價值。同時，總督府更透過國家權力來扶持日本資本家在各種產業中的優勢，從而不斷削弱臺灣（原小租戶）地主的經濟實力。[14]

　　最後一位柯志明，除同意凃照彥的以上說法外，[15] 進一步從階級結盟的角度，比較了劉銘傳與後藤新平土地改革事業的性質，他主張：

> 　　正如劉銘傳，兒玉與後藤的土地改革基本上還是為了徵稅的目的。雖然徵稅的目的在兩個土地改革內都扮演著重要的角色，還是不宜把兩者直接類比。劉銘傳的改革由於大幅增稅及與大租戶作了相當的妥協，使得原本欲仰賴小租戶來支持的改革無法推動下去。劉銘傳一方面由於增稅而失去與小租戶結盟的機會，另一方面卻因土地改革而得罪並削弱原本是政府最堅定之支持者——大租戶——的力量……。兒玉與後藤的土地改革雖然追求相同的

---

14. 凃照彥著、李明峻譯，《日本帝國主義下的臺灣》（臺北：人間出版社，1991），頁 17-54、388-393。

15. 柯志明，《米糖相剋：日本殖民主義下臺灣的發展與從屬》（臺北：群學出版有限公司，2003），頁 44。

增稅目標，但卻小心避免再造成與小租戶的直接對立。[16]

　　筆者發現以上矢內原忠雄等人的分析皆偏向政治經濟學的視角，主要關切的是清賦事業與土地改革事業的延續性面向，他們因問題意識不同的緣故，並未關切與比較清代國家統治權力（包括清賦前後）和日本殖民政府統治權力的不同性質。[17]本文則希望在這些先行研究的基礎上，進一步關照與分析兩次改革事業所涉及的統治權力，也就是統治理性的異同等問題，如兩次改革事業是否改造了臺灣的國家與社會關係，以及國家與人民的統治支配關係。本文想強調的是從國家統治理性轉型的角度來看，[18]劉銘傳的清賦事業並未能真正改變臺灣的統治理性，清賦後國家仍須透過各種社會中間團體、地方菁英與民間舊慣來間接統治一般人民與地方社會；然而，後藤新平的土地調查事業完成以後，在臺灣的國家權力透過行政體制與成文法律的重新建置，第一次可以穿透中間團體、地方菁英與民間舊慣的掣肘，而建立起直接支配地方社會與一般人民的近代統治理性。[19]

---

16. 柯志明，《米糖相剋：日本殖民主義下臺灣的發展與從屬》，頁 51。

17. 涂照彥與柯志明兩人的確有談到兩個土地改革事業中的國家權力問題，但他們基本預設兩個時代的國家權力性質相同，從而討論國家與不同社會階層的關係或結盟問題，並未注意國家權力性質基本不同的問題。

18. 姚人多曾經利用 M. Foucault 從西方社會史研究中發展出來的治理性（governmentality）概念，來分析日本殖民政府如何透過土地調查與戶口調查等事業的推動，生產出近代統治所需的統治權力與治理性。參見姚人多，〈認識臺灣：知識、權力與日本在臺之殖民治理性〉，《臺灣社會研究季刊》42（2001.6），頁 119-182；Jen-to Yao, "The Japanese Colonial State and Its Form of Knowledge in Taiwan," in Ping-hui Liao and David Der-wei Wang, eds., *Taiwan under Japanese Colonial Rule, 1895-1945: History, Culture, Memory* (New York: Columbia University Press, 2006), pp. 37-61。然而，他的分析有兩個層面的不足，首先，其對清代統治理性的認識不足，有關傳統與近代統治理性的比較有不少疏漏與錯誤；其次，其僅著眼於傅柯的治理性概念，疏忽更為基本的韋伯科層官僚制等支配概念的討論，以致未能說明臺灣近代統治理性與知識形式的生成機制。參見本文以下分析。

19. 當然，這不是說日治初期以後臺灣社會就不再有社會中間團體與地方菁英，而是說這些團體與菁英的組成，以及其與國家和人民的關係已經不同於清代社會了。

展開討論之前，有必要交代本文使用的統治理性概念的基本意涵，本文認為清代國家的統治理性是一種韋伯（M. Weber）所謂的家產官僚制（patrimonial bureaucracy）的支配類型。清代國家的行政體制雖有相當程度的科層官僚制（bureaucracy）性質，即行政職位要求一定的專門資格，且具有層級性（hierarchy），並有正式法規規範各級官員與行政人員的職務作為。但實際上，行政人員的專業性很低，相關法規亦無法有效規範其行政作為，各級官僚與胥吏、差役與兵丁等行政人員往往將職位當作自己的家產（patrimony），習慣於利用自己權位為己牟利，而非嚴格依照律例規定與上級命令行事。而且清代這種家產官僚制的地方行政機構，對戶口、土地的掌控力微弱，既無法有效清除地方團體的自衛武力，同時也無法有效監督社會團體與地方領導階層的運作，而是反過來依賴其協助治安與收稅等地方行政的運作。[20]

另一方面，日本殖民政權所建立的新型統治理性，則是韋伯所謂的近代科層官僚制的理性支配，這種支配藉由較完備的法律規定與專業知識來規範各級官僚與行政人員的行政活動；且得以精確的掌控統治境內的土地與人口等行政所需社會資訊，因此能夠有效滲透與控制地方社會中個人的社會行動。[21] 傅柯（M. Faucault）曾進一步分析這種新型統治理性的特徵，強調這種統治權力是配合各種近代學科知識來運作的，同時著重於對社會集體人口與個人主體的細密規訓作用。[22]

---

20. Max Weber 著，康樂、簡惠美譯，《支配社會學 I》（臺北：遠流出版事業股份有限公司，1993），第三章與第四章，頁 75-212。
21. Max Weber 著，康樂、簡惠美譯，《支配社會學 I》，第二章，頁 19-74。
22. Michel Foucault, *Security, Territory, Population: Lectures at the Collège de France, 1977-78*, trans., Graham Burchell (Houndmills, Basingstoke, Hampshire; New York: Palgrave Macmillan Press, 2007)。這種統治理性不只用於近代國家對於其官僚與人民的支配，也早已擴展為近代其他社會團體本身的組織邏輯。

本文認為考察兩次土地改革事業對臺灣土地制度與田土管理近代化的影響，必須從其所涉及的統治理性之轉型才能有完整的認識。[23] 因此以下首先比較清賦與土地調查事業的實施過程：從政策規劃、組織邏輯與調查方式等面向，指出家產官僚制與科層官僚制的統治理性如何分別支撐清賦事業與土地調查事業的各自展開，藉以詳細說明兩個事業的不同內涵。其次，將比較兩個事業的具體成果及其影響：指出清賦事業完成後，臺灣的土地行政與稅收體制雖有某種程度的統一化，但土地行政與法律文化仍維持傳統的樣態，因此國家對社會與人民的統治邏輯並無改變；另一方面，土地調查事業完成後，經由臺灣堡圖、土地臺帳與土地登記制度等土地行政制度的創設，以及臺灣舊慣調查、慣習研究會等新的法律知識體系與組織的創設，臺灣社會不僅土地法律文化得以近代化、人民的土地所有權獲得有效的保障，且確立國家直接支配社會與人民的近代統治理性。

二、清賦事業與土地調查事業實施過程的比較：傳統與近代行政的對比

過去的研究僅著眼於一田二主的改革與土地稅增收的面向，往往強調日治初期土地調查事業與晚清清賦事業之間的連續性。然而，若具體

---

23. 有關晚清與日治初期的土地改革事業，筆者已發表一篇研究，但該文僅從土地調查技術的面向來比較這兩次土地改革事業。參見 Wen-kai Lin, "Two Land Investigations in Modern Taiwan: What Made the Japanese Survey Different from the Qing Dynasty's?" in Sui-wai Cheung, ed., *Colonial Administration and Land Reform in East Asia* (London: Routledge, Taylor & Francis Group, 2017), pp. 153-165。本文則進一步使用統治理性、家產官僚與科層官僚等制度性概念，詳細比較兩個土地改革事業的過程與結果，並比較晚清與日治初期土地法律文化的轉變。

考察兩個事業的實施過程，將會發現兩個事業奠基於兩種不同的行政體制與文化，從而體現了兩種不同的統治理性。

（一）清賦事業的實施過程

清賦以前，因清政府的土地與族群政策的長期變革，臺灣西部平原不同地區的賦稅制度並不一樣，主要分為所謂的漢墾區、熟番保留區與隘墾區等三個不同的人文地理區。這三區的土地制度透過不同的開墾模式墾成，但都形成所謂的一田二主制，即一塊田園上有大租戶與小租戶這兩重地主的存在。漢墾區的土地業主以漢人大租戶為主，須繳納土地稅；熟番保留區的土地業主以熟番（番大租戶）為主，他們無須繳納土地稅，但必須擔任屯番，與官兵一起協防地方治安；隘墾區的土地業主為隘墾戶（漢隘墾戶為主、但也有番隘墾戶），他們也無須負擔土地稅，但須負責招募隘勇防守沿山番界。這三個地區的土地除了大租業主外，底下都有漢人為主的小租戶階層，部分田園尚有漢人現耕佃人。[24] 簡單來說，清賦事業之前，清廷也曾屢次局部性的改革臺灣的土地制度，但其釐革目標，不在於全面清查隱田與增加土地稅收，而是透過不同政策干預與創設不同人文地理區的一田二主制度，以便控制臺灣的族群關係與

---

24. 施添福，《清代臺灣的地域社會：竹塹地區的歷史地理研究》，頁 65-106。但如洪麗完的研究所示，嚴格來說隘墾體制主要適用於中、北部沿山地區的開墾過程，南部沿山地區的土地開墾體制並非全以設隘武力拓墾的方式展開，很多地區係以拓墾者支付沿山生番部落撫番租的方式展開，不過這些地區的開墾一樣成立一田二主的土地生產關係。參見洪麗完，〈清代楠仔仙溪、荖濃溪中游之生、熟番族群關係（1760-1888）：以「撫番租」為中心〉，《臺灣史研究》14：3（2007.9），頁 1-71；洪麗完，〈清代南平原沿山地區之族群關係（1700-1900）：以「阿里山番租」為例〉，《臺灣史研究》18：1（2011.3），頁 41-102；洪麗完，〈清代臺灣邊區社會秩序之考察：以濁水溪、烏溪中游之「充五租」為中心〉，《臺灣史研究》20：4（2013.12），頁 1-50。

社會秩序。

　　中法戰後不久，清廷體認到臺灣國防地位的重要性，乃於光緒11年（1885）11月底正式任命劉銘傳擔任首任臺灣巡撫，命令其籌設臺灣建省事宜。劉銘傳為了推動建省與各項建設所需的財政經費，開始規劃全島清賦。儘管漢大租、番大租與隘糧大租等不同類型大租的創設，或各地田園「久無報丈陞科」隱田極多的現象，都是之前國家政策主動建構或有意放任的歷史產物。然而，為了確立土地清丈後的大租改革與改賦的正當性，劉銘傳在清賦開始之前向清廷提交的清賦政策規劃奏摺時，逕自否定這些大租戶在過去的地方治理與土地行政上扮演的協力角色，主張各地民番的大租徵收是非法的「賦稅包攬」。他宣稱將透過清賦事業，全面清丈以上各類田園，統一土地稅制與增加土地稅收，以奠定臺灣建省與建設所需的財政基礎。[25]

　　清賦事業正式開始之前，劉銘傳並無詳細的政策規劃組織與討論過程，既沒有針對臺灣既有的土地賦役狀況與習慣進行精確的調查，也沒有針對清賦事業所需的預算與人力進行系統性的規劃，他主要僅命令臺灣各府縣官員條議具體的實施步驟。政策建議主要可歸納為兩種：一是嘉義知縣羅建祥提出的「就田問賦」，也就是直接全面清丈田園，以查明應納田賦；另一為淡水知縣李嘉棠提議的「就戶問糧」，主張先行編查保甲，就戶詢問糧田所在，而後再逐戶清丈田園。除嘉義縣外，其他州縣的意見都傾向於淡水縣的辦法。[26] 這兩種辦法的差異主要在於土地清查丈量之前是否進行保甲編查，所謂保甲是傳統的戶口調查方式，即調

---

25. 劉銘傳，〈量田清賦申明賞罰摺〉（光緒12年4月18日上奏），收於劉銘傳著、臺灣銀行經濟研究室編，《劉壯肅公奏議》卷七，頁303-305。
26. 臨時臺灣土地調查局編，《清賦一斑》，頁8-41。

查每一街庄內每戶的人丁口數、職業與所在村落，將之記載於門牌之上；然後將每十戶編為一牌，從中選一牌長；每十牌為一甲，並選一人為甲長；而後每十甲編為一保，從甲內選一人為保長。但各街庄內戶口數可能參差不齊，不一定拘泥於以十為單位編為一牌、一甲或一保。[27]

淡水知縣李嘉棠主張先編保甲的理由主要有二，一是臺灣民風強悍，常有抗官事件發生，為免土地清丈引發動亂，有必要先編查保甲，以避免匪徒滋事與社會動亂；二是在保甲編查時，同時將每戶的田園坐落、大小租負擔、田賦多寡載明各戶門牌內，並規定隱匿不報者將受田園沒收充公等處分，如此將有助於土地的清丈。而嘉義知縣羅建祥反對就戶問糧的理由則是，編查保甲長久來流於具文，從未有效實施；且保甲編查可能導致兩項弊端，一是委員、紳士與書吏在戶口編查時可能侵擾地方，或勒索人民反致紛爭；二是調查時民眾所報的田土資訊不實，可能少報，或將他人田土報為己有，反而導致土地清查時的困難與紛擾。[28]最後，劉銘傳決定採行多數知縣主張的就戶問糧辦法，然而，實際進行時各縣作法並未統一，如嘉義縣就仍採行就田問賦的辦法。[29]

調查方式基本定案之後，劉銘傳首先於光緒12年（1886）4月間，在臺北、臺灣兩府設置清賦總局，然後由福建調派30餘名八品以下佐雜官員來臺，分派各縣協助縣官籌設清賦縣局；[30]並照會兩廣總督與廣東巡撫，請其協助派遣粵東南海、番禺與順德等縣精於田土測量的弓丈手與算書各

---

27. 臨時臺灣土地調查局編，《清賦一斑》，頁44-48。
28. 臨時臺灣土地調查局編，《清賦一斑》，頁48-55。
29. 臨時臺灣土地調查局編，《清賦一斑》，頁55-58。
30. 劉銘傳，〈量田清賦申明賞罰摺〉（光緒12年4月18日上奏），頁303-305。所謂佐雜人員，係指清代州縣官衙署內協助辦理各類行政事務的助理官吏，包括佐貳官、首領官與雜職等三類人員的統稱。參見李鵬年、劉子揚、陳鏘儀編著，《清代六部成語詞典》（天津：天津人民出版社，1990）。

10 名，來臺灣協助指導測量。[31] 清賦縣局以下則組成清賦分局，各縣依其轄區與人口大小分別組成 10 餘班到 20 餘班不等的清賦班（分局），每班由福建與本省各縣的佐雜官員兩人分任正、副清丈委員，配合地方官府的書弁、差役，以及地方仕紳與地保等人編成一班。但實際上各縣的清丈單位之組成並未完全依照規定，而是任意增減參差不齊。在清賦事業的不同階段，各縣清賦分局的數目與組成又有進一步的增減。[32]

進一步推估清賦人力，以淡水縣為例，清賦縣局的總辦人數：含會辦委員（局長）1 名、文案（書記長）1 名、稿書（文書書記）1 名、清書（文書繕寫人）2 名、聽差（差役）2 名、人夫（腳夫）3 名，合計共 10 名。每一分局的人數：正副委員 2 人、大小圖師（製圖者）2 人、地方仕紳 2 人、清書（文書繕寫人）2 人、算校（長度面積計算者）2 人、大力車手（主要丈量者）1 人、牽索（丈量時拉繩者）1 人、丈竿（丈量時立竿者）1 人、插旗與收旗案 2 人、地保（地方保長）2 人，合計 17 人。假若以 15 個分局來估計，淡水縣清賦縣局與分局合計調查人員共有 265 名。[33] 全島以 10 個縣合計，總清丈人數則為 2,650 人。[34] 清賦分局（班）

---

31. 但全臺各地所需弓丈手與算書實際合計需數百名以上，因此招聘這些外來測量人員原先僅為指導測量技藝，並有監督避免舞弊的用意。參見臨時臺灣土地調查局編，《清賦一斑》，頁 72-74。但從相關報告來看，並未實際達成其作用，參見本文下段說明。

32. 任職於本省的佐雜官員通常與福建來臺者一樣都非臺灣本地人，而地方仕紳、書吏與差役則都是清丈地區的在地人士。參見劉銘傳，〈臺畝清丈將竣擬仿同安下沙定賦摺〉（光緒 13 年 9 月 24 日上奏），收於劉銘傳著、臺灣銀行經濟研究室編，《劉壯肅公奏議》卷七，頁 307-311；臨時臺灣土地調查局編，《清賦一斑》，頁 64-72。

33. 但實際上各地清賦作業的行政統一性有限，各縣的具體組成人數、人員名稱都有些許差異，並未真正統一。參見臨時臺灣土地調查局編，《清賦一斑》，頁 64-72。

34. 清賦時，臺灣共有 12 個廳縣：宜蘭、基隆縣、淡水縣、新竹縣、彰化縣、嘉義縣、臺灣縣、鳳山縣、澎湖廳、埔里社廳、恆春縣與卑南廳，但埔里社廳、恆春縣、卑南廳三個廳縣光緒元年時剛從番地改制為正式廳縣，已墾田園很少，可合為一個縣計算，因此僅以 10 個廳縣來計算。

除了負責進行最初清丈外，還需進行補丈、複丈與抽查作業。抽查作業結束後，則進行丈單交付作業，各清賦班重新改組，改由檢查田契、計算田賦與發給丈單的文書人員組成，此項作業僅需原有清丈階段十分之一左右的人力。因此，保守估計給單階段清賦縣局的人力，全省約僅有265人左右。[35]

　　另一方面，清賦作業時間進程，以新竹縣為例，該縣從光緒12年4到6月間編查保甲；同年7月清賦縣局正式開局，並於該月分到光緒13年（1887）9月間進行實地丈量，包含面積計算與繪圖等作業；接著，同年7到12月間進行補丈、複丈與抽查作業；然後，光緒14年（1888）1月至15年（1889）10月間進行丈單交付，之後清賦縣局才正式閉局。因此，新竹縣清賦縣局的總開設時間為3年4個月。[36]不過，全省清賦總局在丈單給付作業完成後，並未立刻裁撤，而是等到新田賦徵收順利，以及巡撫向清廷呈報清賦事業有關人員給獎作業之後，即光緒18年（1892）5月間清賦總局才正式閉局。從編查保甲起到正式閉局，清賦事業總共花費的時間為6年2個月。[37]如果根據前述的人力與時程來估算，劉銘傳的清賦事業共動用約1,391,780人次。[38]

---

35. 發給丈單階段的工作編組與人數並沒有詳細記載，該階段每月分清賦縣局的經費僅剩原有的十分之一左右，因此推估工作人力僅剩原有十分之一。參見臨時臺灣土地調查局編，《清賦一斑》，頁198-199。

36. 各縣實際的清丈完成時間有差異，根據劉銘傳的奏摺，臺南、嘉義、鳳山三縣的丈量並不精確而有所延誤，但各縣初步丈量大致都在1887年9月之前完成。參見劉銘傳，〈臺畝清丈將竣擬仿同安下沙定賦摺〉（光緒13年9月24日上奏），頁307-311；劉銘傳，〈全臺清丈給單未竣請展奏銷限期摺〉（光緒15年6月10日上奏），收於劉銘傳著、臺灣銀行經濟研究室編，《劉壯肅公奏議》卷七，頁316-318。

37. 臨時臺灣土地調查局編，《清賦一斑》，頁281。

38. 推估方式為，清丈階段人力2,650人，調查18個月的時間，假設每月工作天數26天，2,650×18×26=1,240,200人次；複丈與給單階段人力265人，繼續工作22個月來計算，即265×22×26=151,580人次。兩階段合計，即1,391,780人次。

根據劉銘傳的奏報，清賦事業總共花費官方 487,833 銀元。[39] 值得注意的是，劉銘傳在清賦事業開始前並未特別規劃相關的預算費用，也沒有制定特別的籌款計畫。他原打算仿照過去江蘇等省分舉行清丈時採用的「丈費就田抽收」辦法，也就是開辦所需各縣經費先行由省裡與各縣的其他經費挪用，等清丈完畢發給丈單時，再向丈單持有人（即繳納田賦的業戶）收取丈費，以歸墊清賦所需經費。[40] 然而，發放丈單收取丈費的作法引發了民眾的反彈，在彰化縣地區引發嚴重的動亂，逼使劉銘傳不得不宣布廢除這個方案，改由官方自行吸收清賦費用；並將各縣已收的丈單費用，抵作業戶應該新交的部分田賦。[41]

　　最後，我們說明一下清賦事業的調查技術。清丈章程規定，測量前三日先行在地方公告：定於某日清丈某甲某保幾戶，諭令各業戶測量當天持土地契據當場陪同丈量。清丈人員使用的工具主要是臺灣各地通用的傳統繩尺（魯班尺、業戶尺與明代晚期發明的繩車等工具），雖然規定必須按照戶部規定的長度標準來進行測量，但實際上並未如此，各地方使用的量尺種類與長度標準歧異極大。[42] 另外，土地四周的長度測量完成，換算為土地面積的計算方法則為傳統的圖形近似推算法，由淡水縣預先製作〈臺灣田園丈算圖法冊〉，其中列出了 40 餘種的標準幾何圖形與其面積的計

---

39. 原文為 351,240 兩，以 1 兩 =1.39 銀元折算。參見劉銘傳，〈全臺清丈給單用款造銷摺〉（光緒 16 年 6 月 1 日上奏），收於劉銘傳著、臺灣銀行經濟研究室編，《劉壯肅公奏議》卷七，頁 318-320。

40. 劉銘傳，〈臺畝清丈將竣擬仿同安下沙定賦摺〉（光緒 13 年 9 月 24 日上奏），頁 307-311。

41. 全省各縣丈單給發期間，1888 年 9 月間彰化縣因清賦後田賦大增，在發放丈單、收取丈費時發生動亂，亂兵包圍彰化縣城，索焚丈單，但在一個月內即被平定，時人稱施九緞之亂。參見吳德功著、臺灣銀行經濟研究室編，《戴施兩案紀略》（文叢第 47 種，1959；1892 年原刊），頁 95-110。

42. 臨時臺灣土地調查局編，《清賦一斑》，頁 75-86；陳慧先，〈半斤八兩？：清代臺灣度量衡之探討〉，《臺灣文獻》58：4（2007.12），頁 206-210。

算方式，要求計算人員將每一塊田園依其形狀類比為其中一種，然後依照規定範例計算出其面積。但依照日治初期土地調查局的看法，這種類比計算方式誤差很大，並不準確。[43] 清丈完成後，委員還須簡單根據田園的水利便利程度，分上、中、下、下下則決定田園等則，以便編定田園的陞科稅率。這種評估方式相當粗略，無法令不同清丈委員與不同地區的評定方式保持一致，因此必然導致等則編定的不精確與不公平。[44]

整體來說，我們可以發現清賦事業的政策規劃、組織邏輯與調查方式，雖然形式上具有一定程度的科層官僚制特徵，但仔細來看劉銘傳並未援引新的政策規劃、組織邏輯與調查方法，而主要是依賴傳統的行政組織、人員與技術知識來推動此一事業，因此整個事業仍受到傳統家產官僚制統治理性的局限。除了政策規劃過程相當簡略外，主要的局限顯現在兩個方面，一是，調查過程缺乏統一性：清賦總局雖發布調查組織與方法的相關規定，但這些規定本身就相當粗略，且又無法有效監督下級機關依照規定運作，因此各地調查過程缺乏統一性，且充斥弊端。[45]

二是，國家權力的地方滲透力有限：清賦分局（班）這一基本調查單位雖由外省來臺的佐雜官員掛名主導，但地方官府並無有關地方社會的地形、田園與人口等總體資訊，因此這些佐雜人員很難主導調查。實際左右調查的是熟悉地方事務的在地仕紳，而負責測量的則是出自地方社會的書弁與差役，這些地方人士雖然受到國家權力的委任從事清丈，但因切身利益的關係，往往阻撓國家權力的有效滲透，以致清賦所得的

---

43. 臨時臺灣土地調查局編，《清賦一斑》，頁 87-106。
44. 清賦總局在訂定清丈章程時，原僅將田地分成田、園兩類，但後來增加沙地一類。參見臨時臺灣舊慣調查會編，《臨時臺灣舊慣調查會第一部調查第一回報告書‧附錄參考書》（臺北：該會，1903），頁 51；臨時臺灣土地調查局編，《清賦一斑》，頁 143-144。
45. 清賦調查的具體規定，以及調查過程的諸種弊端，參見臨時臺灣土地調查局編，《清賦一斑》，頁 58-192、202-209。

田園面積遠少於真實甲數。[46]

（二）土地調查事業的實施過程

　　透過與日治初期土地調查事業的比較，可以更清楚對照出清賦事業的歷史局限性。單從政策目標來看，與清賦事業一樣，後藤新平進行土地調查的動機也是為了增加土地稅收，以強化臺灣的財稅自主性。[47] 然而，從政策定案前的前置規劃來看，土地調查事業就已體現了不一樣的統治理性。1898 年2 月，後藤新平在政策定案並加以規劃前，先後參考了幾本相關的調查報告書，包括大藏省主稅官吉井友兄的「臺灣財務視察復命書」（1896）、臺灣總督府主計課長祝辰巳撰寫的「論臺灣之形勢」（1898），以及司法省政策顧問英國法學家 M. Kirkwook 的「關於臺灣之備忘錄」（1898）。[48]

---

46. 臨時臺灣土地調查局編，《清賦一斑》，頁 159-174；並見下一節與日治初期土地調查事業的比較。

47. 日治初期，臺灣總督府的財政嚴重赤字，必須仰賴日本本國的鉅額補助金來填補。1897 年，日本國會在審議臺灣財政補助案時，就明確要求臺灣必須儘快達成財政自立。參見小林道彥，《日本の大陸政策 1895-1914：桂太郎と後藤新平》（東京：南窗社，1996），頁 73-104。

48. 吉井友兄是明治初期剛創立的帝國大學的畢業生，擔任日本大藏省主稅官時，接受大藏大臣的命令來臺調查殖民地的財政狀況，以作為日本政府規劃臺灣財政政策的依據。經過近半年（1895 年 11 月 -1896 年 4 月）的調查後，他提出長達 416 頁的報告書，其中土地稅收與改革是最重要的部分。祝辰巳也是帝國大學的畢業生，原為大藏省官僚，1896 年 4 月轉任為臺灣總督府民政局關稅課長，隔年 6 月起任主計課長，1898 年初日本國會審議臺灣財政問題而前往東京備詢，並向新任總督府民政局長後藤新平提交包含土地改革計畫的詳細意見書。以上兩人履歷參見〈吉井友兄〉，「Japan Knowledge」網站，瀏覽日期：2016 年 11 月 18 日，網址：https://japanknowledge.com/contents/jinmei/index.html；〈祝辰巳〉，「Japan Knowledge」網站，瀏覽日期：2016 年 11 月 18 日，網址：https://japanknowledge.com/contents/jinmei/index.html。W. M. H. Kirkwood 是英國法學專家，1880 年代晚期被日本司法省聘請為顧問，1897 年日本政府為決定臺灣的統治架構，請他提供政策建議，經過五個月以上的全臺各地調查後，他提供日本政府與總督府有關臺灣統治的建議書，其中也有關於土地改革的建議。參見吳密察，〈外國顧問 W. Kirkwood 的臺灣殖民地統治政策構想〉，收於國立臺灣大學歷史學系編，《日據時期臺灣史國際學術研討會論文集》（臺北：該系，1993），頁 1-27。

這些報告書與前述清賦事業時官員的政策條議，有幾個方面的重要差異：一、官員的背景明顯不同：清代臺灣官員是受傳統儒學教育、通過科舉考試的官員，任官之前並無專業的行政訓練，僅有任官過程中學習到的行政方法與經驗。與此相較，前述吉井友兄等人都是專業的官僚或顧問，受過近代專門的知識訓練，並有豐富的行政經驗。二、報告的作成方式不同：清代官員的政策建議是在劉銘傳要求提供後，極短時間內根據行政經驗提交的幾頁意見。與此相對，前述吉井友兄幾人提交的報告書，皆經長時間實地資料的蒐集與訪問調查後才提交；且報告中對於相關預算、人力、步驟、可能的結果與民眾的反應，也須提出分析，所有的說法不能是隨意的推論，須有實際資料的佐證，還須有統計上的推估。值得注意的是這些報告中，還參考了明治土地改革與正在進行中的沖繩土地調查事業的計畫。

其次，當確定要進行土地調查事業前，後藤新平更命令土地調查官員針對臺灣土地開墾歷史與土地舊慣，以及劉銘傳的清賦事業都進行仔細的調查研究，以便為即將進行的土地調查事業提供良好的背景認識，以及政策推行時的參考。其成果即臨時臺灣土地調查局出版，詳載臺灣各地開墾歷程的《臺灣土地慣行一斑》（三大冊）、有關土地舊慣的《臺灣舊慣制度調查一斑》，以及詳載清賦事業歷程的《清賦一斑》。[49]《清賦一斑》一書中，將清賦事業失敗的原因歸納為下列三點：施行上欠缺公平、徵收調查費用、以增收田賦為主要目的。後藤新平非常擔心在土地調查事業過程中會引發類似的反抗動亂，因此他在規劃土地調查時，

---

49. 臨時臺灣土地調查局編，《臺灣土地慣行一斑》（臺北：該局，1905），第一至三冊；臨時臺灣土地調查局編，《臺灣舊慣制度調查一斑》（臺北：該局，1901）；臨時臺灣土地調查局編，《清賦一斑》。

努力透過近代調查組織與技術、公債與預算制度，以及發行債券買收大租等方式，希望克服這些問題，以追求整個事業的成功。[50]

接著，討論後藤新平的預算規劃過程。清賦事業時劉銘傳基本上並沒有從中央官府，即清廷取得財政、人力的協助，或政策上的具體指令，整個清賦事業基本上完全由其主導，其與上級官府的互動，主要僅在於政策定案前上奏請求同意，以及其後各階段的成果報告而已。於此相對，殖民時期臺灣總督府雖然擁有相對自主的殖民地統治權，但在當時的近代行政體制下，所有殖民地重要政策在推行之前與執行階段皆須經中央政府相關部門的審議與同意。而想要取得行政部門與國會的同意，後藤新平必須詳細規劃政策的進行步驟、所需預算、人力需求、進行時程以及成果的推估，並在政策執行過程與結束時向上級呈報且接受審查。

後藤新平一開始的難題是如何籌措土地調查事業的龐大經費，中央政府當時財政相當困難，無法挪出預算協助其推動此項事業，為此他首先倡議以發行公債的近代財政方法來籌集所需經費。但公債的發行必須由中央政府背書與擔保，所以他必須仔細交代公債將用於推動哪些政策，並說明如何保證臺灣總督府將來的財政得以順利償還公債的本利。1898年10月，後藤帶著「臺灣事業公債草案」來到中央政府接受審議，希望中央支持發行6,000萬圓的公債，以支持臺灣推動鐵路修築、港口改造與土地調查等事業。他詳細估計這些事業若順利完成，臺灣經濟將如何改觀，並可為臺灣增加多少財稅收入，以達成臺灣財政自主的目標。最後，1899年3月臺灣事業公債法案終於審議通過，但規模縮小成3,500

50. 臨時臺灣土地調查局，〈馬尼剌政廳視察員来局ノ際説ナシタル書類〉（1903年10月19日），「後藤新平文書資料庫」（岩手：奧州市立後藤新平記念館藏），檔案號：R-28, 7-56，瀏覽日期：2017年11月28日，網址：http://tbmcdb.infolinker.com.tw/huotengapp/index。

萬圓。[51] 因此對比來說，雖然與晚清清賦事業一樣，面臨中央政府的財政困境，但後藤新平透過公債制度的籌款，終得以推動完整精密的土地調查，並避免引發類似於清賦動亂的嚴重弊端。[52]

　　至於土地調查事業的具體進程，該事業總共包括三個階段：土地調查、大租權補償、田賦改革。兒玉源太郎與後藤新平 1898 年 3 月來臺上任前，其實已與總理伊藤博文、內務大臣芳川顯正與臺灣事務局長野村政明等主管臺灣政務的中央官員，就臺灣事業公債與土地調查事業等相關政策的推動交換過意見，得到同意推動的默契，因此來到臺灣後，就開始草擬與規劃這些事業的相關法案。同年 7 月間，中央政府審議通過，包括律令 13 號「臺灣地籍規則」、律令 14 號「臺灣土地調查規則」與律令 15 號「高等土地調查委員會規則」，9 月間又通過勅令第 201 號「臨時臺灣土地調查局官制」。[53]

　　根據這些基本法令與附屬細則，臺灣總督府組成了土地調查事業的三個主要執行機構，一是臨時臺灣土地調查局，該局先由後藤新平擔任局長，但實際推動業務的是時任總督府事務官兼租稅課長中村是公，後來晉升為局長。該局負責調查事業過程的所有主要工作：包括前期的地

---

51. 臺灣事業公債利息每年 5% 以下，從 1900-1906 年共發行 15 回，45 年內陸續償還。參見鶴見祐輔著、一海知義校訂，《正伝後藤新平，決定版 3：台湾時代，1898-1906 年》，頁 204-280；小林道彥，《日本の大陸政策 1895-1914：桂太郎と後藤新平》，頁 88-102。

52. 學者咸以為財政經費的匱乏，是劉銘傳推行新政的最大障礙。參見許雪姬，《滿大人最後的二十年：洋務運動與建省》（臺北：自立晚報社文化出版部，1993），頁 118-120。但與日治初土地調查事業相比，發現問題不單純在財政的匱乏，因殖民政府同樣面對財政不足的問題，但其透過近代性的資本籌集方法來籌集所需的財政資源。另一方面，土地調查事業在財政上的順利運作，還與 1899 年 6 月後藤新平積極推動而成立的近代金融機構「臺灣銀行」有密切關係，臺灣事業公債的認購、土地調查經費融通以及大租權補償金債券的收買貸款等業務，都由剛成立的臺灣銀行來承辦。

53. 以上四條法案，依序分見臨時臺灣土地調查局編，《臺灣土地調查法規全書》（臺北：該局，1902），頁 365、373、56、1。

籍調查與土地測量、土地臺帳與地圖繪製等工作，以及後期的大租權補償與田賦改革。二是地方土地調查委員會，每個地方廳都設置一個，由廳長擔任會長，並任命 4 名委員組成。其主要工作是根據土地調查局的調查結果，查定並公告土地業主權的歸屬，即查定土地臺帳、庄圖上業主、境界、地目。三是高等土地調查委員會，由總督兒玉源太郎擔任委員長或由後藤新平代理，另由委員長任命總督府官員（6 名）與臺灣仕紳（3 名）擔任委員。該會主要負責裁決對地方土地調查委員會的業主權裁定不服之申訴案件，並為土地調查期間業主權裁定的終審機關。[54]

土地調查局首先在 1898 年 8 月到隔年 3 月間，在臺北縣三個堡進行試驗調查。1899 年 3 月《臺灣事業公債法》通過，4 月間乃開始進行正式的全面調查。從試驗調查開始，土地調查局就不斷根據調查經驗，修正實地調查的細則。同時也不斷重新設定預算、人力、每日調查面積與實施進程。劉銘傳清賦事業並無試驗調查，定案後的所有作業是全島各縣同時進行。但土地調查事業前期的土地調查部分是分區進行，由北往南依臺北、宜蘭、臺中、臺南、澎湖、臺東的順序進行調查，每個地方完成後就裁撤移往新的地區。而土地調查事業後期的大租權補償與田賦改革（1903 年 12 月至 1905 年 3 月）則是統一由土地調查本局所進行的。[55]

我們可簡單比較一下清賦事業與土地調查事業所花費的人力與時間。

---

54. 但土地調查結束後，民間的土地糾紛則按一般民事糾紛的訴訟程序，向地方法院提起訴訟審理解決。

55. 詳細進行過程參見臨時臺灣土地調查局編，《臨時臺灣土地調查局第一回事業報告》（臺北：該局，1902）；臨時臺灣土地調查局編，《臨時臺灣土地調查局第二回事業報告》（臺北：該局，1903）；臨時臺灣土地調查局編，《臨時臺灣土地調查局第三回事業報告》（臺北：該局，1904）；臨時臺灣土地調查局編，《臨時臺灣土地調查局第四回事業報告》（臺北：該局，1905）；臨時臺灣土地調查局編，《臨時臺灣土地調查局第五回事業報告》（臺北：該局，1905）。

清賦事業從清賦總局開局到廢局總共花費 6 年 2 個月，而各地實際進行清賦作業為 3 年 4 個月；土地調查事業從土地調查局開局到裁撤總共花費 6 年 7 個月，但各地前期的土地調查作業約各花費 1 年左右，加上後期的大租權補償與田賦改革作業，則與清賦事業一樣花費約 3 年 4 個月。至於人力，土地調查局有過精確的統計，各階段僱用的工作人員人數不定，最高時達 1,256 人，乘以每人實際工作天數，實際總投入人力 1,471,534 人次。[56] 總經費 5,354,985 元，其中大租補償金額將近 3,779,479 元，扣除補償金後，實際調查與行政費用高達 1,575,506 元。[57] 這樣看來，土地調查事業的使用人力僅為清賦事業人力的 1.06 倍，差異不大，而調查費用（不含大租補償金）則為 3.23 倍。然而，兩個事業性質的差異不僅在於動員人力與經費的多寡，更在於調查組織、調查方法與人員專業上的差異。

土地調查組織原本是以本局—支局（縣、廳）—派出所（1 堡 1 所或數所）—調查班的體系組成，但後來因 1901 年 11 月地方行政制度修正（3 縣 4 廳改為 20 廳），因此支局部分改為一個辦事處統領數個廳的業務。每一個派出所基本上有事務官、屬（監督員）、技手（基線員）各 1 人，以及幾個調查班組成。實地進行調查的調查班，則由屬（調查員）、技手（丈量員）、雇員各 1 人組成，並有通事（翻譯）、人夫（腳夫）組成。另外，調查班並非獨自進入地方社會進行作業，而是配合地方上的清丈委員與街庄長來進行其調查工作。

---

56. 中村是公，《臺灣土地調查事業概要》，頁 52。
57. 1905 年 10 月分出版的土地調查事業報告，參見臨時臺灣土地調查局編，《臨時臺灣土地調查局第五回事業報告》，頁 193-195。另外，1905 年 4 月間，中村是公在有關土地調查事業的演講中提出的相關數額略有差異，該報告中總經費 5,225,890 圓，大租補償金 3,782,943 圓，扣除大租補償金的調查與行政費用則為 1,440,947 圓。參見中村是公，《臺灣土地調查事業概要》，頁 129、132。本文以前者為準。

土地調查流程主要分成幾個部分：土地申報、土地測量、大租權調查、地位等級及收穫調查。首先，地方上的清丈委員接受調查班日本調查員的指揮，由街庄長陪同向土地業主（小租戶）收集土地契據等資料，並完成土地申告書的初步填寫，土地申告書內須完整填寫土地原有地號、等則、田賦，以及大租的種類、數額、大租權利人的姓名住所，土地如由佃人耕作，須申報小租數額，自耕者須填寫每年收穫量。調查班的日本調查員必須實地檢查土地申告書的內容，確定其正確性，並須進一步整理街庄與土地境界等資料。調查員整理完成一筆一筆土地的申告書等資料，是土地調查過程中最重要的基礎資料，後續的土地測量、大租權調查與地位等級，以及收穫調查都是以其為基礎進一步整理而成。

土地丈量員的工作則是根據土地申告書等資料，進行土地的測量（位置、境界與面積）與繪圖工作，測量方法採用最新的測量工具與三角測量等所作成，力求提高每一筆土地面積的精確度。但土地調查局不僅追求土地地籍的精確性，還希望同時完成精確的全島性地圖，因此除了調查班的土地測量外，臺灣總督府另外委請日本陸軍測量部在臺灣進行精密的三角測量、圖根測量、水準測量工作。[58] 同時，為了追求土地測量與地圖製作的精確性與效率，土地調查局還曾分三期修正土地測量與繪圖方法的細則規定。[59]

---

58. 臺灣之所以進行這些測量，係參考同時進行中的沖繩土地調查事業的作法。日本帝國在日本內地、沖繩與各個殖民地先後推動土地調查事業，各自所運用的土地測量與地圖製作的技術，相互間有著密切的承繼關係或者交流，參見小林茂，《外邦図：帝国日本のアジア地図》（東京：中央公論新社，2011），尤其〈第六章　植民地の土地調査事業：台湾・朝鮮・関東州〉，頁 159-177。

59. 以上調查方法與改變之沿革，參見〈第四章　調查方法〉，收於臨時臺灣土地調查局編，《臨時臺灣土地調查局第一回事業報告》，頁 31-59；〈第四章　調查方法〉，收於臨時臺灣土地調查局編，《臨時臺灣土地調查局第二回事業報告》，頁 36-50；〈第二章　調查方法〉，收於臨時臺灣土地調查局編，《臨時臺灣土地調查局第三回事業報告》，頁 6-50。

以上土地調查事業的組織與調查過程，顯示了該事業的科層理性特徵，而這一理性則是奠定於鉅細靡遺的法律規定之上，這些規定大部分收錄於當時土地調查局編寫、厚達8百餘頁的《臺灣土地調查法規全書》。其目錄共分成兩編，第一編：含組織權限、任用分限、官等俸給旅費、服務懲戒、服制禮式、恩給扶助、文書統計報告、會計等類別；第二編：通規、調查、測量、三角測量、監督、雜項等類別。每個類別又包括命令與規則等條目，合計約8百餘個法規。這些規定鉅細靡遺規定了調查過程如何認定土地權利（大小租、典賣）關係，如何進行測量的業務、如何製作堡圖與地籍圖冊、還有相關人員如何監督調查與測量人員的實際作業，且針對土地調查局人員的出勤、經費使用或傷病撫卹等所有事宜也都有詳細的規定。[60] 與清賦事業的粗疏規定和家產官僚制文化相比，殖民政府發布的這一連串成文的近代法規命令，系統性的組織了調查機構並統整調查人員的行動邏輯，促成了調查流程與行動的統一化與理性化。

　　進一步來說，土地調查事業的科層理性特徵，還體現在其對各種調查人員的專業要求之上。首先，負責調查與測量的屬（調查員）和技手（測量員），須受過正式學科教育，尤其必須具備相關工作所需的調查與測量技術，這些人員清一色是日本人。土地調查局首先從臺灣總督府的離職或現職人員中募集，但僅能招募到少數人員。接著，乃派員到日本募集，主要向陸軍測量部與政府各官廳，以及鐵道公司等民間機構招募相關作業的人才，但人數仍不足；其後，直接向日本教授測量技術的學校，如工手學校、攻玉社、順天求合社等招募畢業生。另一方面，由於人數

---

60. 臨時臺灣土地調查局編，《臺灣土地調查法規全書》。

仍不足，乃進一步招考擁有技術的見習生。應考人必須擁有中學畢業生的知識程度，考試科目包括數學（算數、代數、幾何、平面三角圖）、圖畫學（幾何畫法、徒手畫），考試相當嚴格，錄取率僅有三分之一。且見習生在實際負責工作之前，須經六個月的技術訓練並通過考試後，方能擔任正式的調查測量人員（技手）。[61]

其次，調查班中協助調查與測量工作的輔助人員，即雇員、通事（日語與臺灣方言間的翻譯）等，主要也是招募與招考日本人來擔任，一樣有教育程度與專業能力上的要求與訓練。同時，土地調查局考量到招聘一些臺灣人擔任輔助人員，可有疏通日本與臺灣人間意見的效用，因此曾委託各地日本人知事與廳長，募集國語傳習所（教授日語學校）畢業的臺灣人。但這些臺灣人募集生在擔任工作之前，亦須學習以下各種專業知識長達半年：1、土地調查相關諸規則；2、加減乘除速算；3、與業主相關之證明資料調查之手續；4、申告書處理方法與手續；5、丈量及製圖要點；6、地目及境界調查之手續。[62]

最後，我們注意到土地調查時，擔任調查主體的日本調查人員，除了有前述部分臺灣人雇員與通事的協同作業外，也相當依賴臺灣人清丈委員、街庄長與人夫的協助，這些人的數量實際上還比日本調查人員為多。前述的清丈委員與街庄長，背景與清賦事業中的地方仕紳類似，而人夫則與前述的差役和腳夫類似。但這些臺灣人在土地調查事業中，已很難有如清賦事業中一樣的舞弊空間了。一方面，調查過程的統一性已大幅提高：在科層官僚制的土地調查組織中，所有人員的具體作為與薪

---

61. 有關土地調查技術人員的招募過程，參見蔡龍保，〈日治初期臺灣總督府的技術人力之招募：以土地調查事業為例〉，《國立政治大學歷史學報》35（2011.5），頁75-143。

62. 蔡龍保，〈日治初期臺灣總督府的技術人力之招募：以土地調查事業為例〉，頁82-83。

資報酬都受到統一與成文的法律規定所規範，隨時有上級人員對其業務加以監督與查核，加上分工明確的關係，因此臺灣工作人員很難有僭越職務與作假舞弊以謀取私利的空間。

另一方面，科層官僚制的專業知識確保了國家權力對地方社會的有效滲透：清賦事業時官僚對於地方社會與人民和土地的資訊僅是零星與局部的，所以地方仕紳與人民可以透過資訊的不對稱蒙蔽地方官員的監督（下級官僚也是如此逃避上級之稽核）。譬如清賦時調查人員僅針對個別的耕地進行測量，並未調查範圍內所有土地面積的整體測量，也沒有近代複核的方法可以查對個別面積測量是否作假或測量錯誤的機制。但近代專業知識加強了權力運作的綿密性，杜絕了下級人員逃避監督的可能性，譬如可以透過某一區塊面積的總和來複核單一地塊的面積，完全杜絕了單一測量調查人員在測量單一地塊土地面積時弄虛作假的可能性。[63]

清賦前後，清代官員與地方民眾的關係都維持一種間接支配的關係，國家須透過各種地方菁英間接統治一般人民。[64] 地方仕紳、總理、街庄長等地方菁英層表面上由官方所任命，但實際上清代國家權力缺乏下層結構權力（infrastructural power），缺乏對於地方社會的直接滲透力，以至於需要地方菁英的協助才能間接控制地方社會與一般人民，因此地方菁英實際上是分享了國家權力的一部分，而非只是國家權力所有效控制的執行工具。地方菁英的這種權力具有兩面性，一方面可以經由統合與代

---

63. 臨時臺灣土地調查局編，《清賦一斑》，頁 155-158、171、184-185、202。

64. 李文良考察清賦事業時所附帶推動的裁隘政策，發現清賦後地方官府的地方治理效能並未提升，而是更加依賴地方仕紳來推動相關政策。參見李文良，〈十九世紀晚期劉銘傳裁隘事業的考察：以北臺灣新竹縣為中心〉，《臺灣史研究》13：2（2006.12），頁 87-122。

表地方社會，以抵抗國家權力對於地方社會的控制與支配；另一方面也在某些時刻以代表國家權力為奧援和藉口，支配與控制地方社會藉以謀取私利。[65]

與此相對，日治初期殖民政府雖然利用保良局、紳章、街庄長、參事、保甲等與清代類似的制度，任命本地菁英協助日本殖民官員統治殖民地人民。然而，隨著近代國家統治理性的確立，殖民政府與這些菁英之間的互賴關係已經改變，國家權力在性質與量上都已足以有效監控地方菁英，並且可以穿透地方菁英的掣肘以直接支配個別人民。[66] 以表面上模仿延續自清代臺灣的保甲制度來說，日治時期的保甲長在近代行政與警察制度的控制下，已經失去了抵制甚至中飽國家權力的空間，不只因為地方行政人員和警察的機構與人數比起過去的地方官員與胥吏、差役多得多，更重要的是這些近代國家的行政與警察人員擁有近代統治理性，可以有效監控地方菁英在協助執行國家權力時的中介活動。[67]

總之，在清代土地調查過程中呈顯出來的不僅如江丙坤所謂，「由於期間短促，加上人才不足，技術又未發達，故並不能說得到正確的地籍，

---

65. 依 Michael Mann 的分析，傳統中國是個專制權力（despotic power）強大，但下層結構權力軟弱的國家。即清代國家在政策決定時具有相當大的自主性，可以不用理會地方社會的壓力與意見，但國家對於地方社會的滲透能力非常有限，地方行政極為鬆散，政策執行效能相當有限。參見 Michael Mann, *The Sources of Social Power: Volume 1, A History of Power from the Beginning to AD 1760* (New York: Cambridge University Press, 1986), pp. 169-170.

66. 日治時期殖民政府如何建立對臺灣社會新的政治支配方式，參見吳密察著、帆刈浩之譯，〈台湾史の成立とその課題〉，收於溝口雄三、平石直昭、浜下武志、宮嶋博史編，《アジアから考える 3：周緣からの歷史》（東京：東京大学出版会，1994），頁 222-225；若林正丈著、許佩賢譯，〈試論如何建立日治時期臺灣政治史的研究：戰後日本研究成果的一個反思〉，收於若林正丈著、臺灣史日文史料典籍研讀會譯，《臺灣抗日運動史研究》（臺北：播種者出版股份有限公司，2007），頁 421-441。

67. 有關保甲制度的討論，參見劉恆妏，〈日據時期臺灣之保甲制度〉，《法律學刊》24（1994.6），頁 169-189；洪秋芬，〈日治初期葫蘆墩區保甲實施的情形及保正角色的探討（1895-1909）〉，《中央研究院近代史研究所集刊》34（2000.12），頁 211-213、215-268。

且境界、面積計算、地位等則的決定，臺帳、地圖等的繪製等，就目前的水準來說，實問題重重，甚至被日本改賦當局批評為『甚幼稚』」。[68] 更重要的是在這個過程中，牽涉的國家統治體制轉型問題。在清賦事業中，劉銘傳仍然以傳統家產官僚制政權調動地方仕紳與菁英的協助，推動耕地面積的清查，以便達成增加土地稅收的目的，在這個過程中國家沒有能力穿越地方菁英設置的權力滲透障礙，而仍維持傳統的間接統治格局。與此相對，殖民政府透過專業的科層官僚（警察體系、土地調查體系）有效的控制了協力的地方菁英，使其成為正式官僚行政體系的一部分，國家權力從此得以如近代民族國家一樣，直接將其統治權力滲透至地方上的個人與其土地等財產之上。[69]

三、清賦與土地調查事業的結果與其影響：
兩種土地行政與法律文化的對比

　　有關清賦事業與土地調查事業的實施結果與其影響，過去學界只注意兩者都清查出大量隱田、增加土地稅收，並皆有改革一田二主制、以建立近代一田一主土地制度的改革。然而，如果我們比較兩個事業的土地行政內容與其對於法律文化的具體影響，將會發現兩個事業雖有表面上的連續性，但更潛藏著顯著的斷裂性。

---

68. 江丙坤，《臺灣田畝改革事業之研究》，頁 24。
69. 但與姚人多的說法不同的是，殖民政府的新型統治理性並不是僅由殖民者用於控制殖民地人民。而是首先用於殖民者對自身官僚成員的有效規訓與控制，然後進一步用於控制臺灣的領導菁英，再經由殖民地官僚與本地菁英的協助，有效地將國家統治直接穿透地方社會而及於一般人民身上。

（一）清賦事業的調查結果與影響

　　清賦之前，臺灣舊有課稅土地面積僅 7 萬餘甲，地稅額將近 44 萬圓。清賦完成後，課稅土地面積增加為 42 萬 6 千餘甲，地稅額約 97 萬圓。[70]換言之，課稅田園面積增加近 5 倍，地稅額增加 1 倍多。然而，課稅面積的增加不完全如過去所說的是因為清查出大量隱田，而是因為劉銘傳改變了土地稅制，將原本無須納稅的熟番保留區與隘墾區耕地都轉變為納稅田園。[71]另一方面，原先由熟番保留區與隘墾區的免稅田園交納的屯租與隘租所支應的屯番與隘丁的薪資，清賦後則改由國家的土地稅收中來支應，這些負擔依估計至少需要 250,000 元。[72]

　　其次，清賦作業後土地稅的繳納方式也有部分改變。學界過去認為：劉銘傳在清賦事業之時，原本有意廢除大租權建立一田一主的所有權體制，但因大租戶的集體反對以致政策胎死腹中，改採「減四留六政策」，即改由小租戶繳納土地稅，但未全面廢除大租權，僅規定大租減收四成以補償小租戶的承糧。然因南部地區大租權成立情形與大租數額與北部不同，減四留六政策未在南部施行，該地區仍由大租戶承糧，並由小租戶酌量補貼大租戶繳稅。但如晚近李文良研究指出，劉銘傳的清賦事業並不存在廢除大租戶的想法，該說法乃是土地調查事業為了正當化廢除

---

70. 中村是公，《臺灣土地調查事業概要》，頁 19、33。
71. 劉銘傳，〈臺畝清丈將竣擬仿同安下沙定賦摺〉（光緒 13 年 9 月 24 日上奏），頁 307-311。
72. 清賦後，臺灣北路、中路、宜蘭、恆春的隘勇合計 9 營，以每營 400 名隘丁計算，保守估計需 3,600 人的話，以每名隘丁月餉 3 兩 5 錢計算（每銀兩 1.43 銀元），若加計各營什長、哨官較高之薪餉，清賦後開山撫番的隘防武力需耗費經費至少約 250,000 元。參見王世慶，《清代臺灣社會經濟》（臺北：聯經出版事業股份有限公司，1994），頁 383-387、411。

大租權的新政策，所創造出來的說法。[73] 本文的考察，進一步發現包括劉銘傳在內的各級官員對於一田二主的傳統制度並未有任何意見，也沒有建立近代土地所有權的現代性想法，而只是念茲在茲於如何適度增加土地的稅收，劉銘傳有關大租的批判說詞與納稅方式的改革不過是試圖增加稅收的想法與作法。

另外，清代臺灣的地方行政單位依其層級，由上而下最上層為廳／縣，其下分成若干里／堡（少數廳縣分為鄉、澳），堡下又分成若干街／庄，即一般自然村落或街市。各街／庄、堡與廳縣的面積大小和人口數頗不一致，並無一定劃分標準。土地清丈完成後，各清賦縣局利用傳統的繪圖方法調製庄圖、總圖、散圖、堡圖與縣圖，即以圖示方式明確界定各廳縣的管轄範圍，以及縣內街庄／里保的座落與四至界線。理論上，這些圖冊可具有：「以縣統堡、以堡統庄、以庄統區，復以區圖統田園之坵段」的功能。[74]

同時，各清賦縣局還利用清丈結果與以上圖冊資料，進一步製作八筐魚鱗冊、簡明總括圖冊及歸戶冊等土地帳籍資料，作為徵收縣內土地業主田賦的依據。[75] 其中所謂八筐魚鱗圖冊是最重要的土地調查基礎資料，該資料的製作方式為清丈繪圖人員在每張紙上劃分為八區，每一區（即筐）內記入一筆土地資料，因一筆一筆土地並列形狀肖似魚鱗，這

---

73. 李文良，〈晚清臺灣清賦事業的再考察：「減四留六」的決策過程與意義〉，《漢學研究》24：1（2006.6），頁 387-416。
74. 清丈圖冊的製作過程如下：「圖冊，有各班委員於實地調查之時繪製者、有清賦縣局繪製者。各班委員所繪製之圖冊有三：一曰區圖（又名總圖）、二曰散圖、三曰庄圖。以田園坐落地方之山河、道路、溝渠等天然之界限為一區域繪成一圖，是為區圖；一區圖中分為若干坵，每坵繪一細圖，是為散圖；集合若干區圖繪成一庄之全圖，是為庄圖。以上三圖由委員繪成之後，即送呈縣局；復由縣局集合若干庄圖製成堡圖、集合若干堡圖製成縣圖。」參見程家穎著、臺灣銀行經濟研究室編，《臺灣土地制度考查報告書》，頁 13-14。以上這類圖冊的圖示，參見臨時臺灣土地調查局編，《清賦一斑》，頁 121-138。

一張張土地帳籍集成資料乃稱為八筐魚鱗圖冊。而每一筐中的土地資料，包括該筆土地本身的地號以及東西南北四至相鄰的地號，還有該筆土地的田園面積、等則、稅糧數額、所有人姓名、土地所在與形狀等資料。[76] 最後，各清賦縣局根據魚鱗圖冊，發給縣內土地業主（繳納土地稅者）一筆筆土地的丈單，以作為其管業依據。並規定土地買賣時，應將丈單「隨契流交，推收過割」，以便更新該筆土地的管業資訊，藉以維持土地帳籍資料的正確性。[77]

　　清賦事業完成後，理論上如果以上各種圖冊資料調查與製作是正確的，同時嚴格執行推收過割等土地行政手續以維持資料的正確性，地方官府應可透過土地圖冊與帳籍資料，有效掌控各級地方行政空間範圍與人民田園財產分配等資料；並可相當程度提升地方行政、尤其土地行政的理性化程度，建立對地方行政領域內單一家戶與個別人民的直接支配

---

75. 八筐魚鱗冊等其他地籍圖冊的製作方式與用途如下：「魚鱗冊，本各班委員所製之散圖而填載之；凡田園之界址、甲數、則別及業主之姓名等皆記入之。總括簡明圖冊，專記一堡、一里之田園甲數及地賦之總額等，共製七部；一部存縣，餘六部送呈戶部、福建總督、臺灣巡撫、臺灣布政司、臺灣道及該管府衙門，以便與每年收入之賦額核對。遇有風災、水害應免賦者，則記明於其項下，以定蠲免。歸戶冊，以戶統田；每一戶立一柱，將其所有之田園甲數集載於其柱下，以為徵收賦稅之用。」參見程家穎著、臺灣銀行經濟研究室編，《臺灣土地制度考查報告書》，頁 14。以上這類圖冊的圖示，參見臨時臺灣土地調查局編，《清賦一斑》，頁 139-152；並可參見林玉茹，〈由魚鱗圖冊看清末後山的清賦事業與地權分配形態〉，《東臺灣研究》2（1997.12），頁 131-168。

76. 臨時臺灣土地調查局編，《清賦一斑》，頁 119-140；中村是公，《臺灣土地調查事業概要》，頁 26-27。

77. 「丈單者，業主永遠管業之證明書也。於丈量完竣之時，由清賦各局依式填寫聯單，一給業戶收管、一繳布政司衙門保存。遇有土地業主變更之時，由各縣詳請布政使一一更正。凡業主姓名、坐落地所、田園等則、地積甲數等，皆記入丈單之內。並規定嗣後如有典賣，應將此單隨契流交，推收過割。劉氏最初之計畫，僅認小租戶為業主；故惟小租戶始得領取丈單。嗣因計畫不行，乃認大租戶亦得領此單。其領單標準，即以國賦之所歸定之。如賦歸定大租戶完納，則大租戶承領丈單，而小租戶則另發印照；歸小租戶納賦者，反是。」〔按：底線為筆者所加。〕參見程家穎著、臺灣銀行經濟研究室編，《臺灣土地制度考查報告書》，頁 18-19。清賦丈單的圖示，參見臨時臺灣土地調查局編，《清賦一斑》，頁 281。

能力。然而，就如清代前、中期臺灣地方官府屢次進行的局部土地清丈事業一樣，清賦完成後，地方官府的土地行政理性化程度雖有某個程度上的提升，但並沒有完成真正的近代化轉型，而是仍然維持原來原額主義的疏放式行政邏輯。[78]

這一方面是因清賦事業的土地清查成果有很大的闕漏，同時採用傳統方法製作的地圖與土地帳籍資料也不夠精確，因而在參照利用、修正或保存上都有很大的限制（參見以下土地調查事業結果的比較）。但更重要的是，因為清賦後臺灣地方官府的土地行政組織與文化並無改變。首先，雖然地方官府規定土地買賣後必須主動向官府申報業主權的變動狀況，以維持魚鱗圖冊等帳籍資料的正確性，並作為官府保護民人土地產權的先決條件。但因地方官府仍沿用傳統的戶房胥吏與糧差等家產官僚制行政人員，來執行土地帳籍管理與徵稅等土地行政作業，這些胥吏差役通常收賄舞弊而未切實執行推收過割任務。[79] 即使執行了這些任務，他們也不會把契稅與相關資訊據實上報官府，並依照規定更改魚鱗圖冊上的產權資訊，而是將這些個人帳冊與產權變動資訊當作職業秘密與個人家產。[80]

---

78. 有關清朝原額主義的疏放式行政，參見岩井茂樹，《中國近世財政史の研究》（京都：京都大学学術出版会，2004），頁 1-117。

79. 清代契稅與過割制度規定流於空文的情況，參見臨時臺灣舊慣調查會編，《臨時臺灣舊慣調查會第一部調查第三回報告書：臺灣私法・第一卷（上）》，頁 212-228。

80. 清代臺灣的糧差等職位本身是一份家產，可以將其傳給自己的家族成員繼承。其他人想要取得該職位，除了表面上須經過官方的正式任命程序外，最重要的需要向前一位任職者購買其職位，取得其同意，並取得其手中所有與執行職務相關的個人帳冊資料，方能承充該職位。各種職位價格，則由該職位所能收取的規費與收益所決定。參見施添福，〈國家、里保與地域社會：以清代臺灣北部的官治與鄉治為中心〉，發表於中央研究院臺灣史研究所主辦，「族群、歷史與地域社會」學術研討會（臺北：中央研究院人文社會科學館北棟 3 樓第一會議室，2007 年 12 月 20 日），頁 28-41。

換言之，在家產官僚制的土地行政組織與文化下，清賦後地方官府掌握的魚鱗圖冊雖對清賦當時的土地產權與土地等則有了最新的掌握，但隨著田園產權的繼承與分割，各種典賣、續墾活動的展開，還有水利開展與生產力的變動，基本不變的官府地籍圖冊很快就與實際狀況不符。因此，清賦之後不久，官府與上層官員手邊即無正確的魚鱗圖冊以掌握土地產權的實際變動狀況，也無法實際指揮胥吏差役的土地稅收作業，只能要求其繳納各自負責區域內長期定額的土地稅額。換言之，官府的土地行政仍然維持清朝傳統的原額主義行政。[81]

　　其次，前面提到清賦事業並未建立近代一田一主的土地所有權制度，不但沒有成功廢除大租戶，且改由小租戶納稅的政策也僅在中北部實施，因此全島各地的土地徵稅方式仍然相當歧異。另一方面，清賦之後，無論在沿山地區的新隘墾區或平原地區零星續墾的地區，都仍有新的一田二主關係的創生。換言之，地方官府仍然放任民間的開墾組織創設新的大小租關係。[82] 因此，清賦過後國家利用土地開墾組織間接管理土地開墾活動的模式並未改變，傳統一田二主的土地生產方式不但沒有太大的改

---

81. 清代臺灣傳統土地行政文化的運作方式與弊端，參見林文凱，〈「業憑契管」？：清代臺灣土地業權與訴訟文化的分析〉，《臺灣史研究》18：2（2011.6），頁 7-16。

82. 清賦之後，臺灣各地拓墾活動中新成立的大、小租關係，參見以下開墾契約文書。臺灣銀行經濟研究室編，《清代臺灣大租調查書》（文叢第 152 種，1963；1904 年原刊），頁 175-176、281；〈杜賣刀山崙份園分字〉，《臺灣總督府檔案抄錄契約文書》（臺北：國立臺灣大學數位人文研究中心藏），號碼：cca100003-od-ta_01516_000007-0001-u.xml，「臺灣歷史數位圖書館資料庫」，瀏覽日期：2017 年 11 月 18 日，網址：http://thdl.ntu.edu.tw/THDL/RetrieveDocs.php；〈杜賣盡根山業水田以及茶欉契字〉，《臺灣總督府檔案抄錄契約文書》，號碼：cca100003-od-ta_01516_000124-0001-u.xml，「臺灣歷史數位圖書館資料庫」，瀏覽日期：2017 年 11 月 18 日，網址：http://thdl.ntu.edu.tw/THDL/RetrieveDocs.php；〈分管圖約字〉，《臺灣總督府檔案抄錄契約文書》，號碼：cca100003-od-ta_01516_000039-0001-u.xml，「臺灣歷史數位圖書館資料庫」，瀏覽日期：2017 年 11 月 18 日，網址：http://thdl.ntu.edu.tw/THDL/Retrieve Docs.php；黃富三等解讀，何鳳嬌、林正慧、吳俊瑩編輯，《霧峰林家文書集：墾務、腦務、林務》（臺北：國史館，2013），頁 9。

變，且這樣的土地關係仍然持續創生出來。

最後，清賦事業對於田土管理的影響，還與土地舊慣和土地紛爭解決這兩個土地法律文化層面有關。在土地舊慣部分，如前所述，清賦之後除了中北部地區改由小租戶承糧之外，國家並未制定成文的土地法令來全面規範土地關係，而是仍然放任以舊有的一田二主土地舊慣來規範各種土地權利關係（如產權、繼承、租佃、典賣等）。而在土地糾紛解決方面，人民一般仍經由民間公親調解或地方官府的土地訴訟等方式來解決糾紛，無論民間公親或官府官員基本上都認可地方土地舊慣的法律正當性，同意應依照地方土地舊慣來解決紛爭。然而，民間土地舊慣並未成文化，也無公正機構與人士可以確認舊慣內容，常淪為各說各話的混亂中；同時，地方官府亦無近代土地帳籍與登記制度，往往難以協助釐清土地產權的明確歸屬；另一方面，晚清臺灣社會充斥地方武力，地方官府的公權力不足，且無針對民事裁定的強制執行程序，官員即使做出合理的調解或裁定，也很難獲得有效執行。

因此，清賦之後，即使民間公親與地方官員都同意應按照「業憑契管」的土地舊慣來解決，但糾紛事實與相關舊慣的認定並不容易，總有可以爭論的空間，且在傳統的糾紛調解文化下，民間公親或官員往往都以討價還價的調解方式來解決。這種解決方式常曠日廢時，最終的解決結果往往是當事人社會勢力比拚的結果，經常較有利於社會勢力較大者，因此這種法律文化很難說是有效率地保護土地財產權。[83]

---

83. 清代臺灣淡新檔案的土地訴訟分析顯示，雖然國家與民間社會都同意業憑契管的原則，但因官方土地行政制度與民間土地契約習慣的運作效能有限，加上清代國家下層結構權力相當有限，導致土地法律文化運作效能不佳，無法有效保障土地財產權。參見林文凱，〈「業憑契管」？：清代臺灣土地業主權與訴訟文化的分析〉，頁 1-52。

（二）土地調查事業的結果與影響

　　土地調查事業對臺灣的平原地區進行了全面的調查，除調查清賦事業所清查過的田、園類型的面積外，對房屋建地、山林、原野、池沼、祠廟地基、宗祠地基、墳墓地、雜種地等其他土地類型也進行了詳細的測量。表一為土地調查事業與清賦事業成果之比較，單以田、園面積來說，前者即增加了 42%，間接顯示土地調查事業遠高於後者的調查能力。

表一　清賦事業（舊）與土地調查事業（新）的成果比較[84]

地目	舊甲數	新甲數
田	214,734	313,693
園	146,713	305,594
建築物地基		36,395
其他		122,168
合計	361,447	777,850

資料來源：中村是公，《臺灣土地調查事業概要》，附表第 38 號。

　　1904 年 5 月，土地調查事業完成後，殖民政府仿照明治維新土地改革的「秩祿處分」作法，以公債買收的方式買銷了所有大租權。[85] 根據調查結果，當時的大租總額約有 107 萬餘圓，總督府以 367 萬餘圓全數買收，並規定不准再行創設大租權。因此，此後臺灣每一塊田園只有一位地主

---

84. 但同書另說清賦後課稅田園面積為 42 萬 6 千餘甲，參見中村是公，《臺灣土地調查事業概要》，頁 16。

85. 秩祿處分，指日本明治土地改革時，透過發行公債的方式買銷貴族階層土地權利，藉以廢除多重地權，建立近代土地所有權的作法。參見奧田晴樹，《明治国家と近代的土地所有》（東京：同成社，2007），頁 46。

（原小租戶），確立了近代一田一主的土地所有權制度。買收大租權後，繼續進行改賦作業，土地稅的總額從 97 萬圓，增加兩倍為 299 萬圓。扣除被買銷的大租額，小租戶實際多負擔的土地稅額僅約 1 倍。嚴格說來，總督府並未增加土地稅率，土地稅額增加 1 倍係因清查出 42% 左右的隱田所致。[86]

另方面，土地調查事業還完成了兩套對於臺灣的地方行政與土地行政非常重要的圖冊資料：「臺灣堡圖」與「土地臺帳」。首先，是臺灣堡圖這一套全島性的精密地形圖與地方行政圖。土地調查事業時，總督府不僅進行平原地區全面性的土地調查與測量，同時配合三角測量與圖根測量，把一筆一筆土地的調查結果整合為共 37,869 幅的大比例尺（1/600-1/1200）庄圖（即「地籍圖」）。由於經過三角測量與圖根測量的校正，這些平面測量所得的小範圍庄圖，可以在保持各地位置和距離正確的前提下，進一步縮編、連接調製成涵蓋數十街庄的比例尺二萬分之一的堡圖。這些最後製作完成的 464 幅堡圖即所謂的「臺灣堡圖」。這是一套同時結合土地調查、地籍測量與地形測量成果的地形圖，上面除了有精確的經緯度之外，也以符號和文字詳細註記了地形、地貌、土地利用、地名、聚落名稱、聚落邊界、街道、水圳等詳細地表資訊。並且，這一套圖還詳細描繪了各級地方行政街庄／堡里／廳縣等界線，所以也是一套精確的地方行政圖。[87]

第二套是土地調查作業時完成的土地臺帳與歸戶冊等地籍資料。透過土地臺帳，總督府可以充分確認每一塊土地的所有權者，以及土地四

86. 臨時臺灣土地調查局編，《臨時臺灣土地調查局第五回事業報告》，頁 90-168。

87. 施添福，〈「臺灣堡圖」：日本治臺的基本圖導讀〉，收於臺灣總督府臨時臺灣土地調查局調製，《臺灣堡圖》（臺北：遠流出版事業股份有限公司，1996），頁 1-8。

至界線、利用方式、面積、等則、價值等客觀資訊；又可透過歸戶冊等資料，彙整每一位土地所有者的所有土地財產之價值與其詳細方位。值得注意的是，進行土地調查事業的同時，殖民政府也在臺灣規劃了第一次的全島性戶口調查，1905 年完成的戶口調查資料，詳細記載每一家戶的人口、居住地、性別、年齡、婚姻、使用語言、教育程度、種族、鴉片吸食、纏足、盲啞、就業等資訊。並且，戶口調查其實是以土地調查事業為基礎，因為戶口調查員進行家戶調查前須要先給定該戶人家的「戶籍番號」，而該號碼其實就是土地調查完成後所設定的「地籍番號」。[88]

　　關於土地調查事業完成的臺灣堡圖與地籍圖冊等成果的意義，臺灣歷史地理學者施添福做了很好的概括，他認為這些資料的有效運用，使得總督府能夠「在『以圖統地』的基礎上，設計出各種『以地統人』制度，而使臺灣進入所謂『數字管理』的時代」。[89]不過，對於臺灣堡圖、土地臺帳與前述清賦事業成果之間的關聯，與過去強調兩個事業關聯性的學者一樣，施添福也誤認為兩者具有很強的連續性。他認為劉銘傳的清賦事業已具有「以圖統地」的理念，認為其在臺灣的地籍管理和土地制度史上具有「劃時代的意義」，「只因限於清丈時間和經費，未能運用現代完整的測量技術，以致效果大打折扣」；他並認為劉銘傳這一理

---

88. 有關臺灣戶口調查的進行過程，可參考日本統計調查史研究者佐藤正廣有關該事業的詳細分析，不過，他未曾注意到戶口調查與土地調查事業間的密切關聯。參見佐藤正広，《帝国日本と統計調查：統治初期台湾の專門家集団》（東京：岩波書店，2012），頁 197-248。有關日治初期土地臺帳與戶籍資料間的密切關係，有施添福以蘭陽平原為例的說明。參見施添福，《蘭陽平原的傳統聚落：理論架構與基本資料（上）》（宜蘭：宜蘭縣立文化中心，1996），頁 30-78。

89. 「以圖統地」，指透過堡圖與地籍圖冊控制地方行政空間與土地資訊；「以地統人」，則指透過與地方空間相關聯的土地資產和戶口資料控制地方人民。參見施添福，〈「臺灣堡圖」：日本治臺的基本圖導讀〉，頁 5。

念被殖民政府充分吸納，「並轉化為更為完善的土地調查和測圖方法」，最後得以完成「具有特殊意義和功能」臺灣堡圖與地籍圖冊等調查成果。[90]

　　與其他學者一樣，這一說法把先後發生的兩個事業之間的必然關聯，誤解為制度上的連續性，同時也把表面上類似的事物，誤以為具有類似的施行理念。施添福沒有注意到的是，清賦事業所進行的保甲調查、土地調查的技術仍是明清以來的傳統技術，且地圖與地籍圖冊等成果也是傳統的類似產物。劉銘傳的清賦事業，與明清時代的魚鱗圖冊和黃冊等土地與人口圖冊資料的編造一樣，都僅是一次性且不精確的土地與人口調查，並未具有新的統治理念。[91] 施添福沒有注意到的是，如上一小節所述，清賦事業的調查成果並沒有造就晚清臺灣地方行政與土地行政的歷史轉型，之所以如此不是因為土地調查的技術落後以及調查成果不精確所致，而是因為在調查過程以及調查完成後的成果利用，劉銘傳等統治者既沒有「以圖統地、以地統人」的統治理念，也未曾發展得以將這些近代統治理念加以落實的近代行政與法律體制。

　　事實上，土地調查事業的成功不僅在於透過近代調查組織與方法所獲的精確調查成果，更重要的是建置了得以有效保存與利用這些調查成果的行政與法律體制。首先，在行政體制部分，總督府創設了專門的土地行政機關與科層組織官僚來保存這些土地調查成果，確保其不致被竄

---

90. 施添福，〈「臺灣堡圖」：日本治臺的基本圖導讀〉，頁5。
91. 有關明清時代魚鱗圖冊與黃冊等土地與戶口調查制度的討論，參見梁方仲，〈總序〉，收於梁方仲編著，《中國歷代戶口、田地、田賦統計》（北京：中華書局，2008），頁1-24；何炳棣，《中國古今土地數字的考釋和評價》（北京：中國社會科學出版社，1988），頁38-60；韋慶遠，《明代黃冊制度》（北京：中華書局，1961）；欒成顯，《明代黃冊研究》（北京：中國社會科學出版社，1998）。

改、偽造或破壞，或淪為官僚個人的職業秘密，而得以維持其公信力。同時更公布了「臺灣地籍規則」、「臺灣土地登記規則」，規定土地產權的變動與交易必須向地方政府登記始發生法律效力。[92] 另一方面，總督府還制定了土地開墾登記的規定，隨時掌握新土地的開墾與測量、徵稅等作業。因此土地稅收每年增加，且若因颱風土地損傷，政府也會因應申請減免土地稅收。此外，總督府更每隔十餘年就定期進行土地收益的大規模調查，以調整土地稅的徵收稅額與稅率。[93] 與清賦事業的魚鱗圖冊和地籍資料的原額性質或淪為家產官僚的私產相比，總督府的這些登記制度與土地行政機構的運作維持了地籍圖冊上的產權資料之精確性。

接著，我們討論殖民政府如何創建法律體制來確保近代土地所有權的有效運作，以及土地調查成果如何影響土地產權糾紛解決的法律文化。後藤新平在土地調查事業期間，其實還創設了兩個機構：臨時臺灣舊慣調查會與慣習研究會，有效推進了臺灣土地法律文化的成文化與實定化，改變了臺灣人民有關土地所有權的保障方式，有效提升了總督府法院對於土地產權糾紛的裁判效率。

日本殖民統治前期（1895-1922 年），為了避免臺灣人民的反抗，並基於殖民統治的考量，並未將日本的法律延長施行到臺灣，而是以「殖民地特別法為主」的法律體制統治臺灣。該時期有關土地關係的法律規

---

92. 有關土地登記規則的內容，參見臨時臺灣土地調查局編，《臺灣土地調查法規全書》，頁 365-373；渡邊竹次郎編、林呈祿漢譯，《和文漢文臺灣土地登記申請手續心得》（臺北：臺灣出版社，1912）。

93. 1904 年第一次土地稅改革後，又於 1915、1919 與 1935 年進行了三次大規模的調查改革。參見臺灣總督府民政部財務局編，《臺灣宅地租調查事業成績報告書》（臺北：該局，1916）；臺灣總督府財務局編，《臺灣地租等則修正事業成績報告書》（臺北：該，1920）；臺灣總督府財務局編，《地租調查事業成績報告書》（臺北：該局，1936）。

定，無論涉及臺灣人、日本人或清國人（在臺中國人），除非有特別規定，一律依照臺灣舊慣處理。[94] 殖民政府基於行政與司法統治上的需要，從統治伊始就開始積極調查臺灣的各種民事舊慣，尤其是土地舊慣。[95] 不過，較系統性的調查是從 1898 年土地調查事業展開後，土地調查局為了有效判定土地業主權的歸屬，在局內設置「監督課」，除負責調查事業的監督外，也調查臺灣土地舊慣。[96] 然而，真正從法學觀點系統性調查土地舊慣，始自接受後藤新平委託、負責推動臺灣舊慣調查事業的京都大學法學教授岡松參太郎。他於 1900 年 2 月來臺後，先在土地調查局任職，調查完成《臺灣舊慣制度調查一斑》一書。[97] 該書雖然簡略，但成為土地調查事業所需舊慣調查認識的重要參考資料。[98]

為了更系統性的整理臺灣舊慣知識，後藤新平又於 1901 年 4 月進一步成立臨時臺灣舊慣調查會（以下簡稱「舊慣調查會」），並委任岡松參太郎擔任該會最重要的法制部部長，繼續從事大規模的臺灣舊慣調查。[99] 這些舊慣調查的成果被陸續出版，最終歸結為《臨時臺灣舊慣調查會第一部調查第三回報告書：臺灣私法》（簡稱《臺灣私法》）

---

94. 1923 年以後，臺灣的法律體系改為「日本內地法為主的」時期。當時，日本政府為了降低殖民統治的壓迫性，並加強對於臺灣人的同化，乃推動「內地延長主義」，將日本內地的民法（含土地法令）與商法直接施行於臺灣，不過親屬繼承的部分仍依照臺灣舊慣。參見 Tay-sheng Wang, *Legal Reform in Taiwan under Japanese Colonial Rule, 1895-1945: The Reception of Western Law* (Seattle: Washington University Press, 2000), pp. 140-169。

95. 鄭政誠，《臺灣大調查：臨時臺灣舊慣調查會之研究》（臺北：博揚文化事業有限公司，2005），頁 49-55。

96. 鄭政誠，《臺灣大調查：臨時臺灣舊慣調查會之研究》，頁 56。

97. 鄭政誠，《臺灣大調查：臨時臺灣舊慣調查會之研究》，頁 61。

98. 土地調查期間，土地調查局對於各業主權的裁定是依照臺灣舊慣，而對舊慣的認識則是依照岡松參太郎在《臺灣舊慣制度調查一斑》一書的法學觀點。

99. 有關舊慣調查會的組織、調查過程與其主要成果，可參見鄭政誠，《臺灣大調查：臨時臺灣舊慣調查會之研究》。但該書並未針對調查事業涉及的統治理性與法律文化意義進行分析。

一套書。[100] 臺灣數百年來經由開墾過程，在國家土地政策與民間土地利用活動不斷互動下形成的不成文臺灣舊慣，就此以完整且體系化的方式被成文化出版，並成為殖民統治前期民事舊慣認定的主要成文基礎。

除了舊慣調查事業的成文報告之外，臺灣土地舊慣的成文化與法律化還有其他機構的協助。首先，是後藤新平推動的臺灣慣習研究會（1900-1907 年，以下簡稱「慣習研究會」）之成立，該會是殖民政府與民間社會有關臺灣舊慣的認識與知識交流最重要的機構。1900 年夏秋之交，後藤召集成立該會，主要成員為總督府內官員與各級法院的官員，值得注意的是土地調查局、舊慣調查會的成員大部分也都加入，而各級行政機構的行政、司法、警務、教育、監獄署、專賣局等機關成員也有多人加入，連日本國內以及民間成員都有。

慣習研究會係以調查風俗習慣，作為總督府行政司法實務依據為目的。該會委託各駐地委員從事現地的舊慣調查，會員並可提出舊慣風俗問題請求釋疑，該會的調查報告、問題回覆與意見交流，則發表於每月出版的學會刊物《臺灣慣習記事》。由於舊慣調查會的成員是該會的重要組成成員，並常將其觀點發表於《臺灣慣習記事》，因此該會於某種程度上可視作舊慣調查會的外圍組織，而該會刊物則有將舊慣調查會成果公告與法律專業人士的作用。1907 年 8 月因幹事長鈴木宗言離職，加上舊慣調查會調查進度接近完成，且有其他新的法學刊物發行，因此該會宣告解散、刊物也停刊。但有關殖民地的舊慣與法學交流園地並未消

100.臨時臺灣舊慣調查會編，《臨時臺灣舊慣調查會第一部調查第三回報告書：臺灣私法》，分為本文 6 冊及附錄參考書 7 冊，全 13 冊，合計近 6,000 頁。參見西英昭，《《臺灣私法》的成立過程：テキストの層位学的分析を中心に》（福岡：九州大学出版会，2009）。

失，而是移至新創辦的《法院月報》中。[101]

另一個促成舊慣法律化的機構，是日治初期以來各個法院所成立的慣習諮問會（1901-1905 年）。由於法院在判決各類民事糾紛時必須依照臺灣舊慣，但在尚無官定的舊慣調查成果前，法官常須訊問證人民間舊慣的內容，然證人所述是否屬實或具地方普遍性，常陷於人言言殊的困境。各地法院因此組織正式的慣習諮問會，召集臺灣人耆宿開會以諮詢臺灣各類民間舊慣，以便有助於正確判決臺灣的民事紛爭。慣習諮問會的調查研究結果，通常也刊登於《臺灣慣習記事》，進一步將舊慣知識公告於臺灣島內的法律專業人員。[102]

不過，以上舊慣調查會等等之「舊慣調查」活動，並非僅單純的「發現舊慣」，然後以系統性方式加以整理的成文化過程。如同臺灣法律史學者王泰升的分析所言，日治前期的臺灣民事法律文化儘管表面上仍以清代臺灣舊慣為依據，然而經過以上各種機構的舊慣調查與其法律知識的傳播，以及行政和法院的舊慣適用與裁定過程中，實際上舊慣的內容不但被部分改造，且已經相當程度被「歐陸法化」或「日本化」。同時，過去主要倚賴「反覆慣行」與「社會共識」的清代臺灣舊慣，就此得到國家法律機關的承認而取得「法的正當性」。[103]

最後，還應指出土地調查事業相關的這些土地行政體制與法律體制的轉型，在土地產權保護與土地糾紛解決文化上所具有的歷史意義。前

---

101. 鄭政誠，《臺灣大調查：臨時臺灣舊慣調查會之研究》，頁 61-66。
102. 鄭政誠，《臺灣大調查：臨時臺灣舊慣調查會之研究》，頁 66-72。
103. 如過去土地交易活動中存在的找洗等土地舊慣，在新的近代土地行政體制所支持的土地交易中已被廢止，民間的土地交易成本與糾紛因此大減。參見 Tay-sheng Wang, *Legal Reform in Taiwan under Japanese Colonial Rule, 1895-1945: The Reception of Western Law*, pp.140-145；王泰升，〈臺灣民事財產法文化的變遷：以不動產買賣為例〉，《臺大法學論叢》33：2（2004.3），頁 1-41。

面提到劉銘傳清賦事業後，並未整理土地舊慣，地方官員對土地舊慣的認識亦無增長，官方的土地行政制度也無改造，因此土地財產權的保護與土地糾紛的解決效率並無系統性的提升。但是，經由土地臺帳與登記制度等土地行政的系統性改造，以及土地舊慣的成文化整理後，法院法官不僅容易辨認糾紛事實與應適用的相關舊慣，且在近代審判文化底下，法官針對係爭糾紛並無考量兩造社會關係另行討價還價的空間，而僅能就其發現的事實與舊慣規定逕自做出裁定。另一方面，殖民政府已有效壟斷地方武力，擁有足夠的社會強制力，且有針對民事判決強制執行的規定程序，因此可有效快速的解決土地產權糾紛，保護係爭當事人的土地產權。

四、結論

經過以上清賦事業與土地調查事業的比較分析，接著我們回過頭來與前言中提到的相關研究對話，並申論這一土地改革事業比較研究的進一步意義。首先，我們注意到矢內原忠雄、江丙坤、涂照彥與柯志明等人的研究主要關切大租戶裁革的徹底與否，以及揭發隱田增加土地稅收的面向，因此他們注意到兩個土地改革事業表面上的類似性，傾向於強調彼此間的歷史連續性。他們也的確注意到兩個事業的調查精確性與成果上的差異，然僅將之歸諸於調查時間與技術上的不同。另一方面，矢內原忠雄等人也都大致承認土地調查事業完成後，土地財產權保護與交易安全有大幅提升，不過並未詳細解釋為何有此效果。本文以為兩次土地改革事業的確包括矢內原忠雄等人所提及的諸種連續性面向，但為了完整解釋調查成果與土地產權保護的差異與進展，

有必要關照這些學者未曾細究的兩個事業之歷史斷裂性：即其所涉及的統治理性之差異。

透過兩個事業在實施過程的比較分析，本文發現劉銘傳基本上援用清代傳統的家產官僚式的行政體制來執行其清賦事業，而後藤新平則是利用近代科層官僚式的行政體制來執行其土地調查事業。在推動清賦事業時，劉銘傳基本上沿用傳統的清賦事業作法，因此政策推動之前並無細密的規劃，組織與行動邏輯也未追求統一性，調查技術依循舊法且缺乏精確性，更因無法有效監督清賦人員與協力地方菁英的實際行動，以致過程充斥弊端、結果亦難稱精確。與此相較，土地調查事業的政策規劃堪稱詳密，不僅檢討清賦事業的得失，且參考日本本國與沖繩的土地調查事業而後定案。而在實際調查中，不僅擬定體系性的法規來統整調查組織與人員的行動邏輯，追求調查過程的統一性，也利用最新的調查技術來確保調查的精確性，並有效防堵了日本調查人員與本土協力者的弄虛舞弊。

兩個事業的調查結果與影響也有顯著的差異，清賦事業雖然揭發了大量的隱田，對北部地區的納稅方式做了部分變革，同時製作了最新的地圖與地籍資料，但土地行政體制並無任何變革，因此清賦後，這些成果並無法導致地方行政與土地產權保護效率的提升或轉型。與此相較，土地調查事業不僅繼續揭發大量的隱田，製作了臺灣堡圖、土地臺帳等精密資料，更重要的是透過相關的行政與法律制度的改革，確保了這些資料的不斷更新與精確性，同時有效促成了土地產權保障與土地法律文化的近代化。

進一步來說，如果我們從統治理性轉型與否的支配結構角度來定義近代化的話，[104] 那麼兩個土地改革事業的比較顯示，臺灣的近代化主要

奠基於日治初期後藤新平以土地調查事業為核心的相關改革，而非劉銘傳的清賦事業等相關改革。這是因為劉銘傳的改革並未改變家產官僚制的統治理性，清代國家與地方社會的關係並未改變，國家仍然依賴地方菁英來間接控制地方社會與一般人民。後藤新平的改革不僅以科層官僚制完成其改革，且完成了國家與地方社會關係的轉型，確立了近代國家對地方社會與人民的直接支配關係。

另一方面，這兩個事業的比較，也間接說明了同樣面對西方衝擊所做出的改革回應，為何清朝的自強運動失敗了，而日本的明治維新則相對成功了。其中的關鍵之一就在於官僚體制的性質差異，晚清各項洋務事業（如招商局、兵工廠、紡織廠）的推動中，傳統家產官僚制的行政文化常造成各種政策推動的弊端與產業經營的障礙。[105] 與此相對，明治維新官員的近代科層官僚制行政文化，則有效避免了這些弊端，促成了其所推動的官營與民營事業經營之成功。

最後，我們注意到日本帝國不僅在臺灣，其後也在朝鮮（1910-1918年）、關東州（1914-1924年）、滿洲國（1936-1945年）等殖民地進行類似的土地調查事業，無獨有偶地，這些地區在日本殖民時期前的大韓帝

---

104. 近代化是一個相當爭議複雜的概念，若無適當與具體的定義將造成歷史比較的不可能性。從西方社會史的角度來說，封建體制到官僚制的轉變、從身分到契約的社會組織原則變遷，或從自然經濟到市場經濟的轉變，都可算作是 16 世紀中古封建社會轉變為近代早期社會的結構性標誌。然而，以這三個指標來討論臺灣的近代化則無意義，因為清代臺灣早就擁有官僚制、契約性與市場經濟等特徵，就此來說臺灣早就是與西方近代早期類似的社會了。因此對於臺灣社會來說有意義的近代化指標，應該是在清代臺灣與近代西方社會更深層的結構性差異上，筆者以為是家產官僚制與科層官僚制的統治理性上之對比。

105. 如同 D. Faure 所討論的一些晚清經濟體制改革（招商局與各種新工廠），表面上是洋務運動的新事業，但官辦商營與承包制等舊有經營邏輯的延續性，使得這些事業更多的是傳統的延續，而非科層理性化的近代企業。參見科大衛（D. Faure）著，周琳、李旭佳譯，《近代中國商業的發展》（杭州：浙江大學出版社，2010），頁 115-143。

國與晚清帝國時期，也都有中央與地方官府剛進行過土地改革事業。許多研究者曾從近代土地所有制、地籍制度確立、土地登記制度、近代地稅制度等面向來比較這些土地改革事業的意義，他們多數認為殖民政府的土地調查事業與之前的土地改革事業具有歷史連續性。[106] 不過這些研究，基本上並未從本文所謂的傳統到近代統治理性轉型的視角來討論這些土地改革事業，若利用統治理性的概念來分析其他殖民地的土地調查事業，我們或有可能得出與既有研究成果不同的研究發現。[107]

參考書目

- 〈吉井友兄〉，「Japan Knowledge」網站，瀏覽日期：2016 年 11 月 18 日，網址：https://japanknowledge.com/contents/jinmei/index.html。
- 〈祝辰巳〉，「Japan Knowledge」網站，瀏覽日期：2016 年 11 月 18 日，網址：https://japanknowledge.com/contents/jinmei/index.html。
- 《臺灣總督府檔案抄錄契約文書》，號碼：cca100003-od-ta_01516_000007-0001-u.xml、cca100003-od-ta_01516_000124-0001-u.xml、cca100003-od-ta_01516_000039-0001-u.xml，「臺灣歷史數位圖書館資料庫」，瀏覽日期：2017 年 11 月 18 日，網址：http://thdl.ntu.edu.tw/THDL/RetrieveDocs.php。臺北：國立臺灣大學數位人文研究中心藏。
- 「後藤新平文書資料庫」，檔案號：R-28, 7-56，瀏覽日期：2017 年 11 月 28 日，網址：http://tbmcdb.infolinker.com.tw/huotengapp/index。岩手：奧州市立後藤新平記念館藏。
- Weber, Max 著，康樂、簡惠美譯，1993，《支配社會學I》。臺北：遠流出版事業股份有限公司。
- 小林茂，2011，《外邦図：帝国日本のアジア地》。東京：中央公論新社。

---

106. 有關日本帝國其他殖民地的土地調查事業研究，參見宮嶋博史，《朝鮮土地調查事業史の研究》（東京：汲古書院，1991）；宮嶋博史，〈東アジアにおける近代的土地変革：旧日本帝国支配地域を中心に〉，收於中村哲編著，《東アジア資本主義の形成：比較史の視点から》（東京：青木書店，1994），頁 161-188；江夏由樹，〈関東都督府、及び関東庁の土地調查事業について：伝統的土地慣習法を廃棄する試みとその失敗〉，《一橋論叢》97：3（1987.3），頁 367-384；広川佐保，《蒙地奉上：「満州国」の土地政策》（東京：汲古書院，2005）。

107. 除了上面提及的日本帝國殖民地之外，民國時期、尤其 1930 年代以來，中華民國政府也曾在東南省分等地嘗試進行近代土地調查事業。片山剛等日本學者近年來組織以近代中國土地調查事業為主的「近代東亞土地調查事業研究會」，其研究成果亦可與本文參照比較，參見片山剛編，《近代東アジア土地調查事業研究》（大阪：大阪大学出版会，2017）。

- 小林道彥，1996，《日本の大陸政策 1895-1914：桂太郎と後藤新平》。東京：南窓社。
- 中村是公，1905，《臺灣土地調查事業概要》。臺北：臨時臺灣土地調查局。
- 片山剛編，2017，《近代東アジア土地調查事業研究》。大阪：大阪大学出版会。
- 王世慶，1994，《清代臺灣社會經濟》。臺北：聯經出版事業股份有限公司。
- 王泰升，2004，〈臺灣民事財產法文化的變遷：以不動產買賣為例〉，《臺大法學論叢》33：2，頁 1-41。
- 広川佐保，2005，《蒙地奉上：「満州国」の土地政策》。東京：汲古書院。
- 矢内原忠雄著，周憲文譯，1987，《日本帝國主義下之臺灣》。臺北：帕米爾書店。
- 江丙坤，1972，《臺灣田賦改革事業之研究》，臺灣研究叢刊第 108 種。臺北：臺灣銀行。
- 江夏由樹，1987，〈関東都督府、及び関東庁の土地調査事業について：伝統的土地慣習法を廃棄する試みとその失敗〉，《一橋論叢》97：3，頁 367-384。
- 西英昭，2009，《《臺灣私法》の成立過程：テキストの層位学的分析を中心に》。福岡：九州大学出版会。
- 佐藤正広，2012，《帝国日本と統計調査：統治初期台湾の専門家集団》。東京：岩波書店。
- 何炳棣，1988，《中國古今土地數字的考釋和評價》。北京：中國社會科學出版社。
- 吳密察，1993，〈外國顧問 W. Kirkwood 的臺灣殖民地統治政策構想〉，收於國立臺灣大學歷史學系編，《日據時期臺灣史國際學術研討會論文集》，頁 1-27。臺北：國立臺灣大學歷史學系。
- 吳密察著、帆刈浩之譯，1994，〈台湾史の成立とその課題〉，收於溝口雄三、平石直昭、浜下武志、宮嶋博史編，《アジアから考える 3：周縁からの歴史》，頁 219-242。東京：東京大学出版会。
- 吳德功著、臺灣銀行經濟研究室編，1959[1892]，《戴施兩案紀略》，臺灣文獻叢刊第 47 種。臺北：臺灣銀行經濟研究室。
- 李文良，2006，〈晚清臺灣清賦事業的再考察：「減四留六」的決策過程與意義〉，《漢學研究》24：1，頁 387-416。
- 李文良，2006，〈十九世紀晚期劉銘傳裁隘事業的考察：以北臺灣新竹縣為中心〉，《臺灣史研究》13：2，頁 87-122。
- 李鵬年、劉子揚、陳鏘儀編著，1990，《清代六部成語詞典》。天津：天津人民出版社。
- 岩井茂樹，2004，《中国近世財政史の研究》。京都：京都大学学術出版会。
- 明治維新史学会編，2011，《明治維新史研究の今を問う：新たな歴史像を求めて》。東京：有志舍。
- 林文凱，2011，〈「業憑契管」？：清代臺灣土地業主權與訴訟文化的分析〉，《臺灣史研究》18：2，頁 1-52。
- 林文凱，2011，〈再論晚清臺灣開港後的米穀輸出問題〉，《新史學》22：2，頁 215-252。
- 林玉茹，1997，〈由魚鱗圖冊看清末後山的清賦事業與地權分配形態〉，《東臺灣研究》2，頁 131-168。
- 林滿紅，1997，《茶、糖、樟腦業與臺灣之社會經濟變遷（1860-1895）》。臺北：聯經出

版事業股份有限公司。

- 涂照彥著、李明峻譯，1991，《日本帝國主義下的臺灣》。臺北：人間出版社。
- 姚人多，2001，〈認識臺灣：知識、權力與日本在臺之殖民治理性〉，《臺灣社會研究季刊》42，頁119-182。
- 施添福，1996，〈「臺灣堡圖」：日本治臺的基本圖導讀〉，收於臺灣總督府臨時臺灣土地調查局調製，《臺灣堡圖》，頁1-8。臺北：遠流出版事業股份有限公司。
- 施添福，1996，《蘭陽平原的傳統聚落：理論架構與基本資料（上）》。宜蘭：宜蘭縣立文化中心。
- 施添福，2001，《清代臺灣的地域社會：竹塹地區的歷史地理研究》。新竹：新竹縣政府文化局。
- 施添福，2007，〈國家、里保與地域社會：以清代臺灣北部的官治與鄉治為中心〉，發表於中央研究院臺灣史研究所主辦，「族群、歷史與地域社會」學術研討會，頁28-41。臺北：中央研究院人文社會科學館北棟3樓第一會議室，12月20日。
- 柯志明，2001，《番頭家：清代臺灣族群政治與熟番地權》。臺北：中央研究院社會學研究所。
- 柯志明，2003，《米糖相剋：日本殖民主義下臺灣的發展與從屬》。臺北：群學出版有限公司。
- 洪秋芬，2000，〈日治初期葫蘆墩區保甲實施的情形及保正角色的探討（1895-1909）〉，《中央研究院近代史研究所集刊》34，頁211-213、215-268。
- 洪麗完，2007，〈清代楠仔仙溪、荖濃溪中游之生、熟番族群關係（1760-1888）：以「撫番租」為中心〉，《臺灣史研究》14：3，頁1-71。
- 洪麗完，2011，〈嘉南平原沿山地區之族群關係（1700-1900）：以「阿里山番租」為例〉，《臺灣史研究》18：1，頁41-102。
- 洪麗完，2013，〈清代臺灣邊區社會秩序之考察：以濁水溪、烏溪中游之「亢五租」為中心〉，《臺灣史研究》20：4，頁1-50。
- 科大衛（D. Faure）著，周琳、李旭佳譯，2010，《近代中國商業的發展》。杭州：浙江大學出版社。
- 若林正丈著、許佩賢譯，2007，〈試論如何建立日治時期臺灣政治史的研究：戰後日本研究成果的一個反思〉，收於若林正丈著、臺灣史日文史料典籍研讀會譯，《臺灣抗日運動史研究》，頁421-441。臺北：播種者出版股份有限公司。
- 韋慶遠，1961，《明代黃冊制度》。北京：中華書局。
- 宮嶋博史，1991，《朝鮮土地調查事業史の研究》。東京：汲古書院。
- 宮嶋博史，1994，〈東アジアにおける近代的土地変革：旧日本帝国支配地域を中心に〉，收於中村哲編著，《東アジア資本主義の形成：比較史の視点から》，頁161-188。東京：青木書店。
- 張隆志，1998，〈劉銘傳、後藤新平與臺灣近代化論爭：關於十九世紀臺灣歷史轉型期研究的再思考〉，收於國史館主編，《中華民國史專題第四屆討論會：民國以來的史料與史學論文集》，頁2031-2056。臺北：國史館。
- 梁方仲，2008，〈總序〉，收於梁方仲編著，《中國歷代戶口、田地、田賦統計》，頁1-24。北京：中華書局。

- 許雪姬，1993，《滿大人最後的二十年：洋務運動與建省》。臺北：自立晚報社文化出版部。
- 許雪姬，2013，〈晚清（1875-1895）臺灣史研究方法芻議〉，發表於中國社會科學院文學研究所主辦，「重返臺灣的近代」學術工作坊。北京：中國社會科學院文學研究所，9月21日。
- 陳慧先，2007，〈半斤八兩？：清代臺灣度量衡之探討〉，《臺灣文獻》58：4，頁203-236。
- 渡邊竹次郎編、林呈祿漢譯，1912，《和文漢文臺灣土地登記申請手續心得》。臺北：臺灣出版社。
- 程家穎著、臺灣銀行經濟研究室編，1963[1915]，《臺灣土地制度考查報告書》，臺灣文獻叢刊第184種。臺北：臺灣銀行經濟研究室。
- 黃富三等解讀，何鳳嬌、林正慧、吳俊瑩編輯，2013，《霧峰林家文書集：墾務、腦務、林務》。臺北：國史館。
- 奧田晴樹，2007，《明治国家と近代の土地所有》。東京：同成社。
- 葉振輝，1998，《劉銘傳》。南投：臺灣省文獻委員會。
- 臺灣銀行經濟研究室編，1963[1904]，《清代臺灣大租調查書》，臺灣文獻叢刊第152種。臺北：臺灣銀行經濟研究室。
- 臺灣總督府民政部財務局編，1916，《臺灣宅地租調查事業成績報告書》。臺北：臺灣總督府民政部財務局。
- 臺灣總督府財務局編，1920，《臺灣地租等則修正事業成績報告書》。臺北：臺灣總督府財務局。
- 臺灣總督府財務局編，1936，《地租調查事業成績報告書》。臺北：臺灣總督府財務局。
- 劉恆妏，1994，〈日據時期臺灣之保甲制度〉，《法律學刊》24，頁169-189。
- 劉銘傳著、臺灣銀行經濟研究室編，1958[1906]，《劉壯肅公奏議》，臺灣文獻叢刊第27種。臺北：臺灣銀行經濟研究室。
- 劉廣京，1990，《經世思想與新興企業》。臺北：聯經出版事業股份有限公司。
- 蔡龍保，2011，〈日治初期臺灣總督府的技術人力之招募：以土地調查事業為例〉，《國立政治大學歷史學報》35，頁75-143。
- 鄭政誠，2005，《臺灣大調查：臨時臺灣舊慣調查會之研究》。臺北：博揚文化事業有限公司。
- 戴炎輝，1963，〈清代臺灣之大小租業〉，《臺北文獻》4，頁1-48。
- 臨時臺灣土地調查局，1900，《清賦一斑》。臺北：臨時臺灣土地調查局。
- 臨時臺灣土地調查局，1901，《臺灣舊慣制度調查一斑》。臺北：臨時臺灣土地調查局。
- 臨時臺灣土地調查局編，1902，《臨時臺灣土地調查局第一回事業報告》。臺北：臨時臺灣土地調查局。
- 臨時臺灣土地調查局編，1902，《臺灣土地調查法規全書》。臺北：臨時臺灣土地調查局。
- 臨時臺灣土地調查局編，1903，《臨時臺灣土地調查局第二回事業報告》。臺北：臨時臺灣土地調查局。
- 臨時臺灣土地調查局編，1904，《臨時臺灣土地調查局第三回事業報告》。臺北：臨時臺灣土地調查局。
- 臨時臺灣土地調查局編，1905，《臺灣土地慣行一斑》，第一至三冊。臺北：臨時臺灣土地

調查局。

- 臨時臺灣土地調查局編，1905，《臨時臺灣土地調查局第四回事業報告》。臺北：臨時臺灣土地調查局。
- 臨時臺灣土地調查局編，1905，《臨時臺灣土地調查局第五回事業報告》。臺北：臨時臺灣土地調查局。
- 臨時臺灣舊慣調查會編，1903，《臨時臺灣舊慣調查會第一部調查第一回報告書‧附錄參考書》。臺北：臨時臺灣舊慣調查會。
- 臨時臺灣舊慣調查會編，1910，《臨時臺灣舊慣調查會第一部調查第三回報告書：臺灣私法‧第一卷（上）》。臺北：臨時臺灣舊慣調查會。
- 羅剛編撰，1983，《劉公銘傳年譜初稿》。臺北：正中書局股份有限公司。
- 蘇同炳，1995，《沈葆楨傳》。南投：臺灣省文獻委員會。
- 鶴見祐輔著、一海知義校訂，2005，《正伝後藤新平‧決定版 3：台湾時代，1898-1906 年》。東京：藤原書店。
- 欒成顯，1998，《明代黃冊研究》。北京：中國社會科學出版社。
- Foucault, Michel（傅柯），2007, *Security, Territory, Population: Lectures at the Collège de France, 1977-78*, trans., Graham Burchell. Houndmills, Basingstoke, Hampshire; New York: PalgraveMacmillan Press.
- Lin, Wen-kai（林文凱），2017, "Two Land Investigations in Modern Taiwan: What Made the Japanese Survey Different from the Qing Dynasty's?" In Sui-wai Cheung, ed., *Colonial Administration and Land Reform in East Asia*, pp. 153-165. London: Routledge, Taylor & Francis Group.
- Mann, Michael, 1986, *The Sources of Social Power: Volume 1, A History of Power from the Beginning to AD 1760*. New York: Cambridge University Press.
- Shepherd, John Robert（邵式柏），1993, *Statecraft and Political Economy on the Taiwan Frontier, 1600-1800*. Stanford, Calif.: Stanford University Press.
- Wang, Tay-sheng（王泰升），2000, *Legal Reform in Taiwan under Japanese Colonial Rule, 1895-1945: The Reception of Western Law*. Seattle: Washington University Press.
- Wright, Mary C.（芮瑪麗），1962, *The Last Stand of Chinese Conservatism: The T'ung-chih Restoration, 1862-1874*. Stanford, Calif.: Stanford University Press.
- Yao, Jen-to（姚人多），2006, "The Japanese Colonial State and Its Form of Knowledge in Taiwan." In Ping-hui Liao and David Der-wei Wang, eds., *Taiwan under Japanese Colonial Rule, 1895-1945: History, Culture, Memory*, pp. 37-61. New York: Columbia University Press.

──本文原刊載於《臺灣史研究》24：4，2017，頁 35-76。

林文凱教授授權使用。

一、劉銘傳與後藤新平土地改革的意義

① 對於臺灣族群、政治、社會、經濟發展等層面的影響。

② 清朝自強運動與日本明治維新的比較。

③ 臺灣近代化的爭論。

④ 過去研究著重政治經濟學的視角,關注兩者的延續性。

⑤ 劉銘傳清賦和後藤新平土地改革後,統治權力產生質變與否?

⑥ 家產官僚制 vs. 近代科層官僚制。

二、清賦事業與土地調查事業過程的比較

① **清賦事業實施的經過:**

劉銘傳並無事前規劃,而是諮詢多數官員意見來實施,也沒有特別編列預算或籌款計畫。

統籌的清賦總局儘管有發布調查組織和方法的規定,但實際執行上各地調查過程並不統一,且無法有效監督實行。

國家權力難以滲透到地方,仰賴在地仕紳協助而產生弊端。

② **土地調查事業實施的經過:**

後藤新平參考臺灣相關的報告,並指示調查臺灣舊慣與開墾歷史,最後規劃完整實施計畫書,向日本國會爭取預算,發行公債來填補經費。

土地調查的組織規範、調查方法詳細記錄在法律規定上,促成調查的統一化與理性化。且要求調查人員具備相應專業技能與知識。

日本具備的近代國家統治體制,有效控制與監督地方菁英,直接掌握每個人的動態。

三、清賦事業與土地調查事業的結果與影響

① **清賦事業的成效：**

儘管清朝政府取得最新的土地資料，但很快就跟不上實際的變化。

全島的徵稅方式有很大的落差，也沒有改變原有的「一田二主」的土地生產關係。

政府沒有成文規定來管理土地關係，遇到糾紛仍然仰賴民間社會勢力解決。

② **土地調查事業的成效：**

調查土地的同時，對房屋、山林、原野等蒐集資料，並用現代測量技術繪製地圖，製成「土地臺帳」、「臺灣堡圖」。

日本政府明確規定土地變更要向政府登記，才具備法律效力，也定期進行土地大規模調查。

將舊慣調查整理的臺灣舊慣，統整為具備體系化的成文報告書《臺灣私法》。面對土地問題，可以有效裁定。殖民政府也具備足夠的社會強制力。

四、結論

① 臺灣近代化奠基於日治初期後藤新平的土地調查事業。

② 間接說明中國自強運動與日本明治維新的差異，就在於官僚體制性質的不同。

③ 臺灣的案例，也可觸及近代同為日本殖民地的朝鮮、滿洲、關東州等地，探討不同地區的差異。

多元信仰
與祭祀活動

長老教會在臺灣傳教的處境／吳學明

臺灣民間信仰的分類／林美容

|導讀| 〈長老教會在臺灣傳教的處境〉

陳鴻圖

19 世紀中葉臺灣開港後，除了茶、糖、樟腦貿易給臺灣經濟社會帶來重大影響外，西方宗教的再度傳入，帶領部分臺灣人接受新的宗教體系，對臺灣宗教觀提供新的刺激和思考，近代臺灣教育和醫療事業也因此而展開。1859 年西班牙從菲律賓傳入天主教道明會（Dominican），全臺均為教區；基督教的傳入以長老教會（Presbyterian）的力量最大，以大甲溪為界，分南、北兩教區，南部教區由英國傳入，以馬雅各、甘為霖和巴克禮為代表，北部教區則由加拿大傳入，以馬偕最具代表。

兩種宗教在臺灣的傳教方式有很大的不同，天主教神父往往靜態地在教堂附近村落傳教，基督教牧師則爬山涉水主動招攬更多信徒。傳教士在臺傳教必須面對風土病、語言障礙、華夷觀念、教義和傳統民間信仰差異等諸多艱困的問題，本文即是討論傳教士所面臨的處境。以華夷觀念來說，早期漢人傳統的優越感，將外國人視為夷狄的心理，不但謔稱外國人為「番仔」或「蠻子」，甚至稱基督教為「雞啄教」，非常輕視。

本文原是吳學明所著《近代長老教會來台的西方傳教士》書中的第

一章，書中以傳教士在臺灣的奉獻和影響為主軸，分別介紹開啟醫療傳教的馬雅各、重視女子教育的李庥牧師夫婦與朱約安姑娘、首創盲人教育的甘為霖、開啟北臺灣醫療教育的馬偕、臺灣報紙先驅者的巴克禮、中部醫療的開拓者蘭大衛、漢生病患的守護者戴仁壽，及本土教育的先鋒萬榮華等牧師的事蹟，這些「愛臺灣的外國人」是臺灣歷史文化重要的資產，值得我們進一步來認識。

除了傳教士外，開港後為工作或因緣際會來臺的西方人士，還有商貿人士、領事和海關人員、自然學者、探險家等，他們在臺灣旅行探險並留下豐富的紀錄，其足跡遍及全臺，這些紀錄都可以幫助我們了解早期臺灣社會。例如必麒麟（W. Pickering）在內山的旅行觀察，讓他對排灣族的印象非常好，但卻對平埔族漢化的嚴重感到失望。又如英國領事史溫侯（R. Swinhoe）在六龜和大溪的探險，發掘出臺灣自然風物的獨特樣貌，這些風物如藍鵲、梅花鹿、山蘇等，後來都成為臺灣的象徵。

要接觸開港後西方宗教在臺灣的遺產，淡水是最適合走訪的地區，淡江中學（馬偕墓園）、馬偕紀念館（牛津學堂）、偕醫館處處都可見到「黑鬚番」馬偕的身影。其他如屏東萬金聖母殿、高雄玫瑰聖母殿、長榮中學，和各地的基督教醫院，也都是這些傳教士奉獻給臺灣的遺產，值得走訪。

延伸閱讀 _____

1. 吳學明，《近代長老教會來台的西方傳教士》（臺北：日創社，2007）。
2. 劉克襄，《福爾摩沙大旅行》（臺北：玉山社，2015）。

長老教會在臺灣傳教的處境

吳學明*

一、前言

　　基督長老教會是重要的宗派之一，是基督新教的一支。在臺灣基督宗教有眾多宗派，主要分成舊教與新教兩大系統，舊教即所謂的天主教；新教則為宗教改革之後新創之各種教會，派別眾多如長老教會、真耶穌會、浸信會、聖教會等。

　　對臺灣社會而言，基督宗教為新的外來宗教，其宗教特質是一神信仰。最早是在 17 世紀隨著荷蘭與西班牙的統治而進入臺灣，但也隨著其統治的結束而日漸消退。今日臺灣的基督宗教是 19 世紀中葉以後才傳入的，分別是 1859 年自菲律賓馬尼拉傳入的天主教道明教會（Dominican），其傳教母國為西班牙，全臺均為其教區；另一系統則為新教的長老教會（Presbyterian），南部臺灣是 1865 年由英國傳入，北部臺灣長老教會則是 1872 年由加拿大傳入。一直到 1895 年臺灣割讓與日本統治之前，道明會與長老教會為臺灣地區兩大基督宗教系統。

* 國立中央大學歷史學研究所教授。研究領域為臺灣開發史、臺灣客家移墾史、臺灣文化史。

日本領臺後，日本本土各種宗教教派陸續派人來臺傳教，基督宗教亦不例外，如聖潔教會、日本基督教會、日本組合教會、日本聖公會、救世軍……等。此外，也有來自中國的教派，如真耶穌教會。在皇民化運動之前，日本採取宗教自由政策，因此基督宗教在臺灣相當活躍。但隨著皇民化運動的來臨，基督宗教與臺灣其他宗教一樣，均面臨空前的逆境。

終戰後，隨著中國「鐵幕」的低垂，使原先在中國宣教的外國差會或本土教派，紛紛轉移到臺灣傳教，由於國際局勢與社會環境的特殊，基督宗教在臺灣曾蓬勃發展，盛極一時。

從 19 世紀中葉到第二次世界大戰期間，英國與加拿大長老教會，派出為數眾多的傳教士到臺灣傳教，其中有醫生、教師和牧師。他們遠渡重洋來到臺灣，在困難重重的環境中開拓教會，有很多感人的故事。為了順利傳教，他們開醫院、設學校、辦報紙，為婦女與兒童服務。他們有的將一生完全奉獻給臺灣，雖不能生在臺灣，卻死在臺灣葬在臺灣，他們以最大的愛心，為臺灣服務。由於他們的努力，為臺灣帶來新知識與觀念，對臺灣的發展有相當大的貢獻。

二、長老教會傳入時的臺灣社會

19 世紀中葉大清帝國因對外戰爭失敗，被迫開放通商口岸，供外人居住、通商與傳教。外國傳教士初到臺灣，他們所面對的，是一個非常艱困的傳教環境。

從一些本地文獻與外國人的觀察，可得知當時社會的梗概。吏治敗壞，治安不良，是他們所面對的第一個問題。徐宗幹[1]曾說：「各省吏治

之壞，至閩而極；閩中吏治之壞，至臺灣而極。」1874年的牡丹社之役後，清廷派船政大臣沈葆楨來臺。沈葆楨認為臺灣有十個大積弊，在民風方面有「民俗之惝淫」、「菸賭以為饕殄」。

此外，清末臺灣社會有吸食鴉片和纏足的陋習，其中以吸食鴉片為害最大。鴉片為當時輸入臺灣的主要商品，消耗量相當大，民間吸食鴉片之惡習十分普及。自 1870 年（清同治 9 年）至 1895 年臺灣割讓與日本期間，臺灣每年鴉片消費量約需 40 萬斤，而每百斤之平均價格為 400 兩，大部分為歐洲之洋商所輸入，占臺灣進口總值的 57％。馬偕牧師（Rev. George L. Mackay）在布道的路途中，投宿在中壢大街的客棧，他說：「整個客棧瀰漫著令人發昏的鴉片味，客棧中鋪著骯髒的草蓆，是苦力們抽鴉片而弄髒的。」可見清末鴉片問題的嚴重性。巴克禮牧師娘（Elisabeth A. Barclay）給友人的信中曾提到：「有些吃鴉片的人，將自己的兒子賣掉，換錢來買鴉片，如此的墮落沈淪風氣。」

漢人為好賭之民，尤其在奢侈成風之臺灣，賭風更盛。黃叔璥[2] 發現「臺灣不管是讀書人或販夫走卒，都很喜歡賭博，長夜溺於賭勝」。1724 年（清雍正 2 年），藍鼎元[3] 巡視臺灣也提到：「臺灣賭風最盛，

---

1. 徐宗幹（1796-7866），江蘇通州人，1820 年進士。歷任山東、四川兩省之州縣官，1848 年任福建臺灣道，任內整治班兵、澄清吏治卓然有成，1862 年擢福建巡撫，戴潮春起事後，派丁曰健為臺灣道，渡海辦理軍務，亂局遂受到控制。

2. 黃叔璥（1680-1758），順天大興人，1709 年進士，1721 年朱一貴事件甫定，出任巡臺御史，1722 年 6 月抵臺。他除致力於掃除朱一貴之殘餘勢力之外，頗能關心臺灣民眾，尤其是原住民族的處境。他經常巡視各地，著有《臺海使槎錄》八卷，分成〈赤崁筆談〉、〈番俗六考〉、〈番俗雜記〉等三篇。對臺灣的風俗民情有相當深入的觀察，是研究早期臺灣社會的重要文獻。

3. 藍鼎元（1680-1733），字鹿洲，福建漳浦人。他博覽群籍，年十七已泛海閩浙沿海諸島，1703 年中秀才，但鄉試屢試不第，惟其才能名聞遐邇。1721 年臺灣發生朱一貴事件，隨族兄南澳總兵藍廷珍來臺平亂，能掌握臺灣形勢，充分展現其才華，歷受閩浙總督覺羅滿保、兩廣總督鄂彌達等之賞識，卒於廣州府知府任上。著有《東征集》、《平臺紀略》及《鹿洲文集》等書，是研究臺灣早年歷史重要之文獻。

兵民皆然。廢事失業，損財召禍，爭鬥作非，皆由於此。」沈葆楨更直接指出臺灣：「比戶窩賭，如賈之於市，農之於田」，其意為：家家戶戶窩聚在一起賭博，其情形好像商人上市場，農人下田一樣的稀鬆平常。足見賭博在清代臺灣社會，非常盛行。

　　清代的臺灣社會，容許一夫多妻，一個男人有三妻四妾是常見的現象，而基督教反對納妾。臺灣男人結婚後若沒有子嗣就隨意離棄妻妾，有經濟壓力時，就賣個孩子，這是基督徒不許做的事。所謂「溺女」，指的是女兒出生時，即活生生將其投入水中溺死的一種殺嬰行為。此種殺女嬰的風俗在臺灣也很普遍，「溺女此弊風，初未傳入臺灣，似自嘉慶至道光、咸豐年間，始漸有移入之端，在各地所到風行」。必麒麟（W. A. Pickering）[4]在臺灣時，就曾看見此溺女嬰的習俗。纏足，就是綁小腳，閩南族群的婦人以三寸金蓮的小足為美，客家婦女則無此習俗。在南部長老教會發行的《教會公報》[5]中不斷為文呼籲婦女不要纏足，長老教會所辦的女學（現今的長榮女中，成立於 1887 年），當年入學的重要條件，就是不得纏足。

---

4. 必麒麟（W. A. Pickering），英國人，曾在臺灣 7 年，他是當時西方列強干預臺灣事務的代表性人物。1863 年到臺灣，次年成為打狗（今高雄）的海關檢查員，1865 年改調安平海關，次年受僱於打狗英商天利洋行，1870 年離開臺灣。在臺期間，曾深入排灣族與魯凱族等原住民聚居的山區探險，也曾為樟腦買賣利益衝突，而衍生出商務糾紛的「樟腦事件」。曾將其在臺灣的見聞撰寫成書出版（*Pioneering in Formosa, Recollections of Adventures among Mandarins, Wreckers, & Headhunting Savages*，中文譯本有《老臺灣》與《發現老臺灣》），雖然有濃厚的西方觀點，但卻是了解 19 世紀臺灣，尤其是原住民族生活文化的重要文獻。
5. 《教會公報》1885 年創刊時稱為《臺灣府城教會報》，是臺灣基督教長老會「傳教的文字機關」所發行的刊物。它自 1885 年（光緒 11 年）創刊以來，雖然幾經變更名稱，但除二次大戰末期，及戰後政府推動國語運動期間，曾暫停刊外，持續發行，至今已 130 餘年，是臺灣創刊最早的刊物。該公報自創刊以來，有 85 年左右的時間，以「白話字」作為刊物的文字。雖然以臺灣長老教會的信徒為主要發行對象，但其內容相當豐富且多元，除了可供臺灣長老教會發展史研究之外，也是研究臺灣史重要的史料之一。

三、西方傳教士面對的問題

（一）傳染病肆虐，衛生條件極差

　　人對自然環境經過一段時間自然會產生適應的能力，這種能力使人面對自然時能產生抗體，讓人適應當地的水土而得以存活下來。臺灣初闢之際，被視為瘴癘之地，新移入者極容易感染風土病，傳統漢醫對被感染者往往束手無策，因此初墾時漢人得風土病而死亡者，不計其數。即使到了清末，這種風土病，仍然相當猖獗，對住民依舊是個很大的生命威脅，對清末來臺傳教的外國宣教師，潛在更大的殺傷力。

　　傳染病肆虐在臺灣發展歷程，留下諸多的歷史痕跡，今日臺灣民間信仰所崇拜的神祇中，除土地公之外，被建廟奉為主神崇祀數量最多的，首推王爺廟。臺灣西部沿海地區，王爺的信奉更是普遍。最初王爺是瘟神，後來才轉型成驅趕瘟疫的神祇。臺灣西部沿海地區王爺廟普及，可以推知當初漢移民到達臺灣時，所面臨的瘟疫，是極為凶狠的殺手。而漢移民勇渡黑水溝，在臺灣西岸登陸之後，立即要面對的，就是臺灣地區最凶惡的疾病——瘧疾。

　　外國的傳教士來臺灣，受臺灣本地風土病所苦的情形非常嚴重，馬偕到臺灣第一年就感染熱病（瘧疾），他認為臺灣的氣候不適合外國人居住。馬偕的《臺灣遙寄》（*From Far Formosa*，或譯為《臺灣六記》）曾提到：「在臺灣有一件事情是屢見不鮮的：一個城鎮中有半數的居民患瘧疾。我曾經見過 20 或 30 個人的家庭沒有一個人能做任何的工作。」他說：「個人的經驗使我相信，只有少許的外國人能夠抵抗臺灣的氣候

影響。」

　　臺灣在晚清開港後，原則上每個海關至少均有醫事官負責報告當時的醫事狀況。臺灣的安平（今臺南市安平）、打狗（今高雄市）、滬尾（今新北市淡水）、雞籠（今基隆市）被開放為通商口岸，因此有醫官的醫事報告。這些報告具體描述臺灣地區所發生的疾病，與當地的自然環境、生活環境、天候變化有密切的關係，特別是瘧疾、腹瀉與赤痢等方面的疾病。1871 年到 1874 年的海關報告，甚且針對罹患瘧疾（熱病）人數加以統計，打狗與安平每年平均患者 400 人以上，每年死於瘧疾的在臺漢人，數以千計。甘為霖牧師（Rev. William Cambell）也曾提到：「打狗這個地方環境險惡，對一個傳教士來說，要在打狗這個地方工作，仍舊需要很多的勇氣和克己的工夫。」

　　發生於 1874 年的牡丹社事件，日軍方面的醫官，有一日處理 600 餘名病人的紀錄。水野遵[6] 在其《征蕃私記》中曾載：自 8 月下旬發生瘧疾患者，至 9 月全部患病，一日埋葬 13 人，全軍 2,500 人中，能就餐者僅不過十五、六人，其他唯能啜粥或飲米汁而已。據說 8 月底至 10 月間，軍士 550 餘人死亡，軍夫死亡超過 120 人，日軍陣亡人數只有 12 人，患病死亡人數遠遠超過作戰死亡人數，軍隊患病死亡情形嚴重。1895 年 3 月，日本軍占領澎湖，眾多日本官兵染上疫病，當地人叫「吐瀉病」，每天都有日本的官兵死亡，但是澎湖的當地百姓並沒有人染上此病。由此更可證實：臺灣的氣候水土，對外來者的健康構成很大的威脅。

　　除了瘧疾等疾病的威脅之外，臺灣因地處熱帶與副熱帶，毒蛇經常

---

6. 水野遵（1850-1900），日本名古屋人，1873 年任日本海軍通譯，曾與樺山資紀乘艦至淡水展開臺灣調查工作。次年牡丹社事件起，又隨西鄉從道率軍來臺。1895 年以辦理公使的身分負責接收臺灣事宜，後來出任臺灣總督府第一任民政局長，1897 年 7 月去職返日。

出沒，這種毒蛇的威脅，馬偕在其日記中有提到：「在我淡水的住屋，常會有蛇出沒」，他說：「想起這種動物和我做深夜的伴侶，不禁令我恐懼。」「好幾次我在爬山時，在很高的草和石頭中間被極凶惡的蛇所攻擊」，「萬一被咬到的話，是會很快死掉的。」

　　除了有風土疾病及毒蛇等威脅之外，公共衛生條件不佳，也是對傳教者的健康有不良影響。1873 年 1 月的《使信月刊》（Messenger）[7] 記錄著：「在阿猴（今屏東市），教會有一、二百人的聽眾，在安息日，小小的教會顯得特別的擁擠，加上天氣又是如此的燥熱，使得傳教士不得不縮短午後的教會服務工作。教會的鄰近房子是豬舍和牛舍，臭氣味飄散到教會內的每個角落。」面對一個傳染病肆虐、公共衛生條件差，容易令外國人水土不服的臺灣，傳教士在健康、在傳教上工作上著實都面臨著很大的威脅。

（二）語言方面的障礙

　　1865 年以後，長老教會的傳教士來臺傳教，他們以自身的文化背景接受並了解《聖經》，為了將福音傳給臺灣本地人，他們必須學習本地的語言，用本地的語言將《聖經》文化傳遞給臺灣的人民。因此學習本地語言，就顯得相當的重要。

---

7. 《使信月刊》（Messenger），為英國基督教長老會所發行的刊物，其名稱屢經修改，臺灣教會界向以「使信月刊」稱之。此刊物旨在作為英國基督教長老會之機關報，內容大多為派駐海外的傳教士向母國教會的報告書；臺灣南部長老教會為英國長老會的傳教區，因此本刊物內有相當多的臺灣資料。雖然該刊物是為傳教目的而設立，但對傳教區內的人文、自然和時事有相當多的報導，因此是研究臺灣歷史的重要文獻。2006 年教會公報社重加出版，稱為《使信全覽》。

馬偕曾提及：「要傳教，必須親近島民，學臺語才能親近。」必麒麟在臺灣任職海關時，學會了用方言與漢人閒聊，漢人很驚訝地拍著必麒麟的肩膀，恭維他不再是個蠻子，而是一個人了。巴克禮在臺灣傳教時，也明確指出：「現在傳教的工作我做得更多，是因為我現在漸漸能把握到語言，我們（指外國的傳教士們）很大的缺點是我們對語言的無知，無論是寫和說。」

　　可見在臺灣的外國人，若在語言上無法與漢人溝通，就會被視為蠻子，語言已形成傳教上的障礙。完全不同的語言，學習上頗有困難，造成溝通上的障礙。使得初期傳教工作難以順利進行。

　　加上傳教士的母國，在中國有龐大的勢力，故基於民族主義立場，中國人更不肯接納基督教，進而輕視、仇視基督教。中國人常常責問傳教士：「你們賣鴉片給中國，又想在中國傳教並教人行善？」這常令傳教士們無言以對。由於傳教士經常搭乘鴉片走私船，又因為他們會說漢語，有時也權充翻譯，因此傳教士往往被誤以為鴉片販子或其同路人。英國商人雖然對傳教士頗為尊重，但不容批評買賣鴉片的道德問題。傳教士的立場變得十分尷尬。也因為這樣的矛盾，使臺灣的百姓更不容易接納基督教。中國官紳對外國政府及兵艦無法違抗亦不敢觸怒，只得拿就近的傳教士出氣，故傳教士多半是扮演著「出氣筒」的角色。這是導致傳教初期教案頻傳的原因之一。[8]

---

8. 清末西方基督宗教傳入中國以後，由於政治、宗教與文化等各種因素，造成本國民眾與外國教會、信徒的衝突，引起外交交涉與衝突案件，稱為教案。

（三）將外國人視為夷狄的心理

外國人來到臺灣，感覺很不舒服的，就是被謔稱「番仔」或「蠻子」，所以 1858 年的《中英天津條約》中，有一條款是「中國重申不得再稱呼英國人為夷狄」。漢人喜歡將外國人視為夷狄蠻子，在心理上是輕視排斥的。必麒麟在《發現老臺灣》一書中，[9] 一再提到漢人對外國人的看法，如：「這些漢人，對於英國的地理完全一無所知。所以認為我們英國人是蠻子，來自野蠻世界中貧困的鄉村。在漢人心目中，唯有天朝皇帝統治的區域，才有文明，其他的世界如果還剩餘可憐的部分，都是未開化的，屬於蠻子的故鄉，而非人的故鄉。」

對於中國人這種華夏夷狄的觀念，最早來臺傳教的天主教神父郭德剛（Fr. Fernando Sainz）在他的書信中也提及：「中國人表示不喜歡我們，對我們不理不睬，甚至輕視我們，多次以粗野的字眼，如豬或狗來稱呼我、侮辱我。」高希能神父（Fr. Francisco Giner）的信中也有類似的描述，他說：「歐洲傳教士無論如何努力贏得同情，還是一個『番仔』。即使像本地人一樣穿著，剃掉頭髮留著小辮子，但仍舊是『番』。起初，可能會有人出於好奇心，來看外國傳教士，聽他講話，但好奇心一滿足，就走開了，可能還會用嘲笑的口吻，叫嚷著『番仔』、『番仔』。」

中國人將外國視為低等的、未開化的民族，自然對於他們所傳的宗教，有輕視與排斥的心理。如屏東內埔的杜君英莊，鄉民稱基督教為「雞啄教」，很明顯地有輕視的意味。

---

9. 《發現老臺灣》（*Pioneering in Formosa*），該書為英國人必麒麟在臺灣的見聞記載。必麒麟在臺期間，曾陸續深入魯凱族聚居的六龜地區，對山區有相當深刻的描寫。

（四）基督教的教義與傳統民間的信仰相違

　　早期的人稱信基督教的人「落教的」。對當時處在充滿敵視態度之臺灣社會中的基督徒而言，「落教」一詞的意涵就代表著必須與自己的文化、宗教、家族傳統、價值觀決裂的無奈與掙扎。

　　基督教未能被一般民眾所接受，總把基督教視為洋教，認為基督教教義與傳統文化相違。而在漢民族占多數的臺灣社會中，有著「敬天」與「祖先崇拜」兩大思想，這二大基本思想形成漢民族難以同化的特殊民族性。而臺灣民間信仰的特色又是無所不拜、什麼都可以拜的「泛靈信仰」。從天公、王爺公拜到土地公、樹王公、石頭公，有佛教的菩薩也有道教的神祇，有自然崇拜也有庶物崇拜，甚至魑魅魍魎也要祭拜。二者信仰內容完全不同。每每教會內部檢討教勢發展緩慢的原因時，常常提到臺灣人歷來即存有拜祖先的風俗，因此受阻礙。

　　馬偕牧師對漢人的信仰，有一段很真實的描述：「一般來說，他們（漢人）的崇拜是祖先，把祖先視為真正的神，他們真正的宗教是對祖先的崇拜。他們真正的偶像是祖先的神牌位。他們的祖先崇拜起源很早，他們的教義說每個人有三個靈魂。人死了，一個靈魂到不可見的精靈的世界裡去，第二個到墳墓裡去，第三個則徘徊於老家，住在神牌位中。」「祖宗的牌位成為家族所保管的最神聖的東西。在這種祖先崇拜之中，其基礎即是孝思。」

　　早期的傳教士們要到改信基督教的信徒家庭做廢除偶像的工作，牧師、長老把初信基督者家中的祖先牌位燒掉（因為當時神主牌也被視為是一種偶像崇拜），這種行為對臺灣人而言是一種大不孝的行為。為此，基督教也被認為是「不孝」的宗教。當時的基督徒，都會受到來自親族

與周遭的人指責和阻力，當時就有些諷刺的話，如「入教，死無人哭」、「無公媽」（無祖先）。意謂信基督之後，就沒有人會去祭拜祖先牌位，為其哭泣。所以基督教在臺灣民間傳播的阻力，主要是來自祖先崇拜的抗拒，許多有心皈依基督教的人，較易撒棄神佛，但就是不忍心丟棄祖先的香火。

一般百姓認為加入基督教，是心中無公媽不敬祖先的不孝行為，甚至認為一定是發瘋了，親人若有人要加入基督教，總會遭遇親族強烈的阻擋。

加入基督教的人被視為「不孝祖先」、「發瘋了」。而傳教士對傳統的民間信仰，也用非常嚴厲刻薄的話予以攻擊、反駁，亦是人民反彈基督教的原因。1894 年 3 月間，臺灣中部有一尊媽祖生日，約萬餘信徒去北港進香，基督教的信徒嚴厲批評「為了一塊柴頭尪仔（意指木頭雕刻的神像），勞民傷財。」這種批評，引來媽祖信徒的不滿。還有另一事例，即是民間信仰中以玉皇大帝為至尊，又俗稱為天公，其生日是農曆正月初九，傳教士立刻提出反駁：「你們（指民間信仰的人）說天公最大，又說天公的生日是正月初九，那豈不是很矛盾嗎？既然天公是人生的，那最大的人應該不是天公，而是生天公的那個人，就是天公的父母親。」面對基督教此種嚴厲批判，虔誠信奉民間信仰，觀念已根深蒂固的臺灣人民，自然對基督教的批評很不以為然，也加深對基督教的不滿。

四、長老教會在臺傳教的阻力

長老教會傳入臺灣初期，在漢人社會傳教的速度相當緩慢，南部長老教會初代傳教者馬雅各醫生（James L. Maxwell）到府城傳教，雖然以「醫

療」作為傳教的媒介，但 24 天就被趕出府城，被迫到打狗發展；1868 年樟腦事件之後，[10] 雖然重獲返回府城傳教的機會，但在漢人社會傳教的成果仍然不彰。

傳教過程困難重重，無論南部或北部教會均曾發生過滋擾教會的情形。1868 年的安平砲擊事件，其發生的原因除了樟腦事件之外，另一原因為宗教衝突。此外，南部教會尚發生了白水溪事件（1875 年）、二崙事件（1885 年）。北部教會曾陸續發生三重埔教案（1876 年）、艋舺教案（1877 年）[11]；清法戰爭期間發生多間禮拜堂遭搶、被毀的事件。因此，信徒增長的速度也相當緩慢。

可見長老教會在臺灣傳教過程相當困難。造成此一現象的原因眾多：有學者視基督教為帝國主義侵略的一部分，而傳教士即為其代理人之一；也有學者舉出信教者有「靠番仔勢」的現象，引發一般民眾的不滿。就傳教士本人而言，其博愛精神，無可懷疑，如馬偕在臺灣行醫療傳教、馬雅各醫生和蘭大衛醫生（Dr. David Landsborough）為本地病人的付出，蘭醫生娘「切膚之愛」，[12] 戴仁壽醫生（G. Gushue Taylor）夫婦為癩病患者的付出，均膾炙人口。但不可否認的是外國傳教士們多少存有文化的優越意識，以有色的眼鏡看待本地文化，尤其是對臺灣民間宗教信仰的神祇，以基督教一神的觀念來看，均視為魔鬼，是他們要打倒消滅的對象。因而引發衝突，造成基督宗教傳教擴展速度緩慢。

---

10. 樟腦事件又稱安平事件，《天津條約》臺灣開港之後，商務與教務紛爭時起，1868 年英國怡記洋行職員必麒麟，在梧棲因私購樟腦而引起糾紛；馬雅各醫生也因在鳳山傳教，引起人民反教的衝突，引發英國軍艦砲擊安平的軍事衝突，因此又稱為安平砲擊事件。

11. 白水溪事件、二崙事件、三重埔教案和艋舺教案均為長老會在臺灣傳教所引起的民教衝突。白水溪在今臺南市白河區，二崙在今屏東縣竹田鄉，三重埔在今新北市三重區，艋舺在今臺北市萬華地區。

12.「切膚之愛」後來成為彰化基督教醫院的精神象徵。

基督宗教無論是新教或舊教，均以崇敬上帝、耶穌、天主為主要信仰對象，其教義自有異同。其共通的是以上帝為天地萬物的創造者、上帝是歷史的主宰、上帝要審判世人；耶和華是唯一的真神，遵守耶和華十誡的教訓，上帝是全能的，祂無所不在、無開始也無結束。基督徒不可崇拜偶像，不可認耶和華唯一真神之外的神，是一具有強烈排他性的一神宗教。

（一）臺灣民間信仰的特色

　　臺灣民間信仰是臺灣文化的重要內涵，從民間信仰活動，可以看出臺灣社會的多元性與井然有序的社會組織。臺灣民間信仰是結合了儒、釋、道與自然崇拜而成的宗教。民間信仰的多神觀，與基督宗教一神且排他的現象截然不同。根據日本學者鈴木清一郎的看法，臺灣人對神的觀念，除神明以外，包含死靈、鬼、妖怪等。在多神的世界中，眾神縱有神格高低之別，但其間自有組織與功能。其組織是人世間政治組織的投射。玉皇大帝被視為最高的神祇，俗稱的天公，幽冥兩界之神祇皆在其駕馭之下，類比昔日世間的帝王。在其神明系統中有中央行政神、地方行政神以及陰間行政神。在功能方面有掌管生育的註生娘娘，掌管醫藥的保生大帝，祭神者可因其不同的需要，求助於不同的神明。因此在臺灣的民間信仰中，人所奉祀的每尊神均是尊貴的，但不是唯一的；這與基督宗教不同。此外臺灣民間宗教有幾項值得注意之現象：

1. 民間宗教信仰的神，具擬人化的特質。

　　民間宗教信仰的神祇與人相類，有喜怒慾望，有生辰有成道之日，

有形象，有家眷。與人相同具口腹慾望，因此為滿足神的慾望，必須定期祭祀，供奉祭品。

2. 由於東方世界，尤其是中國的學者，相信人性是善的，人性的發揮，人可成聖成神佛。

臺灣的民間信仰，人人均有成神成佛的機會。基督宗教則不然，人信奉上帝，讚美上帝，甚至要討好上帝，但人永遠無法成為上帝，信上帝者只能求得永生。

3. 孝道思想的實踐，在臺灣民間信仰中扮演重要的角色。

孝道思想最具體的表現，就是神主牌的供奉。由於臺灣人一般相信死後有陰間的觀念，且人死後在陰間與在陽世時需求相同。因此，對已故祖先的祭祀顯得相當重要，不能中斷。由於已故的祖先需後代陽世子孫的祭拜，而且不能中斷，造成臺灣社會重男嗣，重男輕女的社會現象相當嚴重。

4. 現世功利與交替祭拜的宗教觀。[13]

臺灣民間信仰的信徒，手拿三炷香，所求的不外是今世的福、祿、壽，而非追求靈魂的永生。因此祭拜對象，只問其是否「聖」（靈聖），而不問祭拜的是物魅或神明。

---

13. 交替祭拜是臺灣民間宗教信仰相當普遍的現象之一。在民間信仰信徒的概念中，神不是唯一的，當人民有所求於神明時，信徒因其需要而選擇其祭拜的神祇，若甲神無法解決其現世的困頓，信徒會再祭拜其他的神祇以解決其問題，直到其問題化解為止。

（二）長老教會如何看待民間信仰——上帝看天公

　　基督宗教相信上帝之外，有所謂的撒旦、魔鬼，不承認民間宗教信仰中的神祇為神，因此在相關文獻中用較中性的稱法「佛」，不稱「神」，因為神只有一位，那就是唯一的真神——上帝。

1. 批評民間信仰所敬拜的神明為「柴頭尪仔」。

　　1894 年 3 月間北港媽祖生日，約有萬餘人去北港進香，傳言進香的信徒返回之後，要燒員林的天主堂和彰化城內的禮拜堂，因為傳教者在媽祖廟口傳教時，批評媽祖，說媽祖是「黑柴頭」，所以要來拆禮拜堂。《教會公報》中經常會發現批評大規模迎神賽會的文章，視為迷信，直指這種行為是浪費大量金錢去服侍無用的「柴頭」；在字眼上也常常用「魔鬼」兩字來指稱民間所尊敬奉侍的神明。

　　到 1909 年教會傳入臺灣已歷 40 餘年，梅監霧（Rev. Campbell N. Moody）牧師對臺灣傳統神祇仍相當敵視。他說：「上帝是活的神，祂無所不知，無所不能，也無所不在，拜上帝就是拜神明。若是那些木刻的、土塑的，眼不會轉、耳不能聽、眼不能看、鼻不能聞、腳不能走、嘴不能講、肚內沒腸胃，那才是無神無明。咱希望他能保護，反而是咱在保護他，他要靠咱替他蓋廟，替他燒紙錢，有時被老鼠推倒也不會自己站起來，有時被蟲蛀，被蜘蛛絲纏繞也不會去除，有時被砂子吹到也不會自己拍砂子。賊到家裡也不會趕，不如我們養的狗。遇到水災、火災，我們沒空請他走，他們也沒本事逃避，就燒成灰或被水沖走，流到海。」在一神論的傳教士眼中，神像是由木頭刻成或泥土塑成，毫無神力可言，人民信拜他當然是愚昧無知的表現；但臺灣人民眼中的神像，只要經由

一定的儀式，就具有超自然的神力存在，歷來少有人懷疑。

1915 年《教會公報》有一段批評打貓（今嘉義縣民雄鄉）迎神的記載，文中說：「當地有一尊佛叫大士。祭典是在 7 月 21 日到 23 日等三天，人山人海，約有十萬人前來，北自林圯埔（今南投縣竹山鎮），南到店仔口（今臺南市白河區），火車特別減價，多開加班車。孤棚搭得很廣，置滿祭品香燭，大士像在第三天晚上綁在竹竿上，半夜就放火燒掉。」文中雖記錄祭典的盛況，但對眾人所祭拜的神明批評一番，道：「可憐咱同胞，6 月沒天師（即大士爺），至 6 月底人民就製造出天師（即大士爺）；他沒有骨頭用竹篾代替，沒有皮用紙糊；沒道觀人送他，人卻向他求平安福氣；他沒活，人向他求醫病。真是愚昧！」這樣批評的言詞，對傳統宗教的信徒而言，已超過他們所能容忍的範疇。

2. 視供奉「木主」[14] 無意義，且違反上帝旨意。

民間信仰所謂的「祖先崇拜」，指的是對已故的父母或先人而做的崇拜。相信已故的人，像在生前一樣，對人世間的事務極其關心，為其家人或宗族的福澤，甚至會干預。因此，就要求子孫對他們做侍奉、景仰和祭祀。否則，先人就可能因而降病痛、災害、瘟疫或其他禍害到子孫身上。

在臺灣社會對於祖先崇拜，所表現出來的現象就是「神主牌」的供奉與祭祀，成為阻礙長老教會傳播的重要因素。「神主牌」就是祖先的神牌位，是一般臺灣人民所謂的「公媽牌」；「神主牌」與「公媽牌」，

---

14. 木主指的是祖先神牌位。長老教會傳教者不認為祖先過世後神靈會依附在祖先牌位上，因此木牌上並無神靈，只是一塊木頭，認為民間信仰的人以木為主，故稱為木主。

原本含意不同，前者指的是單位亡靈的靈位，後者指的是多位亡靈合祀的神位。

長老教會將臺灣的祖先崇拜視為「亡靈崇拜」的一種，屬於偶像崇拜的一部分，是違背十誡的教訓，因此禁止信徒崇拜祖先牌位。但在傳統臺灣宗教觀念中，經過一定的葬儀儀式，死去的先人，就由「亡靈」轉換成「祖先」。否則無人祭祀，就成了孤魂餓鬼，會影響家族及子孫枯榮，因此一定要加以祭拜。此外，祭祖是孝道的表現，也是傳統文化重要的一環，隱含著濃厚的人文精神與倫常觀念。因此，祖先祭拜已成為傳統臺灣社會文化深層的一部分，受儒家影響的士人，一般即使不祭拜鬼神，但對祖先的祭拜卻相當虔敬慎重。

長老教會對祖先神牌位的祭拜問題，傳教士認為拜上帝的人相當注重父母祖先，第五誡即要求人要孝敬父母，但不是用神主牌來孝敬。他們認為祭祀時祖先根本不會來享用祭品，如果祖先真會享用祭品，就要一天吃三餐，一年中才祭拜祖先幾次，供奉祖先幾餐，那是不夠的。何況祭拜過後的祭品並未減少，原封不動的存在，連味道也沒減少。所以祭拜祖先不是為了祖先，而是為了人的肚子。在教會的看法，人死後就不能再吃，即使神也不喜歡吃，人祭拜只是盡一點孝心而已，如果真要懷念祖先可以照像或編族譜來紀念，更重要的是生前順從祖先，遵照他的教誨。

長老會認為基督教是重視孝道的宗教，人要孝敬父母，重要的是「生事之以禮」。強調基督徒要注重真孝，基督教認為服侍祖先是欺騙祖先，又得罪上帝的行為，主張孝順父母是為人子的本分，要及時行孝，順從父母的命令。如果父母的命令合上帝的旨意，再勞苦也不推辭，不得忤逆；如果父母的命令是違逆上帝的旨意，就不要順從他，要和顏悅色溫

柔來規勸他，讓他順從上帝的旨意。信主的人父母健在應盡孝，父母過世哀傷哭啼，盡力備棺木衣服來埋葬父母，來安其肉體，立碑來懷念他。埋葬後就沒什麼祭拜的禮了，但兄弟應互相疼惜，和睦宗族，懷念同胞之義，同本之親；巡視父母的墳墓，照顧好父母的骨骸；留父母的肖像來懷念父母的容貌；將父母的佳言善行記錄在書上，來垂訓親人，設立族譜將父母出生死亡的時間，埋葬的地點詳加記錄，以便後代子孫查考；同時行正道盡力經營來照顧祖先的遺業，榮顯父母的聲名。如此，才是報本追源盡孝的真義。凡是能盡孝的人一定會得到上帝所賜予的大福氣。

（三）民間信仰如何看待基督宗教──天公看上帝

1. 視基督宗教為邪教。

例如第一代信徒林學恭，受好友郭省之邀請，到嘉義禮拜堂想進一步了解長老教會。當時嘉義禮拜堂正舉行禮拜，林學恭「見傳教師祈禱，眾人俱閉目，以為在念咒語，甚為驚慌；復見禮拜堂內無神像，又無焚香，以為異端邪說，莫此為甚，故不敢入禮拜堂，立於門外，觀察其動靜」。足見一般人民對禮拜堂無神像，不燒香點燭，與傳統寺廟完全不同，因此以邪教視之。

2. 視基督徒不敬神明。

傳統臺灣社會，普遍承認鬼神的存在。神明會保護庄社的安寧，為防止鬼魅為害生靈，透過設營置軍，來防止諸方邪魔的入侵，因此民間社會要定期犒賞天上的兵將。同時利用神明遶境的方式，驅邪除煞，創造潔淨的空間。如果不祭祀神明，就得不到神明的庇佑，因此臺灣社會

敬神活動相當頻繁。而且以上的宗教活動，多為地方士紳頭人所領導，他們也透過宗教活動來建立或鞏固地方的影響力。因此基督徒不敬拜神明，難以被地方人士所接受。

3. 不奉祀祖先神牌位──不孝。

孝道在臺灣的社會，是一切的文化價值主流所在。在臺灣傳統社會將「祖先崇拜」與「孝」等同視之。將不「崇祀祖先」視為「不孝」，而「不孝」又要被視為「非人」。民間至今尚且說「落教，死無人哭」，因此，如果有子弟相信基督教，家族內的成員往往視為罪大惡極，甚至有「任你去賭博、抽鴉片、為非作歹，我絕不讓你入教，這是一條絕路」的看法。不奉神主牌就是不孝，基督教禁止信徒祭祀祖先，引起社會普遍的反對，基督宗教也因而引來諸多的批判與反對。

另一方面也因為東西方文化的歧異，民間信仰的信徒，也以自我文化體系的價值來看待西方的基督宗教。因此，在雙方接觸的過程，產生一些誤解。如相信信教者一定是被施法術或下藥，才會喪失心智接受。因此傳教者所到之處，人人自危，深怕食物、飲水遭下「入教藥」，像瘟疫般的傳染。漁夫吳著入教後的處境是可代表的事例。

吳著是南部長老教會鹽埔仔（今屏東縣鹽埔鄉）初代的信徒。他入教後回到故鄉，地方人士爭相來圍觀，並謠傳他吃了入教的藥，家裡的人為此相當煩惱，吃飯時沒有人敢和他同桌，所用的碗筷要另外準備，為的是怕被他下藥。梅監霧牧師（Campbell N. Moody）有一段詳實的描述：「很晚了，漁夫回家喚開門，沒有回聲，家族都睡了嗎？他再叫了幾聲，仍然無回音。然後聽到微弱的腳步聲接近門的後面，再歸寂靜。漁夫推開了門，顯然門閂已被撤去，裡面寂靜，漁夫閂上門後，就上床了。翌

晨，妻子起來，將煮好的菜排在桌面，一句話都不說就回廚房。漁夫吃了早飯就出去，妻子撤回碟盤，就將所有剩飯丟棄，也不管豬隻吼叫著要吃東西。這女人怎麼不讓家禽家畜吃剩飯，是不是瘋了？不是，是男人瘋了。」因為他遇到傳長老教的黃深河，而感染到「番仔教」的毒。「就是這樣，漁夫的堂弟為他開門而不敢接近他，妻子不敢與她丈夫同桌吃飯，甚至不敢將他吃剩的飯給豬吃。妻子看她的丈夫不數日就在密室閉目念念有詞，快要發瘋了。」可見時人對這種新宗教極不了解，以為遭人下藥才會入教，而且已被下藥入教者，會再對其他人下藥。因此，入教者被視為瘟神般對待，會傳染人，一般人不敢靠近，不敢與之交談、同桌吃飯，甚至吃剩的飯菜也不敢留給牲畜吃，其嚴重性由此可見。

　　一般人民也以民間宗教的觀念看西方宗教，認為信教者可能是被施法術（施咒、畫符）而入教。1868 年引起教會大動亂的埤頭（鳳山）教會焚燒事件，即因為謠言四起所造成，相信傳教士「混用符咒毒藥，昏迷婦女入教」。此事起因甚為複雜，但其導火線在於舊城民眾程賽控告長老教會初代信徒高長，在其妻林便涼背上畫符念咒，茶中放入迷藥，以致發病，堅持要入教，造成群情譁然。臺灣人民習於傳統宗教信仰，符咒不但可以用以驅邪治病，且可以藉以迷惑人，此一觀念根深蒂固，難以改變，因此一般人大多相信傳外國宗教的傳教人員，也會畫符念咒。

　　當信徒莊清風[15]受反教民眾包圍之際，「下跪禱告，村民不敢靠近，以為他在念咒。村民於是回村中，將大廟內大大小小的神像抬出來。」

---

15. 莊清風是南部長老會的信徒，在 1868 年被殺，教會視他為「臺灣最初的殉道者」。他是淡水人，曾在福建廈門聽到基督教的教義，返臺後毀棄家中的神像與祖先牌位，知道馬雅各醫生在高雄傳教，就南下成為基督徒，後來被馬雅各醫生雇用擔任傳道。1868 年反教風潮興起，他往左營要帶其妻避難，因其妻不願同行，引起衝突，莊民以為信教的人在捕捉婦女，加以圍捕，最後被殺並棄屍於河中。

凡此，可見臺灣民眾是以傳統宗教的觀念看待長老教會。此外，男女授受不親的觀念也產生作用。包括對洗禮、男女共處一室禮拜的批評，因此早期的教會以布簾分男女席，可以發現一般人民對長老教會的認識不足，而產生怪異的看法。

五、長老教會在臺傳教的策略

在此狀況下，臺灣一般民眾往往抗拒基督宗教的傳播。他們拒絕子弟入教，拒絕傳教人進入庄社布教，更拒絕將屋舍租予傳教者。即使族人或庄社內的人將房舍租予傳教者，往往會引來族人或庄社居民的干涉反對。面對民眾的反對，教會也有一套對應的方式。以下分成醫療傳教、從社會下層及平埔族著手傳教、培養本地信徒擔任傳教的工作，以及神蹟的運用等加以說明。

（一）醫療傳教

19 世紀基督教的傳教，是一個世界性的現象，醫療傳教則是教會擴張的重要途徑。面對民眾對新宗教的排斥，醫療工作成為建立關係、博得好感、化解衝突的利器。因此英國首任受派來臺的傳教士馬雅各醫生，就是受完整醫學教育訓練的醫療傳教士（Medical Mission）。醫療傳教成為化解傳教阻力的重要手段之一，即使不具醫學背景的加拿大長老教會首任臺灣傳教士馬偕牧師，也以醫療作為傳教的媒介。眾所皆知的馬偕牧師，以替人拔牙解除痛苦出名；據資料顯示，馬偕牧師在 1893 年返國述職前，至少為臺灣民眾拔了二萬多顆牙齒。自 1865 年馬雅各醫生

奉派到臺灣展開醫療傳教以來，到 1940 年英國傳教士被迫離開臺灣為止，英國長老教會總共派遣 34 位男傳教士到臺灣傳教，其中 15 名屬醫療傳教士，占 44%。如果將傳教士分成醫療傳教、教育傳教（Educational Mission）和一般牧師三類，則醫療傳教士所占的比例相當高，可見醫療傳教受重視的程度。英國長老教會所派遣的醫療傳教士，分別在旗后、府城、大社（今臺中市神岡區）、彰化建立醫館，藉醫療工作作為手段，以達到傳教的目的。馬偕牧師雖然不是醫生，也在淡水街開設「偕醫館」，為人治病，在馬偕病故後，更有「馬偕紀念醫院」的設立。這些醫館如馬偕紀念醫院、彰化基督教醫院、新樓醫院在臺灣醫療發展史上，扮演重要的角色，對臺灣醫療現代化有相當的貢獻。

（二）從社會下層及平埔族著手傳教

由於早期傳教過程，困難重重，進展極為緩慢，有些研究者認為是漢人社會受儒家文化思想的影響。由於傳教的困難，使長老教會著重下層社會以及平埔族社會的傳教。根據對長老教會早期初代信徒背景的研究發現，初代信徒家境普遍貧窮、多未受教育或所受教育程度不高、入信前相當注重祭拜敬神，凡事求神問卜，以化解現實生活的困境；這些信徒中有相當的比例，其品行違反當時一般的社會價值。

平埔族原以祖靈信仰為主，不持一成不變的宗教觀，對異己包容性大，一旦發現異教更適合於自己，就拋棄原有宗教而改信新宗教。外國傳教士在平埔族社會的傳教獲致較好的成果。因此，無論是南部教會的馬雅各醫生，或北部教會的馬偕牧師，均將其主力用在平埔族社會的傳教，也在平埔族社會得到較好的機會，教會因而得以陸續建立；甚至今

日東部地區，有以偕叡理（馬偕牧師）的「偕」為姓的噶瑪蘭族人。到日本統治初期，南部教會的信徒仍然以平埔族群為主要的成員。1887 年南部長老教會有 35 間教會，信徒人數 1,348 人，排前十名的教會信徒人數占全教會 54.6％，超過一半以上；除了府城教會排名第四之外，其餘 9 間教會屬平埔族教會。[16] 1902 年南部教會增加為 81 間，信徒人數排前十名的教會人數占總教會人數的 40.65％。其中除臺南和牛挑灣兩教會之外，其餘 8 間均屬平埔族的教會。1910 年南部長老教會增為 90 間，信徒數 16,941 人，前十名教會信徒人數 5,776 人，占南部教會總人數的 34.09％；其中漢人所建立的教會 3 間，分別是臺南、阿猴及牛挑灣等教會，其餘 7 間屬平埔族所建立。可見長老教會初建立時是以平埔族社群為主要傳教的對象，而且較具效果。到日治中期以後，在漢人社會的傳教，始超越平埔族社會的傳教。

（三）培養本地信徒擔任傳教的工作

英國、加拿大的海外傳道會，雖然派人到臺灣傳教，但由於外國傳教士人數有限，無法對臺灣廣大社會傳教，加上當時臺灣素來稱為「瘴癘之鄉」，漢移民深受其苦，外國傳教士也不例外，因此來臺的傳教士大多受其害，甚至有人壯年病死臺灣。透過臺灣本地信徒，對臺灣人傳教，其效果遠比外國傳教士好，同時僱用的薪資也較經濟，傳教的工作因而落在本地信徒身上。然而如同前述，本地信徒少有接受教育者，本身對基督教

---

16. 指以平埔族社群為主體的教會，也有學者認為阿猴和牛挑灣教會屬平埔族教會而非漢人為主體所建立的教會，因無法確認，暫以漢人教會視之。

的認識也相當有限。但由於傳教人力不足的關係，有的初入教未經太多訓練，就受派到外地傳教，據說初代信徒李豹受洗後 12 日，就受派到木柵傳教。他對教義所知不多，相傳他馬太福音只讀一至十三章，「養心神詩」五十九首不能盡識。在傳教過程經常受人反駁，而無力辯護。因此培養本地傳教人才成為迫切的問題，於是無論南北教會，均先後設立神學校（時稱「大學」）。但入學的學生素質低落，因而又設立中學，以培養神學校的學生來源。除了中學、大學之外，為培養兒童，又有小學的設立。

（四）神蹟：趕鬼、治病，並替人祈禱

在基督教的教義中，神蹟是被承認的，其觀點主要來自新約「馬可福音」、「雅各福音」各章節。因此，在臺灣傳教的過程中，經常出現神蹟的紀錄。1970 年屏東基督長老教會出版一本《設教百年見證集》，蒐錄 18 篇見證神蹟的故事。出版時教會牧者在序言中提到：「20 世紀雖然進入太空時代，上主仍然不斷行神蹟在地上，因為神蹟是隨著福音而來的。」該書編後語則提到「這本小冊子，是本教會百周年『引人歸主』運動成果的一部分，乃記述上帝如何施行奇妙作為透過異象神蹟，揀選祂兒女的經過情形。」其目的除了所謂的見證道理之外，主要是利用神蹟的事例，吸引人入教。長老教會傳入南部地區百餘年後，神蹟之說仍被教會視為傳教的利器，在教會傳入之初神蹟的流傳應當更加普遍。

載錄神蹟最多的是《教會公報》，其載錄多件因神蹟而引人入教的事例，甚至有些教會是因行神蹟而奠基的，例如後山（今花蓮、臺東）和澎湖教會的建立均與神蹟有關。

長老教會在後山的傳教，與神蹟的應用關係密切。其中蟳廣澳教會

（今臺東縣石雨傘教會）、石牌教會、觀音山教會的建立均與張源春的祈禱水有關。張源春本是西拉雅族人，到蟳廣澳（今臺東縣成功鎮石雨傘）後住在當地頭目家中，因頭目患氣喘，他以一碗水替他祈禱，祈禱後頭目將祈禱水喝下，治好了氣喘，後來也用同樣方法治好其他病痛，因此有三、四十戶人家毀棄偶像敬拜上帝。後來他又到迪階（今臺東縣玉里鎮觀音山）用祈禱水醫治好許多人的病，福音很快傳遍各地。在迪階建立觀音山教會後又來石牌（今花蓮縣富里鄉石牌村）勸人信教，仍然用神蹟的方式，凡是有人生病請他來祈求上帝，用祈禱水給病人喝，病症因而痊癒，帶領了多人入教。

　　澎湖七美教會的建立，亦與神蹟有關。1901 年大嶼（今七美島）有位名叫夏傳的人，因眼疾到旗後醫館給安彼得醫生（Dr. Peter Anderson）治療，因而接觸長老教會，回澎湖後將他所聽到的道理說給人聽，但遭親友和家人反對。據傳 1919 年夏傳的家中出現神光，其弟夏宰受到感動，不識字的平凡漁夫，口中高喊「以馬利亞」，並能唱聖詩，說《聖經》的話。夏宰因而開始行神蹟，替人醫病趕鬼，甚至能使死者復活。夏傳乃帶領其家人信教，因而有二、三十人來信教，並除去他們的偶像和祖先神牌位，但未守安息日，也沒有人認識《聖經》，但是前來聽道理的人數增加。1923 年滿雄才牧師（Rev. W. E. Montgomery）夫婦帶神學生王興武到澎湖巡視教會，決定派人來傳教，成為長老教會的一環。

　　黃武東牧師回憶他獻身的經過，也因曾患重病無良藥可治，生命垂危之際，其父親向上帝禱告，求上帝讓他病好，將來長大將他獻給上帝做牧師。到念神學校三年級時又得重病雙耳失聰，因此又「決定斷食祈禱，讓神來醫治我」。禁食祈禱三天，果然病好。黃武東經過大病，「改變我以往對上帝的猶疑，堅定我的信仰」。

傳道林金柱認為在文明較進步的街市，可以用理論證明真理，但在農村若不用實際的經驗，就很難帶領人來認識上帝。要用神蹟來證明上帝與我們同在，祈禱可治人的病。因此，林金柱牧師舉舊城教會四件神蹟：其一是所謂的「犯鬼鬼退」，他提到 1928 年他在鳳山教會，有一名叫石嬸的姊妹，帶領徐訓一家人來禮拜，因為徐訓犯鬼數年，吃藥、問神、用符，花錢無數均無效果，教會會友就集體到他家做家庭禮拜，經過大家同心祈禱數次，沒多久鬼就退了，不再亂來，精神恢復，因此全家都入信。此事發生的時間，距離 1865 年長老教會初傳入臺灣已經 60 餘年，日本在臺灣推動基礎教育已 30 餘年，運用神蹟傳教的情形尚且如此，在傳教初期應更為普遍。

　　借神蹟傳教，其初應是英國宣教人員引新約《聖經》的故事，介紹給臺灣社會，對轉移排斥長老教會的傳統社會，應有一定的正面影響，也能吻合臺灣社會的需要；但如果信徒看重神蹟而入教，對教義又受教育程度及傳教者素質與數量不足的限制，入信者無法深入認識基督教的教義，神蹟被濫用，就背離基督教的信仰本質。此一現象也意味著，本地信徒與傳教者對教義的看法，與英國傳教士有某種程度的歧異。

六、結語

　　基督教的傳入，除了帶領部分臺灣人民進入新的宗教體系，對臺灣宗教觀提供了新的刺激與思考。長老教會為傳教所做的努力與措施，對臺灣歷史的發展也有相當大的影響。

　　首先值得注意的是教育方面的措施。南部長老教會設立學校培養本地人才，初源於傳教士整體傳教的考量，除了經濟與健康的考慮之外，

由本地人傳給本地人，傳教所遭遇的困難較容易化解。為培育本地的傳教者，各級教會學校因而產生。

長老教會所創辦的學校，其目的固然在培養人才為教會服務。但長老教會在清代為本地信徒所提供的教育內容，與傳統時代不同；其目的不在培養為科舉做準備的學生，教育內容也不以傳統儒家思想四書五經為主。他們將西方的教育制度與教育內容帶進臺灣，是日本在臺灣推展近代國民教育為目標的教育體制之前，已為臺灣新教育播下種子，對臺灣教育發展有相當的貢獻，尤其是教會所培養的人才，對後來臺灣歷史的發展有相當大的影響。

其次是西方醫療知識與技術的傳入。馬雅各醫生、馬偕牧師或是蘭大衛醫生，他們一方面藉醫療傳教化解臺灣人民身體上的病痛，化解臺民對長老教會的排斥，帶領人進入教會。更重要的是他們將現代西方的醫療知識與醫療技術傳進臺灣，並透過「見習生」的方式訓練臺籍信徒子弟，將新的西式醫學知識與技術傳給他們。這些見習生在訓練結束後離開醫館，到各地行醫。對改善臺灣的醫療環境有相當的幫助，對臺灣醫療現代化也有助益。

第三是在文化出版與大眾傳播方面的努力。當教會陸續建立之後，教會間彼此聯絡不易，外國傳教士人力有限，能前往巡視的機會自然不多，加上初代信徒，諸多是遭現世困頓者，本身對教會教義認識不深，極易在受到困頓時重回原有的宗教信仰。因此教會內信息的交流，信徒信仰的堅定，以及教義的介紹，顯得格外重要。因此基督教長老會決定發行《臺灣府城教會報》，這份刊物主要目的在於「連結各地遠近教會成一家」。但由於刊物內容相當多元，對於當時的新知識與世界大勢，均有相當的報導，對閱讀者產生相當大的影響，有助於新知識的傳播。

由於清末臺灣英國長老教會漢人信徒，「大多屬於低階級，未受教育者居多，略識或不識漢文」。因此，長老教會大力推動「白話字」，以「白話字」為媒介，出版書籍，發行刊物，方便無法以漢字閱讀的人，藉由「白話字」吸收新知識。

　　另一方面，長老教會的傳播，也促進了臺灣的社會流動。學者分析指出，長老教會的信徒，入信的動機相當複雜：大部分是因為現實生活不順遂，遭遇肉體病痛、家人死亡，或破財；也有很多人久病難癒，在醫館受到醫治照顧，心存感恩而入教；有的是信教前為非作歹，聽到長老教會天堂地獄與入信得救的教義後，心存恐懼而入教；有的則屬於為靠勢而入教。

　　這些人在受洗信教成為虔誠的基督徒後，開始用「白話字」吸收新知，加上有機會和外國傳教士接觸，比一般國人富現代觀念，較重視子弟教育，因此有的在很短時間內提升其社會地位。尤其英國傳教士中不乏醫療傳教士，很多初代信徒或其子姪，因擔任醫療助手，習得醫術，因此得以開設西藥店，並替人看病，改善了家庭經濟，進而鼓勵子弟學習醫學，不但提升社會地位，經濟能力也大為改善。

　　總之，近代長老教會來臺的西方傳教士，他們在艱困的環境中，設法克服困難，建立教會。他們設立醫館、學校，引進新觀念，關懷弱勢，在臺灣進步與發展的歷程中，扮演相當重要的角色，對臺灣有很大的貢獻。

——本文原收錄於吳學明，《近代長老教會來台的西方傳教士》。臺北：日創社，2007，頁 5-38。吳學明教授授權使用。

一、長老教會傳入時的臺灣社會

① 吏治敗壞、治安不良。

② 充斥吸食鴉片、纏足、好賭等陋習。

③ 一夫多妻、販賣子女、殺女嬰等行為，也是基督教不允許的事情。

二、傳教士面對的問題

① **傳染病問題、衛生條件極差：**

臺灣當時流行的瘧疾、自然環境的毒蛇、公共衛生條件不佳。

② **語言障礙。**

③ **將外國人視為夷狄的心理：**

中國人將外國視為低等、未開化的民族，屏東的鄉民稱呼基督教為「雞啄教」。

④ **基督教教義和傳統民間信仰的差異：**

例如：祖先牌位被基督教視為偶像崇拜，必須拋棄，因此成為基督徒就是不孝的行為，受到強烈的反對。

三、在臺灣傳教的阻力

① 被看作帝國主義侵略的一環，或是有教徒仗「番仔勢」欺人等，引發群眾的不滿。

② 基督教一神信仰、教義規範，認為臺灣傳統民間信仰的神祇、祖先崇拜，是魔鬼、違反上帝旨意；民間信仰則視基督教為邪教、不敬神明、不孝。甚至認為是被施法術、下藥才會入教。

四、長老教會在臺灣傳教的策略

① **醫療傳教：**

馬雅各醫生、馬偕牧師都是著名例子。馬偕紀念醫院、彰化基督教醫院、新樓醫院也在臺灣醫療發展史，有重大貢獻。

② **從社會下層與平埔族著手。**

③ **培養本地信徒擔任傳教工作。**

教會成立神學校，中學、小學，培養傳教士人才。

④ **神蹟：趕鬼、治病、替人祈禱。**

〈臺灣民間信仰的分類〉

──────── 陳鴻圖 ────────

　　漢人移民渡海來臺，尋求新的生存契機，為祈求平安渡過黑水溝及開墾過程中順利，往往會從中國原鄉攜帶神像或香包來臺，來臺後神明的祭祀逐漸形成多元的民間信仰。「三月瘋媽祖」、「五月十三人看人」、「田頭田尾土地公」等臺灣俗諺印證了臺灣的民間信仰充滿多元特性和活力特質。在漢人社會中民間信仰不只是宗教活動，更不是迷信活動，它反應了移民社會的歷史發展和變遷，見證了族群從械鬥傷痕到融合的紀錄，也是庶民信仰的力量和臺灣歷史的縮影。

　　臺灣的民間信仰歷經五個階段的變遷。第一階段是開拓初期，清代閩、粵移民來臺之初，必須要面臨航海、瘟疫和「番」害三個問題，因而海神媽祖和玄天上帝、王爺、保生大帝等的祭祀隨之而起。第二階段是械鬥時期，移民帶來原鄉神祇作為守護神及團結的象徵，如漳州人奉祀開漳聖王、泉州人奉祀廣澤尊王、客家人拜三山國王等，移民為生存競爭常發生械鬥，在械鬥過程中，閩客或漳泉常以打擊對方守護神作為手段。第三階段是融合時期，隨著臺灣社會發展日漸穩定，移民既有的地緣和血緣觀念慢慢被打破，民間信仰也從原鄉守護神轉變成全臺性大神或地方中心神明，例如媽祖從海神變為萬能的神祇，信徒只重視神明

的靈驗並不執著地緣。第四階段是 1930 年代皇民化運動時期，總督府為推行日本神道教，使民間信仰曾短暫受到破壞。第五階段是戰後臺灣經濟快速發展，從農業社會轉變到工商業社會，民間信仰能提供個人和社會群體需要的滿足，以致宗教活動蓬勃發展，西方宗教再度傳入，寺廟觀光化、宗教慈善事業化等趨勢愈來愈顯著。

臺灣民間信仰的發展雖源自原鄉華南社會，但來到臺灣後，受自然環境、族群互動、經濟競合、政權變動和國際移動等因素的影響，發展出具臺灣味的民間信仰，多元包容是其特性，但同時也意味著變動性和混雜性，例如廟宇常是儒、釋、道並容，難以界定不易理解。林美容〈臺灣民間信仰的分類〉此文，有助於我們從類別來認識民間信仰，作者根據以往的研究經驗，試圖以信仰對象、信仰源流、宗教學者 Paul Steven Sangren、社會組織的觀點等面向來對臺灣民間信仰做分類，本文原是作者在 1990 年為所編的《台灣民間信仰研究書目》書中〈導言〉，在 1980 年代資料庫和網路搜尋尚不普及的年代，此類研究書目是當時研究者必備的工具書，在閱讀本文時也可以找本書來參考，了解早年研究者關心什麼課題、作者是如何分類、取捨和編排，從中看到的研究方法會是閱讀本文另一個收穫。

延伸閱讀

1. 林美容，〈由祭祀圈到信仰圈〉，收錄於謝國興編，《進香•醮•祭與社會文化變遷》（臺北：國立臺灣大學出版中心，2019），頁 71-97。
2. 謝國興，〈《進香•醮•祭與社會文化變遷》導論〉，收錄於謝國興編，《進香•醮•祭與社會文化變遷》（臺北：國立臺灣大學出版中心，2019），頁 1-16。

臺灣民間信仰的分類

林美容*

民間信仰（folk belief）與民間宗教（folk religion）有時很難劃分。不過，我們如果將民間「宗教」定義為一個社會中一般人的「神明」信仰的話（參閱劉子健，1988），顯然民間信仰指涉的範圍要比民間宗教寬廣，因為它包含神明以外，還包含祖先、鬼魂、巫術等超自然的信仰。

在臺灣，對漢人的「民間宗教」或「民間信仰」的用法更為混亂，常常民間宗教的意含較諸民間信仰更為廣泛。一般常用民間宗教來指涉各種制式宗教，包括儒教、佛教、道教，以及各種民間教派所創造出來的各種神明的信仰，甚至包含非儒、非佛、非道、非教派的民間之擴散性宗教信仰。但對研究儒、釋、道等制式宗教的學者來說，他們所謂的民間宗教則指涉教派性宗教與民間信仰，有時他們不太區分兩者的差別。

然而，也有學者以民間宗教一詞來與沒有明顯教義、沒有教派的民間信仰對比，而僅指涉各種教派性的宗教（如鄭志明，1984）。但是，也有學者視民間信仰幾乎等同於道教（劉枝萬，1974、1983），因為真正

＊ 中央研究院民族學研究所兼任研究員、慈濟大學宗教與人文研究所兼任教授。研究領域為民間佛教、中國親屬研究、臺灣民間信仰、漢人社會組織、臺灣民俗。

從漢人之民間社會產生的超自然信仰都是以道教為基底的。

對民間宗教與民間信仰之用詞的混亂，其實是無可奈何之事，因為其中牽涉到宗教必定與信仰有關，而信仰卻未必是宗教，尤其若宗教指的是制式宗教的話；再加上漢人之信仰的含容性，以及因之而來的複雜性，要明確地區分民間信仰與民間宗教的確是很難的事情，只要學者每次用詞有一定、一致的指涉便可。

本文採用民間信仰一詞來指涉一般民眾的信仰體系，所謂臺灣民間信仰是指臺灣漢人之所有超自然信仰以及與超自然信仰有關的思想、儀式、組織、活動、事物等。本文將探索臺灣民間信仰所有可能的分類，並為筆者所編輯的《臺灣民間信仰研究書目》所採取之分類，提供一了解的途徑。

一、以信仰對象來分類

我們若從臺灣漢人之超自然信仰的對象來區分，可分為五大類。

（一）祖先崇拜

以神靈（spirit）之不同來分，可分神主與公媽兩種。所謂神主是死後一年之內在家中奉祀之死者亡靈，一般稱神主牌者只有死者個人之名氏的牌位。俟一年後將死者名字列入公媽牌，神主才成為公媽，與其他祖先一起接受奉祀。

以崇拜地點來分，祖先崇拜可在家中廳堂、墳地、公廳、宗祠、宗親會館進行，不過也有調查紀錄顯示，神主牌或公媽牌也有放置廚房內者。

以活動來分，家中隨年節而舉行的「拜公媽」，宗祠或宗親會的「祭祖」，清明的「掃墓」，死前死後的各種喪葬安排及儀式，二次葬的「撿骨」，及分家時的「牒公媽牌」都是明顯可見的相關儀式與活動。

（二）人鬼信仰

是指祖先以外的死靈鬼魂之信仰，包括水鬼（或稱水流公）、孤魂野鬼（一般稱好兄弟、普度公或有應公，客家多稱為義民爺）以及一些邪魔鬼煞之類的信仰。

常見的活動有中元節的普度（或稱盂蘭盆會），七月廿九日之拜圳頭，以及普廟口、謝土、建醮等。

（三）神明信仰

神明的分類，若以土著的類別（native category）來說，有所謂的上界神、下界神及草木神，所謂上界神是指天界的天公、天上聖母、觀音等，下界神是指派駐地上的神祇，如太子爺、土地公等，草木神是指有應公、石頭公、樹神等自然界的神祇或是偶而無意中會碰到的神靈。一般民間也有正神與陰神的分法，大致上與天界有關的都是正神，而掌握陰間的神祇及草木神等都是陰神。

以祭拜神明的地點來說，家中的廳堂或族人共有的公廳，神案的右邊常是奉祀神明的所在，掛有「神彩仔」或「觀音彩仔」，也可置神明雕像，或者只是香位。專門為祭祀祖先而設的宗祠，也可能奉祀神明，最常見的是左側奉祀土地公。廟宇祠寺當然是專門奉祀神明最主要的地

方，此外有些村庄沒有公廟，但居民仍共同奉祀神祇，每年卜一個爐主，將香爐及神像奉祀在爐主家。神明會是專門奉祀某一神祇的熱心信徒所組成的，他們所奉祀的神明或是某一廟宇的主祀神（或其分身）或配祀神，甚或是從祀神，有時則完全與廟宇無關，神明會的祀神也是從會員中卜出爐主，常在爐主家舉行共同祭祀。

廟宇又可分為公廟、私廟與教派性廟堂。公廟是指某一地方的居民共同出資建造的廟宇，私廟是指私人出資建造的廟宇，私壇也包括在其內。教派性廟堂是隸屬某一教派團體的廟宇，出資者較無地方的局限，但也非全由個人出資。也有一種廟宇介乎公廟與私廟之間，是以某一地方的部分居民為主的神明會之會員共同出資募款建造的廟宇，它有可能成為地方公廟，如果該地方尚未有公廟，且又逐漸獲得地方居民公認的話。

以祭拜神明的活動來說，可分為群體性的活動與個體性的活動兩種，所謂群體性的活動是地方居民共同參與的活動，如神明生日的千秋祭典，例行的作年尾戲（或稱平安戲），神明巡境，大拜拜請客，吃福（尤其是吃土地公福），神明遊境、進香或刈火，偶而舉行一次的謝土或建醮，以及在較大地區的迎神，如迎天公、迎媽祖、迎王、迎城隍等都是群體性的活動，需要某一地區的人共同參與，共同出錢出力來完成的活動。個體性的活動包括廟宇所提供的一些活動，或是服務與設施，但隨個人意願決定參加與否，例如點光明燈、安太歲、拜斗、卜龜、卜餅、求平安米、謝燈、謝太歲、謝斗、給神作契子、損貫、乩日問神、收驚等。至於教派性的道場、廟堂等，有特殊的扶乩、降筆、或是法會等活動。

以組織而言，一般的公廟有如下的三種組織，一是管理組織，指管理廟務、廟產或廟的日常事務的組織，有管理人制，或管理委員會，或財團法人的形式，多由地方的「頭人」組成，所謂的「頭人」是指有身

分有名望有錢財的人，熱心敬神之事又有閒空者，常被推舉出來管理廟務，早期稱為總理或董事。一是祭祀組織，指主理廟宇例行祭典的組織，通常採取頭家爐主的制度，即由居民中卜出爐主一人、頭家數人，代表居民主理一年的例行祭典，爐主要負責收丁錢、請戲、準備公牲禮、祭品，頭家要幫助爐主收丁錢、搭戲棚（現在廟宇多有康樂台），或是神明巡境時擔任抬轎的工作。一是信徒組織，一般的公廟，理論上地方的居民都是信徒，需繳納丁口錢分擔共同祭祀的費用，或稱丁口組織。此外，地方上熱心的信徒常組成神明會，讓神明的祭祀活動熱絡些，廟宇也常有一些附屬的團體如誦經團、大鼓陣、曲館與武館之子弟組織，都是由熱心有興趣的人參與。

（四）自然信仰

是指對自然界的存在物賦予某種靈力，而產生的超自然信仰，臺灣漢人對日月星辰、樹木石頭都加以崇拜，所謂的太陽公、七星娘娘、太歲（不同的星宿降臨人間）、天狗、大樹公、石頭公、石敢當等都是具有靈力，漢人加以崇拜的神靈。

（五）巫術信仰

所謂巫術信仰是指相信藉著人為的操弄，可以改變或求得或解除某種超自然的靈力。例如風水（臺灣話稱地理）、命理、抽籤、改運、還願，懸掛厭勝物（如八卦、山海鎮等）、收驚或米卦，或找道士法師作法，找乩童問神，求爐丹，求符，找尪姨觀落陰等，都是臺灣巫術信仰的內容。

二、以信仰源流來分類

漢人基本上是一個多神信仰的民族，有功德者死後可為神，含冤而死的（如早殤、被陷、未婚、瘟疫、戰災等）亦可為神，若是兩種成分兼而有之，則靈力更強，臺灣人最虔信的王爺與媽祖都有這兩種成分。

因為多神信仰，新的神明不斷被創造，外來宗教的神祇也不斷被含納，而漢人悠久的歷史中所塑造的各種神靈在時間的洪流中，不斷展開空間的傳播，臺灣的漢人當然也接收了各種來自大陸的傳統，但也在臺灣形成特殊的民間信仰發展的樣貌，以下從信仰源流來區分臺灣民間信仰的類別。

（一）佛教

臺灣的佛教發展，在清末、日據時期和光復後的各階段，皆有不同的影響和面貌。在清末以前，主要是閩南系的禪淨雙修寺院；日據時期則結合日本曹洞宗在臺發展，開始建立起較具全島性的佛教組織。光復後，日本佛教的影響力消褪，但38年起，因國民政府遷臺，大陸各省的佛教僧侶和佛教組織亦相繼來臺，透過傳戒和中國佛教會的組織運作，而使臺灣傳統的佛教寺院，不論在質或量，都有了急劇的轉變。

另一方面，在家佛教系統的齋教，結合了明末的羅教教義，及龍華寶經的寶卷思想，形成了龍華、金幢、先天三派，其中尤以龍華派勢力最大。先天、金幢兩派中，以金幢派的流傳較不為學界所知；先天派則在光復後遭到新興起的一貫道的衝擊和取代，已在日漸消逝當中。不過，學術界近年來，對齋教的起源和宗教性質的分類，仍未有一致的結論。

所以在本文中，另以「新興教派」，來涵蓋各種新起的民間教派。

（二）儒教

臺灣人基本上是信奉孔子的，讀書人當然拜孔孟及七十二賢人，也拜文昌帝君，孔廟即是文廟，文昌祠往往也是以往科舉時代讀書人集中的社學或書院。此外，武廟祭祀關公也是儒教信仰的範圍，臺灣很多關公廟常設有鸞堂，往常多有扶乩降筆的活動，大致上在鄉鎮的範圍內會有文廟或是武廟，有時是兩者並立，有時是武廟兼祀孔孟諸賢。這些文廟或武廟常成官方祭典的所在。往常孔廟多為官建，祀關公的鸞堂，乃儒宗神教的系統，文武一系，皆為儒教。

（三）道教

臺灣道士所屬的流派，除了全真派沒有流傳之外，巫術信仰性質較重的茅山派、三奶派、正乙派皆有，臺灣之有道教是隨著漢人移臺而有的，因為道教可說是臺灣民間信仰的基底。一般以為道士可分為紅頭與烏頭，或稱司公、法師，部分童乩也屬於道士的系統，道士所行之科儀、法事，遍及臺灣民眾生活的各個層面，舉凡喪葬、牽亡、問疾、醮典、謝土、安座、祭煞等等。

（四）新興教派

除了上述既成宗教，歷史淵源較長遠之外，臺灣在戰後發展出來一些

新興教派，這些教派有些在大陸原本就有根基，如一貫道、在理教，有些是在臺灣創生的，例如慈惠堂、軒轅教、天帝教、弘化院等等，目前這些新興教派與傳統的鸞堂、齋教等有合流的傾向，可統稱為民間教派。

（五）民間信仰

上述之既成宗教或民間教派，或有經典教義，或有教主，或有入教儀式，但純粹的民間信仰則大不相同，是以祭拜天地神鬼之信仰需求展開的公眾祭祀為主，間以一些個體性的求神問卜行為。民間信仰與庶民的生活非常貼切地應合，雖然我們也會看到儒釋道的成分，出現在民間信仰中，但民間信仰無寧是一個獨立的信仰體系（林美容，1988）。

三、Sangren 的分類

在研究臺灣民間信仰的諸學者中，Sangren 對臺灣民間信仰的分類最是別出一格，頗能抓住臺灣民間信仰的組織特性與空間擴展的模式，他將臺灣民間信仰分為三大類。

第一類他稱之為地域性組織（territorial cults），是指在一定的地域範圍內居民的共同祭祀，他在大溪的研究發現地域性的宗教組織有三個層次，一是村庄內，一是聯庄性，一是鄉鎮性。

第二類 Sangren 稱之為進香中心（pilgrimage center）。臺灣有一些歷史悠久的廟宇發展成為進香中心，在各地有很多分香子廟，信徒常來進香，具有觀光廟的性質，譬如北港朝天宮、新港奉天宮、臺南天后宮、鹿港天后宮成為媽祖的進香中心，南鯤鯓的代天府、荷婆崙的霖肇宮、

水裡港的福順宮是王爺的進香中心，松柏嶺的受天宮是玄天上帝的進香中心。

第三類 Sangren 稱為教派性組織（sectarian cult），是指一貫道、慈惠堂、齋教、鸞堂等民間教派（Sangren，1979）。

從組織的型態來看 Sangren 所說的地域性組織可用筆者所說的祭祀圈的概念來含蓋（林美容，1987），進香中心可用高麗珍（1988）所說的朝拜場的概念來含蓋，教派性組織則可用秘密會社的觀點來觀照。從含蓄面來講，Sangren 的分類顯然把沒有組織性的個人之信仰行為排除掉了，而對於有組織性的群體宗教活動也忽略了信仰圈這一型態（林美容，1989），將在下節細述。

四、從社會組織的觀點來分類

這一個分類代表筆者研究臺灣民間信仰所採取的切入點。從組織的觀點來看，臺灣民間信仰基本上可分為兩大類，一類是群體性的民間信仰，一類是個體性的民間信仰。所謂群體性的民間信仰是指地方社區或區域性人群之公眾的祭祀組織與活動，群體性的民間信仰包括地方公廟之各種祭祀組織與活動，也包括各種有神無廟的地方居民之共同的祭祀組織與活動。而有些地方公廟的主神由於信徒的擴張可能發展出來區域性信徒組織，甚至一些無廟的神祇也可能發展出來區域性的祭典組織。筆者以祭祀圈一詞來指涉地方居民因共同的對天地神鬼之信仰而發展出來的義務性的祭祀組織，而以信仰圈一詞來指涉以一神為中心的區域性信徒之志願性的宗教組織（林美容，1988）。大體而言，祭祀圈包含地方居民公建的土地公廟、村廟、聯庄廟、大廟之組織與活動以及地方上

偶而舉行的建醮、進香、及迎神之活動及其組織，也包含一些有神無廟的地方性公眾祭祀活動及其組織。信仰圈則包含範圍跨越鄉鎮之信徒組織，主要是指大型的神明會（不附屬於廟），大型的聯庄祭祀組織，如大甲媽的五十三庄，西港媽的七十八庄，杷橋頭媽的七十二庄，大庄媽的五十三庄，頂街媽的五十三庄等等。筆者所研究以彰化媽的十個神明會信徒為主體的信仰圈，範圍含蓋濁水溪與大甲溪兩岸之間大部分的漳州人與福佬客的村庄，是目前為止臺灣所發現最大型的宗教組織。

　　所謂個體性的民間信仰是指個人之私密性的宗教信仰與行為，從組織的觀點來看，可分為具組織性的教派信仰，與無組織性的純個人之信仰。前者是信仰者集結成教派，而這些民間教派大多可以秘密會社的觀點來看待，也就是說其組織具有秘密性，成員資格的取得但憑個人意願，因此它雖有組織，還是私密性的。個人之隨意的求神問卜，講求風水術數，更具私密性，一般的私廟、神壇固可以滿足個人私密目的的信仰需求，公廟裡亦經常提供一些如安光明燈、安太歲、安斗、卜龜、收契子等活動，讓個人隨意願去參加。

五、本書目的分類

　　臺灣民間信仰的分類可以從信仰對象或信仰源流來加以分類，也可以從學者個人研究之偏重點或是切入點來加以分類。但是這本書目的編輯並沒有採用如上述之系統性的分類，而採用歸納性的分類，其理由已如編例所言，是為了避免系統性分類的情況下會出現分類不平均的現象，亦即某些類目的研究文獻相當多，而某些類目的研究文獻又不足甚至付諸闕如。另外一個原因是本書目蒐集內容並不僅限於學術性的論著而擴

及各種資料性的篇章，可說是國內有關民間信仰研究資料的總目錄，這些研究資料只有依其本身的屬性內含來加以歸類才有意義，才能凸顯出目前有關民間信仰研究資料的實況。有關本書目之分類還有一些細節的問題，以下詳細討論。

基本上，這本書目對民間信仰採取一個比較寬鬆的定義，就是舉凡跟一般人的信仰體系（belief system）有關的都包含在內，也就是除了宗教信仰之外，還有一些習俗信仰。在這個廣義的民間信仰之下，我以為較狹義的民間信仰，其實也是一般用法所謂的民間信仰，應該是除了既成宗教如儒釋道三教以及新興教派之外，屬於庶民的、擴及庶民生活各層面的信仰。一般總是說民間信仰是儒釋道的混合，多半是指著狹義的民間信仰而言。就我的研究經驗來看，這個說法有待商榷。民間信仰早存在於儒釋道三教之前，有其獨自的信仰體系的發展，它既是非儒非釋非道，也非秘密性的教派團體，而是以公眾性的民間信仰之組織與活動為核心的信仰體系，在這個體系內私人性的信仰行為只是衍生出來的、附加的、邊緣價值的。

此書目在比較寬鬆的定義民間信仰之下，將它分為三大類，即民間信仰（狹義的）、民間教派與民間俗信，如果沒有第三大類，要將此書目命名為《臺灣民間宗教研究書目》也未嘗不可。這三類之外，總類是指不區分三類，而是一般性的泛論臺灣的民間信仰（廣義的）之相關文獻。總類之下分為歷史與變遷，宗教與政治、經濟、社會，宗教理念，改進與批判，與宗教法令五類，其中改進與批判似乎不是一個很學術性的分類，不過確實有相當多的文章在討論迷信的問題，視民間信仰為迷信，或者從各種角度要來批判、端正、檢討民間信仰，這多少也反映出一般社會大眾、官方與知識分子在某種意識型態及社會變遷的背景下對

民間信仰的態度。

　　民間信仰這一大類，我把它分為神靈、寺廟、組織、儀式與活動、曲藝等五類。第一類神靈是指崇拜的神明、鬼魂、自然物及祖先等，但神鬼、自然信仰又分好多種，因此將資料出現較多的天公、媽祖、王爺、觀音、保生大帝、國姓爺、祖師公、孔子、文昌、關公、臨水夫人、財神、行業神、灶神、八仙等列為小類，資料較少的列入其他天神這一小類，屬於陰神一類的土地公、城隍、地獄神、有應公、義民爺各為小類，其他如十八王公、姐弟公等則列入其他陰神這一小類。上述諸神中有些其實摻進了與寺廟有關的資料，特別是孔子一類中有孔廟的資料，義民爺一類中有義民廟的資料。而鬼的信仰則自成一小類。動物信仰、大樹公與石敢當等自然信仰也因資料較多，自成一小類，其他自然信仰這一小類則包含不在上述三小類之內，或不區分上述三小類的自然物崇拜。祖先崇拜這一小類則僅納入與祭祖有關的儀式與活動，與祖先崇拜有關的組織如宗祠、宗親會、祭祀公業等之資料則不納入。至於清明祭祖之相關研究則參見民間俗信中，歲時習俗一類中，清明一項。

　　寺廟一類則先按寺廟政策、碑記、匾聯、籤詩、其他文字資料分為小類，再按縣市分小類，之所以在同一層次的分類中按不同標準分類，實是為了避免層層分類過於瑣碎之故。我想，基本上同一層次之間的分類能維持互斥性就可以了。

　　組織一類主要含蓋民間信仰中群體性公眾性的祭祀組織或信徒組織等，因相關的文獻不多，未再分小類。

　　儀式與活動一類分為祭祀用品、進香、建醮、迎王、過火五小類，祭祀用品這一小類看起來較為突兀，也造成同一層次分類標準不一的現象，除了如寺廟一類所說明的原因之外，也反映出資料的實況。進香這

一小類與神靈一類中媽祖這一小類關係較為密切，而迎王與王爺這一小類關係密切。

　　曲藝這一類分為戲曲、歌謠、傳說、陣頭、廟宇藝術、神像藝術、畫與其他八小類。其中戲曲部分分為南管、北管、歌仔戲、傀儡戲、皮影戲、布袋戲等項，這些戲曲項目都跟民間信仰有密切的關係，民間為了酬神或迎神或慶祝神明的千秋，公眾的祭祀活動中常要演公戲，私人也經常謝戲。這些戲曲的資料中探討戲曲與民間信仰的關係的篇章並不多，而這些傳統的民間戲曲正在急速的消失當中，為了完整保存各種戲曲有關的資料，遂也同時蒐集與民間信仰並無直接相關的資料，讓我們可以更多角度地了解這些傳統的民間戲曲。至於歌謠則僅蒐集與民間信仰有關的歌謠，而不是泛指所有的民間歌謠。傳說這一小類大抵也是跟民間信仰有關的，而且比較屬於概述性的，其他與各神祇有關的傳說則分別列於神靈中的各小類，如有關媽祖的傳說，列在媽祖這一小類，餘類推。陣頭這一小類含蓋迎神賽會所見的獅陣、宋江陣等武陣，牛陣、車鼓、布馬等民俗雜戲，以及各種藝閣等相關資料，這些陣頭藝閣本身是民俗藝術，其發展與民間信仰，特別是群體性的民間祭祀活動有密切的關係。廟宇藝術這一小類蒐集的都是與寺廟建築有關的研究資料。神像藝術這一小類則都是有關神像的雕刻之資料。畫這一小類則蒐集了與民俗信仰有關的年畫、門神畫、道場畫、符畫等資料。其他這一小類則指不能納入前述各小類的其他民俗曲藝。

　　第二大類民間教派分為鸞堂、齋教、一貫道、弘化院、慈惠堂、軒轅教、道教、佛教、其他教派與善書這十類。其中一貫道部分，因有不少文章是從批判的角度來談論一貫道，反映出來一貫道成為政府認可的宗教之艱辛的歷程，特別是來自佛教的批判，亦顯示出教派之間的衝突。

比較有爭議性的可能是把道教與佛教列入民間教派當中。道教是漢人原生的宗教，佛教是發源於印度的外來宗教，我傾向於把道教界定為張天師成道立教以後，有別於道家思想的宗教體系，因為它有教主，成為道士也有一定的手續，必須有某種儀式，至此，道教已別於一般庶民的習俗信仰，具有教派的性質。至於佛教，臺灣本有民間佛教即齋教的發展，正統的佛教昔自閩南傳入，閩南佛教受明朝以來佛教世俗化的發展影響甚鉅，臺灣傳統佛教寺廟也就相當的民間化，1949 年隨著國府來臺的佛教，其實也是支系旁雜，但是幾十年來的發展也吸收了不少信徒，有時正信的佛教徒與含帶著民間信仰理念的佛教徒之間也難以界定分清。無論如何晚近大陸佛教在臺灣的發展，也成為臺灣佛教的一部分，這是臺灣佛教的「民間性」。一些新興的佛寺盤踞臺灣的名山勝水，遠離人群聚居的村庄街市，跟其他的民間教派一樣，信徒都必須舉行皈依入會的儀式，這是臺灣佛教的「教派性」。在臺灣，佛學的研究隨著佛教的興盛而有蓬勃的發展，但大部分的研究偏向義理、修行方面的探討，這方面的文章並沒有收錄在本書目中，因為這很難說是「臺灣」佛教，因此，佛教這一類所蒐羅的大都是有關臺灣佛寺及其組織與活動的研究資料。其他教派這一小類則包含在理教、天帝教、夏教等資料較少的教派。最後一小類善書之所以會放在民間教派乃是因為很多現行的善書都是民間教派團體印行的，特別是鸞堂所印的鸞書占了善書中的極大部分。不過有關善書的目錄並未蒐集在此書目中，僅包含有關善書研究的文獻。臺灣的善書種類繁多，出版的數量也相當驚人，我目前也儘量地在蒐集善書，善書目錄的出版也是未來要做的工作之一。

第三大類民間俗信包括巫術信仰、生命禮俗與歲時習俗三類。巫術信仰一類可說蒐羅了有關個體性民間信仰之大宗，包含童乩尪姨扶乩、

私廟私壇、通靈人、道士、法師及法術、民俗醫療、占卜、算命、收驚、風水、厭勝、禁忌與避諱、大家樂等十三個小類。其中私廟私壇及民俗醫療與童乩其實有密切關係，但著重點不同，而民俗醫療含蓋面也較廣，都有區別分類的必要。而道士與法師的界線並不明確，有些道士也稱作法師，僅能從篇名上來區分。占卜這一小類包含各種不同的卜術，如擇日、碟仙、米卦、拆字等等，而米卦與收驚有關聯。最後一小類大家樂之所以會放在巫術信仰裡，是因為大家樂的玩徒無論求神明牌、看浮字，都有求神問卜之術數的意味，這一小類也凸顯出來近年來大家樂風行，及其與個體性民間信仰之相關。

生命禮俗依據生命階段的先後分為生育習俗、成年禮、婚俗、喪俗、及其他五個小類，其中婚俗又分出來冥婚、相關諺語傳說語彙及客家婚俗三個項目，沒有特別的用意，只是這幾個項目的資料不少而凸顯出來。相較之下，有關喪俗的資料雖多，但其中客家喪俗的資料並不突出，故未另外分項。

歲時習俗則依歲時的進程加以分類，而分為過年、元宵、清明、端午、七夕、中元、中秋、重陽、冬至、作牙與其他。其中作牙列於冬至之後乃是取尾牙在農曆十二月十六日之故，實則頭牙在二月初二，但民間的作牙並不限於頭牙、尾牙，往常每月初一十五或初二十六作牙亦是蔚成習俗，因此，作牙算是一個比較沒有明顯時序的歲時習俗，與其他不能列入上述各項歲時習俗的資料，列於主要的分類之後。而過年所含蓋的資料從年末的過年習俗到年初的春節習俗都包含在內，其中又分出來資料較多的臘月、春聯、相關傳說故事歌謠及客家年俗等四項。元宵節又稱上元節，習俗上與花燈、燈謎有密切關係，又稱燈節，燈與丁臺語音同，臺灣有些地方有攢花燈或攢花腳的求男丁習俗，鹽水在元宵炸蜂炮也是

特殊的地方習俗。清明日定時在國曆四月初五，約當農曆二月十幾日左右，臺民很多在清明日掃墓拜祖，也有在農曆三月初三日（上巳節）掃墓的，一併列入清明這一小類。端午俗稱午日節，是在農曆五月初五的民俗節慶，相關的習俗如划龍舟的資料特別豐富，古老的石戰亦與端午有關，今已不見。中元節在農曆七月十五日，但所蒐資料擴及整個七月鬼月的習俗，與民間信仰這一大類裡神靈之下，鬼這一小類有密切相關。

　　除了上述所述的各個類目，有一點必須提醒讀者注意的是凡其下再分小類或細目的類別，這個類別指的是不區分細類或細目的篇章，或者是泛指全臺灣而屬該類別的資料，譬如民間信仰之下的神靈，其下再區分為各種不同的神靈，該類本身則指涉泛論臺灣的神祇（不特別指涉何神）之研究資料。但也有一些稍微特殊的情況，例如民間俗信之下分為巫術信仰、生命禮俗及歲時習俗三類，民間俗信該類本身除了指涉泛論臺灣的習俗信仰及不區分三類的著述之外，也含蓋了一些地方性的民俗資料，這是因為本書目決定蒐集方志中有關宗教禮俗的資料，這些資料中有些是關於各縣市或各鄉鎮之寺廟的紀錄，可以放入區別各縣市的寺廟一類，但是縣市志或鄉鎮志中的禮俗篇或風俗篇或風俗誌或其他地方性的民俗資料，因民間俗信這一大類並沒有區分地區，故與泛論臺灣的習俗的資料一併納入該類中。

參考書目

- 林美容，1987，〈由祭祀圈來看草屯鎮的地方組織〉，《民族學研究所集刊》62，頁 53-112。
- 林美容，1988，〈簡介《臺灣的民間宗教與國家傳統》〉，《臺灣社會研究》1：2、3，頁 361-369。
- 林美容，1988，〈由祭祀圈到信仰圈——臺灣民間社會的地域構成與發展〉，收錄於張炎憲編，《中國海洋發展史論文集（三）》。臺北：中央研究院三民主義研究所，頁 95-125。
- 林美容，1988，〈彰化媽祖的信仰圈〉，《民族學研究所集刊》68，頁 41-104。
- 高麗珍，1988，〈臺灣民俗宗教之空間活動——以玄天上帝祭祀活動為例〉。臺北：臺灣師範大學地理研究所碩士論文。
- 鄭志明，1984，《臺灣民間宗教論集》。臺北：學生。
- 劉子健，1988，〈論中國的宗教和信仰體系〉，《九州學刊》2：3，頁 87-96。
- 劉枝萬，1983，《臺灣民間信仰論集》。臺北：聯經。
- Sangren, Steven P, 1979, *A Chinese Marketing Community: An Historical Ethnography of Ta-Ch'i, Taiwan*. Ph. D. Dissertation. Stanford: Stanford University.

　　——本文原收錄於林美容編，《台灣民間信仰研究書目》。臺北：中研院民族所，1997，頁 8-17。林美容教授授權使用。

一、以信仰對象分類

① **祖先崇拜：**

對象：神主牌、公媽牌。

祭拜地點：家中廳堂、墳地、公廳、宗祠、宗親會館等。

常見活動：拜公媽、祭祖、掃墓、撿骨、牒公媽牌等。

② **人鬼信仰：**

對象：祖先以外的死靈鬼魂信仰，如水鬼（或稱水流公）、孤魂野鬼（一般稱好兄弟、普度公，客家多稱為義民爺）等。

常見活動：中元普度、建醮等。

③ **神明信仰：**

對象：上界神（天公、天上聖母、觀音）、下界神（土地公、太子爺）、草木神（有應公、石頭公）等。

祭拜地點：廳堂、宗祠、廟宇祠寺等。

常見活動：群體性活動（神明生日、遶境、迎神）、個體性活動（點光明燈、安太歲、收驚）等。

④ **自然信仰：**

日月星辰、樹木石頭，如七星娘娘、太歲、大樹公、石敢當。

⑤ **巫術信仰：**

風水、命理、抽籤、改運。

二、以信仰源流分類

① **佛教：**

清末以前：閩南系的禪淨雙修寺院。

日治：曹洞宗。

戰後：中國大陸各地佛教僧侶與組織傳入，對臺灣傳統佛教寺院產生影響。

② **儒教：**

文廟：孔子、孟子與七十二賢人、文昌帝君。

武廟：關公。

③ **道教：**

派別：茅山派、三奶派、正乙派。

道士：紅頭、烏頭（或稱司公、法師）、部分的童乩。

活動：喪葬、牽亡、問疾、醮典、安座等。

④ **新興教派：**

一貫道、在理教；慈惠堂、軒轅教、天帝教、弘化院等。

⑤ **民間信仰：**

祭拜天地神鬼的公眾祭祀，或個人的求神問卜行為，融入社會大眾日常生活。

三、Sangren 的分類

① **地域性組織：**

一定地域範圍內居民的共同祭祀，分為三個層次：村庄內；聯庄性；鄉鎮性。

② **進香中心：**

媽祖：雲林北港朝天宮、嘉義新港奉天宮、臺南天后宮、彰化鹿港天后宮等。

王爺：臺南南鯤鯓代天府、彰化荷婆崙霖肇宮、臺中水裡港福順宮。

玄天上帝：南投松柏嶺受天宮。

③ **教派性組織：**

一貫道、慈惠堂、齋教、鸞堂等民間教派。

四、從社會組織的觀點分類

① **群體性民間信仰：**

地方社區，或是區域性人群的公眾祭祀組織與活動。

祭祀圈：地方居民公建的土地公廟、村廟等，以及地方偶有的建醮、進香、迎神活動和其組織。

信仰圈：跨越鄉鎮的信徒組織，主要指大型的神明會。

② **個體性民間信仰：**

個人私密的宗教信仰和行為。

具組織性：教派信仰。

無組織性：純個人信仰。

五、《台灣民間信仰研究書目》分類

① **民間信仰：**

神靈：天公、媽祖、王爺、保生大帝、關公、財神、灶神等。

寺廟：寺廟政策、碑記、匾聯、籤詩等。

組織：公眾性的信徒、祭祀組織。

儀式與活動：祭祀用品、進香、建醮、迎王、過火。

曲藝：戲曲、歌謠、傳說、陣頭、廟宇藝術、神像藝術等。

② **民間教派：**

鸞堂、齋教、一貫道、弘化院、慈惠堂、軒轅教、道教、佛教、善書等。

③ **民間俗信：**

巫術信仰：童乩、尪姨、扶乩、占卜、算命、收驚、風水、厭勝等。

生命禮俗：生育習俗、成年禮、婚俗、喪俗等。

歲時習俗：過年、元宵、清明、端午、七夕、中秋、重陽、冬至等。

臺澎金馬
如何成為一體

觀察現代臺灣政治的角度╱若林正丈

國際法上二次大戰的結束與臺灣地位問題╱薛化元

|導讀| 〈觀察現代臺灣政治的角度〉

陳鴻圖

　　本文是作者若林正丈在《戰後臺灣政治史——中華民國臺灣化的歷程》書中的〈序章〉，在接觸本文之前，可先了解作者先前對臺灣的研究。1980 年代他研究臺灣人的抗日運動，著有《臺灣抗日運動史研究》；1992 年《台灣——分裂國家與民主化》出版，作者看到 1980 年代到 1990年代臺灣政治體制的變化，有從威權統治到自由化、民主化的政治轉型過程，其中並蘊含有「臺灣化」的趨向，簡單來說就是「政治體制民主化」和「中華民國臺灣化」。

　　「中華民國臺灣化」，作者指的是「1949 年以後出現的，所謂『正統中國國家之政治結構（國家體制、政治體制、國民統合意識形態）只統治臺灣』的事實發生變化的過程」。意即這是戰後國民黨政權對立於共產中國，宣稱以中華民國為名的臺灣為合法、正統的中國時，所依賴的制度、意識形態和政策，與實際所統治的領域、人民、歷史逐漸相符的變遷過程。此過程的結果，可從 1990 年代李登輝總統任內提出「兩國論」的主張來相呼應，試圖以中華民國作為主權獨立國家，以在臺灣的中華民國作為臺灣的國家定位，來尋求中華民國統治臺灣的合法性。

　　作者對中華民國臺灣化的觀察，主要著眼於政治體制的結構性變動，

包括變化的初期條件、啟動過程和展開歷程。作者認為中華民國臺灣化的展開有四個具體的面向：一是「憲政改革」，即藉由「修憲」來建立民主體制、修正國家體制，過程中李登輝總統扮演重要角色。二是「民族主義政黨制」的形成，在歷經各種民主運動後，臺灣民族主義逐漸成為政治反對勢力的核心理念，並在憲政改革與歷次選舉的民主化過程中合法化，並可和中國民族主義的意識形態對抗。三是國民統合理念與多重族群社會的重組，在歷經如白色恐怖重新審視、人權和原住民運動等各種挑戰後，「遷占者優位」的喪失，多重族群社會重組，多元文化也取代國民黨建構的中國文化。四是「一個中國」原則的倒退與「七二體制」的衝突，面對臺灣民意和中國崛起，美國必須更費力藉由《臺灣關係法》將臺灣拉攏進入其帝國體系，以維持臺海和平。

　　如何看待當代臺灣的政治變化及變化中的臺灣人？作者在書中〈前言〉裡一些觀察，應可讓我們擺脫「生為臺灣人的悲哀」（李登輝語）、「臺灣怎麼走完全要看美中關係臉色」、「臺灣遲早要被中國併吞」等話語的無奈，作者提醒我們臺灣雖夾在美中兩大強權之中，但我們的主體是存在的，且發自這個「主體」的聲音並非單一。

延伸閱讀

1. 若林正丈著，洪金珠、許佩賢譯，《台灣——分裂國家與民主化》（臺北：月旦，1994）。
2. 林孝庭著，黃中憲譯，《意外的國度：蔣介石、美國、與近代台灣的形塑》（臺北：遠足文化，2017）。

觀察現代臺灣政治的角度

若林正丈*

　　《戰後臺灣政治史：中華民國臺灣化的歷程》（以下簡稱為《戰後臺灣政治史》）是一本雙重觀點的現代臺灣政治論。政治結構變動論的角度所要論述的，是「中華民國臺灣化」這種政治共同體層次的政治結構變動，以及因此所牽動的社會文化之改觀與國際政治傾軋的過程。另外要輔以歷史的觀點，遠眺那些把臺灣當作邊陲的各個帝國之興衰。

　　臺灣歷經過三個性格迥異的帝國（作為古典之世界帝國的清朝、作為近代殖民帝國的日本、作為第二次世界大戰後「非正式帝國」的美國）體系之邊陲地位，其中或被編入或被庇護，刻畫出一段獨特的發展歷程。如今，竄起的中國正燃燒著炙熱的欲望，企圖把這個擁有複雜歷史的邊陲再次收編旗下。第二次世界大戰後，在世界性的中心—邊陲結構（美國帝國體系）中，臺灣造就出經濟發展與民主化。立足此一成果之上，面對東西冷戰結束後的全球化浪潮所導致的中心—邊陲結構之變動的新趨勢，臺灣顯得半推半就。要論述中華民國臺灣化的原動力，也等於是把現代臺灣政治史放在此一脈絡中來檢視。

* 早稻田大學臺灣研究所顧問。研究領域為臺灣近代史與戰後臺灣政治史。

一、民主化、認同政治、臺灣海峽的和平

臺灣，[1] 是一個土地大小和位於日本列島南方的九州相似，人口約 2,300 萬（2007 年）的島國。戰後長期受到忽視，近年來，政治開始受到日本以及國際社會的注意。

理由之一，無疑是政治體制的民主化。在經歷戰後三十餘年的中國國民黨一黨統治之後，20 世紀最後四分之一個世紀所發生的世界性民主化浪潮，終究也席捲了這個島嶼。臺灣的民主化，就在斷然實施政治自由化、導致國民黨的一黨統治遭到破壞當中，開啟了進程，接著著手改革政治參與體制。1986 年，在野的民主進步黨（民進黨）獲得組黨許可；

---

1. 「臺灣」一詞所指涉的地區有數個：①臺灣是島嶼的名稱。臺灣島是由臺灣本島與龜山島、蘭嶼，以及綠島等 77 個附屬島嶼所形成。從地理性格來看，臺灣是一個和中國隔著寬約 100 至 150 公里左右的臺灣海峽，位於大陸近傍的島嶼，面積約為 35,873 平方公里，比中國大陸沿岸的最大島嶼海南島（面積約為 35,730 平方公里）稍大。②是作為一個地區稱呼的臺灣。由前述的①加上澎湖群島（有 66 個島嶼，約 127 平方公里）所形成。19 世紀末期，滿清在這個地區設置福建省臺灣府，1885 年改設臺灣省，中日甲午戰爭後，滿清將臺灣割讓給日本，日本將臺灣置於臺灣總督府的管轄之下。在第二次世界大戰後，日本戰敗，中華民國接收臺灣，再設臺灣省。1949 年以後，當中華人民共和國在述說「臺灣是中國的一省」或者「中國臺灣省」的時候，所指涉的也是這個地區。③在 1949 年以後的國際政治脈絡中，當人們在闡述一個與首都設在北京的中華人民共和國對峙、對抗的政治經濟實體，而使用「臺灣」一詞之時，它所指涉的地理範圍，是指臺北的「中華民國」政府所實效統治的範圍。在這個範圍內，除了前述②之外，還加上中華民國政府控制之下的數個中國大陸沿岸島嶼，包括福建省的金門縣（金門島）與連江縣的一部分（馬祖島）等等。在民主化之前，國民黨政權對於這個地區的官方稱呼為「中華民國自由地區」。附帶一提，國民黨政權於 1990 年申請加入關稅暨貿易總協定（GATT，也就是後來的世界貿易組織〔WTO〕），雖然到了 2000 年終於成功加入，但是當時使用的名稱，卻是其實效統制範圍內的地理名稱之總合，也就是「臺灣、澎湖、金門、馬祖關稅領域」。另外，分裂國家化之後（1949 年以來），由於臺北市與高雄市（南部的工業、港灣都市）分別在 1969 年與 1979 年升格為行政院直轄市，與臺灣省同級，因此，中華民國管轄下的臺灣省，行政範圍是縮小的。從此以後，臺灣省的範圍就是從②之中去除臺北市與高雄市，而中華民國就由臺灣省、臺北市、高雄市，以及福建省（金門、馬祖）所構成。不過，民主化實行之後，1997 年，國民黨政府獲得最大在野黨民進黨（長年主張廢止臺灣省）的贊同，決定「凍省」。

隔年，終於解除了長久以來束縛政治自由的戒嚴。隨後，1988 年 1 月，斷然實施這項自由化的總統兼中國國民黨主席蔣經國去世，國民黨內部隨即掀起一波慘烈的權力鬥爭。

最後，在壓制局面的李登輝（總統兼黨主席）之主導下，向來被譏為「萬年國會」的畸形國會，在 1991 至 1992 年之間完成了正常化；再經過 1994 年分別實施的臺灣省、臺北市、高雄市等大型行政區的首長民選過程；最後藉由 1996 年實施總統直接民選，完成了民主化工程。就在韓國的民主化與民主體制持續存在的同時，臺灣也成立了民主主義政治體制，這些體制雖帶有種種缺陷，卻也不斷發揮功能持續運作，已經構成了東亞政治秩序的一部分。

不過，事情並未就此結束。隨著民主化的進展，臺灣政治中所具有的強烈認同政治色彩也逐漸浮現。民主化雖可藉著政治體制之包容力的提升而減輕甚至解決有關認同的爭議，相反地，認同的爭議也有可能因為民主化所導致的政治競爭之擴大與激化而受到挑撥與刺激。在自由所拓展的政治空間裡，臺灣民族主義躍出檯面，開始對抗中國國民黨政權用來作為國民統合之用的意識形態，也就是官方中國民族主義教條。[2]自 1980 年代末期開始，所謂「統獨問題」（應該與中國統一或者臺灣自己

---

2. 在此，所謂「官方中國民族主義」的說法，無須贅言，是借用 B. Anderson 的「官方民族主義」為範本。Anderson 擴大說明 H. Seton-Watson 的論述，認為所謂官方民族主義，是「把國民們緊緻無縫的皮膚延展開來企圖包覆帝國之巨大身軀的策略」，他並舉帝政俄羅斯的俄羅斯化以及日本殖民帝國的日本化為例（Anderson, 1997：147-162）。如《戰後臺灣政治史》第一章即將說明的，所謂中華民國，是指繼承滿清疆界，並意圖在此疆界上建立一個近代國民國家之中國民族主義事業（project）下的產物。如果著眼於中心與邊陲的關係，將發現，所謂近代的殖民帝國，形成路徑雖各不同，卻是一種「國民帝國」（請參照第一章注釋 2），中國民族主義，就其作為一種由國家權力所形塑出來的統合國民之意識形態的特點來看，它其實也可以被賦予官方民族主義的性格。可以說，戰後臺灣的中華民國，雖然失去了在中國大陸的廣大邊陲地區，卻以「反共復國」為國策，更同時保持住其意識形態。

獨立），以及臺灣住民「究竟是臺灣人或是中國人？」之類的問題，隨著對於具體的對中政策究竟是對是錯的追究過程，變成了爭議性的發燒議題。那個存在於臺灣並自稱為「中華民國」的政治體，以及構成這個政治體之內涵的住民，兩者對於政治共同體的認同出現了爭議；此外，那些在公共舞臺上露臉的各個政黨以及不同的政治家、意見領袖等公眾人物的國族認同（national identity）立場，也被不斷地嚴格追問。

戰後臺灣最深刻的社會裂痕就是存在於「本省人」與「外省人」之間的矛盾，民主化也促成了這種「省籍矛盾」的改觀。所謂本省人，是戰前以來就住在臺灣的人民，人口上居多數，他們因為民主化而掌握了權力。相對於此，外省人是隨著戰後國民黨政權渡臺者，他們在黨、政、軍、文化機構方面占據要職，在人口上雖居少數，相對於本省人，卻在戰後臺灣國家占據著結構上的優勢地位。民主化，也可以說是這批占據支配地位的少數人口在「政治─意識形態─文化」等各方面逐漸失去其結構性優勢地位的過程。

另外，因為民主化而擴大的政治自由，也影響到在本省人中居少數地位的「客家人」，以及在人口上居壓倒性少數地位的原住民族，他們開始展開族群上的自我主張運動。這些運動的主張逐漸被社會接受，中央政府行政院層級也設立了專職機構（行政院原住民族委員會與行政院客家委員會），顯示國家開始把回應少數族群要求的責任，化為行政上的制度化工作。受到臺灣民族主義對於國民黨政權依據官方中國民族主義建構的一元性文化支配所發動的批判之影響，企圖以臺灣社會之各「族群」（後述）的文化相互尊重為原則，讓臺灣文化朝多元文化方向重組的理念，以及企圖實現此一理念的社會、文化上的實踐也應運而生。

就這樣，民主化所掀起的臺灣認同政治（identity politics），在循著

臺灣「多重族群社會」（詳細請參照《戰後臺灣政治史》第一章）的雙重族群界限所形構的複合式族群政治（ethno politics），與國族認同或民族認同（national identity）政治的相互重疊中，展開了一段複雜的政治過程。認同政治的此種樣貌，在民主體制的建置完成後，力道反而變得更加強勁。

臺灣的選民自 1990 年代以來，透過幾乎是年年舉行的中央層級選舉，即總統選舉（四年一次）、國會（立法院）選舉（三年一次，2008 年以後四年一次）、臺北市長、高雄市長選舉（四年一次，實質上具有選出未來的總統以及行政院長候選人的意義），一方面定期確認自己歸屬於臺灣這個政治共同體的意識，一方面也在政黨之間的競爭、特別是在選舉期間的競爭中所展開的複雜之認同政治中，經歷分化與統合向量之間無法避免相互糾纏的政治過程。

另要附加說明的是，此種認同政治並非僅出現在臺灣內部的政治中。眾所周知，中華人民共和國主張「中國只有一個，臺灣是中國的一部分」（「一個中國」原則）。他們過去高喊「解放臺灣」，1970 年代末期，國家方針修正為「改革開放」，從此以後，除了號召「祖國的和平統一」以外，一方面也不斷重申絕不放棄武力作為行使統一的手段。臺灣的認同政治，理所當然地跨越了臺灣海峽，把強烈主張「一個中國」、「反對臺灣獨立」的中華人民共和國之各號政治人物也捲入其中。對於這些相互糾纏的動向，美國或日本往往被迫必須對其中一些做出回應，也因此，強化了臺灣認同政治與國際政治之間的牽扯，甚至對於臺海的和平，以及以亞洲安全保障問題為主的國際政治，也都產生了強烈的影響。

何以致此？——若從臺灣政治這一方面探求其因，則《戰後臺灣政治史》所做的觀察認為，此乃因為臺灣政治民主化這一結構性變動，啟

動了另一個與此結構性變動重疊、卻又與民主化有著迥然不同之內容與意義的政治結構上的變動；而這個政治結構上的變動所造成的影響，在臺灣民主化之後不但繼續存在，更隨著中國因為「改革開放」的成功而在政治、經濟、軍事方面的勢力快速增強，導致戰後在「非正式的帝國」美國，或者「美國帝國體系」（請參照《戰後臺灣政治史》第二章第一節）所建構的世界秩序之下所定形的維繫臺海現狀之體制（「七二年體制」）出現傾軋所造成。

《戰後臺灣政治史》擬將此所謂另一個政治結構上的變動稱之為「中華民國（的）臺灣化」。《戰後臺灣政治史》則是一本站在「中華民國臺灣化」的角度，描寫臺灣以及臺灣政治之衝擊的現代臺灣政治論。

作為進入本論的一種預備性考察，以下首先將針對中華民國臺灣化之所以會出現的最初條件與啟動契機進行檢討，並從政治經濟學的角度來做一些補充論述。接著，把作為政治結構變動概念的中華民國臺灣化之內容就其與民主化的相關部分進行考察，並指出變動過程中四個可被確認的面向。

二、為什麼中華民國臺灣化？

（一）中華民國臺灣化的起步條件與啟動契機

臺灣在 2000 年政黨輪替，由民進黨取得政權之後，政府自稱的國號雖仍維持為「中華民國」，但是，外國通常幾乎僅稱其為「臺灣」。這是因為與中華人民共和國有邦交的國家之政府，因為顧慮對方所聲稱的

「一個中國」原則，以致當他們在提及存在於臺灣之事實上的國家之際，往往避免使用具有國家含意的用語，而這些國家的大眾媒體也採取和政府同一步調的態度所致。最顯著的例子就是日本的新聞媒體，他們對於臺灣的總統不使用其自稱的「中華民國總統」稱呼，而以「臺灣總統」稱之。

　　如果採取上述的修辭法，那麼，「中華民國（的）臺灣化」就會變成「臺灣的臺灣化」，這在語言上是沒有意義的。但是，「臺灣的臺灣化」並非毫無意義，相反地，卻是意義重大！因為從這裡正可以看出戰後臺灣所處的固有歷史脈絡。關於「固有歷史脈絡」之具體內容，將在《戰後臺灣政治史》第二章論述，在此簡單說明，就是戰後在臺灣的國家（或者是對整體社會進行有效且排他性統治的組織），是由以下幾個條件所形成的，（一）以「正統中國國家」（在廣義的中國國家之內的，或者是在近代中國民族主義事業〔project〕中的定位）自居，對抗在中國大陸成立的中華人民共和國；（二）這個國家，換言之就是一個由在中國內戰中敗逃的「武裝政治移民」集團移住臺灣後，由外省人占據結構上之優勢地位的「遷占者國家」（其與臺灣社會之關係上的性格。遷占者國家的概念請參照《戰後臺灣政治史》第二章第三節）；（三）這個遷占者國家受到在東西冷戰中作戰的美國之庇護，被組編入美國帝國體系的周邊（在國際上的地位），[3] 成為影響遍及亞洲之東西冷戰體制下的前哨基地。

　　檢視這一段形成的過程，會發現這個「固有歷史脈絡」，是整個1950年代在外部透過美國在軍事、經濟上對臺灣撐腰，並同時對共軍「解

---

3. 有關美國帝國的性格及其系統的結構，《戰後臺灣政治史》的理解主要來自山本吉宣（2006）。山本的論述將在該書第二章的第一節 2-（1）進行介紹。

放臺灣」[4]以及國府軍隊的「反攻大陸」雙雙阻止成功，加上內部經過國民黨一黨支配體制的確立與「遷占者優位」的結構化所形成。中華民國臺灣化的原動力，就是在這個被組編入美國帝國體系、受到庇護、並且自命為正統中國國家的遷占者國家所具有之矛盾下開始啟動。

以國民黨的一黨支配進行統治的正統中國國家，對於其國家體制或政治制度上的顢頇，或者利用政治警察與長期戒嚴所進行的苛刻壓制和迫害，以及遷占者集團（外省人）與本土集團（本省人）在政治上與文化上的不公平（「省籍矛盾」）等等，一概藉由包含軍事手段在內的所謂推翻共產政權——光復大陸（藉由「反攻大陸」達到「反共復國」）之類的目標，將其正當化。

如果蔣介石能夠帶著他的軍、民以及那一部「還原封不動的中華民國憲法」成功光復了大陸（或者相反地共產黨實現了「解放臺灣」），那麼這些蠻橫的行徑也將隨之雲消霧散。問題是，美國在阻止共產黨「解放臺灣」的同時，也採取了阻止「反攻大陸」的政策，導致所謂「反共復國」這一項國家目標事實上不可能達成。

理論上，蔣介石和國民黨亦可順應此一現實，選擇斷然實行政治改革（結果將使國家再生，成為新的臺灣國家）的措施，然而，蔣介石卻未做此選擇，反而更加獨裁，「反共復國」的神話也因此被維持。[5]也因

---

4. 蘇聯因為害怕被捲入與美國的戰爭之中，因此對於中共要求協助的請求消極對待，這樣的態度也間接壓抑了「解放臺灣」的強度（請參照《戰後臺灣政治史》第二章第一節）。

5. 由外省人自由主義者雷震所主持的《自由中國》雜誌，早在 1957 年 8 月號的社論中就指出，「反攻大陸在相當期間內是困難的」。國民黨認定此為「反攻大陸無望論」，而對此進行強烈的抨擊。另外，當蔣介石藉著《動員戡亂時期臨時條款》的增訂，把憲法束之高閣，強行實施《中華民國憲法》所禁止的總統連選三任之規定時，《自由中國》雜誌也加以批評。當雷震與本省地方政治家聯手，準備組成「中國民主黨」之際，蔣介石即將雷震逮捕，並命令該雜誌停刊，藉此壓抑批判的聲音（李筱峰，1987：63-78）。

為這樣，許許多多無理的蠻橫行徑，就這樣殘存下來。其中包括一個只統治臺灣的國家竟然維持著一個正統中國的國家態勢，而且這個國家的政府竟然在國際社會上一直代表著「中國」；然後是一個根本不可能「反攻大陸」的國家，卻以「反攻大陸」為名，讓政治壓迫與遷占者集團和本土集團之間的不公平關係持續存在；還有，雖然臺灣海峽一直維持著「美國的和平」，中國內戰的戰時態勢卻成為政治制度上的一種常態。

凡此種種蠻橫行徑與矛盾，儼然是在戰後的臺灣社會中形成的隱形彈簧。蓄積在這個彈簧上的能量正是中華民國臺灣化的動能來源。當國民黨政權已經無法壓抑從這個動能來源所釋出的壓力時，中華民國臺灣化的進程就此展開。

此一不可逆的變化之最初推手，來自國民黨政權所無法控制的外部國際社會。1970 年代初期，美國基於世界戰略上的考量，開始謀求與國民黨政權的敵人中華人民共和國改善關係，也就是「美中靠攏」（1972 年 3 月尼克森總統訪中、《上海公報》）。此一導火線使得臺灣的中華民國與從日本開始冷戰西側陣營的主要國家陸續斷絕邦交（1972 年 9 月中日建交、日臺斷交），並被聯合國及其附屬的國際機構一個個掃地出門。

東亞各國在戰後的東西冷戰中被編入西方陣營，這些國家的國家機構都以某種形式將美利堅帝國的勢力植入其中（白石，2000：134）。戰後的臺灣國家也反映了這項事實。這股勢力不僅是支持國家的實力，對於臺灣的政治體制更具有重大的意義。在 1950 年的時空下，面對正準備「解放」的共產黨軍，唯一能守住臺灣、並具備能力與資源可以支持敗逃到臺灣來的國民黨政權的，只有美國。國民黨政權藉由在美國的冷戰戰略中擔負起「協力者」的角色，不但獲得美國在經濟、軍事上的援助，更可以在國際社會上成為「一個中國」原則的受益者。對國民黨政權而

言，這是一個重要的政治正統性來源。這種鋪陳在內部也可以轉化成統治的正統性（legitimacy），就此意義而言，這種鋪陳也成為政權正統性的一部分，也就是所謂的「外部正統性」。因此，隨著「美中靠攏」的出現，外部正統性即應聲潰堤。

實際上，美國與中華人民共和國的建交一直拖到 1979 年，以及美國藉由《臺灣關係法》繼續承諾對臺灣提供安全保障，使得臺灣得以保持事實上的獨立地位（實效統治區域＝在臺灣、澎湖群島、金門島、馬祖島上行使具排他性的行政權力以及與少數國家維持外交關係）。結果，作為一個「非正式帝國」的美國，對於國民黨政權之外部正統性的喪失雖然袖手旁觀，卻也未把臺灣從其帝國體系中踢出。美國持續把臺灣組編在其周邊。儘管如此，對於這個在外部上身分曖昧模糊的臺灣，美國亦未成功地賦予其新的、在國際社會上比較安定的地位。[6] 如果仿效藤原歸一的說法（藤原，1992：360），則戰後臺灣國家，在冷戰結構之「縱向結構」[7] 中，首先是以一個封鎖共產中國之前哨基地的戰略性協力者角色被組編；1970 年代以後，隨著美國之「橫向結構」上的戰略轉換（對蘇和解與對中靠攏），其作為國家所受到的承認逐漸被美國與其同盟國取消，卻又同時受到保護，使其「曖昧周邊」的地位逐漸明確。

這種喪失外部正統性的打擊，對國民黨政權而言非同小可。此時，

---

6. 1971 年 10 月，臺灣的「中華民國」終於失去了在聯合國的席次。當時，美國提出了雙重代表制，希望「中華民國」正式放棄其安全理事會常任理事國的地位，以換取留在總會中的席次。但在同一時期，由於美國國務卿季辛吉為了交涉第二年美國總統尼克森的訪中事宜，二次造訪北京，使得美國政府在席次問題上的處理半途而廢，並未成功（Mann, 1999：62）。

7. 依照藤原的研究，在冷戰結構中，如果說大國之間的戰略性對抗與峙關係是其「橫向結構」，那麼，美國與冷戰結構的「前哨」或者是「周邊」的關係（美國會在後者當中尋找「協力者」，但又志不在保有殖民地，從這層意義上來看，美國算是一個「無殖民地的帝國」），就是冷戰結構的「縱向結構」（藤原，1992：360）。

代替衰老的蔣介石在實質上掌握政權的蔣介石長子蔣經國，面對這個作為虛構之中國國家的遷占者國家所具有的蠻橫與矛盾，不得不採取一些內部上的緩和措施（有限的民主化與臺灣化）。關於蔣經國此時所採取的對策，如果用一個假設來說明會比較容易理解。也就是說，假設前述意義上的外部正統性與內部正統性之總和具有一定的閾值（臨界值），為避免閾值過度減少，當一邊減少時另一邊就必須被強化，政治正統性的總和具有一種維持閾值的運作機制。當外部正統性的缺陷無法利用其他的外部正統性來填補時，就只有依靠內部正統性來彌補。[8]

蔣經國的對策奏效。但是，他的成功卻也逐漸培育出一股挑戰勢力，這股勢力開始挑戰中國國家的對內虛構性以及遷占者國家所造成的結構性不公平。如果用事後諸葛的眼光來看，會發現，這些緩和矛盾的措施實際上減緩了戰後在臺灣社會內部所蓄積的壓抑彈簧的力量。比如說在接下來的部分將會提到的「中華民國自由地區動員戡亂時期增額中央民意代表選舉」，從 1972 年開始到 1989 年為止，總共舉行了十次。第一次選舉時，反對勢力的規模尚只停留在好不容易才推出數名反國民黨人士參選的程度（「黨外」勢力，也就是國民黨以外的勢力），到了倒數第二次選舉時，其規模已經成長到具有民進黨之名的政黨，而最後一次選舉時，作為政治壓制之靠山的長期戒嚴（1945 年 5 月至 1987 年 7 月）也已經被解除，這些過程如實說明了蔣經國之對策的影響。

---

8. 如果總和無法維持（也就是，當判斷認為以獲取內部正統性為目的之對內讓步可能會導致政權喪失時），或許就必須強化強權體制（例如韓國朴正熙總統的「維新體制」）。此外，民主化是一種藉由把原本被排除在體制外的內部社會構成要素重新納入體制的方式，來贏取認同的一種手法。因此，也算是獲取內部正統性的一種方式。如果外部權勢者是一個強烈偏好民主價值的國家，則民主也具有獲取外部正統性之方法上的意義。這一點，在 1979 年以來的臺美關係上表現更為明顯。

（二）戰後固有歷史脈絡與黨國資本主義

　　換個角度，若站在政治經濟學的觀點來看，威權政體時期的臺灣國家，與同時期的韓國等國家一樣，都是在東西冷戰之下成功發展經濟的發展主義國家（developmental state）。本書視之為中華民國臺灣化啟動之時點的 1970 年代初期，由於政府採取的出口導向發展戰略奏效，臺灣的工業化已經完成了「起飛」階段，在政府主導下除進一步充實基礎建設之外，為促進新的出口，對於作為中間財的重化學工業製品，也開始實施進口替代政策。雖然受到當時石油危機的影響，政策仍屬成功。

　　到了中華民國臺灣化正式展開的 1980 年代末期，作為一個被稱為亞洲新興工業經濟體的新興工業國家（Newly Industrializing Countries, NICs），臺灣在世界經濟上的地位不僅獲得提升，新臺幣也在 1985 年的《廣場協定》（Plaza Accord）後所造成的匯率變動中升值。伴隨這些地位上的提升，面對東南亞與「改革開放」的中國，臺灣開始變成資本與技術上的輸出者。在這段期間內，臺灣成功地培育了高科技產業的基本架構，這些架構並延續到今天。這種促成經濟成功發展的戰後臺灣之發展主義國家特質，也是《戰後臺灣政治史》之所以將中華民國臺灣化擺在現代臺灣政治結構變動之核心地位的原因。

　　這種特質就是，國民黨政權採取所謂的「黨國資本主義」形態，以其從殖民國家日本手中接收的經濟資產為基礎，由公營部門（國營企業、〔臺灣〕省營企業、〔國民黨〕黨營企業）掌握金融、能源、交通運輸等經濟上的「管制高地」。[9] 此一黨國體制，在東西冷戰之下，一方面扮

---

9. 針對臺灣發展主義體制上的這種特性，稱呼它為「黨國資本主義」，並第一個對其實態進行分析的，是陳師孟等人（1992）。

演前述之美國帝國體系的前哨基地角色，一方面在以美國為中心而急速擴大的貿易體系中成就其發展戰略。

與此並進，臺灣的社會結構也必然隨之改觀。例如都市化的進行、產業勞動人口占總人口比例的增加、都市中產階級的擴大等等。19 世紀的西歐、20 世紀的日本，面對工業化所導致的社會裂痕，這些國家在政治上所進行的回應（階級政治或再分配的政治），對於形塑民主化時期的政治以及民主化後的政黨政治或者議會政治，都發揮了極大的作用。但是在臺灣，就算民主化實現、從上而下的政治壓抑獲得解放，臺灣仍無法像上述的國家一般，面對戰後臺灣固有的歷史脈絡所導致的裂痕（族群間的裂痕、國族認同的裂痕），政治上的回應卻反向大幅地規範了政治變動。

在此雖無法對於上述各項問題的相互關係進行充分論述，仍可舉出幾個導致此種結果的成因。

第一，國民黨政權對於階級裂痕的政治化，事先採取了徹底的防堵措施。為了防止政權被中國共產黨滲透顛覆，國民黨政權對於政治異議者（共產主義者、社會主義者、批判性的自由主義者、臺獨思想者等等）採取激烈的揭發行動（「白色恐怖」，請參照《戰後臺灣政治史》第二章），築起一張又一張綿密的政治警察網。戰後臺灣國家在東西冷戰中獲得所謂封鎖中國之前哨基地的地位，正好為國民黨的這種作法提供了絕佳藉口。此外，對於勞工階級，從極早時期開始就針對公營企業的勞工提供極為優渥的福利政策（請參照《戰後臺灣政治史》第二章第三節），並以公營企業的勞工為中心，在國民黨的主導下組織了金字塔式的勞工團體，藉以控制公營企業的勞工，防止其走向政治化（〈排除的・脫動員的コーポラティズム〉〔若林，1992：110-116〕）。

第二，就經濟發展實態而言，快速的經濟成長，曾經一度被稱為「臺灣的奇蹟」。到 80 年代初為止，經濟成長一直在國民所得差距並未大幅增加之狀態下進行。比如說，將家庭所得區分為五個階層，其最高所得與最低所得之間的比率，直到 1980 年為止，呈現持續下降局面。[10] 這項成因與第一項成因相互結合的結果，應是直接促使階級問題在民主化時期並未演變成政治問題，反而是一系列以認同議題為核心的鬥爭、競爭與民主化課題同時成為臺灣政治之主流的原因。在 1987 年長期戒嚴解除後的二、三年間，雖然有一些諸如「工黨」、「勞動黨」等標榜勞工政黨的小政黨出現，然而不論是作為政治勢力或者是社會運動勢力，都無法在臺灣政治中成為舉足輕重的勢力。

第三，國民黨政治菁英依靠侍從主義（clientelism）方式從臺灣社會贏取政治支持的手法，也為階級政治之所以沒有在臺灣發生提供了間接的貢獻。國民黨政治菁英藉由對黨國資本主義體制所控制、汲取的獨占性經濟資源進行策略性運用，構築出一套筆者稱之為「二重侍從主義」的機制，藉以從臺灣社會贏取政治支持。這種機制是將政權的政治性恩庇與經濟資源，在全國各地選擇性地分配給外省資本家和被稱為「本省世家」的家族資本；在地方層次則分配給經由地方選舉所形成的派系勢力——「地方派系」，藉以交換對於政權的政治忠誠（同前：125-142）。這些政治經濟上的恩庇關係最後都和位居「黨國體制」之頂點、掌握恩庇關係之分配的「最高領袖」（蔣介石，接著是蔣經國）形成個別的連結。可以想像，這種由上而下（地方政治）之個別主義式政治關

---

10. 1964 年為 5.33，1980 年為 4.17，1981 年為 4.21，長期戒嚴被解除的 1987 年，則上升成為 4.69（行政院主計處，1989：56）。

係的繁衍，對於社會階級的橫向團結以及鍛造這些團結的言論與運動之成長構成了阻礙。

最後一點，由於這種結構使然，導致挑戰威權政體的反對勢力——「黨外」，只能在黨國體制之外或者其縫隙間尋求政治資源（意識形態上的資源、運動資金、支持基礎）。意識形態方面，正統化的理念性資源，大部分依靠海外臺灣獨立運動或者留學歸國的知識分子提供；運動資金、各種人脈關係，以及一部分的人才，則必須從在黨國資本主義體制之資源分配上相對被排斥的本省中小企業群中獲取；而其街頭政治（參加示威抗議、集會）或者選舉政治（投票）中的支持基礎，也是來自於相對上較未得到黨國資本主義體制眷顧的中下層住民。不管怎麼說，面對「遷占者優位體制」下所出現的政治文化上之不平等，本省人心中所產生之族群上的不滿，其實才是最重要的能量來源。再者，國民黨政權在外部方面由於庇護者美國與中國靠攏的關係，導致其作為正統中國國家之對外正統性遭到否定，也為反對勢力對體制的挑戰提供了意識形態上的空間。

就這樣，在民主化時期，導因於戰後臺灣之「固有歷史脈絡」而引發的議題，不但在政治過程中陸續登場，也形塑了民主體制之下的政治結構。這就是中華民國臺灣化的展開。諷刺的是，此一過程竟與臺灣經濟體制朝新自由主義方向改革的過程重疊在一起。由於國際貨幣情勢的變動（廣場協議）、中國之「改革開放」政策的深化、東西冷戰之崩潰等情勢的影響，加速了全球化浪潮所帶來的衝擊。

臺灣經濟受到這股浪潮的影響，牽動了公營企業的民營化、法規鬆綁、市場開放等經濟體制朝新自由主義方向改革的進程。就像其他受到全球化與新自由主義影響的地區一樣，臺灣的社會所得差距持續擴大。若將家庭所得區分為五個階層，其最高所得與最低所得之間的比率，從

1991 年的 5.0 到十年後的 2001 年時，已經上升到 6.4（行政院主計處，
2007：101）。然而儘管如此，同期間內，黨國資本主義的主要受益者並
未在全球化與新自由主義的改革中遭到淘汰，大部分反而在法規鬆綁所
帶來的金融及證券、電信及媒體、石油銷售、甚至是機場建設等大型公
共工程的參與中獲得了新的利益與地位，政治家與資本家之間的恩庇關
係如今換成另一種形式而繼續存在。它的表現就是新的政治腐敗——金
權政治之登場。

　　就這樣，臺灣的新興民主體制在其形成過程中，被賦予了兩項課題。
那就是如何處理因為新自由主義經濟改革而導致的所得差距擴大問題，
以及如何克服在黨國資本體制的重組過程中所產生的金權政治問題（張
鐵志，2007：149-159）。然而，中華民國臺灣化的政治過程，卻被戰後臺
灣「固有歷史脈絡」所引起的議題逐一占據，政治過程上的這種議題結
構，非常不利於政治對於上述課題的完善處理。

　　就第一項課題而言，直到李登輝執政的 1995 年，全民健康保險制度
才終於實現，而國民年金制度也一直到陳水扁政權末期的 2007 年才完成
立法（2008 年 10 月起實施）。但此時臺灣政府的財政赤字已陷入極端嚴
重的程度。2000 年，民進黨陳水扁揭櫫「清流共治」而在總統選舉中獲勝，
此一勝利所帶來的政權交替，或可說是新興民主體制對於克服金權政治
之課題的一種回應，然而，進入第二屆任期的陳水扁政權本身，明顯染
上了比國民黨還不成熟且粗糙的金權政治色彩，導致對於政權的向心力
嚴重降低（《戰後臺灣政治史》第五章第三節）。

　　中華民國臺灣化在政治共同體層次的變動及其所引發的政治問題，
以及政權如何回應新興民主體制所面臨的課題及其所引發的政治問題，
從這些問題的相互交錯中，或許可以找到今後臺灣政治開展的方向。

三、中華民國臺灣化的展開

（一）民主化與中華民國臺灣化

在前述的因緣際會下所啟動的中華民國臺灣化，擋不住的氣勢與1980年代後半開始的政治體制民主化並進，過程全面展開。《戰後臺灣政治史》將從其展開過程中所展現的四個面向加以論述。不過，在進入概述之前，有必要對截至目前為止在無定義狀態下所使用的措辭，賦予大致上的定義，並確認其與比較政治學定義下的民主化概念之關聯性。

再度重申，筆者所謂「戰後臺灣固有的歷史脈絡」，意指戰後的臺灣國家透過堅持作為一個被組編入美國帝國體系之正統中國國家的外表，確立其作為遷占者國家的地位。因此，如果說中華民國臺灣化是在戰後臺灣固有的歷史脈絡下所導致的蠻橫與矛盾中啟動，則所謂中華民國臺灣化，或許可以被定義如下，即1949年以後出現的、所謂「正統中國國家之政治結構（國家體制、政治體制、國民統合意識形態）只統治著臺灣」的事實發生變化的過程。換言之，就是構成正統中國國家之實體的各項制度、意識形態、以及維持這些制度與意識形態存續的各項政策，也就是那些被「量身訂做」的政策與戰後國家在現實上所統治的領域、人民和歷史逐漸相符的一種政治變動過程。有關中華民國臺灣化的內容，扼要說明其概念，則有如下四種內容：（a）政權菁英的臺灣化；（b）政治權力正統性的臺灣化；（c）國民統合意識形態的臺灣化；（d）國家體制的臺灣化。[11]

關於民主化的概念，《戰後臺灣政治史》採用了民主化比較論中經常使用的程序性民主化概念。換言之，所謂民主化，就是從某種威權政

體過渡到「最小綱領（最基本要求）式民主體制」的過程，即「定期舉行自由且公正的公職選舉，以及因此所必需的結社、表現、資訊的自由及選舉與選舉之間的義務責任（accountability）都受到保障的政治體制」（恒川，2006：1-2）。相關具體內容將在本文中敘述，不過，關於臺灣的政治體制，若按照實際上已實現的順序來說明，內容大致如下：①因長期戒嚴的解除與各種禁令的廢止所帶來的言論與結社自由之保障（1987-1990 年）；②缺乏代表性之「萬年國會」的正常化（1991 年國民大會、1992 年立法院）；③不完善之地方公職選舉的改進（1994）；④確立中央行政首長（總統以及行政院長）對民意應負起責任（1996 年實施

---

11. 首先在此要針對相關用語稍做說明。在臺灣使用的中文裡面，有一個在時間上可以往前廣泛說明 1970 年代所發生的政治的、文化的變動過程，並且已經在臺灣社會定格下來的用語，叫作「本土化」。「本」是指「這個」的意思，而所謂「本土」，是指「這片土地」。「外省人」的相反用語是「本省人」而非「內省人」，也是源於「本」的這層意義而來。關於本土化，最早從事整體性學術研究的，是 J. Makeham 以及蕭阿勤等研究者（Makeham and Hsiau eds., 2005）。但是，該研究的作者們對於「本土化」的英文翻譯，意見並不一致。大多數都譯成 indigenization，不過，政治研究者 J. B. Jacobs 並不從字面而從實際意義出發，認為應該譯為 Taiwanization（Jacobs, 2005: 18）。該書的編者之一 J. Makeham 認為，所謂「本土化」，如果是指「1970 年代以後，本省人在政治上可以要求充分的公民權，為了確保公民權並達成政治上的平等，可以進一步獲得政治權力，並要求賦予臺灣明確的國民國家之地位的政治過程，在文化上，認為必須從臺灣人本身的觀點出發，對臺灣社會、文化、歷史的獨特性提出批判與解釋的想法」，則「本土化」應該被翻譯成 Taiwanization 比較妥當（Makeham, 2005: 11）。
《戰後臺灣政治史》中所指的「臺灣化」，所要處理的現象，雖然與上述意義的 Taiwanization 重疊，不過，該書在「臺灣化」一詞前面冠上修飾詞「中華民國（的）」，所要表達的，就是該書的「臺灣化」把焦點放在政治結構層次的變動上面。因此，比如說，當該書對於文化面的變化進行說明時，該書的「臺灣化」並不是指「必須從臺灣人本身的觀點出發，對臺灣社會、文化、歷史的獨特性提出批判與解釋的想法」，而是著眼在這個想法作為一種公共言論被提出、推廣的過程，以及結果上對國民統合意識形態所造成的改變，還有相應的政策與制度上的變化。此外，儘管 Taiwanization 在中文上也可以說成「臺灣化」，但是在臺灣卻多以「本土化」來表現。筆者猜測，可能是因為「本」具有「這個」或者「我們的」之意涵，所以「本土化」可能是一種帶有「我們變成會思考我們應該要有某種樣子」的一種意識到主體性需求與課題的用詞，所以才會被使用。該書的另一位編者蕭阿勤，在相當於該書之結論的篇章中，選用了一個帶有問號的標題，標題如下：「本土化——期待變成國民國家的政治體想讓自己正常化的一種掙扎？」（Hsiau, 2005）。這是因為「本土化」在臺灣政治上至今仍然是一種論爭所導致。

第一次總統直接民選制度，並由民選總統任命行政院長，對此，立法院則握有不信任投票的權力）。

那麼，民主化與臺灣化究竟存在何種關係？首先，兩者雖然皆屬政治結構變動的概念，卻各自處理不同層次的政治變動。前者當然是政治體制的層次，後者則聚焦在政治共同體層次。將此和前述之中華民國臺灣化的（a）項到（d）項之內容，以及民主化的（a）項到（d）項的內容相互對照，或許就可一目瞭然。

其次，若以戰後臺灣固有的歷史脈絡作為前提，那麼，從比較政治學的角度來看，可被稱為民主化的變動內容也將同時具有臺灣化之意義。因為，除了民主化所帶來的政治參與之擴大將會使長久以來存在的政治權利分配不公平之現象（（a））得以消除之外，在臺灣，民主化是在臺灣與中國大陸之間依然存在著嚴重之政治軍事鴻溝的情況下啟動的，因此，各種民主化措施都必須以「中華民國」的實效統治領域，也就是僅限於臺灣的公民才可參加作為前提（（b））。

例如，面對 1970 年代初期因為美中靠攏所導致的外交危機，蔣經國下定決心實施了前述之「中華民國自由地區動員戡亂時期增額中央民意代表選舉」制度。這項制度把 1940 年代內戰期間在中國大陸選出且從未進行過改選的中央民意代表維持不變，僅以居住在「中華民國」政府有效統治領域之內的公民作為選民，增加中央民意代表名額，並只對這些增額部分進行定期改選。由於資深中央民意代表占大多數，以致於此項選舉經常只是國會的部分改選，就算國民黨候選人全數落選，在遊戲規則上也無法帶來政權的交替。

這樣的選舉，與其說是民主選舉，不如說是「威權主義的選舉」，不能因為這種選舉的實施就認為政治體制已經開始轉變。話說回來，這

種形式的選舉雖然有些走樣，但是，選舉這種政治競爭制度，從原本一向只開放到地方公職層次，一下子連中央層級也開放，亦可算具備了有限的民主化之意義。同時，由於這個制度對本省人的當選席次並未設限（堅持長期戒嚴，以便維持一種對國民黨提名之候選人有利的環境），所以，就結果來看，本省政治菁英參與國家政治的制度性管道也因此有限地敞開。在這一層意義上，此項制度不但具有上述（a）項意涵上的臺灣化意義，同時，就實效統治領域的層面來看，這項選舉具有「總選舉」的意味（雖然就國會的法定名額而言算是局部選舉），也因此具備了（b）項意涵上的臺灣化意義。儘管如此，對於正統中國國家的架構不但依舊絲毫不敢碰觸，相反地，整個臺灣化是在嚴格排除與（c）及（d）之連結的情況下進行的。

另一項不可忽視的重點是，民主化具有國民形成的意義。如前所述，由於民主化藉著民主政治將住民高度地涵攝其中，以致結果上具有將住民塑造成國民（nation）的意義。1996 年實施總統直接民選之前，主事者李登輝強調「主權在民」，此舉可謂對於因總統選舉而四年行使一次政治權利的中華民國政府實效統治區域內的公民，也就是選舉共同體，賦予一種位居臺灣的主權性政治共同體意涵、也就是「臺灣國民」之意義。[12] 此後，從每四年舉行一次投票之前一年的春節過後開始，各政黨開始推舉候選人，以及從此展開的為期將近一年之臺灣總統選舉，就變成了以過去不同時期從中國大陸渡海來臺的移民後代為大多數之臺灣住民，對於本身與中國大陸不同，或至少在民主政治之參與方面明顯與中國屬於不同之政治共

---

12. 之後，李登輝在投稿到《外交》雜誌（*Foreign Affairs*）的論文中指出：「在全面的民主化實現之後，臺灣靠著投票箱的力量，已經展現了新的國族認同成。」（Lee, Teng-hui, 1999）。

同體的認知，進行四年一次之確認的漫長吵鬧慶典。

　　與此並行的是，面對採用中國國家體制之遷占者國家及其意識形態，作為一種批判與抵抗的意識形態，在臺灣內部政治舞臺上登場的臺灣民族主義，被迫必須變身為新的國民統合意識形態，其實效性也成為被檢驗的焦點。進入 1980 年代，臺灣民族主義意識形態在威權主義選舉的局限性政治競爭當中，被反對勢力當作一種理念，投入選舉之中，隨後並作為中華民國臺灣化已完成的政治體制之準官方意識形態，逐漸滲透到各種政策之中，並在民主選舉的政治競爭過程中開始爭取其正當性及有效性。

　　第三，反向而言，臺灣化也未必具有民主化的意涵。因為臺灣化與民主化是分別聚焦於不同層次的結構變動概念，導致此種結論係屬必然。比如說，假設本省人的革命組織發動革命，並以非和平手段成功地打倒國民黨政權，這個革命黨隨後鋪陳一黨獨裁體制，致力於本身之「革命」歷史的「傳統之創造」，並以任何形式的臺灣民族主義作為官方意識形態，採取從上而下之激烈的同化政策，此時，或許利用任何形式之制度的創設來限制外省人就任公職的範圍，或者限制外省人的公民權等等做法，在理論上是可能的。然而很明顯，這些情況實際上都未發生。

　　70 年代初開始，蔣經國啟動拔擢本省菁英的政策，可以說是一個與民主化並未產生直接連結的臺灣化之典型例子。也就是說，這是獨裁者為了縫補國民黨一黨體制所出現的破綻，在政權人事上所展開之有限度——漸進式的臺灣化。在前述「增額選舉」開始的同時，蔣經國開始拔擢本省地方政治菁英與技術官僚進入中央。拔擢的規模是歷年來最大比例，方式雖屬漸進，但其後持續擴大，並未走回頭路。因此，這確實是在（a）項意義的臺灣化之外，再利用本省菁英之進入政權來強化內部正統性，藉此彌補同一時期在外部正統性上所遭受的打擊之作法，可以說

也具有（b）項意涵上的臺灣化意義。儘管如此，由於這種人才的拔擢是透過蔣經國據以培養權力基礎的組織，即中國青年反共救國團（通稱「救國團」）之類的途徑，或者蔣經國的親信，把受到蔣經國青睞的人物個別拔擢進入中央的黨以及政府部門。因此，這個方針本身並未具有任何民主化意涵，也無法具有（c）、（d）項的臺灣化意義。不過，此種在國民黨體制內一步一步少量增加臺灣人菁英的作法，使得國民黨對於黨外所升高之對民主化與臺灣化之要求的過敏反應有所減輕，就這層意義而言，或可說與民主化有關。

如果臺灣化未必是民主化，那麼，臺灣化在民主化之後持續存在也就不足為奇。例如李登輝政權後期之「凍省」以及擴充臺灣教科書中的臺灣歷史記述、陳水扁執政後高漲的「臺灣正名」運動（包括國號在內，要求把具有「中國」意涵之公共機關或團體的名稱變更為具有臺灣意涵的名稱），就是最好的例子。

那麼，中華民國臺灣化的極致，也就是最終結果究竟是什麼？比如說，因為威權政體之轉換所產生的政治變動究竟算不算民主化？這種事唯有等到民主體制的建置完成之結果出現後，才能進行事後的確認。與此相同，中華民國臺灣化的最後結果，也是一種只能在事後才可確認的開放性程序概念。假設，中華民國臺灣化開始啟動並發展到某種程度。屆時，它將可能與臺灣民族主義的事業（project）所期待的變動重疊在一起，那就是讓所謂中華民國這個正統中國國家進入一個「臺灣國民國家化」（Nation state）的進程。但是，中華民國臺灣化是否會出現臺灣民族主義事業所期待的結局？結果恐怕未必如此。

比如說，如果中臺之間出現武力衝突，後果將變得極難預測。如果堅持情勢變化的過程一定要是和平的，則另一種結果也有可能發生，亦

即中華民國臺灣化將成為一種轉變過程，使臺灣在未來變成一個包含中華人民共和國在內之任何形式的中國國家主權之下的自治性政治實體。如果站在從這個觀點出發所將到達的結果來看，所謂中華民國臺灣化，可以說是將 20 世紀由中國內戰與東西冷戰在臺灣海峽結合所製造出來的歷史性結構物去除的政治結構變動。

（二）中華民國臺灣化展開的四個面向

依據前述觀點，《戰後臺灣政治史》擬將中華民國臺灣化這一個政治結構變動的過程，分為啟動過程與展開過程的二階段動能，進行論述。該書為二部構成，第壹部將論述中華民國臺灣化的歷史性前提與起步條件、啟動過程。第貳部則針對正式的展開過程進行論述。

第一章將處理《戰後臺灣政治史》整體的歷史性前提。在這裡要確認的歷史性前提是，臺灣在歷史上分別扮演過三個性格迥異的帝國之邊陲的角色，並在這些角色上形成多重族群社會，也經歷了社會的重組。接下來第二章，要檢討的是初期條件。1949 年以來的戰後臺灣國家具有兩種性格，一個是在國際社會中的地位（「東西冷戰的前哨基地」），以及作為對抗中華人民共和國而存在之另一個正統中國國家的性格；另一個則是相對於臺灣社會的遷占者國家性格。本章將從這兩個局面上具體闡明中華民國臺灣化所據以出發的「戰後臺灣固有歷史脈絡」。

第三章將論述啟動過程。1970 年代初，由於美中靠攏，導致臺灣的戰後國家在國際社會中的地位出現劇變（「七二年體制」的形成），造就中華民國臺灣化的啟動。為了吸收此一劇變所帶來的衝擊，內政上有限的民主化與臺灣化就此開始，就在政策效應所逐漸擴大的政治空間當中，對

抗國民黨的反對陣營（「黨外」勢力）一路壯大變成在野黨；而從正面挑戰國民黨體制的臺灣民族主義更逐漸變成反對勢力在理念上的主要支柱。

正如第四章開頭所述，《戰後臺灣政治史》把國民黨一黨支配體制的強人、也就是遷占者集團的「最高領袖」蔣經國之死，視為中華民國臺灣化正式全面展開的起點。在蔣經國死後所展開的、稱為中華民國臺灣化的政治結構變動，如下所述，具有在時間上相互重疊並且互相牽動的四個面向。《戰後臺灣政治史》將其配置在第貳部的第四章到第八章，總共五個章節將會針對這四個面向的開展進行論述。

┃透過「憲政改革」的中華民國臺灣化

第一個面向是民主體制的建置，以及民主體制建置後之國家體制及其正統性的臺灣化與位居體制頂點的人事和權力動向之間開始相互牽動、開展的面向。

政治自由化以後，臺灣的政治制度改革是以「憲政改革」（透過《中華民國憲法》的修正來進行民主體制的建置與國家體制的修正）為主軸進行，這一展現或亦可稱之為透過「憲政改革」的中華民國臺灣化。包含直到實際的「憲政改革」開始為止的啟動階段在內，此一局面的臺灣化到目前為止總共經過了下述三個階段。其中，啟動階段和第一階段將在第四章敘述，第二階段則在第五章討論。

蔣經國過世後，本省人李登輝繼任總統、並獲得黨主席權位。所謂啟動階段（1988-1990），就是李登輝的權力在實質化過程中與「憲政改革」連動，終於在困境中跨出第一步的階段。也就是說，由於李登輝經過與保守派之間的權力鬥爭，獲得了超越蔣經國之剩餘任期的新任期，掌握了一個與體制保守派和反對黨雙方都可以交涉的「平衡者」的權力

地位，就此獲得了為「憲政改革」開道的權力均衡條件。

　　「憲政改革」第一階段（1990-1996年），是經過李登輝及國民黨主流派主導的所謂「一機關兩階段」修憲，亦即由全面改選前的第一屆國民大會代表（以下稱國大代表）進行第一次修憲、由全面改選後的第二屆國大代表進行第二次、第三次修憲，除了制定包括國會全面改選、臺灣省及行政院直轄市（臺北市與高雄市）的首長民選、總統直選等各項制度以外，亦將這些選舉付諸實行，完成了最小綱領式民主體制的建置之階段。這段期間，政治上的自由化也是在經過郝柏村內閣與民進黨、臺灣獨立運動團體及其他在野勢力之間的激烈鬥爭之後才徹底法制化。經由這個階段的改革，使得原本存在於國會、主要地方行政首長，以及總統之代表性上的矛盾獲得解決，政治權力之正統性方面的臺灣化步驟基本上已經達成。這意味著作為戰後臺灣國家的中華民國之政治正統性已經從內部獲得更新與變更。同時，遷占者族群在多重族群社會中所占據的政治優勢也面臨崩潰，而多重族群社會中的族群關係也跟著重組。

　　「憲政改革」的第二階段，是超越最小綱領式民主化的國家制度，朝向臺灣化推進的階段。包括在直接民選的總統（李登輝、陳水扁）之下，進行了第四次到第七次的修憲，內容涵蓋「凍省」、國民大會的形式化到廢止、修憲案須經公民投票批准的憲法制度化等等。還有，在第四次修憲時，對於總統、行政院長、立法院相互之間的權限關係進行了調整，建立了一種堪稱為「臺灣式半總統制」的政治制度。在第七次修憲當中，則針對國會議員的選舉制度，朝小選舉區與比例代表並立制的方向進行大幅變更（根據此項制度所舉行的第一次選舉於2008年1月實施）。在這個階段，經過第一階段的「憲政改革」所建置的民主體制之國家性（stateness）與治理能力（governability），變成了各方爭論焦點。

II 民族主義政黨制的形成與展開

第二個面向是構成民主體制運作之實質內容的複數政黨制之形成與展開。此一面向的展開將在第六章論述。

在威權政體的最後階段，挑戰體制的反對勢力，把對民主化的要求，以及要求人口上居多數的本省人在政治、文化上的力量必須獲得強化之訴求，成功地連結到臺灣民族主義的論述上（例如「臺灣前途住民自決」等）。導致國民黨也不得不在第二次修憲時將此予以合法化。因此，在民主化過程中所形成的臺灣複數政黨制，就變成一種以興起的臺灣民族主義與中國民族主義（或者說是中華民國民族主義）之間的對抗作為意識形態之對抗主軸——「民族主義政黨制」。對抗之一方的中國民族主義，傳承了過去官方的中國民族主義，對於本省人在力量上的強化感到不安，也對於臺灣民族主義在臺灣內部與臺灣海峽所引起的緊張感到不安。

民族主義政黨制之下的政治動員（主要為選舉動員），是在「族群＝民族的（ethno-national）脈絡」下展開，其使用的民族主義辭令或象徵，在很大的程度上，具有多重族群社會中之族群動員的意義。動員的要角，是那些在「憲政改革」第二階段逐漸失去「遷占者優位」，但是在政界及官界、文化與學術界、傳播媒體中依然擁有優秀人才，依然在政治、文化上占據強勢地位的少數派外省人。外省菁英對於權力之獲得、維持路線的選擇（對於與權力逐漸穩固的本省人總統兼國民黨主席李登輝之間的關係之選擇），以及與之相呼應之外省選民的高度凝聚性（對於最有希望當選的外省候選人之族群投票），造成了國民黨的分裂，也使得政黨體系出現變動。但是，總統直選的邏輯卻也同時導致臺灣的政治勢力走向兩大勢力對抗的結構。

III 國民統合理念與多重族群社會的重組

　　第三個面向是國民統合理念與多重族群社會重組的面向。這個面向將在第七章討論。

　　「遷占者優位」崩潰以及臺灣民族主義的挑戰，不但導致官方中國民族主義霸權的崩潰，也使得官方中國民族主義在與臺灣民族主義產生對抗的當下，變身成臺灣政治的要素之一。民主化過程中，面對本省人日益強化的勢力，除了外省族群在政治上的動向之外，原住民族與客家等少數族群在身分上的自我主張運動也隨之展開，這些動態也可說明，在遷占者國家之下，儘管「中國化」不停地往前推進，但是潛伏在臺灣社會裡的文化多元性卻也逐漸抬頭。

　　在這種狀況下，官方中國民族主義已經失去其作為統合理念的作用，取而代之的是一種多元文化主義的統合理念。這種多元文化主義認為，臺灣社會中的各個文化集團（族群）之文化，扎根的歷史雖有不同，在價值上是平等的，國家或者族群相互之間都必須尊重這種文化的多元性。多元文化主義觀點起初雖由民進黨以及臺獨勢力提出，但是，隨著民進黨在體制內的勢力逐漸擴大，李登輝政權下也在一定程度上將多元文化主義政策化，並加以實施。就此意義而言，臺灣民族主義可謂已經提升到準官方民族主義的地位。很難說那些政策達到了什麼驚人的成果，然而可以肯定的是，這些變化，使得臺灣的多重族群社會在民主化的進展下也進行了一種自由主義式的重組。

　　值得注意的是，前述這種變化是在下述的文化結果相當廣泛且深入扎根的狀況下進行的。戰後，依照官方中國民族主義，由上而下、長期且強力執行以「中國人」為依歸的國民統合政策（也就是同化主義）之下，造成一種文化結果。這種文化結果包括諸如幾乎完全普及的「國語」（中

國共通語言），以及或許有族群、世代之差異，卻是高度滲透的一種身為「中國人」的意識。至目前為止，臺灣民族主義作為一種準官方民族主義，其已獲得的成果，不是將這些結果替換成「臺灣文化」的文化霸權地位之確立，而是透過它的多元文化主義式國民統合政策，來導正過去在國民黨政權的官方中國民族主義霸權之下所造成的不公平與過激的單一化主義。

IV 「一個中國」原則的倒退與「七二年體制」的傾軋

第四個面向，是達成自我變革的臺灣與自 1970 年代以來規範臺灣在國際社會之地位的「七二年體制」之間出現擦撞的過程。這個面向的開展將在第八章檢討。

中華民國臺灣化，也是一種「民主化＋臺灣化」的雙重變化。民主化當然會強化內部正統性，這也使得與 1970 年代初期的蔣經國背道而馳之政策對應成為可能。也就是說，在後蔣經國時期掌握主導權的李登輝，一直希望因為民主化而得到強化的內部正統性可以強化臺灣國家的外部正統性。因此，中華民國臺灣化，就與那些希望強化並擴大國際上對於「民主臺灣」之認知的政治菁英之行動緊密連結。結果，對於「七二年體制」的前提，也就是「一個中國」原則的政治上支持，便在臺灣內部逐漸衰退。但是就在同時，「改革與開放」後的中國在政治、經濟、軍事上全面崛起，臺灣也因此直接、持續的受到影響。在這種情況下，向來藉由《臺灣關係法》把臺灣納入其非正式帝國之周邊的美國，為了維持臺灣海峽的和平，也不得不煞費苦心。

《戰後臺灣政治史》是筆者的第二本現代臺灣政治論專書。前一本是《臺灣──分裂國家與民主化》（1992 年，本書由播種者文化翻譯出

版），該書中，筆者認為政治系統的三要素，即「政治共同體、政治體制、政府」之中，以政治體制最受爭議，這個位階的變動不但會影響政府層次，也會強烈衝擊政治共同體層次，因此，便聚焦在政治體制的變遷問題上面。不過，正如該書的副標題「分裂國家與民主化」所明示，筆者當時也開始關注到政治共同體層次的變動所逐漸牽扯出的政治問題，筆者指出，隨著民主化的進展，政治菁英與政治權力之正統性的臺灣化也隨之進行，並將之解讀為「中華民國的臺灣化」。對於這種狀況進行到最後極有可能出現的國家，筆者將之比喻為「中華民國第二共和制」。接下來的十多年間，在前一本書時只進行到一半的政治體制變遷問題，確實在 1996 年時因為總統直接民選的舉行而完成了民主化的進程，若僅就政治權力的對內正統性而言，「中華民國第二共和制」已是既成的事實。此外，臺灣化的進展也顯著可見，可以作為中華民國臺灣化來理解的事實，已經不限於在前一本書中所舉出的政治菁英與政治權力之正統性的臺灣化問題，民主化之後的臺灣政治，呈現出一種圍繞著臺灣的濃厚認同政治樣貌。在這種情況下，《戰後臺灣政治史》將中華民國臺灣化重新鍛造成總括政治共同體層次之政治結構變動的概念，而論述也聚焦在政治共同體層次。

參考書目

- 山本吉宣，2006，《「帝国」の国際政治学—冷戦後の国際システムとアメリカ》。東京：東信堂。
- 白石隆，2000，《海の帝国：アジアをどう考えるか》。東京：中央公論新社。
- 行政院主計處，2007，《社會指標統計年表 2006》，網址：http://eng.stat.gov.tw/public/data/dgbas03/bs2/socialindicator/family-table.xls（瀏覽日期：2008 年 1 月 12 日）
- 行政院主計處，1989，《中華民國臺灣地區國民所得統計摘要》。臺北：行政院主計處。
- 李筱峰，1987，《臺灣民主運動四十年》。臺北：自立晚報社。

- 恒川惠市，2006，〈民主主義体制の長期的持続の条件──民主化の紛争理論に向けて〉，恒川惠市編，《民主主義アイデンティティー──新興デモクラシーの形成》東京：早稲田大学出版部。頁 1-23。
- 若林正丈，1992，《台湾　分裂国家と民主化》。東京：東京大学出版会。
- 張鐵志，2007，〈臺灣新民主的詛咒？──金權政治與社會不平等〉，《思想》7，頁 141-162。
- 陳師孟等，1991，《解構黨國資本主義──論臺灣官營事業之民營化》。臺北：澄社。
- 藤原帰一，1992，〈アジア冷戦の国際政治構造──中心・前哨・周辺──〉，東京大学社会科学研究所「現代日本社会」編，《現代日本社会 7　国際化》。東京：東京大学社会科学研究所。頁 327-361。
- アンダーソン , B（Benedict Anderson）著，白石隆譯，1997，《増補　想像の共同体：ナショナリズムの起源と流行》東京：NTT 出版。
- マン , ジェームズ（James Mann）著，鈴木主税譯，1999，《米中奔流》。東京：共同通信社。
- Lee Teng-hui, 1999, "Understanding Taiwan: Bridging the Perception Gap," *Foreign Affairs*, November/December .
- Makeham, Jonh and Hsiau, A-chin eds, 2005, *Cutural, Ethnic, and Political Nationalism in Contemporary Taiwan: Bentuhuam*, New York: Palgrave Macmillan.
- Jacobs, J. Bruce, 2005, "'Taiwanization' in Taiwan's Politics," in John Makeham and A-chin Hsiau eds., *Cutural, Ethnic, and Political Nationalism in Contemporary Taiwan: Bentuhuam*, New York: Palgrave Macmillan, pp. 17-54.
- Makeham, Jonh, 2005, "Introduction", in John Makeham and A-chin Hsiau eds., *Cutural, Ethnic, and Political Nationalism in Contemporary Taiwan: Bentuhuam*, New York: Palgrave Macmillan.
- Hsiau, A-chin [蕭阿勤] "Epilogue: Bentuhua-An Endeavor for Normalizng a Would-Be Nation-State?" in John Makeham and A-chin Hsiau eds., *Cutural, Ethnic, and Political Nationalism in Contemporary Taiwan: Bentuhuam*, New York: Palgrave Macmillan, pp. 261-276.

　　──本文原為日文，收錄在若林正丈，《台湾の政治─中華民国台湾化の戦後史》。東京：東京大学出版会，2008；繁體中文版為國立臺灣大學出版中心出版：若林正丈著，薛化元審訂，洪郁如、陳培豐等譯，《戰後臺灣政治史：中華民國臺灣化的歷程》臺北：臺大出版中心，2016，頁 1-26。臺灣大學出版中心授權使用。

一、臺灣的民主化、認同政治、臺灣海峽的和平

① 1986 年民主進步黨獲得組黨許可，到 1996 年總統直接民選，開啟臺灣民主化。

② 認同政治的課題，如統獨問題、本省人與外省人、客家人與原住民族等少數地位族群的發聲。

③ 中國主張「一個中國」、「反對臺灣獨立」，觸及臺海安全及環繞亞洲的國際政治。

二、中華民國的臺灣化

① **起步條件：**

中華民國以「正統中國」自居，對抗中華人民共和國；外省人占優勢地位的「遷占者」國家體制；被編入美國帝國冷戰體制的前線基地。

② **啟動契機：**

美國對臺灣政治、經濟的支援。

國府反攻大陸，與中共解放臺灣雙雙失敗。

遷占者集團與本土集團不公平關係的持續存在。

隨著美國向中國靠攏，喪失來自國際社會的外部正統性，國民黨政權採行有限的民主化與臺灣化，讓挑戰勢力得以出現。

③ **戰後歷史脈絡中未解決的階級、再分配問題，成為考驗臺灣新興民主體制的兩大課題──所得差距過大、金權政治。**

三、中華民國臺灣化的展開

① **主要概念：**

政治菁英的臺灣化；政治權力正統性的臺灣化；國民統合意識形態的臺灣化；國家體制的臺灣化。

② **四個面向：**

透過「憲政改革」的中華民國臺灣化。

民族主義政黨制的形成與展開。

國民統合理念與多重族群社會的重組。

「一個中國」原則的倒退與「七二年體制的傾軋」。

③ **中華民國臺灣化為「民主化＋臺灣化」的雙重變化。**

陳鴻圖

　　二次世界大戰結束後至今,臺灣的國際地位和國家定位一直處於模糊未明的狀態,由於攸關臺灣的未來及臺、澎、金、馬所有人權益,應理在「憲法」和國際法框架下可以解套的問題,因受到戰後特殊歷史發展、國內現實政治考量、中國民族主義和東亞國際秩序等因素的影響,至今猶處境艱困。舉例來說,終戰後,中華民國長期實際有效統治臺灣,使得在討論臺灣的國家定位問題常常和中華民國的國家定位,有著錯綜複雜的關係,理論和現實上難以釐清。

　　回顧歷史,戰後臺灣地位的問題,一直有「臺灣地位未定論」的論爭。源自於國際法上有關領土的轉移,必須以正式國際條約作為依據,《開羅宣言》和《波茨坦宣言》一來只是盟國的立場聲明,並非具有國際法效力的國際條約;二來1951年47個與日本作戰的盟國與日本締結的《舊金山和約》,其中和臺灣領土有關的第二條內容:「日本放棄對臺灣及澎湖群島的權利、權限及請求權」,和約中沒有說明日本放棄臺澎後將交由誰來承接,因此國共內戰後出現的兩個中國問題,不論中華民國或中華人民共和國都沒有統治臺灣的法源。

本文作者薛化元試圖以二次大戰期間到 1950 年代，與臺灣地位相關文件中，重新耙梳釐清這些文件所顯示的有關臺灣地位的主張，及在國際法上的意義。作者所分析的文書，包括：二戰結束前的《馬關條約》（1895）、國民黨官方「恢復高台」宣示（1938）、《開羅宣言》（1943）、《波茨坦宣言》（1945）、日本向同盟國投降文件（1945），及日本投降後和臺灣歸屬相關文獻，如《聯合國最高統帥第一號命令》（1945）、日本向中國戰區投降降書（1945）、杜魯門《臺灣海峽中立化宣言》（1950）、葉公超聲明（1950）、《舊金山和約》（1951）及《中華民國與日本間和平條約》（中日和約／臺北和約，1952）等文獻。

　　經由作者的論證，從國際法和歷史脈絡來看終戰後臺灣地位的問題，可知所以「未定」和模糊的原因，因為《開羅宣言》和《波茨坦宣言》都不是國際法上的條約。而《舊金山和約》和《中日和約》也都沒有明白說明臺灣的歸屬問題，《舊金山和約》的生效其意義在於第二次世界大戰的結束，《中日和約》的生效，則代表中華民國與日本國際法上戰爭的終結。臺灣地位問題始終沒有解決，其影響包括中華民國在臺灣統治合法性、臺灣獨立法理依據等問題的爭議仍在，需國人共同面對及尋求最大的共識。

延伸閱讀

1. 薛化元，《台灣地位關係文書》（臺北：日創社，2007）。
2. 林滿紅，《獵巫、叫魂與認同危機：臺灣定位新論》（臺北：黎明文化，2008）。

國際法上二次大戰的結束與臺灣地位問題[*]

薛化元[**]

一、前言

　　1945 年 8 月 15 日，裕仁天皇透過「玉音放送」向日本軍民宣布向盟軍無條件投降的訊息，傳統歷史論述也多以此作為二次大戰結束的時點。如果從國際法的角度切入，一個國際法上戰爭的結束，則是透過勝敗雙方透過簽訂和約（條約）來處理。在和約生效之前，往往會有軍事接管、占領和統治的過程。[1] 而在戰爭進行中，或是對方宣布戰敗投降之後，戰

[*] 本篇論文主要是從〈從歷史文獻看臺灣國際的定位問題〉為底稿進一步發展而成，日文稿為〈第二次世界大戰の国際法上の終結と臺湾〉，《現代臺灣研究》46（2016.1）。感謝兩位匿名審查人提供寶貴的修改建議。本文完成得力於政大臺史所黃仁姿博士和博士班的陳昱齊在資料蒐集中的協助，特致謝忱。

[**] 國立政治大學臺灣史研究所教授兼文學院院長。研究領域為臺灣史、憲政史、人權史、近代思想史。

1. 王雲程 2007 年發表的〈占領與流亡〉對此有深入的討論，http://blog.xuite.net/hoonting/twblog/160091574-%E4%BD%94%E9%A0%98%E8%88%87%E6%B5%81%E4%BA%Al（瀏覽日期：2015 年 8 月 11 日）。王雲程，〈臺灣：未定的地位，存疑的身分〉，收入臺灣教授協會編，《中華民國流亡臺灣 60 年暨戰後臺灣國際處境》（臺北：前衛出版社，2010）。從國際法的角度切入的，可以參見：安藤仁介著、李明峻譯，《國際法上的占領、投降與私有財產》（臺北：國立編譯館，1998）。

勝國（之間）往往會對戰後戰敗國包括領土在內的處分做出安排，但是此一部分是屬於國際現實政治的發展，在歷史討論時有她的重要性，而且與國際法之間，也常常被混用。

就臺灣而言，原本在 1895 年隨著《馬關條約》的履行，由清帝國的一省成為日本的領土。1945 年日本宣布投降後，無論是同盟國、日本或是臺灣住民都意識到臺灣即將脫離日本的殖民統治，但是之後的歷史發展，國內著重現實政治的討論不少，至於從國際法角度切入的歷史探討則起步較晚。反而是在國外，在國際一流期刊或是著名大學出版社出版的，則以陳隆志、Michael Reisman、Harold D. Lasswell、彭明敏、黃昭堂等人的研究較早，成果也相當豐碩。在臺灣法學界早期以丘宏達的研究最為知名，1999 年李登輝總統任內正式發表兩國論以後，則有更多的討論，其中以許宗力等著的《兩國論與臺灣國家定位》最具代表性。[2] 至於歷史學探討此一問題的相對較為冷門，討論最多的是林滿紅。[3]

雖然如此，臺灣國家的定位問題，隨著近年來對於 1945 年戰爭以後國民政府派陳儀接收臺灣的依據問題，所產生的學術和政治爭議，更顯得多元而分歧。作為後進的歷史研究者，筆者曾經蒐集過去的常被引用的宣言、公告、條約等相關文書，希望透過史料的內容，釐清一些爭議點，編成《臺灣地位關係文書》。本篇論文的重點，是試圖以二次大戰期間到 1950 年代相關臺灣地位的文件中，重新把梳釐清這些文件所顯示的有關臺灣定位的主張，特別是其在國際法上的意義。根據史料把梳完成初稿後，再檢閱這個主題過去豐碩的既有研究，特別在國際法的相關

---

2. 許宗力等著，《兩國論與臺灣國家定位》（臺北：學林文化公司，2000）。
3. 林滿紅，《獵巫、叫魂與認同危機：臺灣定位新論》（臺北：黎明文化事業公司，2008）。

討論上，彭明敏與黃昭堂兩位合著《台湾の法的地位》是難以超越的學術成就，主要的論題都幾乎有相當清楚的討論。[4] 因此，本文是在此一基礎之上，重新檢視相關的文獻，透過法解釋學中的歷史解釋的角度切入，進行臺灣地位國際法論述的歷史探討，不過，必要時也會處理當時歷史時空環境的國際政治問題。

　　既然既有成果如此豐碩，何以還要撰寫此一論文呢？首先近年來有關國際政治與國際法的論述往往混合論之，有必要在過去的基礎上，再行釐清。其次，雖然先行研究已經釐清大部分的爭議點，但是國內相關論文往往重現原本的議題，有必要再進行爭論。

二、1945 年之前同盟國的臺灣處置主張

　　1945 年以後國民黨當局針對臺灣的定位論述，往往將重點置於日本投降之前的同盟國協議戰後日本領土處置的相關文書，就國際法而言，由於相關文書都不是國際法上的條約，是否可以作為臺灣主權歸屬的依據，已經沒有必要做太多討論。連最支持臺灣屬於中華民國的丘宏達在1999 年、2000 年之際，也做了修正。[5] 特別是 2009 年馬英九執政下的總統府及國史館舉辦的展示，已經明顯將重點放在 1952 年的《中日和約》

---

4. 彭明敏、黃昭堂，《台湾の法的地位》（東京：東京大學出版會，1976）。此書是既有研究中最為全面的，目前學界探討的許多課題，書中都有相當的論述。本文有關國際法的論述，除了重新探索檔案、史料外，論述受惠彭明敏、黃昭堂研究甚多，不敢掠美，特致謝忱。
5. 強力主張「臺灣是中華民國不可缺少一部分」的丘宏達在 2000 年完成的論文中，強調中華民國「可以合理的主張根據國際法上的先占原則」，而領有臺灣。值得注意的是，相對地與過去主張臺灣是中華民國領土的論調不同，他的論文僅稍微提及《開羅宣言》與《波茨坦公告》。丘宏達，〈一個中國的原則與臺灣的法律地位〉，《法令月刊》52：2（2001.2），頁 3-10。

（臺北和約），當時國史館更將此視為臺灣歸屬中華民國的依據。可是，將《開羅宣言》、[6]《波茨坦宣言》[7]和日本的投降文書作為論證臺灣已經歸屬中華民國的證據的傳統論述，依然有其影響力。隨著2014年「微調課綱」的爭議，外交部條約司又再強調傳統的論述。再加上長久以來教育內容，也有此一取向。因此，針對傳統論述的檢討，現實上仍有討論的必要。

在二次大戰期間盟軍曾經發表兩次有關臺灣地位的重要宣言，包括1943年12月1日發表的《開羅宣言》及1945年7月26日由美國總統杜魯門、中華民國國民政府主席蔣介石與大英聯合王國首相邱吉爾具名發表的《波茨坦宣言》，二者都是臺灣體制內歷史教學說明戰後臺灣地位歸屬問題的「標準答案」，也是中華民國統治臺灣正當性論述的基礎。就其實而言，所謂的《開羅宣言》是類似一般「聲明」（statement）的性質，檔案的標題也有「新聞公報」（press communique）的字眼。而《波茨坦宣言》則在標題中明示其「公告」（proclamation）的意涵，二者都不具備條約的性質。近年來，國內質疑《開羅宣言》效力的聲音日漸提高，其並沒有由美國、英國、中國「領袖」簽署的問題也日受各方矚目。[8]

---

6. 全文參見中華民國外交問題研究會編，《日本投降與我國對日態度及對俄交涉》（臺北：中華民國外交問題研究會，1966），頁1-2。*Foreign Relations of the United States, Diplomatic Papers, The Conferences at Cairo and Tehran, 1943*（Washington D.C.: U.S. Government Printing Office, 1961），pp. 448-449. 外務省編，《日本外交年表竝主要文書（下）》（東京：原書房，1966），頁594-595。

7. 全文參見中華民國外交問題研究會編，《日本投降與我國對日態度及對俄交涉》，頁2-3。*Foreign Relations of the United Stats, Diplomatic Papers, The Conferences of Berlin(The Potsdam Conference), 1945*, Vol.2 (Washington D.C.: U.S. Government Printing Office, 1960), pp.1474-1476. 外務省編，《日本外交年表竝主要文書（下）》，頁626-627。

8. 其中以沈建德對此鼓吹最力。

而所謂和盟軍共同協商戰後的日本領土處置不同,之前高中歷史教科書中 1941 年 12 月 9 日國民政府對日宣戰的公告,也常被提及。在公告中,國民政府宣稱:「茲特正式對日宣戰,昭告中外,所有一切條約、協定、合同,有涉及中、日間之關係者,一律廢止,特此佈告。」[9]

馬英九在中華民國總統任內,曾表示:「1941 年太平洋戰爭爆發後,我國對日宣戰並廢止《馬關條約》。1943 年中、美、英三國領袖公布《開羅宣言》明定『日本所竊取於中國之領土,例如東北四省、臺灣、澎湖群島,歸還中華民國。』1945 年 7 月《波茨坦公告》也規定:『開羅宣言之條件必須實施』,同年 9 月『日本降書』(『降伏文書』)更表明接受《波茨坦公告(宣言)》。這三項歷史文件相互連結,並收入美、日政府出版的條約彙編,『日本降書』更收入聯合國出版的《聯合國條約集》,證明三項文件均具國際法效力。」[10]

但是,收入條約彙編或條約集難道就一定有國際法上條約的效力嗎?以美國為例,正式的國際條約固然必須有有權者簽署,而且事後還必須經過國會審查通過。(《中華民國憲法》也有類似的規定)[11] 在歷史上最著名的例子就是《凡爾賽和約》,威爾遜總統雖然在臺灣歷史課本是大家耳熟能詳、和會的重要主導者,但是由於國會沒有批准,美國不是《凡爾賽和約》的簽約國也一直是臺灣中學歷史考題的標準答案。而中華民國外交部曾訂定發布「條約及協定處理準則」,而立法院對此有不同意見,也曾

---

9. 〈國民政府對日宣戰布告〉,影本參見 http://hoonting.blogspot.tw/2015/07/19411209.html(瀏覽日期:2015 年 8 月 11 日)。

10. 馬英九,〈釣魚臺當然是中華民國領土〉,《中國時報》,2015 年 8 月 3 日。但也有研究指出《波茨坦公告》並沒有被收入美國政府發行的國際條約集中。參見彭明敏、黃昭堂著,蔡秋雄譯,《臺灣在國際法上的地位》(臺北:玉山社,1995),頁 136。

11. 《中華民國憲法》第 63 條規定:「立法院有議決法律案、預算案、戒嚴案、大赦案、宣戰案、媾和案、條約案及國家其他重要事項之權。」

數次做成決議，由於爭議沒有解決，最後由立法院通過聲請司法院大法官會議釋憲，以解決此一憲法爭議。1993 年 12 月 24 日，司法院大法官會議，做成釋字三二九號解釋，指出外交部此一處理準則違憲。[12] 外交部所編十多種《中外條約輯編》中，也列入許多不屬於 treaty 的外交文書。

就此而言，《開羅宣言》沒有簽署當然是一個重要的歷史事實，然而更重要的是，其中沒有當事國日本的參與，以美國為例，縱使當時真有簽署，沒有國會批准，也不具正式條約的效力。至於《波茨坦宣言》雖然有簽署（邱吉爾與蔣介石當時都在自己的國內，不在波茨坦，而是同意杜魯門代為署名），就美國而言，一樣沒有經過國會批准，不具條約的要件。

類似《開羅宣言》、《波茨坦宣言》不具條約效力的宣言，基本上便不能提供戰後臺灣、澎湖地位歸屬的國際法效力。[13]

丘宏達雖然質疑 1950 年代英美兩國只有「透過有割讓條款的和約，才能取得對臺灣法權上主權」的意見（實際上是 1946 年即以正式外交管道向國民政府提出），但與他在 1970 年代初期以來主張臺灣是中華民國領土的論調不同，[14] 他可能也意識到沒有國際條約要論述臺灣主權的歸屬，需要有更多國際法的依據。因此，他的論文僅稍微提及《開羅宣言》與《波茨坦公告》，同時他也駁斥所謂中國對日宣戰後《馬關條約》即予「廢棄」，而「中國就恢復對臺灣的主權權利」的說法，並且認為（馬關）條約「不因戰爭爆發而當然作廢；但是戰勝國可以用和平條約修改或甚至解除這個條約」。[15] 雖然如此，由於在開羅會議中取得美國總統羅

12. 司法院大法官，https://cons.judicial.gov.tw/jcc/zh-tw/jep03/show?expno=329#secEleven（瀏覽日期：2020 年 6 月 22 日）。
13. 彭明敏、黃昭堂著，蔡秋雄譯，《臺灣在國際法上的地位》，頁 126-127。
14. 丘宏達，〈臺灣澎湖法律地位的研究〉，《東方雜誌》4：12（1971.6），頁 52-56。
15. 丘宏達，〈一個中國的原則與臺灣的法律地位〉，頁 3-10。

斯福的支持，在日本投降以後可以取得臺灣及澎湖。會後國民政府便以戰後將接收臺灣為由，於次年 4 月 17 日，在中央設計局內設立由陳儀擔任主任委員的臺灣調查委員會，進行接收臺灣的準備工作，這也是國民政府對臺政策轉趨積極的重要開端。

問題是，當時作為中華民國元首的蔣介石，對於 1945 年日本宣布投降，他派陳儀接收以後，臺灣歸屬問題的認知又是什麼？此一問題，我們將在下一節中討論。

三、《舊金山和約》及其他二次大戰結束後的相關文獻

戰後臺灣人民如何看待自己或是臺灣的定位，實際上是影響臺灣後來發展的重要因素。就此而言，可能必須從日治時期以來臺灣人的認同問題切入。1895 年面對日本帝國的入侵，臺灣人民基於保鄉衛國的心情，起而與之對抗，這樣的對抗一時之間也就興起了臺灣的一體感。不過，這是外在環境變化的一時現象。伴隨著在日本帝國統治下近代建設的展開，臺灣人作為「共同體」的一體感才有了進一步發展的可能。加上日本帝國統治臺灣的差別性待遇，臺灣菁英與之爭取權益，而主張臺灣非得是臺灣人的臺灣不可，在某種意義上，臺灣人一體感的意識終於形成。

可是臺灣人一體感意識與形成臺灣國民意識是二件不同的事情，在臺灣人當時的心靈中，很多人還有一個想像的祖國，一種想像的漢族血緣式的民族主義。因而在二次大戰結束，日本宣布投降之時，一些臺灣人的菁英，就像其他國家的菁英一樣說：「我們贏了！」可是我們贏了什麼？是一件必須被思考的問題。說得更清楚些，許多臺灣菁英在日本戰敗後，除

了廖文奎（廖文毅兄）等少數人明白表示陳儀奉派接收臺灣只是戰勝國的接收而不是臺灣主權的轉移外，基本都在期待「祖國」接收。但是國際的相關文書，則並不主張，臺灣就此就歸屬中華民國，甚至蔣介石在 1949 年 1 月都曾經明白指示臺灣省主席陳誠，對此必須有所體認。

（一）日本宣布投降與陳儀接收臺灣

　　1945 年 8 月 15 日，日本天皇透過廣播宣布投降，此日遂成為世界大戰的終戰日，對所有被日本殖民統治、侵略的國家或地區而言，此日也是勝利紀念日或光復紀念日，而日本同時也失去統治臺灣的正當性基礎。特別是 9 月 2 日日本透過「降伏文書」表明：「余等遵奉日本天皇、日本政府及日本帝國大本營之命令並為其代表，茲接受美、中、英三國政府首領於 1945 年 7 月 26 日在波茨坦所發表，其後又經蘇維埃社會主義共和國聯邦所加入之公告所列舉之條款。」[16] 中華民國外交部的官員認為，這是英、美等同盟國與日本共同承諾臺灣將「歸還」中華民國的意思。[17] 就歷史脈絡而言，當時的國際政治氛圍，確實有此一政策走向。問題是，國際政治的走向與後來國際法上條約的規定並不一致，「將」並沒有在後來的對日和約中實現。

　　就臺灣而言，陳儀接收臺灣的依據，最原始的依據是聯合國（聯軍）最高統帥麥克阿瑟接受日本投降之後，發布的第一號命令。[18] 在此一命令

---

16. 丘宏達編，《現代國際法參考文件》（臺北：三民書局，1996），頁 930-931。
17. 申佩璜，〈臺澎回歸中華民國　中日合約再次確認〉，《聯合報》，2015 年 6 月 19 日，版 A18。
18. 安藤仁介著，李明峻譯，《國際法上的占領、投降與私有財產》，頁 193-198。外務省編，《日本外交年表竝主要文書（下）》，頁 640-643。

中，第一條的 a 項規定：「位於中國（滿洲除外）、臺灣及北緯十六度以北法屬印度支那之前日本國指揮官，以及該地駐屯之所有陸、海、空和後備部隊，向蔣介石大元帥投降。」[19] 麥克阿瑟對於受降地區的劃分，包括中國東北（由蘇聯接收）和臺灣的接收規定，基本上反應了《開羅宣言》、《雅爾達密約》中同盟國的政治意向。

至於，過去所謂日本在南京向中國投降，實際上則是日本在中國戰區的投降。就降書的內容來看，1945 年 9 月 9 日，日本帝國由岡村寧次向聯合國中國戰區統帥蔣介石委員長的代表何應欽投降。[20] 在降書中明白指出，此一投降行動係根據聯軍最高統帥（麥克阿瑟）第一號命令，展現了根據降書所進行的接收，具有濃厚的軍事行動色彩。而中國戰區最高統帥蔣介石派員接收中國的日本占領區、臺灣及北緯 16 度以北的越南，（但不含東三省）的日本占領、統治地域，並不意味著即因此擁有臺灣及北緯 16 度以北越南的主權，此點與蘇聯接收中國東北相似。

至於 1945 年 10 月 25 日，中國戰區臺灣受降典禮在臺北市中山堂舉行，在現實上，臺灣從此歸中華民國國內法統治。同日，陳儀主政的臺灣省行政長官公署正式成立。次年，10 月 25 日也被臺灣省行政長官公署訂為「光復節」。[21] 不過，此一歷史事實的詮釋角度，近年來已經開始被

---

19. 薛化元編著，《臺灣地位關係文書》（臺北：日創社，2007），頁 66。有關第一號命令的翻譯參見《國際法上的占領、投降與私有財產》。
20. 《臺灣省通志稿　卷十：光復志》（臺北：臺灣省文獻委員會，1952），頁 1。此處中國戰區降書的越南，實際上指涉的是法屬印度支那，包括現今寮國等地。
21. 1946 年 10 月 18 日陳儀公告：「10 月 25 日為本省光復紀念日。」此後光復節作為臺灣省的紀念節日（而不是全國性的紀念日），1949 年底中華民國政府敗退來臺後，性質也未改變。直到 1995 年，福建省金門縣政府還因為 10 月 25 日未能放假與人事行政局發生爭執，內政部才修改規定將光復節列為「全國性」節日。參見周俊宇，〈臺灣光復與黨國認同：臺灣光復節之歷史研究（1945-2007）〉，《臺灣風物》58：4（2008.12），頁 55、62-63。

重新檢討。其一則是就歷史主體而言，縱使從中華民國的角度切入，8月15日日本投降，固然宣告中國抗戰勝利，而日本同時也失去統治臺灣的正當性。因此，以10月25日作為光復節，不僅與臺灣歷史不符，就中華民國歷史而言，亦有商榷的餘地。就此一脈絡而言，10月25日是國民政府根據中華民國國內法統治臺灣的開始，卻未必從此擁有臺灣主權。而國民政府接收以後，也未立刻將10月25日以前的臺灣人民視為中華民國國民，更凸顯此一期間的曖昧性。

（二）所謂國籍回復問題

1946年1月20日，臺灣省行政長官公署根據1月12日行政院的命令，公告臺灣省省民自1945年10月25日以後回復中國國籍。此一公告充分表現了中華民國的國民政府，在1945年日本投降以後，對於臺灣的態度：認為臺灣是中國固有的領土，而且主張隨著戰爭的結束，國民政府接收臺灣是理所當然，不僅臺灣重新回到所謂祖國的懷抱，臺灣的人民也自然應該回復中國的國籍。但是此一行動卻與國際法的常識並不相合，理論上領土的轉移，並不只是以接收、占領為其合法之要件，而必須根據一個正式的國際條約，才能完成領土轉移之正當性；另一方面，在土地上的人民也應該擁有國籍選擇的自由。因此無論是1871年普法戰爭以後，德國取得了原來屬於法國的亞爾薩斯和洛林，或是1895年中日甲午戰爭以後，日本取得了原屬於清帝國的臺灣，都是以國際條約作為領土轉移的合法性基礎，而原有土地上的人民也都有國籍選擇的權利。而國民政府接收臺灣，並無條約依據，領土的轉移尚有爭議。雖然，就國際法而言，有一些先行研究指出，占領國（軍）行使其統治行政權力，變更占領地

的人民的國籍，也並非沒有依據。[22] 不過，當國民政府進行此一國籍的宣告之時，國際上便引起英國、美國等國的反對，時任外交部長的王世杰更為此與臺籍民意代表黃國書有書信討論。[23]

根據國史館的檔案，英國外交部透過駐中華民國的大使館不只一次致函中華民國外交部：「關於臺灣島之移轉中國事，英國政府以為仍應按照 1943 年 12 月 1 日之開魯宣言（原文如此）。同盟國該項宣言之意不能自身將臺灣主權由日本移轉中國，應候與日本訂立和平條約，或其他之正式外交手續而後可。因此，臺灣雖已為中國政府統治，英國政府歉難同意臺灣人民業已恢復中國國籍。」[24]

而值得注意的是，國民政府前述回復臺灣人民中國國籍的命令，只是針對臺灣島內的臺灣人（具有日本國籍），對於旅居在外的臺灣人並不適用，而認為後者有國籍選擇權。[25]

（三）中華民國政府對臺灣地位的兩種說法

基本上，中華民國自從國民政府派陳儀接收臺灣以後，對外即宣稱「光復臺灣」，在臺灣行使統治權，也一副臺灣已經成為其領土的態勢，不過在內部，則對於臺灣在國際法上實際還不是其領土，有相當的認知。

---

22. 參見彭明敏、黃昭堂著，蔡秋雄譯，《臺灣在國際法上的地位》，頁 172。
23. 當時國民政府的外交部長王世杰在給臺籍民意代表的信函中曾提及此事。〈王世杰致黃國書信函〉，見記者，〈隨時可能發生暴動的臺灣局面〉，《觀察》2：2（1947.3.8），頁 18。
24. 外交部亞東司收文字第 5449 號影本，收入於林滿紅，《獵巫、叫魂與認同危機：臺灣定位新論》，頁 139。林滿紅另外引用英國外交部 1946 年 8 月 31 日通知中華民國駐英大使館的函件，參見林滿紅，〈界定臺灣主權歸屬的國際法：簽訂於五十年前的《中日和約》〉，《近代中國》148（2002.4），頁 64。
25. 彭明敏、黃昭堂著，蔡秋雄譯，《臺灣在國際法上的地位》，頁 69。

1949 年 1 月陳誠就任臺灣省主席，對外宣稱，「臺灣是剿共最後的堡壘與民族復興之基地」。蔣介石以中華民國總統的身分，就連續發電報指示陳誠治臺的方針，特別批評前述陳誠的說法是不對的，因為「臺灣在對日和約未成立前，不過是我國一託管地帶性質」，[26]要求陳誠改正，陳誠並將蔣介石的指示記入日記。[27]相對於此，1949 年 3 月 24 日，前外交部長王世杰則在臺北針對臺灣法律地位問題發表演講。他演說的內容，則強調臺灣已經歸屬中華民國。但是與過去在外交部長任內發函給臺灣的民意代表，針對臺灣主權的歸屬問題提出的背景相似，此皆回應當時國際間對臺灣是否已歸屬中華民國的意見。換言之，王世杰的演說反而證明了當時臺灣地位未定論的說法在國際舞臺上具有相當的說服力，並已經威脅中華民國政府領有臺灣的正當性基礎。[28]

（四）杜魯門「臺灣海峽中立化宣言」[29]

　　1950 年美國對臺灣的政策也有相當劇烈的改變，中華民國外交部的官員也指稱：美國總統杜魯門在 1950 年 1 月 5 日新聞記者會即發言表示，「臺灣已交還蔣委員長，美國及其盟國在過去四年來已經認知中國（指

---

26. 〈（1949 年 1 月 12 日）蔣介石總統致臺灣省主席陳誠子侵電〉，國史館典藏號：002-070200-024-058。蔣介石有關臺灣主權歸屬的論述，前後曾有數次改變，此處強調的是，他認知到領土主權的正式轉移，需要以條約作為依據。

27. 薛月順編輯，《陳誠先生回憶錄：建設臺灣》（臺北：國史館，2005），頁 489。

28. 《中央日報》，1949 年 3 月 25 日，版 4。薛化元，《戰後臺灣歷史閱覽》（臺北：五南圖書出版公司，2010），頁 54。

29. 原文參見李明峻主編，《當代國際法文獻選集》（臺北：前衛出版社，1998），頁 653。Harry S. Truman, *Public Papers of the President of the United States*（Washington D.C.: Government Printing Office, 1965），p. 492。

中華民國）擁有臺灣之主權。」[30] 這是美國繼國務院於 1949 年 8 月發表了《對華政策白皮書》後，[31] 進一步表明對中國內戰發展的「袖手旁觀」（hand-off）政策。韓戰爆發，美國總統杜魯門於 6 月 27 日下令美軍第七艦隊進入臺灣海峽，遏止中共政權對臺灣的任何攻擊，並且要求中華民國政府不要攻擊中國大陸，使臺灣海峽中立化。[32] 杜魯門此一政策宣布，基本上使得臺灣得以解除來自中華人民共和國強力的軍事威脅，臺灣的安全問題暫時性得到解決。由於杜魯門派第七艦隊進入臺灣海峽，必須不能將臺灣與中國大陸的關係視為一個國家的內政問題，否則軍事介入便會引發干涉內政的爭議。因此，乃以國際法為依據，認為臺灣的國家地位與歸屬問題仍未解決，將臺灣地位未定論作為前提，建立其介入的正當性。

然而此一說法使中華民國擁有臺灣的合法性基礎受到質疑，因此，6 月 28 日中華民國外交部長葉公超特別針對此一問題，發表聲明。宣告：中華民國政府原則上接受美國政府協防臺灣的建議，並強調在對日和約未訂定前，美國政府對於臺灣之保衛自可與中華民國政府共同負擔責任，但是，臺灣是中國領土的一部分，美國在臺海提出的備忘錄對於臺灣「未來地位之決定」並不具影響力，自也不影響中國對臺灣的主權。[33] 這也是當時中華民國政府一方面期待美國防衛臺灣，另一方面卻對臺灣未定論

30. 申佩璜，〈臺澎回歸中華民國　中日和約再次確認〉。
31. 關中，〈十年必辯，十年必變：五十年美國對華政策的轉折〉，http://old.npf.org.tw/PUBLICATION/IA/091/IA-R-091-032.htm（瀏覽日期：2015 年 8 月 12 日）。
32. Harvey J. Feldman, "Development of U.S.-Taiwan Relations 1948-1987", in Harvey Feldman, Michael Y. M. Kau and Ilpyong J. Kim, eds., *Taiwan in a Time of Transition* (N.Y.: Professors World Peace Academy, 1988), p.135. Dean Acheson, "Letter of Transmittal, " *The China White Paper, August 1949* (Stanford: Stanford University Press, 1967), p. XVI. 《中央日報》，1950 年 6 月 28 日，版 1；郭廷以，《近代中國史綱》（香港：中文大學，1979），頁 792。
33. 《中央日報》，1950 年 6 月 29 日，版 1。

的主張所做的官方回應。

　　由於《聯合國憲章》第二條第七項明文規定，聯合國不能干涉「本質上屬於任何國家內管轄之事件」，而美國當時是以不違背聯合國的憲章為前提，介入臺灣海峽，實施所謂臺灣海峽中立化的政策。因此美國官方當時也不能接受臺灣在法理上已歸屬中華民國的主張。而採取「臺灣地位未定論」的立場，作為其介入臺灣海峽的正當性基礎。更重要的是，有關戰後領土的變更，原本就需要透過國際和約作為國際法上的依據，而當時對日和約並未簽訂、生效，所以同時杜魯門也表示：「臺灣將來的地位，必須等到太平洋的安全回復，及對日本的和平條約成立之後，或者聯合國有所決定之後，才能確定。」

　　雖然有人認為杜魯門的說法是美國政策的一個改變，因為之前他明明表示對中華民國乃至臺灣將採「袖手旁觀」政策。不過，就國際法的角度而言，原本臺灣主權的轉移或是地位歸屬，在此之前本尚未決定。1950 年 1 月杜魯門的聲明固然代表美國官方的政策立場，但基本上並不具國際法的拘束力，而是現實國際政治的展現。韓戰爆發以後，杜魯門的「臺灣海峽中立化宣言」，除了是美國政策的改變之外，不過是站在國際法上臺灣地位尚未決定此一角度發言而已。換言之，杜魯門的此一聲明，不是提出臺灣地位未定論，而只是將事情存在的臺灣地位未定論明文化而已。

　　相對於此，中華民國的官方回應試圖兼顧形式上強調臺灣主權屬於中華民國，也照顧到美國方面以臺灣地位未定論作為派遣第七艦隊介入臺灣海峽的立場。[34] 外交部長葉公超一方面表明：「在對日和約未訂立前，

---

34. 原文參見《中央日報》，1950 年 6 月 29 日，版 1。

美國政府對於臺灣之保衛，自可與中國政府共同負擔其責任。」這是支持美國聲明的作法，固然合乎國際法的規範，和 1949 年〈蔣介石致臺灣省主席陳誠子侵電〉的立場。從另一個角度來看，如果此時臺灣已經是中華民國的領土，美國片面宣布派軍隊執行「臺灣海峽中立化」政策，豈不是不尊重中華民國主權的作為。另一方面，則以未來式來維護中華民國擁有臺灣主權的官方說法。[35]

（五）《舊金山和約》[36]

相較於之前各個國家，特別是聯軍主要領袖針對日本投降後處理的主張、聲明或是公告，乃至於日本投降後的軍事接收、統治，《舊金山和約》才是國際法上真正的處理定論。

1951 年由 52 國參加的舊金山和會，不承認在臺灣的中華民國政府有權代表中國（同時也排除了由中華人民共和國政府代表中國的提議）出席和會，因此 9 月 3 日，中華民國外交部長葉公超、政府發言人沈昌煥分別發表聲明，舊金山和會簽訂的《對日和約》，對中華民國沒有約束力。[37]然而《舊金山和約》畢竟是規定日本投降相關事宜最重要的條約，也是處理臺灣歸屬或地位的最重要依據。

---

35. 葉公超表示：「臺灣係中國領土之一部分，仍為各國所公認。美國政府在其備忘錄中，向中國所為之上項提議，當不影響開羅會議關於臺灣未來地位之決定，亦不影響中國對臺灣之主權。」
36. 原文參見中華民國外交問題研究會編，《（舊）金山和約與中日和約的關係》（臺北：中華民國外交問題研究會，1966），頁 93-177。*American Foreign Policy, 1950-1955, Basic Documents*, Vol. 1（Washington D.C.: U.S. Government Printing Office, 1957），pp. 425-440。田畑茂二郎、高林秀雄編，《基本条約集・資料集》（東京：東信堂，1990），頁 418-426。
37. 薛化元，《戰後臺灣歷史閱覽》，頁 102。

在《舊金山和約》中，第二章領土第二條的乙項，明白規定：「日本茲放棄其對於臺灣及澎湖群島之一切權利、權利名義與要求。」或許有人會說，這是因為中國沒有代表出席才這樣處理，但是，對照和約中對韓國的處理方式，前述的說法實有待商榷。第二條的甲項，針對高麗也有類似的規定：日本茲承認高麗之獨立，且放棄其對高麗，包括濟州島（Quelpart）、巨文島（Port Hamiton）與鬱陵島（Dagelet）之一切權利、權利名義與要求。針對此一問題，第二十一條有清楚的處理：「中國仍得享有第十條及第十四條甲款二項所規定之利益。」縱使不討論有關第二條內容，美國與英國、中華民國等國交涉、折衝，在《舊金山和約》的內在邏輯來看，對於兩個沒有代表出席和會的國家，在領土方面的處理是相當刻意的安排。特別是排除了中國享有第二條日本放棄的臺灣、澎湖的權利，而給了中國第十條及第十四條甲款二項所規定之利益。

不僅如此，《舊金山和約》固然在二十六條規定了日後中華民國在與日本簽訂雙邊和約的依據，[38] 但是同時也排除了中華民國在與日本簽訂的和約中，取得任何《舊金山和約》已經給予之外權力的可能性。該條條文明定：「倘日本與任何國家成立媾和協定或有關戰爭要求之協議，而於各該協議中給予該國以較本約規定為大之利益時，則該項利益應由本約之締約國同等享受。」換言之，如果中華民國和日本單獨簽訂和約時，取得了日本同意給予任何領土，則此一利益必須與全部簽訂《舊金山和約》的戰勝國共享。

更重要的是，在和約中日本明白宣示其放棄對臺灣、澎湖的「權利、權利名義與要求」，然而放棄權利只能為一次之行使，除非日本廢棄此

---

38. 申佩璜，〈臺澎回歸中華民國　中日和約再次確認〉。

一條約，否則便不能有第二次的處理。同時，該和約中亦規定日本必須與其他未參與和會的國家簽署和平條約，在這樣規定內，當然包括中國在內，因此便牽涉到日本認定誰能代表中國的問題。美國抱持傾向支持中華民國作為中國的代表，雖無法為蘇聯，甚至英國所接受，但是作為日本實際的占領國，則有能力主導日本簽約的對象。整體而言，此和約作為結束與日本戰爭的「對日和平條約」，也是關於臺灣國際地位最重要的國際條約。因此長期以來除了主張臺灣獨立的人士，認為日本已放棄對臺灣的權利，卻未明白說明出讓渡與何國的情況，因而有地位未定的主張，或是臺灣主權已經歸屬臺灣人民的論述；即使主張臺灣屬於中國或中華民國的人士，近來也從國際法的角度，逐漸放棄由《開羅宣言》及《波茨坦宣言》立論，並由《舊金山和約》來進行論述，根據「先占」原則及「時效」原則，中華民國持續統治臺灣，因而擁有臺灣的主權。前述丘宏達的論文對此做了清楚的論述，[39] 不過，1956 年 D.P.O'connel 在 *American Journal of International Law* 發表的 "The Status of Formosa and the Chinese Recognition Problem" 一文即已對此加以論述。[40] 而彭明敏和黃昭堂更針對「先占」原則及「時效」原則的說法，逐項進行反駁，[41] 其中並質疑 1952 年中華民國要對臺灣、澎湖進行「先占」，必須要在臺灣、澎湖之外先作為一個主權國家，而認為此點具有爭議性。

對中華民國政府而言，採用「先占」的觀點來證成合法擁有臺灣、澎湖的論點，在後續「中華民國與日本國間和平條約」中，也明白地被提出。此點在下節中，再進行討論。

---

39. 丘宏達，〈一個中國的原則與臺灣的法律地位〉，頁 3-10。
40. 參見許宗力等著，《兩國論與臺灣國家定位》，頁 249-250。
41. 彭明敏、黃昭堂著，蔡秋雄譯，《臺灣在國際法上的地位》，頁 199-207。

四、1952 年以後的相關文獻

（一）《中華民國與日本國間和平條約》
（《中日和約》或《臺北和約》）[42]

　　由於中華民國是否能夠代表中國，遭到部分國家的質疑，根本無法參加舊金山和會，而在美國斡旋下，1952 年與日本簽署《中華民國與日本國間和平條約》。雖然有一些學者認為根據此一和約的內容，日本政府正式承認了臺灣歸屬於中華民國，其中最用心力推此一論點的，是前任國史館館長林滿紅，[43] 不過此一論點仍有待進一步考察。

　　而近來中華民國外交部主管條約的官員，則將《開羅宣言》、《波茨坦宣言》和日本《降伏文書》、《舊金山和約》、《臺北和約》整合，認為前三者使臺灣在 1945 年日本戰敗後歸屬中華民國，於後續的發展，特別是《臺北和約》則確認此一結果。[44]

　　林滿紅認為《舊金山和約》和《臺北和約》是母約和子約的關係，[45] 而如前所述《臺北和約》也的確是在《舊金山和約》的基礎下簽訂的。問題是，有關條約的解讀，如前述討論《舊金山和約》的方式，有必要做整體條約規定的體系解釋，不適合只針對單一條文或是個別字句做過度的引

---

42. 原文參見外交部編，《中外條約輯編（中華民國十六至五十年）》（臺北：臺灣商務印書館，1972），頁 248-263。霞山会編，《日中関係基本資料集》（東京：霞山会，1998），頁 32-38。
43. 林滿紅，《獵巫、叫魂與認同危機：臺灣定位新論》，特別是頁 67-68、84-87、91-93、133-134。
44. 申佩璜，〈臺澎回歸中華民國　中日和約再次確認〉。
45. 林滿紅，《獵巫、叫魂與認同危機：臺灣定位新論》，頁 91。

伸。此外，也應該注意國會批准和約時對條約內容的解釋。

外交部清楚認知，而向立法院說明無論《舊金山和約》或（即將簽訂的）《臺北和約》，在「法律上」均沒有規定臺灣、澎湖的歸屬，而希望可以在《臺北和約》中透過國籍規定補充。[46] 換言之，中華民國政府充分了解《對日和約》在「國際法」上沒有規定臺灣的歸屬。蔣介石總統在此之前就了解，透過和約難以明文將臺灣、澎湖歸屬中華民國後，就曾經指示，由於臺灣實際上在中華民國統治下，因此不必在名義上爭執。[47]

但是，日本方面在之前談判過程中，並沒有完全接受中華民國政府對條約規定的提案，在中華民國政府提出的草案「中華民國國民應認為包括依照中華民國臺灣及澎湖所已施行或將來可能施行之法律規章而具有中國國籍之一切臺灣及澎湖居民」，[48] 而在 3 月 31 日行政院專案小組就將日方針對此一條文提出修正意見向蔣介石總統報告。[49] 到了和約的定稿第十條內容則成為：「中華民國國民應認為包括依照中華民國在臺灣及澎湖所已施行或將來可能施行之法律規章而具有中國國籍之一切臺灣及澎湖居民及前屬臺灣及澎湖之居民及其後裔」，這是日本刻意將「具有中國國籍一切臺灣及澎湖居民」與「前屬臺灣及澎湖之居民及其後裔」加以區隔。外交部前述的期待，遭到挫折。同時，中華民國政府對於吉

---

46. 〈外交部葉部長向立法院提出「中華民國與日本國間和平條約」案之補充說明〉，《立法院第一屆第九會期秘密會議議事日程與議事錄》，總頁 460-461。

47. 1951 年 4 月 17 日〈蔣中正條諭對日和約之方針〉，當時他批示：「至於臺澎地位問題，事實上今已由我國收回實行統治，則名義之爭執似無必要也。」國史館原檔編號 0020204000053029。

48. 1952 年 1 月 26 日外交部的草案，參見〈外交部呈行政院研擬對日和約之附件三〉，國史館原檔編號 002020400054022。

49. 〈關於日方所提第三次參考和約稿之說明書〉，〈外交部呈蔣中正行政院對日和約問題研究小組會議簡要紀錄之附件一〉，國史館原檔編號 002020400055003。

田茂政權不承認「國府」為「全中國」的代表，也有清楚的了解。[50]

　　而且在第三條中，更針對國民、居民的用詞做了差別使用，「關於日本國及國民在臺灣及澎湖之財產及其對於在臺灣及澎湖之中華民國當局及居民所作要求」，日本方面明白使用「日本國」、「國民」一詞，而在中華民國方面，則用了「臺灣及澎湖之中華民國當局」及「居民」。[51] 而且，日本國會在審查和約的過程中，對於「前屬臺灣及澎湖之居民及其後裔」的國籍問題，日本外務省也做了解釋。不過，在外交部送交立法院的〈日本國會辯論中日和約問答概要〉中，卻漏掉了外務省亞洲局長倭島英二 1952 年 5 月 27 日和 6 月 13 日兩次在參議院外務委員會，對於原屬日本國民的臺灣住民國籍處理的說明。[52] 其中 6 月 13 日倭島英二更直接說明，有關領土歸屬和原屬日本國籍的臺灣籍人民的國籍問題，在和約中都沒有做最後的決定。[53] 而且之前在 5 月 23 日第十三回眾議院外務委員會會議錄中，就有不少針對此一問題的討論，其中並木芳雄議員更直接詢問「前屬臺灣及澎湖之居民及其後裔」的國籍處理方式，是否包括之前在臺灣的日本（內地）人。[54]

　　如同在和約第二條規定：依照《舊金山和約》第二條，日本已經放棄對臺灣、澎湖的「一切權利、權原及請求權（權利、權利名義及

---

50. 〈日本國會辯論中日和約問答概要〉，《立法院第一屆第九會期秘密會議議事日程與議事錄》，總頁 458。

51. 而這樣的用法最晚在外交部 1952 年 1 月 26 日〈外交部呈行政院研擬對日雙邊和約案之附件三〉，在草案的第三條中便使用這樣的用詞，國史館原檔編號 002020400055003。

52. 參見彭明敏、黃昭堂著，蔡秋雄譯，《臺灣在國際法上的地位》，頁 182。（第五部）第十三回国会參議院外務委員会会議録，第 33 號，昭和 27 年（1952）5 月 27 日，頁 2；（第五部）第十三回国会參議院外務委員会会議録，第 40 號，昭和 27 年（1952）6 月 13 日，頁 10。

53. （第五部）第十三回国会參議院外務委員会会議録，頁 10。

54. （第一類第五部）第十三回国会眾議院外務委員会会議録，第 26 號，昭和 27 年（1952）5 月 23 日，頁 25。

要求）」，日本政府既然已經在《舊金山和約》中放棄了臺灣及澎湖的領有權，事實上便無法在此時再一次處置。而前述《舊金山和約》第二十六條的規定，也排除了在《臺北和約》臺灣與澎湖轉移給中華民國的可能。而日本外務省官員在國會答覆有關本和約的效力範圍時，也明白指出本和約的簽訂，並不代表日本承認臺灣、澎湖歸屬中華民國。[55]

（二）《中華民國與美利堅合眾國間共同防禦條約》[56]

1954 年 12 月 3 日，維繫臺灣與美國軍事協防基本架構達三十多年的《中美共同防禦條約》正式簽字，透過此一條約，臺灣正式被納入美國的防衛體系之中。蔣介石總統領導的中華民國政府，在取得條約保障之後，其政權外部的正當性大增，且來自中華人民共和國的武裝威脅，也因此僅局限於中國大陸的沿海諸島，臺灣的安全更為確立。另一方面，在此一條約的架構下，蔣介石總統以武力「反攻大陸」的期待，也因為難以取得美國的支持，而難以實現。

基本上，此約象徵美國將臺灣納入反共陣營一環、強化支持與承認蔣介石所領導的中華民國政府。而第六條中華民國領土指臺、澎，未包括金馬等外島，顯示當時美方試圖將其認為國際地位有所不同的金馬與臺灣切割。在政治意義上，固然宣示美國防衛中華民國的意志，另一方面，則希望將中華民國實際統治區域限縮於臺、澎。

而本約中所謂的領土，必須參照對美國的規定，才能了解。因為此

---

55. （第一類第五部）第十三回国会会眾議院外務委員会会議録，第 26 號，頁 25。
56. 中華民國外交部編印，《中華民國與美利堅合眾國間共同防禦條約》（白皮書第 110 號）（臺北：中華民國外交部，1955）。

約中所謂的領土，「就美利堅合眾國而言，應指西太平洋區域內在其管轄下之各島嶼領土」。換言之，與一般的領土概念不同，指涉的包括託管地、占領地等實際統治地域。[57] 杜勒斯在 1954 年 12 月 1 日美國與中華民國簽署《共同防禦條約》的新聞發表會上，明白地說：「不僅（舊金山）對日和約沒有確定它們（臺澎）將來歸誰所有，中華民國與日本達成的和平條約也沒有確定它們將來歸誰所有。因此，福爾摩沙和澎湖群島這些島嶼的法律地位，不同於一直以來就屬於中國領土的沿海島嶼的法律地位。」[58] 也因此，在美國參議院外交委員會討論此一條約時，而外交委員會的主席主張在提案理由中加上「臺灣與澎湖諸島的法律地位是如何，都不因條約的締結，而成為以某種形式的解決」。而外交委員會與杜勒斯國務卿討論後，也得到本約並未解決臺灣的地位問題的結論。[59]

五、結論

整體而言，臺灣在二次大戰之後，從日本的領土被劃出，最重要的國際法依據，就是《舊金山和約》。問題是，《舊金山和約》等於總結了其前在二次大戰期間以來盟軍有關臺灣的各項聲明、公告，包括一般所謂的《開羅宣言》、《波茨坦宣言》，乃至處理戰後接收依據的《聯合國最高統帥第一號命令》等。問題是，在此一條約中，並沒有明白說明臺灣的歸屬問題。只是，在此一條約生效後，日本已然放棄了臺灣的主權，此後，相關的國際條約協定，實際上也都沒有正式處理臺灣的歸

---

57. 彭明敏、黃昭堂著，蔡秋雄譯，《臺灣在國際法上的地位》，頁 192-193。
58. 參見陳儀深，〈寫課綱　無視憲法變動落後？〉，《聯合報》，2015 年 6 月 16 日。
59. 彭明敏、黃昭堂著，蔡秋雄譯，《臺灣在國際法上的地位》，頁 195。

屬問題，由於領土的轉移需要一個正式國際條約的處理，所以在臺灣問題上明顯地有所不足。因而，要釐清臺灣的國際定位問題，才有必要借助於更多的法理及學理的解釋。

目前，在臺灣有一些流行的說法，實際上並不合歷史的史實。也有一些在國際法上似乎言之正理的主張，在歷史上也未能成立。首先，是主張根據《開羅宣言》或《波茨坦宣言》（近來再加上日本「降伏文書」），臺灣已經歸屬於中國，這種最傳統的，以中國——無論是中華民國或是中華人民共和國為主的——最主要的論述。因為，《開羅宣言》與《波茨坦宣言》，基本上都不是一個國際法上的條約，因此它固然表現了當時主要盟國希望在戰後處理日本領土、殖民地或是占領地的一種意向，卻不具備國際法所需要的領土處分要件。因此，目前的通說，包括主張臺灣已經歸屬中華民國的前國史館館長林滿紅，並不認為它是臺灣轉移的根據。實際上，在 1949 年，蔣介石寫給陳誠的信中，也明白地指出，臺灣在和約簽訂以前，仍然不是中華民國的領土，而只是託管的現實。換言之，這一個問題，凸顯了中華民國政府的領導人，在 1949 年實際上對此一問題，即有相當的認知。只是對外的宣傳或是聲明，並不從此一角度切入而已，至於國民政府派陳儀來臺灣之後，旋即在 1946 年 1 月，宣布所謂恢復臺灣人民中國的國籍，此一命令發布之後，在當時也引起英國和美國外交的抗議，換言之，當時的列強，也不認為臺灣已經歸屬於中華民國，甚至對於將臺灣島上住民的國籍改為中華民國，也表達此一程序不合國際法的規範，並抗議。

不只如此，包括日本政府在議會中針對《日華和約》的內容，進行說明時，也明白表示此一條約的內容決沒有變更臺灣主權的內涵。而《中美共同防禦條約》，雖然明白地指出中華民國的領土是指臺灣和澎湖，

但這個領土的意義實際上相對於此一條約中對美國領土的定義，所指的主要是美國在西太平洋的託管地在內的實際統治地域而言。而美國國會在審查此一條約時，行政部門也針對其中臺灣主權的問題，進行說明，明白指出此一條約的簽訂與臺灣的地位歸屬沒有關係。這都是處理此一議題必須注意的。

對日本而言，《舊金山和約》的生效是結束二次大戰，並重新恢復為主權國家。對絕大多數國家而言，也是國際法上二次世界大戰的結束。而《臺北合約》的生效，則代表著中華民國與日本國際法上戰爭的終結。而臺灣的定位問題，則沒有透過條約簽訂或是《聯合國憲章》得到國際法的最終處理。

參考書目

一、期刊論文

- 王雲程，2010，〈臺灣：未定的地位，存疑的身分〉，臺灣教授協會編，《中華民國流亡臺灣 60 年暨戰後臺灣國際處境》。臺北：前衛出版社。
- 丘宏達，1971，〈臺灣澎湖法律地位問題的研究〉，《東方雜誌》4：12，頁 52-56。
- 丘宏達，2001，〈一個中國的原則與臺灣的法律地位〉，《法令月刊》52：2，頁 3-10。
- 周俊宇，2008，〈臺灣光復與黨國認同：臺灣光復節之歷史研究（1945-2007）〉，《臺灣風物》58：4，頁 53-91。
- 林滿紅，2002，〈界定臺灣主權歸屬的國際法：簽訂於五十年前的《中日和約》〉，《近代中國》148，頁 63-72。
- 記者，1947，〈隨時可能發生暴動的臺灣局面〉，《觀察》2.2，頁 18-19。

二、專著

- 中華民國外交問題研究會編，1966，《日本投降與我國對日態度及對俄交涉》。臺北：中華民國外交問題研究會。
- 中華民國外交問題研究會編，1966，《金山和約與中日和約的關係》。臺北：中華民國外交問題研究會。
- 中華民國外交部編印，1955，《中華民國與美利堅合眾國間共同防禦條約（白皮書第 110

號）。臺北：中華民國外交部。

- 丘宏達編，1966，《現代國際法參考文件》。臺北：三民書局。
- 外交部編，1972，《中外條約輯編（中華民國十六至五十年）》。臺北：臺灣商務印書館。
- 安藤仁介著、李明峻譯，1998，《國際法上的占領、投降與私有財產》。臺北：國立編譯館。
- 李明峻主編，1998，《當代國際法文獻選集》。臺北：前衛出版社。
- 林滿紅，2008，《獵巫、叫魂與認同危機：臺灣定位新論》。臺北：黎明文化事業公司。
- 許宗力等著，2000，《兩國論與臺灣國家定位》。臺北：學林文化公司。
- 郭廷以，1979，《近代中國史綱》。香港：中文大學出版社。
- 彭明敏、黃昭堂著，蔡秋雄譯，1995，《臺灣在國際法上的地位》。臺北：玉山社。
- 臺灣省文獻委員會，1952，《臺灣省通志稿》，卷十：光復志。臺北：臺灣省文獻委員會。
- 薛化元，2010，《戰後臺灣歷史閱覽》。臺北：五南圖書出版公司。
- 薛化元編著，2007，《臺灣地位關係文書》。臺北：日創社。
- 薛月順編，2005，《陳誠先生回憶錄：建設臺灣》。臺北：國史館。
- 外務省編，1966，《日本外交年表竝主要文書（下）》。東京：原書房。
- 田畑茂二郎、高林秀雄編，1990，《基本条約集・資料集》。東京：東信堂。
- 彭明敏、黃昭堂，1976，《台湾の法的地位》。東京：東京大學出版會。
- 霞山会編，1998，《日中関係基本資料集》。東京：霞山　　。
- Acheson, Dean, 1967, "Letter of Transmittal, " *The China White Paper, August 1949*.Stanford: Stanford University Press.
- Truman, Harry S., 1965, *Public Papers of the President of the United States*. Washington D.C.: Government Printing Office.
- Feldman, Harvey J, 1988, "Development of U.S.-Taiwan Relations 1948-1987" , in Harvey Feldman, Michael Y. M. Kau and Ilpyong J. Kim eds., *Taiwan in a Time of Transition*.N.Y.: Professors World Peace Academy.
- Dougall Richardson, 1960, *Foreign Relations of the United States, Diplomatic Papers, The Conferences of Berlin (The Potsdam Conference)* ,1945, Vol. 2, Washington D.C.: U.S. Government Printing Office, pp. 1474-1476.
- United States. Dept. of State. Historical Office, 1957, *American Foreign Policy, 1950-1955, Basic Documents*, Vol. 1, Washington D.C.: U.S Government Printing Office, pp. 425-440.
- Franklin,William M. and Gerber, William, 1961, *Foreign Relations of the United States, Diplomatic Papers, The Conferences at Cairo and Tehran,1943*.Washington D.C.: U.S. Government Printing Office.

——本文原刊載於《臺灣風物》67：4，2017，頁 19-48。

薛化元教授授權使用。

一、1945 年以前同盟國對臺灣處置的主張

① 1943 年《開羅宣言》、1945 年《波茨坦宣言》。

② 都不具備條約的性質。

③ 沒有有權者的簽署或是國內國會的同意。

④ 基本上不能提供臺灣、澎湖地位歸屬的國際法效力。

二、《舊金山和約》與其他二次大戰結束的相關文獻

① **日本宣布投降與陳儀接收臺灣：**

符合當時國際政治局勢，接收臺灣，但不代表擁有臺灣主權。

② **1946 年臺灣人恢復中國國籍的問題：**

受到英國、美國等國家的反對，認為有待正式條約簽訂，才可以變更

國籍。

③ **中華民國政府對於臺灣地位的說法：**

1949 年蔣介石給陳儀的電報，明確表示條約簽訂前，臺灣屬於託管的

性質。

④ **1950 年杜魯門「臺灣海峽中立化宣言」：**

主張「臺灣地位未定論」，建立美國介入臺灣海峽的正當性，並非干

涉「一國之內政」。

⑤ **1951 年《舊金山和約》：**

不承認中華民國政府代表中國與會；也排除中華人民共和國代表中國

的提議。

日本放棄對於臺灣與澎湖群島的一切權利，但排除中國享有日本所放

棄的臺灣、澎湖的權利。

三、1952 年以後的相關文獻

① 《中華民國與日本國間和平條約》（中日和約或臺北合約）

儘管政府提案希望確定臺灣、澎湖的歸屬，卻不被日本政府接受。

重申《舊金山和約》，日本已經放棄臺灣、澎湖的權利，無法再行處置。

② 《中華民國與美利堅合眾國間共同防禦條約》

條約中的領土定義，包含託管地、占領地等實際統治地區，並非一般領土概念。

美國也聲明條約的簽訂，不代表解決了臺灣、澎湖的歸屬問題。

四、結論

從《開羅宣言》到《中華民國與美利堅合眾國間共同防禦條約》，臺灣的定位問題，都沒有透過條約的簽訂，或是《聯合國憲章》得到國際法上的最終處理。

追求自治與
民主的軌跡

菁英與群眾：文化協會、農民組合與臺灣農民運動／陳翠蓮

強人威權黨國體制與戰後臺灣政治案件／蘇瑞鏘

〈菁英與群眾：文化協會、
農民組合和臺灣農民運動〉

陳鴻圖

　　1920 年代到 1930 年代臺灣人政治社會運動，研究者依其抗爭性質和
訴求內容，大致分成三個區間：中間是臺灣文化協會、臺灣民眾黨為主
的民族運動；右翼則是臺灣議會設置請願運動、臺灣地方自治聯盟為主
的自治運動；左翼則是令臺灣總督府倍感壓力的階級運動，代表團體包
括臺灣農民組合、新文協、臺灣工友總聯盟和臺灣共產黨等。除自治運
動外，多數團體在 1930 年前後遭到逮捕或禁止。

　　農民、工人的階級運動，提倡社會主義和共產主義，跟日本資本家
及本土買辦階級對抗，受到反共的日本當局強力壓制。為何 1920 年代臺
灣的階級運動如此蓬勃發展？總督府認為主要的原因之一是受「臺灣文
化協會民族啟蒙運動之影響」，並指出「從本島農民運動勃興之初，自
然發生的經濟鬥爭為內容的因素較為缺乏，基於農民之民族性或階級性
自覺的政治要求較為濃厚，顯示本島農民運動之一大特徵」，意即總督
府將 1920 年代臺灣農民運動的興起，認定並非來自生活的困頓，而是來
自外力煽動，明白說就是臺灣文化協會的影響與操縱。

上述總督府對臺灣文化協會的指控是否成立？這即是作者陳翠蓮所要尋求的解答。本文試圖從社會學「資源動員論」的觀點，來分析菁英階層在農民運動中所扮演的角色，尤其是臺灣文化協會、臺灣農民組合與農民運動之關係。進一步檢視日本殖民當局看法的真確性與資源動員論在臺灣農民運動中的適用性，作者透過農民運動的主導者、資源動員的方式和運動目標的設定三個層面來檢視其間的關係。

　　研究發現在抵抗運動中不同階級的思考取向與行動是有所落差。1920 年代的臺灣文化協會反殖民運動雖然開拓了社會氛圍與行動空間，但因菁英所訴求的政治社會運動目標與農民現實生活需求未必一致。從數據來看，農民運動的發展並非來自知識菁英的介入或遵循菁英的指導，而是依據農民自身的理性邏輯行動，進退之間是保有高度的自主性，各地風起雲湧的農民抗爭事件，草根農民反而扮演最重要的角色。

　　本文除了讓我們認識日治時期地方菁英和群眾在抵抗運動中的關係外，亦可讓我們可以重新思考農民在歷史上的角色。作為社會底層沒有聲音的農民，在東亞儒家文化中常被描繪成兩種不同而又矛盾的刻板印象：一種是勤奮的自耕農，是農業社會的支柱，此說法向來深受儒家重農主義者的喜愛；一種是被視為亂黨、匪徒，因沒讀書而容易被煽動聚眾滋事。農民的形象是否只是這樣？讀完本文後應會有不同的看法。

延伸閱讀

1. 陳翠蓮，《台灣人的抵抗與認同》（臺北：遠流，2008）。
2. 楊逵，〈送報伕〉，收錄於彭小妍主編，《楊逵全集・第四卷小說卷（Ⅰ）》（臺北：國立文化資產保存研究中心籌備處，1998）。

菁英與群眾：文化協會、農民組合和臺灣農民運動

陳翠蓮*

一、總督府的指控

1920 年代中期以降，臺灣農民運動盛極一時，從 1923 年蔗農運動初起，1927 年農民爭議事件已達 431 件，是為農民運動之最高峰。對於農民運動風起雲湧，臺灣總督府警務局的看法認為，主要原因之一在於「臺灣文化協會民族啟蒙運動之影響」；「從本島農民運動勃興之初，自然發生的經濟鬥爭為內容的因素較為缺乏，基於農民之民族性或階級性自覺的政治要求較為濃厚，顯示本島農民運動之一大特徵」。[1] 總督府警務局並進一步詮釋說：

> ……在爭議之實況方面，所謂「生活的威脅」常常只是次要的因素，雖然過去此種問題也屢屢發生，但從來不曾採取爭議的

---

* 國立臺灣大學歷史學系教授。研究領域為日治臺灣政治史、戰後臺灣政治史。

1. 臺灣總督府警務局編，《臺灣總督府警察沿革誌第二編——領臺以後の治安狀況（中卷）臺灣社會運動史》（東京：龍溪書舍復刻版，1973），頁 996-997。以下簡稱《臺灣社會運動史》。

型態。自大正十一、二年左右起，此種問題突然間成為主題被爭議化，其原因不得不歸諸於農民的民族的或階級的自覺，或煽動者的介入……

……到了臺灣文化協會走入地方農村進行啟蒙運動後，為了挑撥農民的民族的、階級的反感，乃將有關製糖業者與糖業保護政策的諸種制度作為非難的目標……文化協會的此種運動對蔗農有顯著的影響，以此等影響為原因，招致蔗農爭議之勃興。[2]

　　殖民統治當局將臺灣農民運動的勃興原因歸諸於臺灣文化協會等外來團體的介入、煽動，而非農民出於「生活的威脅」的因素。並認為臺灣農民抗爭訴求是階級的、民族的、政治性層次的問題，而非以改善經濟條件為目標。

　　筆者早期的研究中，曾觸及臺灣農民運動議題，初步結論認為：[3]

1. 臺灣農民運動出於經濟因素而採取抗爭，抗爭對象不分日人或臺人之地主與資本家；

2. 農民運動與臺灣文化協會之間並無直接或必然關聯，農運的領導人絕大多數都與文化協會無關。儘管文協未直接介入農民運動，但 20 年代臺灣農民運動的主要領導者卻仍是知識分子，是以當地農民為主體、而由在地知識分子所領導組織的群眾運動；

3. 臺灣農民組合成立後，因為農組領導人與日本勞動農民黨之間的密切接觸，思想與行動日益左傾化，在激進的農運等社會運

---

2. 臺灣總督府警務局編，《臺灣社會運動史》，頁 1025-1026。
3. 陳翠蓮，〈日據時期臺灣文化協會之研究——抗日陣營的結成與瓦解〉（臺北：臺灣大學政治學研究所碩士論文，1987）。

動衝擊下，促使文化協會不得不發生變化。

　　筆者的看法與臺灣總督府當局不僅有極大差距，幾乎可以說是與之相反。多年之後再重新審視相關議題，筆者希望能夠更系統化、更深入地討論農民運動中知識菁英與農民大眾關係之主題。

　　日本統治當局將 1920 年代臺灣農民運動的興起歸諸於外來者臺灣文化協會的影響與操縱，此種觀點近似於社會學中的「資源動員理論」（resource mobilization theory）。該理論強調社會運動中菁英角色的重要性，較忽視群眾獨立思考與自主行動的能力。

　　社會運動是社會學研究的核心議題之一。早年，社會學者多認為結構性的壓迫與剝削，造成群眾的不滿、挫折、相對剝奪感，群眾抗議等社會運動因此發生。同時，社會運動也被視為是攻擊的、脫序的、非理性、非常態的集體行為。[4] 1970 年代的資源動員論質疑前述看法，其主要論點包括：1. 認為民怨（grievance）與不滿（discontent）並不是重點，苦難悲慘的境遇可能長期都存在，不足以化為集體行動或社會抗議的動力。2. 弱勢群體如農民之所以能夠組織起來，往往是因獲得可資運用的社會資源，亦即社會運動並非社會壓迫所造成，而是資源動員的結果。[5] 3. 強調社會運動中菁英（elites）的重要性，認為菁英擁有主要資源，例如知識生產、領導能力、組織動員、傳播媒體等方面，能夠將旁觀大眾（bystanders）轉變成追隨者（adherents），鼓舞追隨者成為堅定的成員（constituents）；一般群眾則因資源有限，雖有時間與精力，多半只是順從、消極的角色。4. 苦難與悲慘是可以被建構出來的。即使是怨氣最多的弱勢群體仍不具

---

4. Ted Robert Gurr, *Why Men Rebel* (New York: Princeton University Press, 1970).

5. Graig J. Jenkins, and Charles Perrow, "Insurgency of the Powerless: Farm Worker Movement (1964-1972)", *American Sociologicial Review* 42 (1977), pp. 249-268。

行動力，除非有足夠的資源與外來菁英介入操作。菁英擅於設定目標、調整戰術，利用社會基本結構界定議題、開展論述，甚至運用傳播媒體，塑造怨氣與不滿的結構氛圍等等，如此一來，社會運動方能隨之而起，甚至風起雲湧、席捲一時。[6]

資源動員論標榜菁英在社會運動中扮演關鍵作用的同時，有意無意地將菁英與群眾區隔開來。該理論隱含這樣的看法：群眾缺乏抗爭意識與組織動員能力，難以成事。在缺乏資源與權力的情況下，弱勢群眾集體行動必須建立在外來菁英的支持與協助，尤其是倚賴外來社會運動家或知識菁英的介入領導與挹注資源，方有成功的可能。

社會學者張茂桂認為，資源動員論是美國學者從「理性選擇」（rational choice）的角度對社會運動的分析，將社會運動視同另一種政治行動的過程，運動的發生與過程具理性與策略的考量，包括風險評估、資源聚集、結盟關係等，因而比較不去討論「道德」的問題。歐洲學者為主的「新社會運動」（new social movement）研究則特別注重新的生活方式、意義、新文化與新身分認同、新價值規範的探討，即社會運動集體價值的重新詮釋與建構的問題。[7]

80 年代後期資源動員論逐漸深化，或者因受批判而做某些修正。一方面如 Doug McAdam 等人不再只重視社會運動之起因，對於運動之發展與政治情勢變遷之關係，社會運動團體是否具有改變或取得權力的機會等問題也納入討論，一般稱為「政治過程論」（political process theory）。

---

6. John D. McCarthy and Mayer N. Zald, "Resource Mobilization and Social Movements: A Partial Theory", *American Journal of Sociology* 82:6 (1977), pp. 1212-1241.

7. 張茂桂，〈民間社會、資源動員與新社會運動：臺灣社會運動研究的理論志向〉，《香港社會科學學報》4（1994. 秋），頁 48-50。

政治過程論強調「政治機會」（political opportunities）與「動員結構」
（mobilizing structures）。前者關心社會運動的發生有無成功的機會，能
否改變既有的權力結構，產生新的權力關係等。後者著重社會運動團體
如何組織、透過哪些正式或非正式的工具與網絡、運用何種策略方能進
行持續而有效的動員等等，而這些都關係到運動的成功與否。另一方面
如 David Snow 等人則提出所謂「文化框架」（cultural framing）的概念，
注意社會運動者如何宣傳理念，使成員甚至社會大眾能夠理解與分享其
價值觀，賦予行動之正當性，即是「共識動員」（consensus mobilization）
的部分。[8]

　　本文試圖從資源動員論的觀點分析臺灣農民運動，討論菁英階層在
農民運動中所扮演之角色，尤其是臺灣文化協會、臺灣農民組合與農民
運動之關係，進而檢驗日本殖民當局看法的真確性與資源動員理論在臺
灣農民運動經驗中的適用性。綜合前述資源動員理論的主要論點，筆者
將從以下三個層面加以檢驗：

1. 農民運動的主導者：臺灣農民運動之領導人、主要成員是誰？
   是外來菁英，還是在地菁英與農民群眾？

2. 資源動員的方式：臺灣農民運動自文協或農組獲得哪些資源挹
   注？是否包括了知識生產與媒體傳播？有哪些動員網絡？訴諸
   何種運動策略？

3. 運動目標的設定：文化協會或農民組合所追求的運動目標，與
   農民運動的目標是否一致？如果目標分歧時，農民的自主性是

---

8. Doug McAdam, John D. McCarthy and Mayer N. Zald, eds., *Comparative Perspectives on Social
   Movements: Political Opportunities, Mobilizing Structures, and Cultural Framings* (New York: Cambridge
   University Press, 1996), pp. 2-20. 何明修，〈文化、構框與社會運動〉，《臺灣社會學刊》33
   （1994.12），頁 157-199。

否存在？

　　日治時期臺灣農民運動自 1923 年出現，到 1929 年「二一二大檢舉」嚴重摧毀農民組合在各地之組織，此後運動一蹶不振。所以本文的時間斷限聚焦於 1923 年到 1929 年。行文中並隨農民運動的發展，以 1926 年為界區分為兩大階段。

二、臺灣農民運動概述

（一）臺灣農民運動之勃興經過

　　日本統治臺灣以來，總督府透過國家權力的使用，以拂下（按：出售）官有地、強迫買收民有地等方式，扶植日本資本家、製糖會社，造成土地所有權高度集中、民有地遭掠奪等現象；農村地區尚且存在高額佃租、收取磧地金（按：保證金）、佃租前納、耕地轉貸等極不合理的租佃關係。[9]

　　但長久存在的悲慘境遇並不必然造成反抗運動，社會學者認為社會運動需有一些結構性的條件才有機會發生，這些條件包括：賴以生存的經濟條件足以支撐、政治控制較為鬆動之時、制度內管道無法解決問題時，社會運動方可能出現。[10] 相關研究也支持了前述看法，認為 1920 年代臺灣農民運動始於蔗農，因其階級位置與經濟地位相對較為自主；而

---

9. 矢內原忠雄著、周憲文譯，《日本帝國主義下之臺灣》（臺北：臺灣銀行經濟研究室，1964）。淺田喬二著、張炎憲譯，〈在臺日本人大地主階級的存在結構〉，《臺灣風物》31：4（1981.12），頁 51-94。山川均著、蕉農譯，〈日本帝國主義鐵蹄下的臺灣〉，收於王曉波編，《臺灣的殖民地傷痕》（臺北：帕米爾書店，1985），頁 27-81。
10. 高承恕，〈臺灣新興社會運動結構因素之探討〉，收於徐正光、宋文里合編，《臺灣新興社會運動》（臺北：巨流出版社，1989），頁 9-19。

農民反抗的時機正是在日本統治當局權力控制開始放鬆時所產生。[11]

　　1923 年，受製糖會社剝削最甚的蔗農首先發出不平之鳴。該年，林本源製糖會社北斗郡溪州庄工廠的農民，因甘蔗收購價格低於鄰近的明治製糖溪湖工廠，該區域內大城、沙山、竹塘、二林四庄二千餘名蔗農聲勢浩大，在二林庄長林爐與大城庄長吳萬益帶領下，向臺中州廳及殖產局陳情請願，要求提高甘蔗收購價格。[12] 請願運動雖然未獲官方具體回應，但後來在北斗郡守的同情斡旋下，製糖會社同意讓步，每甲土地支付 5 圓補給金而結束此事，這是臺灣農民運動第一次成功的紀錄。[13] 這次成功，給予全臺蔗農若干啟示與激勵，要求製糖會社提高甘蔗收購價格的運動隨之擴散，緊臨明治製糖溪湖工廠蔗農仿效前例提出請願，同時期間，臺南州新營郡的塩水港製糖、虎尾郡大日本製糖、高雄州鳳山大寮庄的新興製糖等工廠，都發生蔗價爭議。[14]

　　1925 年 7 月，在二林醫生李應章等人的帶領下，二林蔗農組合成立，這是臺灣第一個農民組織。同年 10 月在農組支持下，蔗農與林本源製糖會社及北斗郡警察因甘蔗採收問題發生衝突，即「二林事件」（日本官方稱為「林糖騷擾事件」）。[15]「二林事件」中被檢舉者高達 93 人，被

---

11. 廖美，〈臺灣農民運動的興盛與衰落——對二〇年代與八〇年代的觀察〉（臺北：臺灣大學社會學研究所碩士論文，1992）。

12. 泉風浪，《臺灣の民族運動》（臺中：臺灣圖書印刷合資會社，1928），頁 274-281。臺灣總督府警務局所編之《臺灣民族運動史》的記載與泉風浪所言不同，指 1924 年 4 月二林蔗農請願方起，但因泉風浪本身參與了「二林事件」，葉榮鐘等所著之《臺灣民族運動史》亦採此說，所以本文以泉風浪與葉榮鐘等人之說法為依據。葉榮鐘等，《臺灣民族運動史》（臺北：自立晚報社，1971），頁 505。

13. 葉榮鐘等，《臺灣民族運動史》，頁 507。

14. 臺灣總督府警務局編，《臺灣社會運動史》，頁 1027。

15. 有關「二林事件」的經過，日本記者泉風浪曾親身參與，並在其著作中有詳細記載，請參考泉風浪，《臺灣の民族運動》，頁 285-354。

圖 1　簡吉（前排左）為臺灣農民組合的核心人物。
（大眾教育基金會提供）

起訴者 39 人。[16]

　　1925 年 5 月，高雄市陳中和物產會社欲將其位於鳳山郡的田地七十餘甲提供給新興製糖會社使用，而欲將承諾為永久租佃的田地收回。此舉威脅到農民的生存與生計，在佃農黃石順的領導下邀集佃農 53 人組成佃農組合，進行抗爭。新興製糖會社知難而退，願意讓步，換地給佃農耕作或以一年為緩衝期再收回田地，佃農抗爭獲得初步成功。之後，在簡吉參與支持下，認為應擴大組織，成為包括蔗農及廣大無產農民的恆久性農民團體。1925 年 11 月鳳山農民組合成立，這是臺灣農民組合的濫觴。[17]鳳山農民組合成立後，不只指導土地爭議，更進行擴大組織之宣傳，在農村巡迴舉辦農民演講會，組織逐漸擴展。最後陳中和會社不得不放棄收回租佃地，[18]鳳山農民組合的行動獲得勝利。

16. 〈二林事件公判號〉，《臺灣民報》122（昭和 1 年 9 月 12 日）。
17. 宮川次郎，《臺灣の農民運動》（臺北：拓殖通信社支社，1927），頁 94。
18. 臺灣總督府警務局編，《臺灣社會運動史》，頁 1031。

其次是因官有地出售而引起的農民爭議。1924 年 12 月臺灣總督伊澤多喜男改革總督府官制，裁撤簡併總督府行政單位，一時之間，總督府內被裁減官員達一百三十餘人之多；再加上地方官制改革而被裁撤的地方官員總數不下數百人。為安撫在臺日本人、安頓退職官員，乃透過官有林野讓售，至 1926 年已同意將 3,886 甲林野土地預約放領給 370 名退職官員。[19]

本統治當局以「無斷開墾」（按：未經許可開墾）名義，赤裸裸以國家權力強行收奪土地，陷緣故民（按：關係住民）於生活不繼。關係住民在得知土地被放領的消息後，莫不蹶然奮起、謀求對策，對抗官有林野放領的爭議事件層出不窮。[20]

官有林野出售爭議中以臺中州大甲郡大肚庄、臺南州虎尾郡崙背庄、高雄州鳳山郡大寮庄三處的爭議規模最為可觀。大肚庄有 48 甲土地被官方售出，原關係住民 73 戶得知事實之後推派代表往訪大甲郡守，要求取消前議、改而讓售給原關係住民，大甲郡守拒絕，並說服住民與退職官員訂立租佃契約。關係住民之一的趙港堅持不妥協，力說住民團結；並在鳳山農民組合幹部簡吉的奧援下，於 1926 年 6 月組織成大甲農民組合，進行有組織的抗爭運動。

再者，因官有竹林出售問題，也惹起爭議。

橫跨臺中州竹山郡、臺南州嘉義郡竹崎一帶，面積達 15,600 餘甲的廣大竹林，自 1910 年官方將其中一部分讓售給三菱會社後，即爭議不斷。住民認為這片竹林為其祖先自康熙年間所種植、長久以來血汗培植的成果，並有 15,000 餘人口賴此維生，三菱會社為取得造紙原料，以微薄補

---

19. 臺灣總督府警務局編，《臺灣社會運動史》，頁 1033。
20. 臺灣總督府警務局編，《臺灣社會運動史》，頁 1034-1035。

償費奪取住民生活所依之竹林。住民憤恨之下,曾於 1912 年發生民眾襲擊派出所、殺死日警的「林圯埔事件」。後來,三菱會社陸續向總督府預約賣渡(按:預先承購)部分竹林,為緩和民眾的不滿情緒,將部分竹林租佃給關係住民耕作。[21]

1925 年 4 月,三菱會社預約賣渡期間屆滿,竹山郡及臺南州方面住民運動漸趨激烈,或拒納租稅、公課,或拒履行保甲義務,或宣傳各學校罷課,或動員民眾陳情請願。7 月,竹山庄保正 7 人代表地方民眾向三菱會社在取得業主權後「繼續與住民締結有利於住民的契約」,但三菱會社推託拒絕。代表們乃轉而向總督府請願陳情,9 月竹山庄頂林住民 160 人陳情要求延緩三菱會社取得業主權或由保甲承購竹林;10 月竹山庄勞水坑住民 432 人向總督府請願,要求撤銷對三菱會社的預約賣渡、轉賣給關係住民;11 月嘉義郡小梅庄住民 77 人亦提出請願。住民張牛將此事告知文化協會幹部,並會見當時來臺考察之眾議院議員田川大吉郎,呼籲將此事反映到日本中央政界,運動益形激烈。[22]

就在各地農民爭議不斷、團體簇出的同時,1926 年 6 月 28 日,以鳳山、大甲兩農民組合為主體,參加者包括:鳳山農組簡吉、黃石順、陳連標,大甲農組趙港、趙欽福、陳啟通,曾文農組張行、楊順利,嘉義農組林龍、林敬成立了臺灣農民組合。[23]

1926 年 6 月臺灣農民組合成立時,只有 6 個支部、4,173 位組合員,本部置於鳳山,簡吉為農組委員長,並選出中央委員等幹部。爾後,農民組合積極介入各地爭議,同時努力擴大組織,至 1927 年末,臺灣農民組合在

---

21. 臺灣總督府警務局編,《臺灣社會運動史》,頁 1041。
22. 臺灣總督府警務局編,《臺灣社會運動史》,頁 1042。
23. 臺灣總督府警務局編,《臺灣社會運動史》,頁 1045。

全臺各地已有17個支部、24,100位組合員，[24]此為臺灣農民組合規模之高峰。

（二）臺灣農民組合成立及其轉變（1926-1929）

臺灣農民組合成立後，積極介入指導農民爭議。在 1926、1927 兩年間，全臺的農民爭議事件中，農民組合介入指導者高達四百二十餘件。[25]也就是說，全島的農民運動幾乎為農民組合所主導。

而從 1926 年成立到 1929 年「二一二大檢舉事件」的幾年間，臺灣農民組合的屬性可分為兩大階段：1928 年 8 月中央委員會議以前是受日本勞動農民黨所指導，以後則受臺灣共產黨所指導。

1926 年及 1927 年，日本勞動農民黨幹事麻生久、布施辰治二人受文協左派幹部之邀，來臺為二林事件辯護，在農民組合幹部簡吉、趙港等人的安排下在臺灣各地舉辦農民演講會。在此期間，臺灣農民組合與日本勞動農民之間似乎建立了完整的連繫，1927 年 2 月簡吉、趙港為退官土地出售問題，到東京進行最後的反對鬥爭，在日本農民組合與勞動農民黨之協助下對日本帝國議會請願；他們並請求派遣臺灣農民組合與勞工農民運動的指導者，日本勞農黨乃決定派遣該黨黨員古屋貞雄律師前來。古屋 5 月 4 日來臺後也在全臺各地演講，22 日返回東京後，7 月 4 日再度來臺，並於臺中市開業執行律師業務，從事於農民組合與農民爭議相關之民刑事案件的辯護與爭議指導工作。[26]

1927 年 12 月 4 日臺灣農民組合第一次全島大會在臺中市初音町樂舞

---

24. 臺灣總督府警務局編，《臺灣社會運動史》，頁 1070。
25. 臺灣總督府警務局編，《臺灣社會運動史》，頁 1057。
26. 臺灣總督府警務局編，《臺灣社會運動史》，頁 1050。

台召開，出席者約 800 名，日本勞農黨幹部暨臺灣農民組合顧問古屋貞雄律師與日本農民組合中央委員長山上武雄，分別從朝鮮與大阪特地趕來臺灣，文化協會臺北支部連溫卿也出席與會。會中選出 18 位中央委員，並通過各項決議，其中以下列三項最引起矚目：[27]

1. 支持勞動農民黨案：「勞動農民黨是日本唯一的無產階級政治鬥爭機構」；「勞動農民黨的鬥爭都是為了無產階級與弱小民族的利益」。

2. 設置特別活動隊案：「於今之階段，吾人非展開全體無產階級之政治鬥爭不可，面對此時必然產生種種特別活動之必要」；「如出版問題、對外、對農民勞工、對政黨組織諸活動等等，都是此際最要緊的事」。

3. 促進工農結合案：「工人階級是與支配階級對立的階級，也是具有重要歷史使命的階級。所以農民運動應該要作為勞工運動的後盾」；「根據馬克斯主義指導與支持無產階級的方法，此須待農民問題解決之方針，職是之故，吾人應奮勵促進工農結合之實現」。

由此觀之，臺灣農民組合已開始明顯左傾化。

1928 年 4 月 15 日臺灣共產黨結黨大會在上海舉行，通過了「農民運動綱領」，其中對臺灣農民組合多所批評，認為「臺灣農民組合大致上擁有全島性的組織，具備極為良好的條件，但現在的農民組合卻犯了許多錯誤」；因此決定派黨員到農民組合，透過日常鬥爭克服農民組合的謬誤，使組合走向正確的路線；並透過小組擴大黨的影響；又計畫在農民組合內設置青年部、婦女部、農業工人部，使之在無產階級領導下，

---

27. 臺灣總督府警務局編，《臺灣社會運動史》，頁 1054-1056。

致力於農民運動戰士之養成。[28] 臺共黨員謝雪紅返臺後開始在文化協會與農民組合本部出入。

同年 8 月 29 日農民組合召開中央委員會，謝雪紅提議設立青年部、婦女部、救濟部，被邀請列席，並通過該三項提案。謝雪紅將手伸進農民組合，對農民組合向來之方針廣泛加以批判，並指示以黨的方針；同時為擴大影響並走向運動之實踐，提議召開研究會。9 月 21 日起一連三週由謝雪紅、楊克培、簡吉為講師，對農組青年及女性學員講授社會主義與無產階級運動等課程。[29]

隨著臺灣共產黨勢力滲透到農民組合，農組內部乃發生楊貴等主張社會主義、山川均主義者被排擠逐出之事，農組被遵循臺共方針的所謂幹部派所把持。1928 年 12 月 30、31 日農民組合第二次全島代表大會在臺中市初音町樂舞台舉行，除推舉中央委員與委員長之外，會議報告與議案因訴求無產階級運動過於激進，屢屢被臨監警方下令中止，甚至下令解散集會，簡吉等 8 人同時遭檢束。第二次大會議程未了就告結束。[30]

由於臺灣共產黨勢力滲透進農民組合的情形甚為明顯，日本檢察當局認為再也無法放任共產主義運動藉農民組合行事，導致農村之思想惡化，於是在 1929 年 2 月 12 日拂曉發動全島總檢舉，將農民組合主要幹部 51 名以「違反治安維持法」為由逮捕，其後並將簡吉等 12 人以「違反出版規則」交付公審，判刑確定。

因為「二一二大檢舉」範圍廣闊，涉及農民組合全體主要成員，全島各地組織大為震動，各地支部運作遂告混亂，農民組合活動乃陷入停

---

28. 臺灣總督府警務局編，《臺灣社會運動史》，頁 593-594，1070-1071。
29. 臺灣總督府警務局編，《臺灣社會運動史》，頁 1079。
30. 臺灣總督府警務局編，《臺灣社會運動史》，頁 1081-1102。

頓狀態。[31]

三、文化協會與農民運動的關係
（1923-1926）

（一）農民運動及其領導人

　　1923 年起農民運動興起，從蔗農抗爭、佃農抗爭、退官土地放領抗爭，到竹林放領爭議，層出不窮。依據資源動員理論，社會運動能夠持續、蔚為風潮，其關鍵有賴於外來菁英的介入與協助，包裝議題、展開宣傳，引起社會的矚目與支持。

　　以下筆者整理 1923 年到 1926 年各處農民抗爭的事件經過，為使資料呈現不致過於冗長，筆者將相關敘述整理，表列如下：

　　從表一可以看到，從 1923 年蔗農爭議事件以降各類性質的農民運動，絕大多數是具有地緣關係的地方人士或農民所發起、領導，參與者也以地方關係民眾為主。領導者方面大多數是地方民眾，如蔗農爭議中的許辛戌；佃農爭議中的佃農黃石順、地方民眾趙港、婦女溫緞；竹林爭議中的部落住戶、關係民、地方民眾張牛、農民林龍、農民楊順利等等。也有部分領導者為地方菁英，如二林庄長林爐、水林庄長林四川、竹山庄保正、二林開業醫師許學、李應章、麻豆開業醫師施貞祥、黃信國、鳳山教員簡吉等等，但這些人仍是出身地方，因地緣關係而進行抗爭，並非職業運動家或外來人士。

---

31. 臺灣總督府警務局編，《臺灣社會運動史》，頁 1102-1106。

表一 農民爭議及其領導人、參與者一覽（1923-1926）

性質	年月	事件	領導人與參與者	外來者	訴求與結果
蔗農 爭議	1923	二林等四 庄庶農 vs. 林本源 會社溪洲 工場	*二林庄長林爐、 大城庄長吳萬益 領銜。 *二林、大城、沙 山、竹塘四庄農 民 2,000 餘人。	無	*向臺中州及殖產局提出請 願，要求提高甘蔗買收價 格。
	1924/ 04		*二林庄長林爐、 開業醫許學。 *蔗農 500 餘人。	無	*12 月北斗郡守出面協 調。 *公司以每甲土地支付補發 金 5 圓，爭議解決。
同上	1924/ 08/16	彰化郡線 西庄保正 會議上倡 成立甘蔗 耕作組合	*黃呈聰。	*黃呈聰為臺 灣民報編輯 主任。	*新高製糖中寮工場聞知反 對，懷柔蔗農，使組合告 流產。
同上	1924/ 12- 1925 共 12 件爭議	例如：北 港郡製糖 工場 vs. 東 津製糖	*水林庄長林四 川。	無	*要求漲價運動。 *林四川遭免職。 *部分達成要求，紛紛解 決。
同上	1925/ 01	臺南州明 治製糖蒜 頭工場籌 設蔗農組 合	*許辛戌。 *500 餘名贊同 者。	無	*宣稱 6 月舉行成立大會。 *有人反對，許氏中途撒 手。
同上	1925/ 06	臺中州北 斗郡溪湖 工場 vs. 林 本源製糖	*二林開業醫李應 章。 *二林農組會員 412 人。	*李應章為文 協會員。 *聘林獻堂等 文協幹部到 二林舉行文 化演講會。	*要求（1）求應提高收購 價（2）蔗農參與價格決 定，向總督府、臺中州知 事、北斗郡守陳情。 *06/28 成立二林蔗農組 合。 *10/21-10/22 公司強行 收割，蔗農阻撓，發生衝 突。 *10/23 臺中地院檢察官 檢舉「嫌犯」93 人，即 「二林事件」。 *1927/04/13 共李應章等 25 人被判有罪。

性質	年月	事件	領導人與參與者	外來者	訴求與結果
佃農爭議	1925/05/01	高雄州鳳山陳中和物產收回耕地	* 佃農黃石順、教員簡吉。 * 鳳山農組成員80餘人。	無	* 05/23 組佃農組合，反耕地收回。 * 11/15 鳳山農民組合成立，簡吉為主席。 * 1926/01/04 起舉辦農民演講25次，陳中和物產中止耕地收回計畫。
退職官員土地出售爭議	1924-1926 臺中州、臺南州、高雄州共10處爭議	例如：臺中州大甲郡大肚庄	* 地方民眾趙港。 * 大甲農組會員80人。	* 1926/02 向鳳山農組簡吉求援。 * 07/25 訪問文協理事蔣渭水、連溫卿，並假港町文化講座由黃石順主持農民演講會。 * 12/10 趙港率會員向臺中州陳情，在臺灣民報臺中支局黃周宅，簡吉、趙港與黃周訂定請願運動計畫。	* 1926/06/06 大甲農民組合成立。 * 07/25 臺中、臺南、高雄官係民由趙港等13人代表向總督府陳情。 * 1927/02 上東京向眾議院請願，未及審議被擱置。 * 爭議末期，農民態度軟化，分別與退官簽定租佃契約，爭議終告解決。
同上	1926/04	臺南州虎尾郡崙背庄	* 婦女溫緞為首對測量。 * 地方婦女50餘名。	* 08/21 邀簡吉蒞臨成立臺灣農民組合虎尾分部，支部陳故租為支部代表，向總督府陳情。	* 警方介入，反抗運動趨消極化。
同上	1926/03	高雄州鳳山郡大寮庄	* 部落民眾82戶。	* 部落民眾向簡吉面訴。 * 簡吉與臺灣農民組合各支部介入。	* 1927 運動趨消極，部分農民與退職官員定耕佃契約，爭議解消。

性質	年月	事件	領導人與參與者	外來者	訴求與結果
竹林爭議	1924/07/12	臺中州竹山郡	* 竹山庄保正 7 人發起。 * 竹山庄頂林人民 160 人，向總督府提出請願書。 * 10/28 勞水坑住民 432 人向總督府提請願書。	* 12 月底竹山庄關係民代表張牛向文化協會幹部提訴。 * 文協安排張牛會見當時來臺訪問之眾議院議員田川大吉郎，說明竹林問題經過，懇請中央政界協助。	* 要求「三菱取得業主權後繼續遵行利於民眾之契約」，未得承諾。 * 保正等代表發起運動，向總督府申請延緩三菱取得業主權或將保管林撥售與保甲。 * 運動趨於激烈化。
同上	1924/07/12		* 11/25 臺南州嘉義郡小梅庄圳頭居民 77 人連署呈總督府請願書。		
同上	1925/04	臺中州竹山郡竹山庄	* 地方民張牛發動。 * 關係民眾 400 餘名。	代表們與文協幹部接觸，欲從事本案之反對運動。	* 三菱竹林預約撥售期約屆滿，臺中州地方課長退回請願書，要求民眾與三菱訂承租契約。 * 04/06-04/18 抗稅、罷課、陳情、示威。
同上	1926/07	臺南州、臺中州、嘉義郡	農民拒絕解除竹林保管租戶，要求承領。	無	

（續上表）

性質	年月	事件	領導人與參與者	外來者	訴求與結果
同上	1926/07	嘉義郡竹崎庄	*竹崎庄農民林龍。 *組合會員70餘名。	*鳳山農民組合長簡吉介入。 *迎接日本勞動總同盟幹部麻生久來臺，於竹崎舉行農民演講會，力說設立農組。 *09/02簡吉、趙港於竹崎真武廟，農民組合嘉義支部成立大會。	*共同保管林爭議。 *爭議趨尖銳。 *官署彈壓、搜查盜伐搜查臨檢拘捕民眾。 *08/25關係居民全部簽訂承租契約。
蔗農爭議	1926/06/15	明治製糖總爺工場vs.農民	*下營庄雜貨商張行、農民楊順利。 *開業醫施貞祥、麻豆街醫師黃信國等積極加入。	*06/14邀簡吉至下營召開農民演講會，翌日掛出曾文農組事務所招牌，勸誘農民參加。	*臺南州曾文農民組合成立。
臺灣農民組合成立	1926/06/28		*簡吉、趙港提議。 *鳳山農組：簡吉、黃石順、陳連標。 *大甲農組：趙港、趙欽福、陳啓通。 *曾文農組：張行、楊順利。 *嘉義農組：林龍、林敬。		

資料來源：泉風浪，《臺灣の民族運動》（臺中：臺灣圖書印刷合資會社，1928），頁274-281。葉榮鐘等，《臺灣民族運動史》（臺北：自立晚報社，1971），頁505-507。臺灣總督府警務局編，《臺灣社會運動史》（東京：龍溪書舍復刻版，1973），頁1026-1045。

農民運動的領導人與臺灣文化協會的關係方面中，除二林開業醫師李應章為文化協會會員之外，其他都與該會無直接關係。雖然文化協會成員、《臺灣民報》編輯主任黃呈聰曾在彰化郡線西庄保正會議上提議成立「甘蔗耕作組合」，但並未成功。

圖 2　黃呈聰最早倡議組織蔗農組合，他在彰化郡線西庄保正會議上提出未果後，又在《臺灣民報》上撰文主張。（資料來源：《臺灣民報》2：20，頁 4）

　　其次，1924 年 7 月起在《臺灣民報》上，黃周曾經以新高製糖會社彰化工場為對象，考察製糖會社對蔗農的剝削問題，[32] 黃呈聰則主張應該組織蔗農組合保護蔗農權益、對抗製糖會社，[33] 可說是文化協會成員甚早注意到此問題者，但此時，二林蔗農抗爭已經沸沸揚揚。在種種農民爭議事件中，臺灣文化協會稍有呼應或插手者僅有 4 件，分別是：1925

---

32. 醒民（黃周），〈臺灣勞農問題一面觀〉，《臺灣民報》2：13（大正 13 年 7 月 21 日），頁 4-6。
33. 劍如（黃呈聰），〈論蔗農組合設置的必要〉，《臺灣民報》2：20（大正 13 年 10 月 11 日），頁 4。

年的二林蔗農爭議中林獻堂等文協幹部應李應章之邀到二林舉行演講；1926 年大甲郡退官土地爭議中大甲農組成員拜訪文協，假港町文化講座舉辦農民演講，透過《臺灣民報》臺中支局議定請願活動計畫；1924 年竹林爭議中竹山庄民代表張牛向文協求助，文協乃安排張牛向當時訪臺之眾議院議員田川大吉郎說明竹林問題經過，懇請中央政界協助；1925 年張牛等竹山庄代表續與文化協會幹部接觸，從事抗議活動。1923 年農民運動初起以來，與臺灣文化協會有接觸者僅只這區區幾件，且從上述這幾件案例中可以發現，文化協會對於農民運動多半是站在被動的角色，面對有農民求助，才給予協助，而協助方式也多只是引導或中介發聲的管道，如舉辦演講、介紹議員等等。文化協會在農民運動興起的過程中扮演著被動諮詢的角色，並未積極主導運動的進行。

（二）文化演講與農民運動

其次討論臺灣文化協會對農民運動的資源挹注，尤其有關議題形成、文宣助長。

臺灣文化協會自 1921 年 10 月成立以來，其主要活動包括出版《會報》、設立讀報社、舉辦講習會、夏季學校、文化演講等，其中以文化演講對普羅大眾最具影響力。文化演講在 1923 年 5 月以前，只有在臺北州、臺南州各舉行過 2 次，[34] 1923 年後才逐年增加，到 1925、1926 年達到最高次數。臺灣總督府警務局所統計文化演講會次數如下：

文化演講活動依次集中在臺北州、臺中州與臺南州，但臺北州的農

---

34. 臺灣總督府警務局編，《臺灣社會運動史》，頁 152。

表二 1923-1926臺灣文化協會演講活動次數統計

	臺北州	新竹州	臺中州	臺南州	高雄州	合計次數
1923	4	0	25	6	1	36
1924	51	0	47	34	0	132
1925	99	22	103	67	24	315
1926	97	68	27	88	35	315
總計	251	90	202	195	60	798
百分比	31.5%	11.3%	25.3 %	24.4%	7.5%	100%

資料來源：臺灣總督府警務局編，《臺灣社會運動史》，頁151-152。
＊說明：臺東州、花蓮港及澎湖廳尚未舉行過。

民抗爭事件較後發生、件數也最少，[35] 蔗作爭議則集中在臺中州與臺南州，佃農爭議集中在臺中州與高雄州。農民爭議事件分布的情況很難說與文化協會的演講的頻繁度有必然的關係，反倒是與農業耕作型態較有相關。

再從文化演講的講題加以研判。蔗農運動興起於1923、1924年，而文化演講最盛期在1925、1926年，如果依據前述日本統治當局的說法，指「臺灣文化協會對農民運動之興起具有啟蒙之功，他們深入農村地方將農民所受『生活的威脅』塑造成議題，並以外來者的角色煽動、介入，導致農民運動的高昂」，似乎過於抬舉文化協會對農民運動的影響。

表三中筆者整理出《臺灣民報》所刊載的1923年12月至1924年11月約一年間的文化演講會之地點、講題、主講人等相關資料，試以檢驗總督府當局的說法。

---

35. 可參考臺灣佃農爭議事件統計，臺灣總督府警務局編，《臺灣社會運動史》，頁999。

表三　1923-1924 文化演講講題一覽

北部		
1923 年 12 月 臺北文化講座 （通俗學術土曜講座）	12 月 8 日	刑法大要（蔡式穀）
	12 月 15 日	詩學淵源（連雅堂）
	12 月 22 日	二重生活（連溫卿）
	12 月 29 日	優生學大要（林野氏）
		愛之運動（稻垣藤兵衛）
1924 年 1-6 月 臺北支部文化講座 （通俗學術土曜講座）	1 月 5 日	精神之感能（林野氏）
	1 月 12 日	經濟大意（潘德欽）
		烏托邦（連溫卿）
	1 月 17 日	六波羅蜜（連雅堂）
		戀愛論（葉榮鐘）
	1 月 26 日	護生之新法（林野氏）
	2 月 2 日	社會廓清論（稻垣藤兵衛）
	2 月 9 日	生活之意義（連溫卿）
		性之研究（林野氏）
	2 月 16 日	家族制度之研究（洪元煌）
		孔子大同學說（連雅堂）
	2 月 23 日	家庭改良及家庭教育（林天送）
		性之研究（續）（林野氏）
	3 月 1 日	中國古代哲學史（王敏川）
		文化主義（蔣渭水）
	3 月 8 日	結婚問題之研究（許天送）
		道德之進化（連溫卿）
	3 月 11 日	道德之進化（續）（連溫卿）
		結婚問題之研究（續）（許天送）
	3 月 15 日	佛教之科學（連雅堂）
	3 月 22 日	明治之文化（蔣渭水）
	3 月 29 日	結婚問題之研究（續）（許天送）
		提倡建設優美之台灣（林野氏）
	4 月 5 日	中國古代哲學史（續）（王敏川）
		明治時代之政治發達史（蔣渭水）

	4 月 12 日	結婚問題之研究（續）（許天送）
		原始時代婦人之地位（連溫卿）
	4 月 19 日	釋迦佛傳（連雅堂）
	4 月 23 日	余之生命觀（蔡培火）
		教育之普及（邱德金）
	5 月 3 日	日本史概論（蔣渭水）
	5 月 10 日	國際與之過去現在及將來（蘇璧輝）
	5 月 17 日	法律上之婚姻觀（蔡式穀）
	5 月 24 日	社會病（蔣渭水）
	5 月 30 日	內地旅行談（連溫卿）
		社會病（續）（蔣渭水）
	6 月 7 日	酒害的真相（林野氏）
	6 月 14 日	婦人解放運動之推移（王敏川）
	6 月 21 日	臺灣違警例（蔡式穀）
	6 月 28 日	結婚的進化（林野氏）
	7 月 5 日	食力論（連雅堂）
	7 月 12 日	臺灣違警例（續）（蔡式穀）
	7 月 19 日	有色民族之現狀（蔣渭水）
	7 月 26 日	臺灣人口問題（黃及時）
		咱應該著怎樣（呂靈石）
		個人婚姻制之三形式（溫成龍）
1924 年 7-12 月		產業革命以後的勞動者（張聘三）
臺北支部文化講座		新臺灣人的生活態度（莊遂性）
（通俗學術土曜講座）	7 月 28 日	家庭教育（林茂生）
		文化的意義（陳逢源）
	8 月 2 日	就思想而言（陳逢源）
		思想的飢荒（蔡培火）
	8 月 9 日	個人與社會（石煥長）
		社會病（其三）（蔣渭水）
	8 月 16 日	將來的臺灣語（連溫卿）
	8 月 23 日	阿當氏富國論（黃呈聰）
	8 月 30 日	社會病（結論）（蔣渭水）

	9月12日	社會奉仕的真義（王敏川）
	9月20日	風俗改良（許天送）
	9月27日	東西科學之比較（連雅堂）
	9月27日 基隆聖公廟	咱應該著怎樣（呂靈石）
		家族生活與社會生活（溫成龍）
		自由人講自由話（謝春木）
		讀書與做官發財、娶美妻（莊遂性）
		感想（邱德金）
中部		
1924年7-12月	7月22日 臺中樂舞台	天命之謂性（謝春木）
		思考的必要（連震東）
		移民問題之史的變遷（溫成龍）
		讀書與做官發財、娶美妻（莊垂勝）
		危險思想之意義（張聘三）
		精神復興（呂靈石）
	7月23日 下午1時 彰化座	個人與社會（陳滿盈）
		新臺灣人的生活態度（莊遂性）
		反應熱（賴和）
		無產階級之悲鳴（連太空）
		達理想之路（謝春木）
		臺灣之文藝復興（甘繼昌）
	7月23日 晚間7時半 彰化座	家族制度之管見（連震東）
		弱者之解放（中止）（郭覺之）
		臺灣婦人解放（林芷湘）
		社會改造之一考察（中止）（許乃昌）
		告諸姐妹（姚貽謙）
		到家庭之路（呂靈石）
		社會之裡面（李金鐘）
	7月24日 豐原聖公廟	消費組合之起源（溫成龍）
		學而不思則罔（連震東）
		社會生活與社教機關（莊垂勝）
		蟻話（張聘三）

7月29日 草屯	咱應該著怎樣（呂靈石）
	思考的必要（連震東）
	讀書與做官發財、娶美妻（莊逐性）
	自由人講自由話（謝春木）
7月30日 南投劇場	修道之謂教（謝春木）
	家族生活與社會生活（連震東）
	弱者的悲哀（呂靈石）
	新臺灣人的生活態度（莊逐性）
10月26日 梧棲青年會	革故鼎新之意義（蔡惠如）
	迷信之覺醒（黃凌波）
	家庭教育（王金章）
	婦人解放（楊松柏）
	世界風俗談（陳好勅）
11月2日 清水街	共榮在於理解（氏家美壽）
	社會奉仕之真義（王敏川）
	社會病（蔣渭水）
11月2日 彰化支部	文化主義（蔣渭水）
	古聖賢之感想（王學潛）
	犧牲的精神及繼續的精神（林獻堂）
	教育普及（邱德金）
	我們的責任（黃金火）
	農村的改造（李應章）
11月3日 彰化支部	自治心（楊木）
	時代之推移（氏家美壽）
	社會奉仕之真義（王敏川）
	迷信與經濟（吳蘅秋）
	讀書之急務（陳虛谷）
11月8日 彰化支部	合理的生活（許嘉種）
	人怎樣才能自覺（楊宗城）
	對人的幾個疑問（賴和）
	醫的本分（林篤勳）

南部		
1924 年 1-6 月	6 月 1 日 臺南市文協本部	就傳染病而言（韓石泉）
		文化運動之意義（陳逢源）
	6 月 2 日 臺南市文協本部	水與人生（黃金火）
		戲劇之改良（林茂生）
	6 月 3 日 臺南市文協本部	權然後知輕重（高金聲）
		余之生命觀（蔡培火）
1924 年 7-12 月	7 月 19 日 臺南陳逢源公館	最近教育運動的基調（謝春木）
		就家族制度而言（溫成龍）
		富的創造（陳逢源）
		吾將為何乎（呂靈石）
	7 月 20 日 臺南市文協本部	天命之謂性（謝春木）
		家族制度（溫成龍）
		有意義的生活（呂靈石）

資料來源：〈文協消息〉，《臺灣民報》2：12，頁 3-4。追風，〈東京留學生夏季回臺講演日記〉，《臺灣民報》2：17，頁 13-14。追風，〈東京留學生夏季回臺講演日記（續）〉，《臺灣民報》2：18，頁 13。追風，〈東京留學生夏季回臺講演日記（三）〉，《臺灣民報》2：19，頁 11。〈臺灣文化協會會報〉，《臺灣民報》2：19，頁 12。〈文協消息〉，《臺灣民報》2：21，頁 3-4。〈梧棲青年會講演之盛況〉、〈清水街之講演會〉，《臺灣民報》2：22，頁 3。〈文化協會彰化支部計劃講演〉，《臺灣民報》2：25，頁 3。

依據以上資料分析，北部的文化演講活動以臺北讀報社所辦之「通俗學術土曜講座」為主，演講主題包括經濟、法律、社會、倫理、哲學、宗教等文化議題，較偏重於現代知識之傳播，而有關臺灣農村社會、農民困境等問題，並未出現在講題中。中部地區的演講活動次數雖多，但有關農民議題的場次卻很少，只有如 1924 年 7 月 23 日下午在彰化座由連太空所講之「無產階級之悲鳴」、晚間由郭覺之所講之「弱者之解放」、7 月 30 日在南投劇場由呂靈石所講的「弱者的悲哀」三場演講，勉強可以算與農民處境相關。同年 11 月 2 日彰化支部由李應章所講之「農村的改造」，直接談論農村問題；然而，彰化地區的蔗農抗爭早在該年 4 月已經展開。至於南部的演講活動，也顯然並非以農民問題為重點。文協演講與農民運動之間若有關聯，與其說是引領議題、啟發抗爭，倒不如說是呼應農民順勢而為，較為貼切。

　　作為臺灣文化協會機關報的《臺灣民報》，除前述黃周與黃呈聰曾關心蔗農被剝削問題外，一直要到 1925 年初才報導了「二林、大城兩庄民奮起組織蔗農組合」，[36] 此時蔗農運動以進行近一年。以上例證都可以說明，文化協會未必居於引領的角色主導了農民運動；其發揮的作用應

---

36. 報導中指二林醫師許學、北斗林伯廷氏及其他諸氏慨然奮起，計畫組織蔗農組合，但未明指李應章之角色，亦未言及李應章與許學一派之矛盾，參見〈二林大城兩庄氏奮起組織蔗農組合〉，《臺灣民報》3：2（大正 14 年 1 月 11 日），頁 3。其後，《臺灣民報》注意到製糖會社壓榨農民問題之嚴重性，不但陸續報導蔗農運動與其所提出之要求，並開始推出專論探討臺灣蔗農所受到的經濟掠奪問題。例如〈林糖蔗農的陳情〉，《臺灣民報》3：10（大正 14 年 4 月 1 日），頁 2-3；〈蔗農的陳情書〉，《臺灣民報》3：10（大正 14 年 4 月 1 日），頁 12-13；今村義夫，〈臺灣的農民運動〉，《臺灣民報》3：14（大正 14 年 5 月 11 日），頁 10-11；今村義夫，〈臺灣的農民運動（下）〉，《臺灣民報》3：15（大正 14 年 5 月 21 日），頁 11-12 等。

在於透過文化演講與《臺灣民報》的呼應與支持，所支撐起有利於農民運動推展的輿論空間與社會氛圍。

（三）文化協會與農運之組織動員

嚴格來說，臺灣文化協會真正介入、參與組織動員的農民抗爭，僅有二林蔗農爭議。1923 年起二林庄長林爐、大城庄長吳萬益、開業醫師許學帶領蔗農二千餘人向臺中州及殖產局請願未果；1924 年 12 月在北斗郡守調停下，會社方面同意發給補給金，爭議遂告解決。但是二林開業醫師李應章等人認為，林爐、許學等人都被林本源製糖會社所收買，反對此派之作法，認為他們是蔗農之敵，誓將其勢力逐出二林。[37] 李應章先在二林設立「農村問題研究會」，接著在 1924 年 12 月 20 日下午 3 時，於二林舉辦「農村講座」，熱忱農民四處來會，人數多達六百餘人。在李應章說明旨趣後，分別由石錫勳講「農村之進化史」、吳清波講「農村與產業組合」、吳石麟講「農民之自覺」、林篤勳講「農民與衛生」、李應章講「農村之將來」。當夜又在該處舉辦文化演講，除前述數人外，尚有洪明輝、詹奕侯、林伯廷、陳宗道等人演講，聽者無立錐之地，滿座喝采不已，至晚間 10 時方閉會。[38] 參與農村講座與文化演講活動者，包括李應章、石錫勳、吳石麟、林篤勳、林伯廷等人都是文化協會主要幹部及會員。[39]

---

37. 泉風浪，《臺灣の民族運動》，頁 281。
38. 〈二林庄講演農村問題〉，《臺灣民報》3：2（大正 14 年 1 月 11 日），頁 3。
39. 臺灣總督府警務局編，《臺灣社會運動史》，頁 142-146。

1925 年 1 月 1 日李應章等人在二林舉行蔗農大會，與會者十分踴躍，會中由李應章報告成立經過，吳萬益、許學、陳建上、林伯廷等人演講，而後進行議事。[40] 1 月 27 日、2 月 3 日，李應章、劉崧甫、蔡淵騰等人代表 1,086 名蔗農，向林本源會社、北斗郡守陳情不得要領之後，乃向總督府及警務局陳情，提出：1. 提高甘蔗原料買收價格；2. 今後由政府、耕作者、會社三方協議甘蔗買收價格；3. 林糖會社有特殊情形可依便宜行分糖之法；4. 前述條件不得實行時應使耕作者可自由將甘蔗賣予他區會社等要求。[41] 6 月 28 日二林蔗農組合成立，參加的蔗農有四百餘人，並選出理事李應章、劉崧甫、詹奕侯等 10 人、監事謝黨等 6 人、代議員 50 人，又聘律師鄭松筠與《臺南新報》記者泉風浪為顧問，事務所置於李應章宅。[42]

　　二林蔗農組合的靈魂人物李應章是與蔣渭水共同創立臺灣文化協會的倡議人之一，並且是文協理事，農組幹部如劉崧甫、詹

圖 3 二林蔗農組合靈魂人物李應章是臺灣文化協會之成員。（資料來源：《臺灣民報》97，頁 14）

40. 〈二林農民大會〉，《臺灣民報》3：3（大正 14 年 1 月 21 日），頁 3。

41. 〈林糖蔗農的陳情〉、〈林糖蔗農奮起陳情〉、〈蔗農之陳情書〉，《臺灣民報》3：10（大正 14 年 4 月 1 日），頁 2-3、5，12-13。

42. 泉風浪，《臺灣の民族運動》，頁 281-282。葉榮鐘等，《臺灣民族運動史》，頁 507-508。

奕侯、蔡淵騰等，都是文協會員，加上前述農村講座、文化演講會、陳情請願等種種活動，文協會員都活躍其間，可以說二林蔗農組合確實與文化協會關係密切。

文化協會成員之所以介入二林蔗農議題，主要是二林醫師李應章透過其在文化協會的人脈網絡所進行。李應章的介入是在地人關心地方事，其他參與的文協成員多來自北斗、彰化、臺中等地，[43] 除了李應章的動員之外，也明顯具有中部地緣關係。

二林蔗農組合成立前的 4 月 19 日，因第六次臺灣議會請願運動被以「審議未了」處置而自東京歸臺的林獻堂一行人，受邀到北斗郡二林庄演講，無數民眾到車站迎接，以喇叭、樂隊、竹篙砲大表歡迎之意，備極熱鬧。演講會開於下午 1 時，林獻堂講「初會感辭」、楊肇嘉講「教育之必要」、葉榮鐘講「農村振興與產業組合」、陳虛谷講「人的生活」、莊遂性講「自由之道」，聞聽者竟達六千餘名之多，拍掌之聲不絕。[44] 親歷其境的葉榮鐘如此描述：

……到達二林火車站已是傍午時候。只見萬頭鑽動，鑼鼓喧天，初時還以為是迎神賽會，……及至聽說是各農村的同胞，自動集合來歡迎林獻堂先生的，林氏也不禁為之一怔，衷心大受感動。……在場聽眾的絕大多數，可能是頭一次呼吸到文化講演的空氣，人實在有一點莫名其妙的樣子，對於講詞他們似乎也不甚了了，但是他們並不因此而感覺厭倦。……講演會結束後，一

---

43. 除李應章為二林醫師外，如林伯廷為北斗郡人，林篤勳、吳石麟為彰化郡人，請參臺灣總督府警務局編，《臺灣社會運動史》，頁142-146。
44. 〈北斗二林講演會盛況〉，《臺灣民報》3：14（大正14年5月11日），頁5。

行便在一位同志家裡午餐，就連這個時候，民眾也是團團圍住不肯離開，……當林氏等一行到達車站時，另一批民眾早已擠滿車站的空地，口口聲聲喊道：「獻堂先生啊！你要再來啊！你要再來看我們啊！」[45]

葉榮鐘認為這是令人感動的「民族運動的偉大場面」；《臺灣民報》認為「於茲可察吾臺民氣之盛」，[46] 而這正是文化協會成員激勵二林農民的具體展現。

二林蔗農組合是臺灣第一個農民組織。但，作為全島性臺灣農民組合前身的鳳山農民組合，其成立過程中則完全沒有文化協會的影子，而是由在地佃農黃石順所發起。

黃石順是鳳山地區之佃農，面對地主陳中和強取土地，導致他與其他佃農一樣生活受到威脅，甚為憤慨，強硬表達反對之意。他與簡吉相識且意氣相投，開始組

圖 4 簡吉與李應章於二林農村演講的照片。（大眾教育基金會提供）

---

45. 葉榮鐘等，《臺灣民族運動史》，頁 135-136。
46. 〈北斗二林講演會盛況〉，頁 5。

織農民，因為認為只有佃農組合範圍太過狹隘，希望將一般農業勞動者都包括在內，糾合廣大無產農民，而在 1925 年 11 月 15 日組成鳳山農民組合，這是臺灣農民組合的濫觴。[47] 針對此爭議事件，新興製糖會社幹部就指出：「若是文化協會一派的話，因為是從事相當有秩序的運動，故始末過程良好；但此佃農爭議的指導者方法很隨便，因此只會出以破壞秩序的行動。」[48]

簡單的說，在 1923 年以來層出不窮的農民抗爭事件中，文化協會參與有限，並非如總督府所說居於操縱、主導的角色。比較明顯的介入在於二林蔗農爭議事件，因二林醫師李應章透過其人脈網絡動員文化協會成員，文協會員參與較多，但仍不出中部之地緣關係為主。其次，農民爭議主要在爭取經濟條件之改善，這與文化協會所訴求的臺灣文化向上，甚至政治改革，並無明顯交集。即使文協成員介入了二林蔗農抗爭，農運仍具相當自主性，並未隨著文協菁英的指導轉移到政治訴求方向，更未因此挑戰統治當局與臺灣民眾之間的權力關係。

---

47. 宮川次郎，《臺灣の農民運動》，頁 91、94、102。
48. 宮川次郎，《臺灣の農民運動》，頁 95。

四、農民運動與臺灣農民組合的關係
（1926-1929）

（一）臺灣農民組合之領導幹部與外來支援力量

1926 年 6 月臺灣農民組合成立之後，廣泛介入臺灣各地的農民爭議事件，農運發展出全島性的支援組織。表四是臺灣農民組合主要幾次中央委員及幹部名單，從中可以發現，歷屆農組幹部的重疊性極大，主要由幾位核心人士所領導，例如簡吉、黃信國、趙港、黃石順等人。農組後期臺灣共產黨勢力滲透，如陳德興、楊春松、顏石吉等人都是臺共黨員。

針對這些領導人士稍作分析：簡吉，鳳山人，1903 年生，1921 年自臺南師範學校畢業，先後任教於鳳山及高雄第三公學校，[49] 1926 年離開教職，投入農民運動。黃信國，麻豆人，開業醫師，1927 年元月農民組合本部轉移到臺南麻豆，主要原因在於黃信國為組合之金主。[50] 趙港，大甲人，公學校畢業後任職於大肚信用組合為書記，1921 年入學於臺中中學，畢業後與人合資經營木炭生意，為退官土地放領問題率民眾陳情請願。[51] 黃石順，公學校畢業，又自總督府臺北工業講習所結業，經營米、茶販賣及輸出生意，1922 年生意失敗後自新竹州移住高雄州成為佃農，後帶領鳳山農民對抗陳中和物產會社。[52] 簡而言之，此些農民組合領導人

---

49. 韓嘉玲，〈臺灣農民運動的勇敢鬥士簡吉〉，收於中華全國臺灣同胞聯誼會編，《不能遺忘的名單：臺灣抗日英雄榜》（臺北：海峽學術出版社，2001），頁 120-121。
50. 宮川次郎，《臺灣の農民運動》，頁 92。
51. 黃師樵，《臺灣共產黨秘史》（臺北：海峽學術出版社，1999），頁 24。
52. 宮川次郎，《臺灣の農民運動》，頁 94、102。

都是當時的知識階層，因本身生計受影響或因同情弱勢而投入當地的農民抗爭事件。這些在地菁英在農民運動中扮演了重要的角色。

　　另外如陳德興，高雄人，臺南師範退學後，1925 年入東京正則英語學校，次年歸臺，熱中於文化演講活動，1927 年加入臺灣農民組合。[53] 顏石吉，高雄人，屏東公學校畢業後於屏東街上組「礪社」研究漢文，1926 年經營米場生意失敗，對社會制度懷疑，思想漸趨左傾，次年加入農民組合，投入左翼運動。[54] 楊春松，桃園龍潭人，1899 年生，早年與兄楊春錦赴中國，參加廣東臺灣革命青年團，1926 年加入中國共產黨，1927 年返臺，參與中壢抗租事件被捕入獄， 1928 年臺灣共產黨創建，以臺共黨員身分加入農民組合之工作。[55] 此些人士並非農民運動初起時的參與者，也與在地農民運動無利害上之關係，而是因為熱中左翼運動或信奉共產主義才投身農民組合工作。1928 年以後的臺灣農民組合已成為臺灣共產黨的外圍組織，農民運動成為臺共主導的階級運動的一環，而包括簡吉、趙港、陳德興、顏石吉、楊春松等人，都已是臺共黨員。[56]

---

53. 黃師樵，《臺灣共產黨秘史》，頁 37-38。
54. 黃師樵，《臺灣共產黨秘史》，頁 41-42。
55. 楊國光，《一個臺灣人的軌跡》（臺北：人間出版社， 2000），頁 29-43。楊秀瑛，〈懷念我的父親楊春松〉，收於中華全國臺灣同胞聯誼會編，《不能遺忘的名單：臺灣抗日英雄榜》（臺北：海峽學術出版社，2001），頁 171-174。
56. 黃師樵，《臺灣共產黨秘史》，頁 23-41。

表四　臺灣農民組合幹部名單

時間 地點	中央常任委員	中央委員長	各部部長
1926/6 鳳山街	簡吉 陳連標 黃石順	簡吉	庶務部長：陳連標 財務部長：陳連標 教育部長：簡吉 爭議部長：黃石順 調查部長：簡吉
1927/9 麻豆街	黃信國 簡吉 黃石順 趙港 侯朝宗 陳德興 陳培初 謝神財	簡吉	組織部長：簡吉 教育部長：陳德興 爭議部長：謝神財 調查部長：黃石順 財務部長：黃信國 統制部長：趙港 庶務部長：侯朝宗 顧問書記：陳培初 本部及法律事務所助理：陳結
1927/12/04 第一次 全島大會 臺中市	簡吉 趙港 謝神財 陳德興 楊貴	黃信國	
1928/12/30 第二次 全島大會 臺中市	簡吉、楊春松 黃信國、張行 陳德興、周渭然 莊萬生、陳崑崙 顏石吉、陳海 譚廷芳、陳結 侯朝宗、林新木 蘇清江、江賜金	黃信國	

資料來源：臺灣總督府警務局編，《臺灣社會運動史》，頁 1046、1056-1057、1098。

　　事實上，自 1927 年起，臺灣農民組合努力援引外來勢力，擴大抗爭力量。1927 年 2 月 17 日，農組幹部簡吉、趙港為退官土地放領及竹林爭議等問題上東京向帝國議會請願期間，也極力尋求日本內地各團體之協助。20 日兩人出席大阪日本農民組合第六回總會；25 日回東京，訪問各

界同情人士。大阪之日本農民組合總會通過決議「反對臺灣墾地之強制或欺瞞徵收」，並對臺灣總督府提出抗議書，且建議日本勞動農民黨抗議日本政府苛酷的殖民政策。[57] 3 月 15 日勞動農民黨在東大佛教青年會館主辦「臺灣問題、中國革命真相大演講會」，與會者盡是日本社會主義運動健將，趙港也在會上演講。[58] 其間並獲得社會運動健將布施辰治、古屋貞雄等 13 人應允為農民組合顧問。[59] 簡吉、趙港此行使得臺灣農民組合與日本農民組合及勞動農民黨取得密切連繫，並獲得種種協助。

而日本勞農黨幹部麻生久、布施辰治來臺為二林事件辯護，律師古屋貞雄擔任農民組合顧問，駐臺中執業指導農民抗爭等等，則是外來菁英協助農民運動的具體例證。

（二）文宣、組織與運動策略

農民組合指導農民運動，其角色之積極較諸臺灣文化協會，有明顯的區別。農民組合領導者將學習自日本社會主義運動所學來的種種作法，在臺灣實驗，大大提高了農民運動的議題性，也使運動走向激進化。

首先，在議題塑造方面，農民組合以密集的演講活動展開熱烈的文宣。1927 年 3 月布施辰治來臺為二林事件二審辯護的 20 天期間，晝夜兼行、馬不停蹄地舉辦了 30 場的演講，宣傳無產階級的解放運動。[60] 例如在 3 月 23 日新竹公會堂所舉辦的「無產者解放演講會」，對著二千人以

---

57. 〈臺灣農民組合幹部上京訴願土地問題〉，《臺灣民報》146（昭和 2 年 2 月 27 日），頁 7。
58. 〈臺灣中國問題大講演會〉，《臺灣民報》149（昭和 2 年 3 月 20 日），頁 5。
59. 〈臺灣農民組合的顧問〉，《臺灣民報》151（昭和 2 年 4 月 3 日），頁 7。
60. 〈布施氏旅臺的談片〉，《臺灣民報》159（昭和 2 年 5 月 29 日），頁 7。

圖 5　布施辰治（前排中）與農民運動菁英密切交流。前排左為李應章、前排右為謝春木。
後排左起為蔡淵騰、簡吉、陳萬勤、詹奕侯、劉崧甫。　（大眾教育基金會提供）

上的聽眾，布施氏灌輸民眾：「臺灣的生產力比之三十年前，增加三倍，
而臺灣農民生活狀態的向上，不過是一點點而已」；「臺灣人民的生活狀
態沒有比三十年前向上三倍，是不合理」的觀念。[61] 透過這些演講活動，連
溫卿認為，布施辰治對臺灣大眾的影響力可能大於對二林事件的影響。[62]

　　1927 年 4 月簡吉、趙港上東京請願歸臺後，也在農民組合各地支部
舉辦巡迴演講，例如 4 月 13 日在彰化新港媽祖廟侯朝宗講「農組的使
命」、簡吉講「日本的農民運動」； 14 日在中壢觀音庄觀音廟趙港講「農
民組合」、侯朝宗講「苦海中的農民」，同日晚間觀音庄下大掘莊今標

61.〈無產者解放的講演〉，《臺灣民報》154（昭和 2 年 4 月 24 日），頁 8。
62. 連溫卿，《臺灣政治運動史》（臺北：稻鄉出版社，1988），頁 130。

等講「北部農民生活的現況」、黃又安講「歹生活的農民」、侯朝宗講「南部農民生活的現況」、簡吉講「農民組合」、趙港講「運動的目標」；15 日中壢庄三座屋舊社林阿鐘講「生活運動」、簡吉講「農民」、趙港講「要打倒資本主義的走狗」、侯朝宗講「農民的苦況」；《臺灣民報》的報導稱「所到之處戰無不勝攻無不克」。[63] 觀其講題，莫不針對農民苦境，倡議農民運動，而社會主義主張躍然其間。5 月農民組合顧問古屋貞雄在臺 20 天期間也到 25 個地方演講，徹底挑戰官方。[64]

其次，在農組的領導下，農民運動的組織與策略也更加精進與多樣化。1927 年 4 月 5 日農組在麻豆召開的中央委員會中，做成數項決議：[65]

1、在組織方面：（1）「養成鬥士」，為因應各地要求農組派員指導卻困於人力不足，決定每月召開兩次研究會與講習會，一面訓練組合精神，一面聘任運動之先覺來訓練指導。（2）「援助同志具體方案」，提供為農民組合利益受犧牲者具體支援，包括對本人、入獄者安排送入飲食與日常用品；若其家族不能自立，組合員要負責扶養協助其家族；提供勞力，使其所耕土地不致荒廢，家族得有所養。

2、在運動策略方面：（1）演講隊巡迴各地，並與友誼團體如文化協會、工友會協力召開政談演說會或遊行示威。（2）舉行「勞動祭」，於 5 月 1 日午前 10 時在各地同時舉行「勞動祭」，開演講會與大遊行，以涵養團結精神，表現多數威力。

從表五也可以看出，農民組合指導下的農民運動抗爭策略的多元化。

---

63. 〈臺灣農民組合的活動〉，《臺灣民報》155（昭和 2 年 5 月 1 日），頁 8-9。
64. 〈古屋氏離臺的感想〉，《臺灣民報》161（昭和 2 年 6 月 12 日），頁 14。
65. 〈農民組合決定進攻〉，《臺灣民報》154（昭和 2 年 4 月 24 日），頁 6-7。將農民組合之種種決議歸為組織與策略兩大類，為筆者所整理分類。

農民抗爭事件初起的 1924、1925 年，多採陳情請願，或要求賠償損失；1926 年臺灣農民組合成立，農民抗爭件數增加。1927 年是農民運動高峰期，爭議件數大幅增加到 431 件不說，其中有 344 件是農民組合介入指導，抗爭手段也愈來愈翻新，最引人矚目的是走法律訴訟路線的「假債權設定」手段一躍為 166 件，占所有爭議件數之最高比例，且全部是農民組合所介入，筆者判斷應與律師古屋貞雄進駐臺中市指導農民爭議走民刑事訴訟有關。其次，直接與地主交涉、不納租穀、收割稻穀藏匿、竊取假扣押稻穗等方式，都是新出現的抗爭手段。

表五　佃農抗爭手段類別統計

抗爭類別	具體手段	1924	1925	1926	1927	1928	1929
訴訟	損害賠償	1	0	0	7：4	15：8	2：0
	假債權設定	0	0	0	166：166	0：0	0：0
調停	依賴業佃會	0	0	0	12：0	33：18	10：1
	依賴有力者	0	0	0	5：2	5：2	1：1
	民事調停	0	0	0	1：1	0：0	0：0
交涉	與地主直接交涉	0	0	0	151：99	55：32	7：2
對抗	主張占有	0	2	3	9：8	7：5	0：0
	拒絕交回土地	0	0	0	3：3	0：0	0：0
	拒絕訂約	0	0	0	1：1	0：0	0：0
陳請請願		3	1	4	7：1	2：1	0：0
鬥爭	不納租穀	1	0	0	31：27	11：9	4：0
	不納租金同盟	0	0	0	1：1	0：0	0：0
	團結共同耕作	0	0	8	5：5	3：3	0：0
	妨害新佃農耕作	0	1	0	14：9	0：0	1：0
	收割稻穀藏匿	0	0	0	15：15	1：1	0：0
	妨害地主收穫	0	0	0	1：0	0：0	0：0
	竊取假扣押稻穗	0	0	0	2：2	0：0	0：0
總計		5：0	4：0	15：0	431：344	132：79	25：4

資料來源：臺灣總督府警務局編，《臺灣社會運動史》，頁 1013-1014。

＊表中以「：」為區隔，冒號之前為農民爭議總件數，冒號之後表農民組合所介入之爭議件數。

（三）目標分歧：農民運動的沒落

儘管臺灣農民組合成立以來大力引入外來力量協助運動發展，也不斷創新種種抗爭策略，升高對抗態勢，但並未因此獲得訴求目標，反而因為外來菁英的介入與領導，以意識形態主導抗爭，導致運動漸趨末路。

1926 年 6 月臺灣農民組合成立，1927 年是農民運動最盛時期，佃農爭議件數一躍為 431 件，其中在農民組合指導下者達 344 件。但 1928 年農民爭議卻大幅減少到 132 件。

1927 年末，臺灣農民組合在全臺各地已有 17 個支部，24,100 位組合員，[66] 為臺灣農民組合規模之高峰。但到了 1928 年底，全臺農民組合分部雖增加到 26 處，但組合員反而大幅減少，只剩 10,346 人，不到前一年的半數。[67]

如果說農民組合菁英們領導的抗爭行動鼓舞、激勵了農民運動的蓬勃發展，以下數字卻形同反證。表六的統計數字說明了兩個事實：1927 年蔗農爭議的急速冷卻，與 1928 年佃農爭議也快速萎縮。

蔗農抗爭事件在 1925 年的 12 件是最高峰，1926 年一下子掉落到只剩 11 件，1927 年則是 0 件，並沒有因為臺灣農民組合的成立與組織性的抗爭策略，而能夠持續熱度。二林事件中，日本殖民統治當局祭出司法審判為壓迫手段，歷經兩年的訴訟過程，1927 年 4 月李應章等 25 人判刑確定，是因為殖民者的司法手段震懾了農民的行動？

證諸《臺灣民報》的報導卻非如此，該報評論指出，自二林蔗農爭議發生後，臺灣農民自覺大有進展，像 1926 年鳳山農民組合檢舉事件中

---

66. 臺灣總督府警務局編，《臺灣社會運動史》，頁 1070。
67. 臺灣總督府警務局編，《臺灣社會運動史》，頁 1102。

農民的冷靜與文明作為「令人可怕」，農民不再像以前一樣「見著大人就要跑避三舍」；二林事件一審二審公判有罪的農民「泰然自若，甘心為著自家的主張受了犧牲困苦」。[68]經過二林事件與審判過程的歷練，農民不再懼怕官廳，司法壓迫亦不足震懾民心。

社會學研究者廖美以「理性農民的抗爭邏輯」來解釋蔗農爭議的沒落，認為蔗農抗爭原本即基於經濟利益的理性考慮。由於發難的蔗農事實上多為自耕農，面對製糖會社方面用盡種種戰術化解蔗農的訴求，本身尚有轉作其他作物的可能性，不必拘泥於與製糖為社的耕作關係，因此持續抗爭遭遇難題。也因為蔗農抗爭源於經濟利益，並非政治目的，使得殖民當局更能應付消解。[69]如果此說成立，顯然農民運動有其自主考量與目標，並非隨著農民組合菁英們的激越節拍而亢奮起舞。

回到表一所整理出的農民爭議結果一欄可以看到，陳中和物產面對鳳山農民的抗爭，固然終止了耕地收回計畫，但多數的爭議結局是農民撤守或放棄。例如北港製糖工場的抗爭因部分訴求達成而解決；臺南州明治製糖工場抗爭因部分農民反對而流產；大甲地區退官土地爭議末期，農民態度軟化，分別與退官簽定租佃契約，爭議遂告解決；虎尾崙背鄉的抗爭因警方介入，運動趨於消極；鳳山郡的退官土地爭議同樣因農民與退官簽定租佃契約，爭議消解；嘉義竹崎的竹林爭議，因農民全部簽訂承租契約而告解決……這些農民抗爭事件的落幕多半因為農民自有利益的考量而收手，並未因農民組合帶領尖銳的抗爭策略，上綱到階級對抗或民族運動。這或可說明，儘管臺灣農民組合成立後運動盛極一時，卻自 1928 年後大幅衰退的原因。

68. 〈法廷與社會〉（社論），《臺灣民報》153（昭和 2 年 4 月 17 日），頁 1。
69. 廖美，〈臺灣農民運動的興盛與衰落——對二〇年代與八〇年代的觀察〉，頁 57-73。

表六　1923-1929 年蔗農與佃農爭議件數統計

	1923	1924	1925	1926	1927	1928	1929
蔗農爭議	4：0	5：0	12：0	1：0	0：0	3：0	4：0
佃農爭議	0：0	5：0	4：1	15：6	431：344	134：80	26：5

資料來源：臺灣總督府警務局編，《臺灣社會運動史》，頁 997-999。依檔案所載，本表
1928、1929 年之佃農爭議件數與表五稍有出入。＊表中以「：」為區隔，冒號之前表農民爭
議之總件數，冒號之後表農民組合所介入之爭議件數。

前文指出，臺灣農民組合自 1927 年以來受日本勞動農民黨的影響，
日益走向階級運動，訴求工農利益；1928 年下半年以後，更被臺灣共產
黨滲透，路線愈形激進。1929 年總督府當局以農民組合激進化導致農村
思想惡化，發動「二一二大檢舉」，對農民運動各地組織產生致命性的
打擊。前臺共黨員蕭友山（蕭來福）如此詮釋臺灣農民組合的沒落：[70]

> 一般民眾是依政治意識較低的經濟動機，也就是透過經濟鬥爭而
> 發展政治鬥爭，因此農民組合的這種傾向自然地忘卻本來任務，
> 一頭栽進政治性指導的結果，忽略經濟鬥爭，切斷與民眾的紐
> 帶，以至於與民眾游離。這實在是後期農民組合鬥爭未能充分展
> 開的原因之一。再者，因爲帝國主義殘虐的暴壓，而放棄利用合
> 法性途徑，因爲自陷於非法性途徑，使得與大眾接觸之困難徒然
> 增加，這也是農民組合未能展開充分鬥爭的原因之一。

---

70. 蕭友山，〈臺灣解放運動の回顧〉（臺北：三民書局，1946），頁 4-5。海峽學術出版將此書
與徐瓊二的《臺灣の現狀實を語る》（臺北：大成企業局，1946），兩書合併出版中譯本，
見蕭友山、徐瓊二，《臺灣光復後的回顧與現狀》（臺北：海峽出版社，2002）。

農民運動的階級運動化、共產主義化，非但未能使運動能量增加、聲勢開展，反而因為與民眾的經濟動機相違，造成農組成員的大量流失。甚至，農民組合激進化的目標與手段，反而成為殖民統治取締鎮壓的藉口。

五、結論

　　透過以上日治時期臺灣農民運動的討論，筆者認為可以對資源動員論加以印證，並提供部分修正。

　　首先，日治時期臺灣農民運動的發生確實是在政治控制相對較為鬆動的大正民主時期，環境結構確實是社會運動興起的重要條件，而20年代初期臺灣文化協會的文化演講，《臺灣民報》的報導與呼應，為農民運動支撐起行動空間與有利的社會氛圍。

　　其次，從臺灣農民運動的經驗可以發現，群眾具有相當的自發性與能動性，社會運動的發生未必如資源動員論所說是依靠菁英階級、尤其是外來菁英所能操作。臺灣農民運動的發生主要來自農民群眾的自發行動，各地的抗爭事件的風起雲湧，草根農民扮演了最重要的角色。即使部分事件中由知識分子所領導，也是與地方具深厚淵源的在地菁英為主，並非像資源動員論所說建立在外來菁英的資源挹注上。

　　再者，外來菁英、專業社會運動家的的介入運動，組織動員、引進抗爭策略，未必與運動的壯大與深化有必然關係。1926年6月臺灣農民組合成立之初，其主要幹部多半是具有在地關係的知識菁英。但自1927年起，農民組合領導者大力引入日本勞農黨等外來力量與職業社會運動家，1928年以後甚至為職業革命家所左右；在文宣方面，職業運動家奔

圖6 1928年12月臺灣農民組合於臺中召開第二次全島大會，此時農組已受臺灣共產黨主導。
（大眾教育基金會提供）

忙於各地農村演講、擴大宣傳、形成議題；在組織方面，也發展出互助
協力機制，使獻身運動者免除後顧之憂；在鬥爭手段與抗爭策略上更不
斷翻新。但這些外來菁英與職業運動家並未擴大抗爭能量、延續運動生
命，農民運動的榮景只維繫一年就急速萎縮，抗爭件數與組織成員都在
1928年大幅滑落。

　　最後，臺灣農民運動的經驗也顯示，社會運動中群眾具有相當的自
主意識，資源動員論不免過度誇大、迷信菁英的主導能力。固然，知識
菁英有其運動目標，例如文化協會努力於改變殖民統治權力結構，農民
組合領導菁英醉心於社會主義意識形態的實踐。但農民群眾自有其經濟
動機與理性邏輯，在改善現實生活條件的前提下決定如何採取行動。前
文的討論顯示，農民群眾並未因文化協會的聲援而走向以政治訴求為目

標的抵抗運動，也未因農民組合的激越節拍而支持階級革命；反而因農組日趨急進，造成農民大眾的疏離，更導致農民運動的快速萎縮。

　　日本殖民當局對臺灣農民運動的看法，認定農民抗爭非來自生活困境；質疑農民運動是外力煽動；看待農民群眾為文協與農組菁英從事政治對抗與傳播意識形態的工具。試看二林事件一審判決後《臺灣民報》的一則社論：

> 最缺乏社會教育、而最富於傳統觀念的農民，能共同一致的緣故，不消說是他們的生活條件已經降到饑餓線下，不能維持其口腹，任他們終日勞苦，猶不能改善絲毫。因為這生活不安的共同利害，遂使他們為生存計，擯除一切的阻礙，而毅然蹶起一致團結的了。或說是一二社會運動家為之煽動的，未免太不識時勢之推移了。[71]

　　日本殖民統治當局避談對臺灣民大眾的剝削壓榨，將農民運動興起歸諸於文化協會等菁英階層的煽動操作，不過是卸責之詞罷了。

　　——本文原收錄於陳翠蓮，《台灣人的抵抗與認同》。臺北：遠流，2008，頁 139-178。陳翠蓮教授授權使用。

71.〈農民組合與蔗作爭議〉（社論），《臺灣民報》122（昭和 1 年 9 月 12 日），頁 1。

一、農民運動的起因

① 當時總督府認為是臺灣文化協會等外來團體的煽動。

② 研究指出主要為經濟因素發起的抗爭,且與臺灣文化協會之間沒有直接關聯。

③ 從資源動員論的觀點,檢視臺灣農民運動。

二、臺灣農民運動的概況

① 起因:蔗農受製糖會社剝削、出售官有地引發的農民爭議等。

② 臺灣農民組合的成立(1926-1929)

1928 年 8 月以前,受日本勞動農民黨指導;其後為臺灣共產黨所指導。

1929 年日本政府發動「二一二大檢舉」,農民組合活動陷入停頓。

三、文化協會與農民運動的關係(1923-1926)

① **農民運動與其領導人:**

由地方的有力人士和農民發起、領導。

除二林醫師李應章為文化協會成員,其他領導人都無直接關係。

文化協會多半為被動協助的角色,引導或中介發聲的管道。

② **文化演講與農民運動:**

臺灣文化協會主要透過各地的文化演講,與《臺灣民報》的支持,打造有利農民運動的輿論與社會氛圍。

③ **文化協會與農運的組織動員：**

唯一一次關係較深的為二林蔗農運動，主要因為領導人李應章為文化協會成員。

農民爭取的經濟條件改善，與文化協會的政治、文化訴求，並無明顯交集。

四、臺灣農民組合與農民運動的關係

① 1926 年農民組合成立後，開始介入全島的農民爭議。

② 核心人物多半為當時知識階層，因生活受影響或同情弱勢，而投入農民運動。

③ 臺灣農民組合指導下，農民抗爭策略、手段多元，次數也大幅增加。

④ 1927 年，援引外來勢力，擴大抗爭的力量，如日本的勞動農民黨。

⑤ 1928 年，臺灣農民組合已轉變為臺灣共產黨的外圍組織。

⑥ 但農民運動的主旨脫離經濟訴求，轉向階級抗爭、共產主義，造成農業組合成員大量流失。

五、結論

① 農民運動出現在日本政治控制力道較輕的時期，有利發展。

② 農民運動大多為在地農民、知識分子發起，與外來勢力無關。

③ 引入外來勢力不見得增強農民運動的力量。

④ 臺灣農民運動中，農民群眾的自主性值得關注。

〈強人威權黨國體制與戰後臺灣政治案件〉

陳鴻圖

 「白色恐怖」一詞源自法國大革命，是指保守反動勢力對付革命分子所採用的種種恐怖手段。到了 20 世紀，「白色恐怖」轉變成保守、右派的政權針對反抗現有體制的個人或團體，利用國家機器所進行的暴力行為，所謂「國家恐怖主義的暴力行徑」。臺灣從 1949 年「戒嚴令」的頒布到 1992 年「刑法一百條」修正，國民黨這段長達四十餘年的威權統治，被認為是典型的「白色恐怖」統治。

 第二次世界大戰結束後，臺灣由中華民國政府接收。後因國民黨政府失政，導致在 1947 年爆發二二八事件，旋即又因國共內戰失利，1949 年中華民國政府敗退來臺。1950 年韓戰發生，因美國介入臺海局勢，臺灣得以免除中華人民共和國的武力威脅，但是得到美國支持的蔣氏政權則以此為契機，建構強人威權體制。為因應內外危機，達到反共及穩固政權的目的，政府藉由「動員戡亂時期臨時條款」（1948）的頒布，及在 1949 到 1950 年代間接連施行「戒嚴令」、「懲治叛亂條例」、「檢肅匪諜條例」等法令，打壓異己，行政部門將「違反」這些法律的人民逮捕、審訊、送軍事法庭審判，又因軍事審判的草率，及施行告密和辦案成效

的獎勵機制，及「寧可錯殺，不可放過」的思維，使得許多人遭受牽連，輕則禁錮，重則失去生命，許多家庭因而破碎，影響層面小至個人生活，大至整個社會籠罩著恐怖的氛圍。

過去對於白色恐怖案件的研究，大都依「案件」或「被害者」的性質來分類，包括對共黨組織嫌疑者的鎮壓、對臺獨主張或運動者的鎮壓、打壓山地原住民的自治運動、對民主運動的壓制、政治權力鬥爭、情治特務機構間的鬥爭、文字獄、為獎金或爭功製造的假案等幾種類型。但本文作者蘇瑞鏘認為戰後白色恐怖案件，特別是政治案件的發生，雖有其複雜的因素，但「強人威權黨國體制」是核心因素之一，而「強人」（蔣氏父子）與「黨」（國民黨）是了解該體制的重點，誠如自由主義學者殷海光在 1969 年發表的〈剖析國民黨〉一文，文中指出「從歷史觀點看，臺灣現政權的本質只是中國大陸舊政權的延續。除此之外，舵手的人格和國民黨的性格都是臺灣現時政情的重要因素，甚至是最強力的發動機。」「舵手的人格」即是指「強人」，「國民黨的性格」就是「黨」。也因此，作者在文中才會以蔣介石、蔣經國、國民黨三者，從「加害者」及「決策者」的角度來論述和政治案件間的關係。

近年來臺灣雖持續進行轉型正義工作，政治受難者也陸續被「回復名譽」和「補償」，但「真相與歷史的追求」、「加害者責任追究」等重大問題都必須真誠面對，如此才能有助於社會的和解和民主化的鞏固。

延伸閱讀

1. 胡淑雯等著，《無法送達的遺書：記那些在恐怖年代失落的人》（新北：衛城出版社，2015）。
2. 葉虹靈，〈臺灣白色恐怖創傷記憶的體制化過程：歷史制度論觀點〉，《臺灣社會學》29，（2015.6），頁 1-42。

強人威權黨國體制與戰後臺灣政治案件

蘇瑞鏘*

一、前言

　　戰後臺灣在戒嚴時期、特別是 1949-1992 年間，[1] 有數以萬計的人民，[2] 遭到國民黨當局以叛亂或匪諜為由，加以拘捕、審問和處罰，[3] 導致政治上的「白色恐怖」（white terror）氛圍，[4] 長期籠罩全臺。

---

* 國立臺北教育大學臺灣文化研究所助理教授。研究領域為臺灣民主人權史、戰後臺灣史。
1. 1949 年當局頒布《懲治叛亂條例》，加重《刑法》普通內亂罪之刑責。1992 年《刑法》第 100 條修正後，就法制層面而言再也沒有言論叛亂罪。
2. 據 2005 年 7 月 31 日國防部所初步完成的「清查戒嚴時期叛亂暨匪諜審判案件」專案報告之統計，戰後臺灣史上經軍事審判的政治案件共計 16,132 人。該專案報告之統計資料，轉引自：邱榮舉、謝欣如，〈戰後臺灣客家菁英與白色恐怖政治事件——解析許信良與三個重要政治事件之關係〉，收入臺灣省諮議會編印，《「臺灣民主的興起與變遷」第二屆學術研討會——人物與事件論文集》（臺中：臺灣省諮議會，2007），頁 57。另外，1988 年 11 月 5 日，代表政府列席立法院內政委員會的陳守煌（法務部調部辦事主任檢察官）表示：「軍事機關的判決案件相當多，依照目前實務上有 29,407 件」。參見〈內政委員會會議　審查人民請願案〉，《立法院公報》78：49（1989.06.21），頁 225、228。
3. 戰後臺灣政治犯被當局拘捕、偵辦、審判、核覆、處罰等流程，可詳參蘇瑞鏘，〈臺灣政治案件之處置（1949-1992）〉（臺北：國立政治大學歷史學系博士論文，2010）。

戰後臺灣之所以出現眾多政治案件，實有其複雜的因素。早在中國執政時期，國民黨政權就已實施一黨訓政的「黨國體制」，同一時期並受到法西斯主義的影響，威權色彩本已濃厚，也經常整肅政治異議分子。戰後由於國共內戰，動員戡亂體制與戒嚴體制逐漸被建構起來，成為當局處置政治案件的重要體制。

　　1949 年國民黨政權因國共內戰失敗而遷臺，遂以國家安全為由大肆逮捕「叛亂犯」與「匪諜」。[5] 1950 年韓戰爆發後，成為國際冷戰時期美國為首的反共陣營一員的國民黨政權，遂透過「改造」等措施強化其威權體制、尤其是以蔣介石與蔣經國父子為中心的「強人威權體制」。

　　必須說明的是，「黨國體制」早在國民黨一黨訓政時期即已逐漸形成，來臺後有進一步的發展。至於「威權體制」（the authoritarian regime），則常被學界、媒體或政治團體用來描述關於戰後臺灣整體統治體制的發展。[6] 所謂的威權體制，一般是採用西班牙政治學者 Juan J. Linz 在極權（totalitarianism）和民主（democracy）之外所另闢的詮釋模式。[7]

---

4. 「白色恐怖」（white terror）一詞，一說源自法國大革命，指當時以白色為代表色的右派波旁王室對左派雅克賓黨人所採取的報復行動。（參見 Duncan Townson,ed., *Dictionary of Modern History 1789-1945*〔London: Penguin Books, 1994〕, pp.840-841、912-913；轉引自劉熙明，〈蔣中正與蔣經國在戒嚴時期「不當審判」中的角色〉，《臺灣史研究》6：2〔2000.10〕，頁140）。戰後臺灣的白色恐怖，形式上指右派國民黨當局對左派共黨分子的鎮壓，實際上則是指當局以「叛亂」與「匪諜」等罪名採取鎮壓政治異己的行動，鎮壓對象不分左派或右派。其中僅少數有合乎當局實定法上的「叛亂」作為，多數則為冤、錯、假案。直到 1991 年立法院廢止《懲治叛亂條例》與《戡亂時期檢肅匪諜條例》、1992 年修正《刑法》第 100 條，長達數十年的白色恐怖時代才告結束。參見蘇瑞鏘，〈白色恐怖〉，收入張炎憲、李福鐘主編，《揭穿中華民國百年真相》（臺北：臺灣歷史學會，2011），頁 143-145；蘇瑞鏘，〈白色恐怖〉，收入文化部，「臺灣大百科全書」，網址：http://nrch.culture.tw/twpedia.aspx?id=3864（瀏覽日期：2013 年 2 月 4 日）。

5. 此處「叛亂犯」與「匪諜」名稱之差異，主要是其所根據之《懲治叛亂條例》與《戡亂時期檢肅匪諜條例》有所不同。

此一論述以吳乃德肇其端，若林正丈續其後；而薛化元為表徵兩蔣統治的強人意志，遂再加上「強人」二字，以強調兩蔣的獨裁現象，[8]而成為「強人威權體制」。[9]

　　戰後臺灣兩蔣統治時期的政治體制，其內涵除了有訓政時期國民黨

6. 林果顯，〈戰後臺灣統治體制的再思考——威權體制的理論與適用〉，收入現代學術研究基金會，《現代學術研究（專刊13）——戰後臺灣歷史省思》（臺北：現代學術研究基金會，2004），頁45。關於戰後臺灣威權體制的研究，另可參考孫代堯，《台湾威权体制及其转型研究》（北京：中国社会科学出版社，2003）；薛化元，〈威權體制的建立〉，收入張炎憲、陳美蓉主編，《戒嚴時期白色恐怖與轉型正義論文集》（臺北：吳三連臺灣史料基金會、臺灣歷史學會，2009），頁15-42；胡佛，〈威權體制的傘狀結構〉，《二十一世紀》5（1991.6），頁36-40。按：所謂「威權體制的傘狀結構」是一種動態的政治結構，「就像一把傘：統治者是傘的機紐，而在政黨的主軸上，撐起控制統治社會、政治社會及民間社會的三支傘柄，將威權體制的傘張開」。

7. 據學者薛化元引述Linz的說法，指出：「它並不像極權國家，擁有不可質疑的最高意識型態（如共產主義），也無嚴謹的組織以進行政治、社會、經濟等各方面的控制。它允許一定程度的多元思想，然而，這些多元思想的存在並非像民主國家般，其存在本身就具備正當性，而且只要取得選民的支持，隨時有競逐政權的可能。基本上，威權政權領導者的權力行使，背後揉雜不同的政治勢力與利益團體，包含意識型態、統治政權的力量與正當性，以及國際勢力的牽絆等，也因此，該政體會隨著國內外局勢的轉變，對政治、經濟、社會等各面向進行程度不一的恐怖統治」。詳參薛化元、楊秀菁，〈強人威權體制的建構與轉變（1949-1992）〉，收入李永熾、張炎憲、薛化元主編，《「人權理論與歷史」國際學術研討會論文集》（臺北：國史館，2004），頁272-275；Juan J. Linz, "An Authoritarian Regime: Spain", Erik Allard and Stein Rokkan eds., *Mass Politics: Studies in Political Sociology*（New York: Free Press, 1970），pp. 251-257.

8. 李永熾，〈兩蔣獨裁政權的成立與變化〉，《當代》231（2006.11），頁10。吳乃德與若林正丈的論述，詳參Nai-teh Wu（吳乃德）, "The Politics of A Regime Patronage System: Mobilization and Control Within An Authoritarian Regime",Ph.D Dissertation, University of Chicago, 1987；若林正丈著，洪金珠、許佩賢譯，《臺灣——分裂國家與民主化》（臺北：月旦出版社，1994）。

9. 關於「強人威權體制」一說，詳參薛化元、楊秀菁，〈強人威權體制的建構與轉變（1949-1992）〉，頁268-315。按：戒嚴時期，曾有西方學者將臺灣歸類為「威權體制」的類型。近來已有許多學者對此提出修正，然他們大都忽略戰後臺灣威權統治體制形成或轉型過程中的關鍵因素——強人意志。至少在1970年代以前，強人意志乃是主導臺灣政治發展的關鍵因素，包括掌控情治大權的國防會議、深入校園與推行黨化教育的救國團系統等等，都在強人的意志下所推動。參見薛化元，《臺灣全志·政治志·民主憲政篇》（南投：國史館臺灣文獻館，2007），頁34。

「黨國」體制與文化的移植，亦有戰後「強人威權體制」的確立。因此，本文概以「強人威權黨國體制」指稱戰後臺灣白色恐怖時期的政治體制。

　　隨著「強人威權黨國體制」逐漸鞏固，國民黨當局從而展開長達數十年的高壓統治，政治案件於是不斷發生。本文將先討論「強人威權黨國體制」的歷史發展，以及在該體制下，蔣介石、蔣經國、國民黨三者分別與政治案件的關係。

二、訓政時期黨國體制與文化的移植

　　戰後臺灣處置政治案件的政治主體，基本上為蔣介石所領導的、延續自中國大陸的國民黨政權。它在臺灣進行強人威權黨國體制的建構，固然有其特定的時空背景，然亦不可忽略它在中國大陸訓政時期處置政治案件時的政治體制與文化之延續，包括意識形態以及相關法制、機構等等。由於有這些政治體制與文化的淵源，遂有利來臺之後建立強人威權黨國體制。

　　國民黨在其歷史發展當中逐漸形成兩種主要性格，一為「黨運與國運不分」，二為「領袖的意志與黨的意志有相當大的重疊」。[10] 簡言之，一為「黨治主義」，一為「人治主義」。國民黨在其歷史發展過程中逐漸形成黨國不分、甚至黨凌駕在國之上的「黨治主義」性格。例如，在訓政時期，《中華民國訓政時期約法》的體制即是「以黨治國」。當時著名學者王世杰與錢端升曾表示：「所謂『黨治』，即由一黨統治，由一黨獨裁之意……黨可以獨裁，而不問黨外人民的意見，黨的決議，事實上，甚或形式上就等於法律；而且黨更可以用決議的方式隨時取消或

---

10. 魏誠，〈自由中國半月刊內容演變與政治主張〉（臺北：國立政治大學新聞研究所碩士論文，1984），頁 124-125。

變更法律」；[11] 學者王泰升據此推而論之：「既然在訓政時期，法律是國民黨訂的，那麼法院是國民黨開的，不也是順理成章的事？」[12]

而 1939 年國民黨中央設置作為「政治最高指導機關」的「國防最高委員會」，該委員會的委員長更可逕行頒布效力高於一切的命令，[13]「使得中國國民黨在遂行黨治主義的同時，與此併行的人治主義色彩亦臻於最極致的狀態」。[14] 而國民黨集團「黨治主義」和「人治主義」的政治傳統，也於戰後移植到臺灣來，透過 1950 年代初期的「改造」，進一步使得黨治與人治的政治傳統更為強化。

另外，在孫中山聯俄容共時期，國民黨已一定程度承襲蘇聯共黨的政治體制與文化；到了蔣介石主政的訓政時期，國民黨則是有法西斯化的傾向，[15] 此可透過意識形態、法制、組織等面向來觀察。

---

11. 王世杰、錢端升，《比較憲法》下冊（上海：商務印書館，1948），頁 205。轉引自王泰升，〈國民黨在中國的「黨治」經驗——民主憲政的助力或阻力？〉，《中研院法學期刊》5（2009.09），頁 119。

12. 王泰升，〈國民黨在中國的「黨治」經驗——民主憲政的助力或阻力？〉，頁 119。王泰升指出：「訓政時期法院所印製的民事、刑事司法狀紙封面，放置孫文肖像、國旗、黨旗、總理遺囑，還聳立著一棟建築物，寫著『中央黨部部址』，顯現出法院是由國民黨開設的意涵」。（參見：王泰升，〈清末及民國時代中國與西式法院的初次接觸——以法院制度及其設置為中心〉，《中研院法學期刊》1〔2007.9〕，頁 141），以此證成「法院是國民黨開的」。

13. 王泰升，〈臺灣戰後初期的政權轉替與法律體系的承接（1945-1949）〉，收入王泰升，《臺灣法的斷裂與連續》（臺北：元照出版公司，2002），頁 12-13。至於該委員會的組織與運作，可詳參劉維開，〈國防最高委員會的組織與運作〉，《國立政治大學歷史學報》21（2004.5），頁 135-164。

14. 薛化元、陳翠蓮、吳鯤魯、李福鐘、楊秀菁，《戰後臺灣人權史》（臺北：國家人權紀念館籌備處，2003），頁 27-28。

15. 王丹指出，獨裁主義對國民黨與蔣介石而言有其長期的傳統與思維，這不僅有來自蘇聯的模型，部分也來自對法西斯主義的愛好。（參見 Dan Wang, "The Comparative Study on State Violence between Mainland China and Taiwan in 1950s"〔PhD Dissertation, Harvard University, 2008〕, pp.152-153.）這些都是戰後臺灣白色恐怖不可忽略的政治文化因素。學者林毓生曾相當傳神地指出：1950 年代的臺灣，「當時的統治集團是一個結合右派法西斯意識型態、左派列寧式政黨組織，揉雜著中國舊社會幫會性與家天下性格的政治勢力」。參見林毓生，〈敬悼民主運動先驅者傅正先生〉，收入宋英等，《傅正先生紀念集》（臺北：桂冠圖書公司，1991），頁 46。

首先，從意識型態的面向來觀察。早在 1930 年前後，蔣介石及其所領導的國民黨政權即開始受到法西斯主義（fascism）的影響。[16] 蔣介石曾透過德國軍事顧問團中的顧問（尤其是顧問中的納粹黨人）了解納粹的組織與管理方式，特別對該黨領袖如何在黨內「對可能出現的黨的敵人或異己派別採用嚴厲的制裁措施」甚感興趣；甚至稱讚法西斯主義「是目前中國所最需要的」、「是能夠救中國的唯一思想」。[17] 而且，蔣介石還在 1931 年的國民會議上，公開以法西斯主義作為國民黨訓政的理論基礎。[18] 此後，蔣介石不斷發揮法西斯主義思想中的國家有機體論，以及另一個法西斯主義的重要原則──領袖原則。[19] 1938 年蔣介石被推選為國民黨總裁，即是國民黨人多年來鼓吹的「領袖獨裁制」之實現。[20]

來臺以後，蔣介石仍選擇使用法西斯的態度來反對共產主義以及被他視為「共匪工具」的自由主義。而且，此一態度甚至為其子蔣經國所信仰並發揮。蔣經國在 1950 年代曾多次公開批判共產主義，以及被他當

---

16. 法西斯主義對蔣介石及其所主導的國民黨政權之影響，可參 William C. Kirby, *Germany and Republican China*, Stanford, Calif. : Stanford University Press, 1984；Lloyd E. Eastman, *The Abortive Revolution: China under Nationalist Rule, 1927-1937*, Cambridge, Mass.:Harvard University Press, 1990；馬振犢、戚如高，《蔣介石與希特勒──民國時期的中德關係》（臺北：東大圖書公司，1988）；馮啟宏，《法西斯主義與三〇年代中國政治》（臺北：國立政治大學歷史學系，1998）。

17. 馬振犢、戚如高，《蔣介石與希特勒──民國時期的中德關係》，頁 23、25。

18. 石佳音，〈中國國民黨的意識形態與組織特質〉（臺北：國立臺灣大學政治學系博士論文，2008），頁 56；例如，1931 年 5 月 5 日，國民政府在南京召開國民會議，蔣介石在開幕致詞時即指出：「今統一告成，訓政得以實際開始，故國人對於訓政之理論，應有正確之了解，……總察現在統治世界各國之政府，雖形式互殊，而其理論之立場大要，……約可概分為三，而主黨者主其二，第一，法西斯蒂之政治理論，本超象主義之精神，依國家機體學說為根據，以工團組織為運用，認定國家為至高無上之實體國家，得要求國民任何之犧牲」。參見蔣中正，〈蔣主席致國民會議開幕詞（民國二十年五月五日）〉，收入羅家倫主編，《革命文獻》第 23 輯（臺北：中國國民黨中央委員會黨史史料編纂委員會，1960），頁 615。

19. 石佳音，〈中國國民黨的意識形態與組織特質〉，頁 56-59。

20. 馮啟宏，《法西斯主義與三〇年代中國政治》，頁 280。

作共匪宣傳遺毒的「個人自由主義」；甚至還揚言不會理會外界指其為「中國的法西斯派」的批評。[21]

1949 年來臺以後，國民黨當局逐漸建構以領袖蔣介石（以及其後的蔣經國）為核心的強人威權體制，並長期反對共產主義與自由主義，甚至對這兩類敵人或異己「採用嚴厲的制裁措施」，從而產生眾多政治案件。因此，從歷史的脈絡來觀察，實不可忽視其自訓政時期以來法西斯的思維與態度。另外，蔣介石雖非封建時代的帝王，然卻擁有帝王般的恣意權力，背後亦可見其封建思想之濃厚。戰後臺灣之所以出現眾多恣意立法、恣意行政與恣意司（軍）法等不當與不法處置的政治案件，實不可忽略此一背景。

其次，從法制的面向來觀察。戰後處置政治案件的相關法制，固然有其延續自清末民初的發展；[22] 然其後續發展的過程中，在訓政時期則沾染了法西斯法學思想。[23] 以 1935 年制定的《刑法》（內亂罪）為例，有刑法學者指出：由於當時的刑法教材受納粹主義影響，隨著政府遷臺，這種「國家至上」的刑法思考隨著進入臺灣，相延綿傳，影響既深且鉅。[24]

不僅是《刑法》（內亂罪），1949 年制定的《懲治叛亂條例》亦受

---

21. 石佳音，〈中國國民黨的意識形態與組織特質〉，頁 57-63。對蔣經國言論與態度的分析，詳參石佳音前引文頁 61-63，其原始史料參見蔣經國，〈建立共同信仰〉，收入蔣經國先生全集編輯委員會編，《蔣經國先生全集》第 4 冊（臺北：行政院新聞局，1992），頁 312；蔣經國，〈建立革命思想的堡壘〉，收入蔣經國先生全集編輯委員會編，《蔣經國先生全集》第 4 冊，頁 328-329；蔣經國，〈五個基本問題——理想、責任、精神、態度、前途〉，收入蔣經國先生全集編輯委員會編，《蔣經國先生全集》第 5 冊（臺北：行政院新聞局，1992），頁 57-67。
22. 可詳參蘇瑞鏘，〈戰後臺灣處置政治案件的相關法制〉，《臺灣史學雜誌》9（2010.12），頁 155-202。
23. 關於法西斯法學思想的討論，可參史广全，《法西斯主义法学思潮》（北京：法律出版社，2006）。
24. 陳志龍，〈曲解內亂罪竟五十年〉，《律師通訊》141（1991.6），頁 10-11。

到法西斯主義的影響。亦有刑法學者指出：該條例的前身乃是訓政時期的《危害民國緊急治罪法》，而 1931 年制定該法時國民黨是以德國納粹黨作為仿效目標。因此，《懲治叛亂條例》自然帶有極為濃厚的國家社會主義（納粹主義）思維。[25]

　　再者，從組織的面向來觀察。戰後處置政治案件的法院系統（普通法院與軍事法院）固然是延續自中國，情治系統（調查局、保密局等等）亦是由國民黨執政中國時期的「中統」（中國國民黨調查統計局）與「軍統」（國民政府軍事委員會調查統計局）兩個主要系統繁衍而來。而中統與軍統皆濫觴於法西斯主義氛圍濃厚的訓政時期，當時在中國大陸進行監視、搜捕、綁票、刑求乃至暗殺等鎮壓政治異己的傳聞，日後不斷傳出。[26] 因此，要探究情治單位在戰後臺灣處置政治案件的作為，不可忽略其在訓政時期法西斯主義政治慣性之影響。

三、戰後動員戡亂體制與戒嚴體制的建構

　　1949 年前後，影響日後眾多政治案件的動員戡亂體制與戒嚴體制也在逐漸被建構起來，以下就分「動員戡亂體制」與「戒嚴體制」兩方面

---

25. 蔡墩銘（計畫主持人），《戒嚴時期之惡法與審判——以不當叛亂匪諜審判案件為主》（臺北：財團法人戒嚴時期不當叛亂暨匪諜審判案件補償基金會，2004），頁 20-21。
26. 章微寒，〈戴笠與龐大的軍統局組織〉，收入徐恩曾等，《細說中統軍統》（臺北：傳記文學出版社，1992），頁 347-357；沈醉，《軍統內幕》（臺北：新銳出版社，1994），頁 45-70、129-135。關於暗殺傳聞，如軍統特務於 1933、34 年間暗殺中央研究院總幹事楊杏佛與主持《申報》的史量才等人即為顯例，前引二書皆論及楊、史等案。近來學者劉熙明為文分析國共內戰時期若干特務暗殺異議人士的事件，實乃是蔣介石親自下令，或是默認、縱容、包庇特務的暗殺事件。參見劉熙明，〈看不見的血手：國共內戰時期的國府特務殺人與蔣介石之關係〉，《臺灣史學雜誌》6（2009.6），頁 126-150。

加以討論。

（一）動員戡亂體制

　　1947 年 7 月 5 日，國民黨政府以「戡平共匪叛亂，掃除民主障礙」
為由發布訓令，宣告全國總動員；此時尚未行憲，臺灣就已進入非常時
期。1948 年 4 月 18 日召開第一屆國民大會，國民大會制訂《動員戡亂
時期臨時條款》，4 月 30 日更決議通過「全國動員戡亂案」。此時行憲
僅 4 個月，政府尚未組成，行憲後第一任總統還未產生。隔年隨著中華
民國政府遷臺，動員戡亂時期臨時條款體制也就逐漸影響中央政府的憲
政基本結構。[27] 動員戡亂體制主要包含以下法令：

　　一、《國家總動員法》：1938 年國民政府制訂公布《非常時期農礦
工商管理條例》，授權行政部門管制戰時物資。1942 年公布範圍更廣的
《國家總動員法》，除納入原先《非常時期農礦工商管理條例》的管制外，
還加入有關政治控制的項目。[28] 它不僅是一套戰時經濟管制法，也是一套
與政治控制有關聯的戰時媒體、言論、通訊、集會、結社等的管制法。
該法還授權政府發布各種行政命令，限制或剝奪人民的基本自由；對於
違反者則依《妨害國家總動員懲罰暫行條例》加以處罰，甚至可處以死
刑。[29]

　　二、《動員戡亂時期臨時條款》：1948 年制定，其後曾於 1960 年、

---

27. 薛化元，《臺灣全志・政治志・民主憲政篇》，頁 25。
28. 薛化元、陳翠蓮、吳鯤魯、李福鐘、楊秀菁，《戰後臺灣人權史》，頁 96。
29. 林山田，《五十年來的臺灣法制》（臺北：作者發行，1996），頁 49。關於《國家總動員法》
　　的討論，另可詳參林果顯，〈一九五〇年代反攻大陸宣傳體制的形成〉（臺北：國立政治大
　　學歷史學系博士論文，2009），頁 41-47。

1966 年，以及 1972 年進行修訂，1991 年廢止。其中，1960 年修訂的「總統、副總統得連選連任，不受《憲法》第四十七條連任一次之限制」；1966 年修訂的「授權總統得設置動員戡亂機構，決定動員戡亂有關大政方針，並處理戰地政務」與「總統為適應動員戡亂需要，得調整中央政府之行政機構、人事機構」，[30] 使得總統得以擴權。

三、戡亂時期法令：屬於戡亂法制的法令甚多，其中與處置政治案件有關者，在法律方面包括《懲治叛亂條例》、《戡亂時期檢肅匪諜條例》等等；在行政命令方面包括《戡亂時期匪諜交付感化辦法》、《戡亂時期檢肅匪諜給獎辦法》、《戡亂時期共匪附匪及叛亂份子自首辦法》、《戡亂時期預防匪諜與叛亂犯再犯管教辦法》等等。這些動員戡亂時期的法令，一直要到 1991 年 5 月動員戡亂時期宣告終止後，1992 年 8 月才完全由立法院加以廢止。[31]

（二）戒嚴體制

《戒嚴法》制定於 1934 年，[32] 至於與臺灣有關的戒嚴令主要有三次：第一次是二二八事件時期所頒布的戒嚴令；第二次是 1948 年 12 月 10 日總統根據《臨時條款》，經行政院會議之決議所頒布的全國戒嚴令；第三次則是 1949 年 5 月 19 日公布的全省戒嚴，[33] 一般所稱的戒嚴是指第三次

---

30. 薛化元，《臺灣全志・政治志・民主憲政篇》，頁 92-93、118-124。
31. 這些處置政治案件的相關法令，詳參蘇瑞鏘，〈戰後臺灣處置政治案件的相關法制〉，頁 157-168。
32. 關於《戒嚴法》的討論，可參張劍寒，《戒嚴法研究》（臺北：漢苑出版社，1976）。
33. 以上三次戒嚴令的討論，詳參薛月順、曾品滄、許瑞浩編註，《戰後臺灣民主運動史料彙編（一）：從戒嚴到解嚴》（臺北：國史館，2000），引言，頁 3-9。

戒嚴。

1949 年 5 月 19 日，臺灣省政府省主席兼臺灣省警備總司令陳誠發布「戒字第一號」布告，公告自翌日起全臺戒嚴。[34] 5 月 27 日，臺灣省警備總司令部更進一步發布有關戒嚴時期的相關法令，規定：防止非法行動；管理書報；非經許可不准集會結社；禁止遊行請願、罷課、罷工、罷市、罷業等一切行為。[35] 依照《戒嚴法》的規定，戒嚴地區如同實施嚴格的軍事管制。在戒嚴期間，臺灣省警備總司令部、臺灣省保安司令部、臺灣警備總司令部、國防部等機關前後頒布一系列限制剝奪人權的行政命令，較重要者如：《臺灣省戒嚴時期防止非法集會、結社、遊行、請願、罷課、罷工、罷市、罷業等規定實施辦法》、《臺灣省戒嚴時期新聞紙雜誌圖書管制辦法》、《臺灣省戒嚴時期郵電檢查實施辦法》等等，[36] 形成天羅地網般的戒嚴法制。從此，人權遭受政府法令的任意侵奪與限制，應受到憲法保障的人身、言論、出版、結社、通訊、行動等權利徒具虛文。一直要到 1987 年 7 月 15 日解除戒嚴，人權保障才逐漸恢復。戒嚴的實施，提供軍方可以介入司法及治安的法律基礎，因而強化動員戡亂體制的影響力，這也是政府遷臺後整個統治政策的基調之所在。堪稱是政府遷臺以後約四十年間，當局掌握臺灣政治、社會、文化發展最重要的機制。[37]

而戒嚴體制與政治案件的關係，主要在於戒嚴時期非軍人的政治犯

---

34. 《中央日報》，1949 年 5 月 19 日。
35. 《臺灣新生報》，1949 年 5 月 28 日。
36. 林山田，〈五十年來的臺灣法制〉，頁 38-39。
37. 薛化元，〈陳誠與國民政府統治基盤的奠定——以一九四九年臺灣省主席任內為中心的探討〉，收入一九四九年：中國的關鍵年代學術討論會編輯委員會編，《一九四九年：中國的關鍵年代學術討論會論文集》（臺北：國史館，2000），頁 270-272；薛化元，《臺灣全志·政治志·民主憲政篇》，頁 29-30。

必須交付軍事審判，[38] 以及解嚴後政治犯可依法上訴的規定。[39] 至於其壓制人權所形成的政治氛圍，更是戰後臺灣發生眾多政治案件所不可或缺的歷史背景。

四、強人威權黨國體制的形成與強化

戰後臺灣強人威權黨國體制的建構，除有國民黨訓政時期「以黨領政」的歷史傳承作為主因，也有其後內戰與冷戰的時代結構為其助緣。來臺之初，國民黨進行「改造」（1950-1952）乃其打造強人威權體制的關鍵作為，就時代結構來看，國共內戰的失利顯然是直接動因，然韓戰之後臺灣被捲入國際冷戰的架構中卻也是不可忽視的時代條件。

1949 年國民黨當局來臺以前雖已通過「改造」之議，[40] 然正式進行「改造」卻要到韓戰之後。1950 年 6 月 25 日韓戰爆發，美國為避免戰事擴大到臺海進而引起全面戰爭，杜魯門總統在 6 月 27 日決定派遣第七艦隊駐防臺灣海峽，維持海峽的中立化，[41] 使臺灣和中國大陸處於隔離狀態。[42] 此時中華人民共和國對臺灣直接的武力威脅暫告解除，於是蔣

---

38. 有關戒嚴時期非軍人的政治犯必須交付軍事審判，可參蘇瑞鏘，〈戰後臺灣處置政治案件的相關法制〉，頁 168-178。
39. 《戒嚴法》第 10 條規定，戒嚴時期犯內亂外患等罪者解嚴後可依法上訴。然在 1987 年解嚴前夕立法院通過《國家安全法》，其中第 9 條卻剝奪解嚴後政治犯可以上訴的權利；之後大法官會議〈釋字第 272 號解釋〉竟裁定上述《國家安全法》的法條合憲。可參蘇瑞鏘，〈臺灣政治案件之處置（1949-1992）〉，頁 337-338。
40. 希望透過確立「革命民主政黨」的思想路線、採取「民主集中制」的黨組織，並建立「小組」為黨的基礎單位等等。參見許福明，《中國國民黨的改造（1950-1952）》（臺北：正中書局，1986），頁 45-54。
41. 張淑雅，〈杜魯門與臺灣〉，《歷史月刊》23（1989.12），頁 78。
42. 麥克阿瑟著，張瓊譯，《麥克阿瑟回憶錄》（臺南：文國書局，1983），頁 208。

介石總統便藉此契機大力推行國民黨的「改造」，藉以鞏固危如累卵的政權。[43]

1950年7月22日，國民黨中央常務委員會通過「中國國民黨改造案」，並成立「中央改造委員會」進行「改造」，希望透過徹底改造國民黨，以「重整革命組織，恢復革命精神」。[44] 其主要方向，在於黨組織的整頓、以黨領政、以黨領軍，以及更進一步整頓情治組織。[45] 而且，還朝向「以『領袖』意志主導的強人威權體制發展」。[46] 此一方向的「改造」，固然與國民黨訓政時期「以黨領政」、「以黨領軍」的統治模式有許多相近之處；不過，由於國民黨在中國大陸時期派系勢力龐大，黨的領袖所欲推行的政策必須透過各派系的領導人才得以落實。因此，1950年的「改造」即是以解決派系傾軋的問題為重點，不但削弱了黨內原有各派系（特別是C.C.派）的政治力量，也加強了蔣介石對黨的控制，使強人的意志得以貫徹。[47] 經過「改造」，蔣介石（乃至蔣經國）終於擺脫了大陸時期派系領袖的掣肘，真正成為威權強人。

有學者亦指出：所謂「改造」，「固然反映國民黨領導菁英痛定思痛的決心，但這改革並不是朝向民主化，而是重建政治領袖的權威」；[48]

43. 韓戰與改造關聯的討論，詳參薛化元，《臺灣全志·政治志·民主憲政篇》，頁35。
44. 蔣中正，〈關於實施本黨改造之說明〉，收入秦孝儀主編，《先總統 蔣公思想言論總集》，第23卷（臺北：中國國民黨中央委員會黨史委員會，1984），頁333。
45. 若林正丈著，洪金珠、許佩賢譯，《臺灣——分裂國家與民主化》，頁91-101。
46. 薛化元、楊秀菁，〈強人威權體制的建構與轉變（1949-1992）〉，頁314。
47. 薛化元，《臺灣全志·政治志·民主憲政篇》，頁35-36。
48. 彭懷恩，《臺灣政治變遷四十年》（臺北：自立晚報社，1992），頁71。例如：1953年，當局「在各個學校推行書寫『主義、領袖、國家、榮譽、服務』標語的運動，特別標舉出主義、領袖——蔣介石總統——與國家並列。這與強人威權體制價值觀的確立有十分密切的關係」。參見薛化元，《《自由中國》與民主憲政——1950年代臺灣思想史的一個考察》（臺北：稻鄉出版社，1996），頁71。

這是「國民黨政權在臺灣完成全面權力滲透的轉捩點」。[49] 其後「一個以滲透整個臺灣社會為架構的黨組織便已建立起來了，成為移入的國民黨政權控制臺灣社會的重要機制」；[50]「國民黨因此而確立了以黨總裁蔣中正為主的領導中心，再透過黨機器控制政府機關，如此便完成對整個國家機器的動員與控制」，[51] 強人威權黨國體制在臺灣於是逐漸被確立。

國民黨從執政中國大陸時期「獨裁之心有餘，獨裁之力不足」的「弱勢獨裁政黨」，[52] 搖身一變成為全面掌控臺灣、且有能力製造大量政治案件的統治集團，「改造」是不可忽視的關鍵因素之一。

除了「改造」，國民黨當局還透過對黨內自由派人士的剷除、萬年國會體制的建立，以及透過臨時條款體制使總統得以三連任等作為，進一步強化威權體制；[53] 其中，由剷除黨內自由派人士特別可看出這種傾向。[54] 原先被當局重用的吳國楨、孫立人乃至於雷震等國民黨內的開明

---

49. 郭正亮，〈國民黨政權在臺灣的轉化（1945-88）〉（臺北：國立臺灣大學社會研究所碩士論文，1988），頁 31。

50. 龔宜君，《「外來政權」與本土社會——改造後國民黨政權社會基礎的形成（1950-1969）》（臺北：稻鄉出版社，1998），頁 21-22。

51. 陳明通，〈威權政體下臺灣地方政治菁英的流動（1945-1986）——省參議員及省議員流動的分析〉（臺北：國立臺灣大學政治學研究所博士論文，1990），頁 129。

52. 王奇生指出：1927 年以後，國民黨形式上執掌全中國的政權，實行一黨專政，但實際上並不具備高度黨治的實力；1924 年至 1949 年間的國民黨是一個「弱勢獨裁政黨」。他認為國民黨並非不想獨裁，而是獨裁之心有餘，獨裁之力不足。其間有內部組織型態的缺陷、有派系的爭權傾軋、也有蔣介石個人的態度等問題。參見王奇生，《党員、党权与党争——1924～1949 年中国国民党的组织形态》（上海：上海书店出版社，2003），頁 212、356-362；蘇瑞鏘，〈評介王奇生著《黨員、黨權與黨爭——1924～1949 年中國國民黨的組織形態》〉，《近代中國》157（2004.06），頁 195。

53. 薛化元、楊秀菁，〈強人威權體制的建構與轉變（1949-1992）〉，頁 283-297。

54. 國民黨當局與黨內自由派人士由親而疏、進而決裂的關係演變，可參蘇瑞鏘，〈雷震與蔣介石當局關係演變之研究〉，收入潘光哲主編，《自由的探尋——陳宏正先生七十壽慶論文集》（臺北：《陳宏正先生七十壽慶論文集》編輯委員會，2012），頁 243-272。

分子，[55]「改造」完成後一一被整肅。先是 1953 年 4 月省主席吳國楨在與當局不斷衝突之後離職，第二年在美國公開批判蔣介石；1954 年 12 月雷震被開除黨籍；1955 年 8 月爆發「孫立人事件」。[56] 在「改造」完成後短短兩年內（1953-1955 年），這幾位開明派人士一一與當局交惡，而紛紛被免職、被開除、被幽禁，由此可以看出「強人威權體制的建立終告完成」。[57] 連這些國民黨的黨內要員都受到政治迫害、甚至成了政治犯，無怪乎社會上的異議分子會被強力鎮壓，白色恐怖會瀰漫全臺。

五、蔣介石與政治案件

透過 1950 年代初期的「改造」等作為，確立了蔣介石、蔣經國父子在國民黨黨國中之霸權地位。[58] 要探討戰後臺灣眾多政治案件的處置，蔣介石與其子蔣經國對政治案件的思維和所扮演的角色，絕對不可忽略。

---

55. 1949 年，國民黨政權在國共內戰中逐漸失利。這年 8 月 5 日，美國政府發表《中美關係白皮書》，「將大陸淪陷的責任，歸於國民黨的倒行逆施和蔣介石的昏庸無能」。蔣介石為爭取美國的支持，於是在該年 8 月底以較具開明形象且較親美的孫立人（畢業於美國維吉尼亞軍事學院）任臺灣防衛司令，12 月以吳國楨（美國普林斯頓大學博士）任臺灣省主席。1950 年 3 月「復職」後更任命孫立人為陸軍總司令、王世杰為總統府秘書長、雷震為國策顧問。透過「任命美國方面可以接受的人，希望以『內戰的國際化』；亦即美蘇（中共）對決而引起第三次世界大戰，來改變美國的態度」。參見蘇瑞鏘，《戰後臺灣組黨運動的濫觴——「中國民主黨」組黨運動》（臺北：稻鄉出版社，2005），頁 25。

56. 李永熾監修、薛化元主編，《臺灣歷史年表：終戰篇 I（1945〜1965）》（臺北：國家政策資料研究中心，1990），頁 182、196、202、236；任育德，《雷震與臺灣民主憲政的發展》（臺北：國立政治大學歷史學系，1999），頁 92。

57. 薛化元指出：「省主席吳國楨不肯撥經費給救國團，陸軍總司令孫立人對軍中政戰制度的不滿，則是強人威權體制建構完成的障礙。而隨著吳國楨在 1953 年 4 月去職，1955 年爆發『孫立人事件』，強人威權體制的建立終告完成」。參見薛化元，《《自由中國》與民主憲政——1950 年代臺灣思想史的一個考察》，頁 70-71。

58. 若林正丈著，洪金珠、許佩賢譯，《臺灣——分裂國家與民主化》，頁 82。

另外，作為黨國體制樞紐的國民黨，它在政治案件中的所扮演的角色也不容忽視。

　　蔣介石統治臺灣長達 30 年（1945-1975），這段期間正是政治案件最多的年代。今天從檔案管理局與國史館等政府單位大量收藏或出版的相關檔案中，可以看出蔣介石在眾多政治案件中所扮演的積極、甚至是關鍵的角色。因此，探討戰後臺灣的政治案件，實必須了解蔣介石如何看待以及處置政治案件與政治犯。

（一）蔣介石的叛亂觀與匪諜觀

　　本文所研究的政治案件是指涉及叛亂或匪諜者，此二者依法均處極重之刑，然蔣介石認知叛亂或匪諜的標準似乎相當寬鬆。就叛亂而言，可能僅只對其批評就會被視為叛亂，前臺灣省主席吳國楨與蔣介石的衝突即是一例。[59] 在美國史丹佛大學胡佛研究院檔案館所藏的蔣介石日記中，1954 年 3 月 25 日蔣介石當天日記寫道：「吳逆在美反宣傳，實自三十三年以來，共匪毒辣反宣傳後之最猛烈之一次……，此實為今日罕有之大奸巨惡，幸於去年准其辭去（按：省主席），而暴露其今日叛亂之陰謀，不能謂非不幸中之大幸也」。[60] 3 月 28 日，吳國楨上書蔣介石，針對蔣對他的批評提出反駁，指出：「鈞座之意，則凡在國外之中國人

---

59. 此乃所謂「吳國楨事件」，可參歐世華，〈吳國楨與臺灣政局（1949-1954）〉（臺北：國立臺灣師範大學歷史研究所碩士論文，1999），頁 101-140。
60. 蔣介石，「蔣介石日記」（1954.3.25），美國史丹佛大學胡佛研究院檔案館藏，轉引自黃清龍，〈恩惠與決裂──吳國楨和兩蔣關係〉（2009.1.3），網址：http://blog.chinatimes.com/noa/archive/2009/01/03/365158.html（瀏覽時間：2013 年 2 月 4 日）。上述內容亦可參見秦孝儀總編纂，《總統 蔣公大事長編初稿》卷 13（臺北：中正文教基金會，2008），頁 55-56。

不能批評鈞座，若有批評，則與共黨無異。在國內之人亦不能批評鈞座，若有批評，即係犯上，應受處分。嗟夫皇天，是鈞座不願任何中國人批評鈞座而已耳」。[61] 只因被吳國楨批評就將之視為叛亂之舉，蔣氏認知叛亂之粗糙，由此可見一斑。

另外，蔣介石的匪諜觀亦不甚嚴謹，蔣介石質疑傅正為匪諜即為一例。1960 年 8 月 15 日，蔣介石召見警備總司令黃杰，垂詢處理雷震的「田雨專案」進度，黃杰在警總日記中寫道：

> 總統指示：雷震之秘書傅正，其人極為可疑，傅之年齡，據專案組所報，係卅六歲，但根據其個人資料，出生於民國十七年，今年為卅二歲，而非卅六歲，且此人曾就讀於上海某大學，旋又轉入武漢大學，最後又入臺灣大學政治系畢業，從未謀取公職，專為雷震充助手，青年人讀書之抱負，果如是乎？以此情形推斷，當係共匪之職業學生，來臺從事滲透工作者。[62]

20 天後，傅正被警總拘捕；當局以其在《自由中國》所發表的兩篇反對總統三連任的文章，指控他「與匪之統戰策略相呼應，便利匪幫之叫囂」，[63] 最後將他裁定感化。而從這段蔣介石「推斷」傅正為「共匪之職業學生，來臺從事滲透工作者」的史料，不但可以看出白色恐怖時期蔣介石認知匪諜的荒謬邏輯，甚至還可看出蔣介石對「青年人讀書之抱

61. 黃清龍，〈恩惠與決裂──吳國楨和兩蔣關係〉。
62. 陳世宏、張世瑛、許瑞浩、薛月順編，《雷震案史料彙編：黃杰警總日記選輯》（臺北：國史館，2003），頁 88-89。
63. 《中央日報》，1960 年 10 月 9 日。

負」的狹隘觀點。[64]

　　蔣介石批評雷震又為一例。1951 年，雷震在國民黨的改造會議上提出廢除軍隊黨部與學校三民主義課程的意見。[65] 因為雷震認為，三民主義是國民黨的主義，不該列在學校的課程中；而軍隊應屬國家所有，國民黨不該黨化軍隊，應即撤銷軍隊黨部。[66] 過沒多久，蔣介石公開罵他：「此等行動與匪諜及漢奸無異，為一種寡廉鮮恥之行為」。[67] 由此亦可看出，蔣介石對「匪諜」的認知標準相當恣意。即便只是改革的建議，只要不順其意，即有可能被他視同「匪諜」。

　　由上述幾例來看，蔣介石對吳國楨乃叛亂、雷震與傅正係匪諜的認定，在邏輯上一樣荒謬，蔣氏看待異己的態度可見一斑。[68]

---

64. 吾人不禁想問：難道臺灣大學政治系畢業的青年人，就一定要謀取公職嗎？難道這樣的人才「專為雷震充助手」，就不能算是「青年人讀書之抱負」嗎？蔣氏的「抱負觀」頗值得玩味。參見蘇瑞鏘，《超越黨籍、省籍與國籍──傅正與戰後臺灣民主運動》（臺北：前衛出版社，2008），頁 141。

65. 「雷震日記」（1951 年 3 月 23 日），收入傅正主編，《雷震全集（33）：雷震日記（1951 年）──第一個十年（3）》（臺北：桂冠圖書公司，1989），頁 66-67。

66. 馬之驌，《雷震與蔣介石》（臺北：自立晚報社，1993），頁 51。

67. 雷震，「雷震日記」（1951 年 4 月 16 日），收入傅正主編，《雷震全集（33）：雷震日記（1951 年）──第一個十年（3）》，頁 81。

68. 另外，從蔣介石處置李友邦（時為國民黨臺灣省黨部副主委）的態度，抑或可窺見蔣對異己的態度。1951 年 11 月 9 日，國民黨臺灣省黨部委員選舉，蔣介石親自主持講話。據蔣介石自記，當天他在會中「致詞點名，以李友邦貪污與通匪，且為匪之黨員，仍選為委員，成何事體」。（參見秦孝儀總編纂，《總統　蔣公大事長編初稿》卷 10〔臺北：中正文教基金會，2003〕，頁 325）。據當時在現場聆聽蔣介石談話的保密局官員谷正文日後回憶，那時候蔣介石當眾指稱李友邦為奸匪，並以手勢派命坐在前區第二排的憲兵司令吳奎生將李友邦架出去。並指出：「你們要知道，丈夫是奸匪，太太不一定會是奸匪；但是，反過來，太太是奸匪，那麼丈夫就一定是奸匪」。（參見谷正文，〈「蔣介石定律」冤死省黨部副主委李友邦〉，收入谷正文口述，許俊榮、黃志明、公小穎整理，《白色恐怖秘密檔案》〔臺北：獨家出版社，1995〕，頁 118-119）。雖然谷正文所言未必完全屬實，但相當程度符合蔣介石對待異己的態度。

（二）蔣介石介入政治案件的類型

　　學者劉熙明曾根據國史館館藏「蔣中正總統檔案」以及眾多相關史料，指出戒嚴時期蔣介石在政治案件中所扮演的重要角色。[69] 進一步觀察，在眾多政治案件當中，從是否拘捕與偵辦、到審判階段、乃至判決以後的核覆（核定與覆議），皆不乏受到蔣介石影響的案例。

　　首先，在某一案件考慮是否拘捕與偵辦的階段，[70] 茲以牽涉蘇東啟案的高玉樹為例。1964 年，在蘇東啟等人覆判之後，蔣介石「如擬照准」國防部的覆判結果，但同時表示：「對高玉樹是否即交軍事檢察官偵查，應即從速處理為要」。之後經國防部參謀總長彭孟緝與若干黨政要員會商結果，認為「目前尚非偵辦適當時機」，上呈蔣介石後，蔣則批准其意見，高玉樹終於逃過一劫。[71]

　　然而，林日高則沒那麼幸運。保密局認為林日高涉有為匪工作及藏匿逃匪嫌疑，上呈蔣介石總統後，1954 年 11 月蔣核示：「飭保安司令部傳訊由保密局派員會同辦理」。[72] 該年 12 月林日高即遭保安司令部逮捕，隔年 9 月即被處決。[73]

---

69. 劉熙明，〈蔣中正與蔣經國在戒嚴時期「不當審判」中的角色〉，頁 161-180。

70. 有關政治案件的偵辦，詳參蘇瑞鏘，〈戰後臺灣政治案件的偵辦——以情治單位的不法與不當偵辦為中心〉，《中華人文社會學報》14（2011.3），頁 92-132。

71. 〈檢呈蘇東啟等叛亂案卷判及覆判判決情形請核示〉，檔案管理局藏，《蘇東啟等叛亂案》，檔號：0053/3132521/521/001；〈為檢呈蘇東啟等叛亂案內有關高玉樹涉嫌部分之處理意見恭請鑒核由〉，檔案管理局藏，《蘇東啟等叛亂案》，檔號：0053/3132521/521/1/002；陳儀深，〈臺獨叛亂的虛擬與真實：1961 年蘇東啟政治案件研究〉，《臺灣史研究》10：1（2003.6），頁 155。

72. 〈國家安全局代電（1954.11.19）〉，收入張炎憲、許芳庭編，《林日高案史料彙編》（臺北：國史館，2008），頁 155。

73. 李筱峰，〈林日高〉，收入張炎憲主編，《二二八事件辭典》（臺北：國史館，2008），頁 215。

其次,在某一案件的審判階段,[74] 茲以雷震案為例。[75] 1960 年 10 月 8 日下午雷震案宣判前,當天上午 11 點鐘,蔣介石總統召集副總統以下共 14 名黨政軍特要員,在總統府內召開「商討雷(震)案」的極機密會議,他們要在甲、乙、丙三個腹案中擇定其一。經過在場人員分析這三案的利弊得失之後,蔣介石「裁決採用乙案」,並做出「雷之刑期不得少於 10 年」、「覆判不能變更初審判決」等指示。[76] 然而,當時《軍事審判法》第 133 條只規定:「判決由該管軍事審判機關長官核定後,宣示或送達之」、「最高軍事審判機關高等覆判庭之判決,呈請總統核定後,宣示或送達之」,[77] 並未賦予總統在初審前可介入審判的權力。即使總統要行使長官核覆權(詳下),也要等到最高軍事審判機關高等覆判庭之判決之後,而非宣判之前。因此,在這過程中,吾人即可清楚看到最高當局運用政治力違法介入審判的作為。[78] 從國家統治權的運作來看,「這類案件乃是經由行政機關、司法機關、甚至國民黨黨部的領導幹部會商,而由行政兼軍事部門首長的總統,對一個司法案件為最終的裁決,顯然是諸權合一」。[79]

再者,在某一案件判決之後的核覆階段。[80] 1956 年以前的《陸海空

---

74. 有關政治案件的審判,詳參蘇瑞鏘,〈戰後臺灣政治案件審判過程中的不法與不當〉,《臺灣風物》61:3(2011.9),頁 33-73。
75. 關於雷震案之研究,詳參蘇瑞鏘,〈從雷震案論戒嚴時期政治案件的法律處置對人權的侵害〉,《國史館學術集刊》15(2008.3),頁 113-158。
76. 陳世宏、張世瑛、許瑞浩、薛月順編輯,《雷震案史料彙編:國防部檔案選輯》(臺北:國史館,2002),頁 331-332。
77. 《軍事審判法》,《總統府公報》721(1956.7.10),頁 10。
78. 蘇瑞鏘,〈臺灣政治案件之處置(1949-1992)〉,頁 51-52。
79. 王泰升,〈臺灣近代憲政文化的形成:以文本分析為中心〉,《臺大法學論叢》36:3(2007.9),頁 25-26。
80. 有關政治案件的核覆,特別是蔣介石總統扮演的角色,詳參蘇瑞鏘,〈臺灣戒嚴時期政治案件不當核覆初探——以蔣介石為中心的討論〉,《臺灣文獻》63:4(2012.12),頁 209-240。

軍審判法》之判決，必須呈請長官核覆；長官認為判決不合法者，得令復議；認為判決不當者，得令復審。1956 年以後的《軍事審判法》，亦賦予總統針對最高軍事審判機關高等覆判庭判決的核定權。軍事長官對判決結果擁有核覆權，這無疑是蔣介石總統得以主導終極審判最重要的法定機制。至於其核覆的模式至少包括：直接核可、發還復審，以及直接指示刑度或更改判決結果。除了重大案件幾乎都經過蔣介石拍板，即便細小案件也常見蔣介石的處置作為；尤其在核覆階段，蔣介石幾乎連小案都批示。大量收集檔案管理局政治案件檔案的曹欽榮，曾總結他所看見的結果：「從目前所看到的白色恐怖檔案幾乎每一案件都要經過總統（府）批示」，[81] 可見蔣介石也相當發揮此一機制。因此，有理由相信，只要是一定程度以上的政治案件，即使在偵辦與審判階段蔣不知情，但到了案情的最後發展，蔣介石難稱全不知情。

尤須指出的是，在政治案件的核覆過程中，擁有核覆大權的蔣介石總統，在許多政治案件的核覆過程中，卻常出現不當的核覆作為，有時甚至連自己執政時期所訂定的相關法律與規則都不遵守。諸如違法加重刑度、未依法說明發交復議（審）之明確理由、下令原被輕判的案件再予以嚴判、下令處分輕判政治犯的審判人員、曾經找過秘書代批牽涉極刑的公文等等。[82] 蔣介石總統對諸多政治案件的不當乃至不法的核覆，無疑是戰後臺灣「白色恐怖」之所以恐怖的關鍵因素。

81. 曹欽榮，〈打開歷史之窗──探討口述與檔案〉，收入吳乃德（主持人），《轉型正義對檔案開放應用影響之研究（研究報告）》（臺北：檔案管理局，2007），頁 67。
82. 蘇瑞鏘，〈臺灣戒嚴時期政治案件不當核覆初探──以蔣介石為中心的討論〉，頁 221-231。

六、蔣經國與政治案件

　　研究「蔣中正與蔣經國在戒嚴時期『不當審判』中的角色」的學者劉熙明，總結其研究成果指出：「國民政府遷臺後的白色恐怖，是蔣中正與蔣經國父子主導或默認情治單位的措施」；「白色恐怖的眾多冤案中，部分案件為蔣氏父子所主導，這些案件與保衛臺灣的大局無關，純屬私人嫌隙」；「蔣氏父子與情治單位互為臺灣實施白色恐怖的共生體」。[83] 亦有論者指出：「許多人批評蔣中正先生在『白色恐怖』的戒嚴期間的一些作為，其中多出於經國先生之手，……蔣中正先生猶在位時，經國先生一手控制了情治特工系統，在鎮壓異己時，老先生是決定大方針的 CEO，而經國先生則是負責實際行動的 COO」。[84] 可見要了解戰後臺灣強人威權黨國體制與政治案件的發展，除了蔣介石外，不可不談蔣經國的角色。

（一）蔣經國與情治系統

　　1949 年來臺後，蔣經國擔任過總裁辦公室第一組副組長。1950 年參與國民黨的改造，擔任中央改造委員與中央改造委員會幹部訓練委員會主任委員。同年 3 月擔任國防部總政治部主任，4 月開始實施國軍政工改制。[85] 1952 年 11 月，進一步成立「政工幹部學校」，作為軍中政戰系統培育幹部的機構。蔣經國藉由這一套政戰系統，並透過「黨小組」，嚴

---

83. 劉熙明，〈蔣中正與蔣經國在戒嚴時期「不當審判」中的角色〉，頁 139-187。

84. 阮大仁，〈蔣經國個性中史大林式的一面——發生在徐柏園、楊濟華、鄭彥棻身上的故事〉，《傳記文學》563（2009.4），頁 55。按：在企業中，CEO 指執行長，COO 指營運長。

85. 李雲漢，〈蔣經國先生傳略〉，收入蔣經國先生全集編輯委員會編，《蔣經國先生全集》，記事年表上輯（臺北：行政院新聞局，1992），頁 32-33。

格控制了軍隊。[86] 此外，1952 年 10 月「中國青年反共救國團」成立，蔣經國擔任團主任；此為國民黨政府用來滲透校園的組織，[87] 而這一個組織也成為蔣經國本身的權力基礎。[88]

在此前後，蔣經國除擔任上述黨職與軍職外，也逐漸掌控情治機構。早在中央政府遷臺之前，蔣介石即著手整編核心統治機構。1949 年 8 月成立「政治行動委員會」，蔣經國擔任秘書長一職，他在蔣介石的安排下逐步掌握該機構之大權。1950 年 12 月「政治行動委員會」改組為「總統府機要室資料組」，蔣經國為主任。蔣經國藉著蔣介石總統的名義「指揮協調」各個情治單位，使該組成為太上情治單位。接著，1952 年國防會議成立，1954 年蔣經國出任副秘書長；1955 年「總統府機要室資料組」正式改組成為「國家安全局」，隸屬國防會議之下。[89]

凡此種種，皆使蔣經國逐漸成為臺灣情治單位的首腦。即便有人（按：如李煥）反對將當時的蔣經國指為「特務頭子」，[90] 然蔣經國作為「特務頭子」的事實卻十分明顯。除擔任上述情治系統的要職可資證明外，還可由以下資料看出。例如，1992 年新聞局出版一套《蔣經國先生全集》，其中收錄李雲漢所撰〈蔣經國先生傳略〉一文，該文即指出：「經國先

---

86. 田弘茂，《大轉型——中華民國的政治和社會變遷》（臺北：時報出版公司，1989），頁 91。
87. 龔宜君，《「外來政權」與本土社會——改造後國民黨政權社會基礎的形成（1950-1969）》，頁 127。
88. 若林正丈著，洪金珠、許佩賢譯，《臺灣——分裂國家與民主化》，頁 82。
89. 松田康博，〈蔣經國による特務組織の再編——特務工作統括機關の役割を中心に〉，《日本臺灣學會報》2（2000.4），頁 114-130；松田康博，《台湾における一党独裁体制の成立》（東京：慶應義塾大学出版会株式会社，2006），頁 342-355；陳翠蓮，〈臺灣戒嚴時期的特務統治與白色恐怖氛圍〉，收入張炎憲、陳美蓉主編，《戒嚴時期白色恐怖與轉型正義論文集》（臺北：吳三連臺灣史料基金會、臺灣歷史學會，2009），頁 46-52；劉熙明，〈蔣中正與蔣經國在戒嚴時期「不當審判」中的角色〉，頁 148；薛化元、陳翠蓮、吳鯤魯、李福鐘、楊秀菁，《戰後臺灣人權史》，頁 113；李雲漢，〈蔣經國先生傳略〉，頁 35。
90. 林蔭庭，《追隨半世紀：李煥與經國先生》（臺北：天下文化，1998），頁 83。

生於總政治部主任任內，同時兼任總統府資料室主任，主持情報與治安工作」。[91] 連當時胡適的堂外甥汪漢航，被保安司令部查獲其所開出的港幣支票作為套匯圖利的證據時，胡適還親自寫信給時任總政治部主任的蔣經國。[92] 不只如此，1950 年 5 月 13 日，蔣經國還以國防部總政治部主任的身分召開記者會，說明「破獲中共在臺秘密組織全案經過」，[93] 因為此時蔣經國也是「總統府機要室資料組」的主任。[94] 前調查局副局長高明輝在回憶錄中指出：「這個組（按：總統府機要室資料組）是由經國先生直接領導的，因此，它的長條戳章，對情治機關而言，威力比總統府的官印還要厲害，沒有人敢不買資料組的帳」；而且，「經國先生說的話，效果又和法律一樣，沒有人敢反對」。[95] 另外，1952 年臺灣省主席吳國楨曾當面向蔣介石提出警告：如果讓蔣經國繼續領導秘密警察，必將成為「人民仇恨的對象」。[96]

---

91. 李雲漢，〈蔣經國先生傳略〉，頁 33。
92. 胡適，〈胡適函陳雪屏吳國楨蔣經國臺灣省保安司令部查獲堂外甥汪漢航開出的港幣支票作為套滙圖利之證據盼望三位設法清查案裡串同栽贓誣陷良民的真相〉，國史館藏，《蔣經國總統文物》，典藏號：00501010000053050。
93. 蔣經國，〈破獲中共在臺秘密組織全案經過——民國三十九年五月十三日在記者招待會講〉，收入蔣經國先生全集編輯委員會編，《蔣經國先生全集》第 13 冊（臺北：行政院新聞局，1991），頁 151。
94. 在這前後，蔣經國經手的重大政治案件，在檔案中有明確紀錄者，至少還有中共「中央社會部在臺匪諜組織案」。（詳參 1950 年蔣經國給當時參謀總長的簽呈，收入李宣鋒等主編，《臺灣地區戒嚴時期 50 年代政治案件史料彙編（二）個案資料》〔南投：臺灣省文獻委員會，1998〕，頁 332）。另外，1953 年，蔣經國亦上簽呈給參謀總長，建議對郭明哲、蔡仲伯、古瑞明等 3 人所判罪行暫緩核判，發還調查局重新偵訊運用。參見〈叛亂犯郭君蔡君二名擬請暫緩判古君一名擬請暫緩執行死刑資運用擴大偵破可否乞示遵〉，檔案管理局藏，《古瑞明等叛亂案》，檔號：0042/3132303/303/1/002。
95. 高明輝口述，范立達整理，《情治檔案——一個老調查員的自述》（臺北：商周文化，1995），頁 134、165。
96. K. C. Wu（吳國楨），"Formosa", Look, June 29, 1954, pp.39-43. 轉引自陶涵著，林添貴譯，《蔣介石與現代中國的奮鬥》下冊（臺北：時報出版公司，2010），頁 587。

另外，1950 年美國駐臺外交官發給國務院對臺灣的觀察報告中指出：蔣介石「扶植他的大兒子蔣經國掌握黨政軍各方面的權力。目前正將幾個秘密警察機關合併交給他控制」。[97] 前美國中央情報局駐臺代表的克萊恩（Ray S. Cline）在回憶錄中則提到：他在 1958 年抵臺後即發現「蔣經國實際上就是中華民國方面與我搭配的人。……（當時）蔣經國雖然只有（國家安全會議）副秘書長頭銜，卻是所有各方面的決策者。他唯一的頂頭上司是他父親」。[98] 凡此種種，皆可看出 1950 年代蔣經國對情治單位影響力之巨大。

　　1960 年爆發雷震案，當時蔣經國的身分是國防會議的副秘書長。在過去，蔣經國於雷案中的角色不甚清楚；然近來許多史料出土，蔣經國的斧鑿痕跡逐漸清晰。例如，美國駐華大使莊萊德（Everett Drumright）呈報給國務院的密電中也指出，他深信是蔣中正親自下令逮捕雷震。總統府秘書長張群也告訴他，蔣總統是在安全當局敦促之下採取行動，蔣經國極可能敦促他父親採取行動。[99] 又如，國史館出版的《雷震案史料彙編：國防部檔案選輯》、[100]《雷震案史料彙編：黃杰警總日記選輯》等一手史料，[101] 都有記載有關蔣經國在雷案中的角色。黃杰是雷案發生時的

---

97. 〈美國政府備忘錄〉，收入李宣鋒等主編，《臺灣地區戒嚴時期 50 年代政治案件史料彙編（一）中外檔案》（南投：臺灣省文獻委員會，1998），頁 244。按：發文者乃美國駐臺北外交代辦史壯（Strong），受文者乃美國國務院中國事務部克勞博（Clubb）。

98. 克萊恩著，聯合報國際新聞中心譯，《我所知道的蔣經國》（臺北：聯經出版公司，1990），頁 25-27。

99. Telegram From the Embassy in the Republic of China to the Department of State, Department of State, Taipei, October 7, 1960, *Foreign Relations of the United States, 1958-1960, China, 1959-1960*, Vol.19 (Washington: United States Government Printing Office, 1997), p.725；傅建中，〈夜讀美外交文件手記〉，《中國時報》，1997 年 3 月 4 日。轉引自任育德，《雷震與臺灣民主憲政的發展》，頁 291。

100.陳世宏、張世瑛、許瑞浩、薛月順編輯，《雷震案史料彙編：國防部檔案選輯》，頁 183。

101.陳世宏、張世瑛、許瑞浩、薛月順編輯，《雷震案史料彙編：黃杰警總日記選輯》，頁 3、68-72、154、161、207、213、286

警備總司令，他的日記相當具有史料價值。而當時的警備總部副總司令李立柏也有留下日記，2009 年媒體已有報導。[102] 該報導指出：「如 1960 年的雷震案，在雷震被捕前一個月的李立柏日記中，就有蔣經國授意警總懲辦其人、成立『田雨專案組』（『田雨』即『雷』字）等記載，還有蔣公『殷殷垂詢』的過程」。[103] 此外，研究雷震案的論文亦對蔣經國於雷震案中的角色多所著墨。[104]

到了 1960 年代末期，已擔任行政院副院長的蔣經國，仍與情治單位處置政治案件的關係匪淺。例如，關於柏楊（郭衣洞）一案，監察院出版的《郭衣洞叛亂案調查報告》中即明白指出：「郭衣洞案於起訴、判決前，臺灣警備總司令部皆先陳報國家安全局核可，並轉報，或逕陳蔣先生、部長、蔣副院長（蔣經國），有違軍事審判法之相關程序規定，難脫人治色彩」。[105]

到了 1970 年代初期蔣經國擔任行政院長，1974 年發生新聞局第二處處長陳高唐牽涉共諜案而被調查局約談一事。時任新聞局長的錢復向蔣經國報告此事，蔣「認為此案問題不大，希望洽調查局及早結案」，不

---

102. 據媒體報導：「加州聖地牙哥有一套從未公開的臺灣要人日記，記載臺灣戒嚴時期官方偵辦每一大案、重案的細節。史料價值不遜於史丹福大學胡佛研究所公布的『蔣介石日記』。這些日記的作者，就是已故臺灣警備總司令部副總司令李立柏中將（1903-1974）。……從臺灣到美國聖地牙哥探親的陳鼓應指出，李立柏 1949 年隨國民政府撤退臺灣後，長期擔任警總副司令，是最高情治首長之一。從 1950 年代的吳石案、孫立人案到 1960 年代的雷震案、柏楊『大力水手』案，無役不與，對情況之掌握，可說無人能及」。參見李大明報導，〈李立柏警總日記　揭白色恐怖秘辛〉，《聯合報》，2009 年 8 月 9 日。
103. 李大明（報導），〈李立柏警總日記　揭白色恐怖秘辛〉。
104. 例如，許瑞浩，〈從官方檔案看統治當局處理「雷震案」的態度與決策——以國防部檔案為中心〉，收入胡健國主編，《20 世紀臺灣民主發展：第 7 屆中華民國史專題論文集》（臺北：國史館，2004），頁 206、340、341、350、355、378、391。
105. 監察院國防及情報委員會編印，《郭衣洞叛亂案調查報告》（臺北：監察院，2004），頁 298-302。

久陳高唐果然獲釋。[106] 可見蔣對情治單位的影響力，仍是一言九鼎。

　　還有，1977 年時任調查局臺北處副處長的高明輝，發現當時擔任總統的嚴家淦在調查局的政治偵防檔案的「類別欄」上竟寫著「匪嫌」兩字。當時他對同事表示：最好經局長同意後銷毀這些資料，否則如果有人將這資料交給嚴總統，嚴總統再拿去向蔣經國抗議，「我們都吃不了兜著走」。[107] 情治人員所懼怕的竟不是現任總統嚴家淦，而是行政院長蔣經國。蔣經國對情治單位的巨大影響力，由此可見一斑。

　　1978 年蔣經國擔任總統，直到他 1988 年去世為止，這 10 年間蔣經國名與實都是臺灣最高的政治領袖。這段期間臺灣早已不是風雨飄搖的 1950 年代，然政治案件仍持續發生。[108] 對此而言，蔣經國的責任恐難推諉。

（二）蔣經國對敵人與異己的態度

　　從 1949 年至 1988 年約 40 年間，對臺灣情治單位有著巨大影響力的蔣經國，從其言行當中常見不容異己、且動輒將異己視為敵人的態度。而蔣經國認定的敵人，除共產黨人之外，臺獨人士乃至民主人士率皆屬之。而且，他常會將臺獨人士、民主人士與共黨人士連結在一起。如他批評臺獨時曾指出：「今天共匪利用『臺獨』的運動來破壞我們」，

---

106. 錢復，《錢復回憶錄（卷一・外交風雲動）》（臺北：天下遠見出版公司，2005），頁 232-234。
107. 高明輝口述，范立達整理，《情治檔案──一個老調查員的自述》，頁 220-221。
108. 如余登發案、張化民案、美麗島事件、蔡有全與許曹德案等等。蔣經國擔任總統期間臺灣所發生的政治案件，可參李禎祥編撰，《人權之路：臺灣民主人權回顧》（臺北：玉山社，2002），頁 23-24；邱國禎，《近代臺灣慘史檔案》（臺北：前衛，2007）。
109. 蔣經國，〈國家安全利益高於一切──民國五十四年三月十六日對警備總部毋忘在莒幹部講習班講〉，收入蔣經國先生全集編輯委員會編，《蔣經國先生全集》第 7 冊（臺北：行政院新聞局，1991），頁 238。

[109] 批評民主人士時則指出：「共匪無時無刻不在那裡設法培植第三種力量。……這個代表第三種思想的，就是今天的所謂『自由中國』雜誌，和自由人士的『自由人』報」。[110]

至於蔣經國不容異己的言行，可舉傅正日記的記載為例。1951 年 2 月 25 日，當時隸屬 75 軍政治部的傅正，在一次受訓的結業典禮上聽到蔣經國對他們的訓示，當時蔣要求他們做到兩點：「一是忠實性，這就是要無條件的服從領袖」；「二是鬥爭性，這就要健全的組織，組織者也就是只許我存在、不許別人存在」。[111]

蔣經國對敵人絕不留情的態度，在 1954 年所寫的讀書心得《勝利之路》一書中也可清楚看到。如他表示：「對於匪諜，絕不能客氣，絕不能講人道，要幹就幹得澈底，使他絕無存在的機會」、「不可放過敵人」、「寬恕敵人就是自殺」、「敵我不兩立」、「要有消滅敵人的決心」等等。[112]

又如，「救國團」在當時是國民黨在校園實施黨化教育的主要力量之一，其所主導的軍訓教育即是控制校園的重要途徑。因而曾引發不少批評，其中又以雷震所主辦的《自由中國》半月刊最具代表性，然這些言論往往引起當權者的不滿。[113] 如 1956 年羅大年發表〈建立自由教育必須剔除的兩大弊害〉一文，[114] 不久蔣經國就在演講中指出：「今天尚有

---

110. 蔣經國，〈新問題新工作新精神——民國四十五年十二月三十一日在國家安全局國父紀念週講〉，收入蔣經國先生全集編輯委員會編，《蔣經國先生全集》第 5 冊（臺北：行政院新聞局，1992），頁 371。

111. 傅正，「傅正日記」（1951.2.25），收入中央研究院近代史研究所檔案館藏，《雷震‧傅正檔案》；蘇瑞鏘，〈1950 年前後的蔣經國——傅正史料所呈現的歷史面向〉，《傳記文學》92：1（2008.1），頁 17-19。

112. 蔣經國，《勝利之路》（臺北：正中書局，1988），頁 116-119。

113. 蘇瑞鏘，〈臺灣軍訓教育，為何無法走入歷史？〉，《人本教育札記》237（2009.3），頁 82-86；李泰翰，〈黨團、軍事與教育：一九五〇年代學生軍訓進入校園之研究〉（桃園：國立中央大學歷史研究所碩士論文，2002），頁 153-171。

114. 羅大年，〈建立自由教育必須剔除的兩大弊害〉，《自由中國》15：9（1956.10.31），頁 34。

許多人反對軍訓，有的由於不懂軍訓的意義，有的則是有意無意之中，為共匪所利用。……前天共匪的電臺廣播，說救國團在臺灣常受人攻訐，其話和月前羅某的文章恰好相印證，所以我們應當警惕一種政治性的陰謀」。[115] 較之前述吳國楨批評蔣介石即遭蔣指控為叛亂，蔣經國看待異己的態度亦不遑多讓。

而且，在蔣經國看來，只要中共一天不被消滅，臺灣就一天不可能有民主。如蔣經國於 1955 年告訴美國學者艾倫‧懷丁（Allen Whiting）：「在亞洲，一黨專政是唯一的統治辦法。政工、特務、青年救國團，共產黨攻擊的最厲害，美國的誤會也最深。……我們的原則是實施民主，但是中共存在一天，我們永遠無法實行我們的理想，那末則永遠沒有民主」。[116]

研究蔣經國的學者吳乃德曾指出，在蔣經國實際統治的近三十多年間，正是臺灣政治最恐怖的時期。[117] 前監察院長王作榮，對 1950 年至 1960 年代蔣經國的政治角色，亦曾有如下的描述：

> 在 1950 年至 1960 年代，可說是政府的高壓威權時代，而主控這一段時期權力的便是經國先生，這可說是人盡皆知的事。……遷臺早期，簡直是恐怖統治，以後雖稍放鬆，仍是絕對威權統治，毫無民主氣息。而且為求將來能繼承大位，不著痕跡地、

---

115. 蔣經國，〈加強思想領導做好軍訓工作——民國四十五年十二月四日對學校軍訓幹部第八期學員講〉，收入蔣經國先生全集編輯委員會編，《蔣經國先生全集》第 5 冊，頁 348-349。
116. Allen Whiting, "A Man of Mystry", *Saturday Evening Post*, March 12, 1955. 轉引自江南，《蔣經國傳》（洛杉磯：美國論壇報社，1988），頁 223、225。
117. 吳乃德，〈回憶蔣經國、懷念蔣經國〉，收入胡健國主編，《20 世紀臺灣民主發展：第 7 屆中華民國史專題論文集》（臺北：國史館，2004），頁 494。

但無情地、不擇手段地整肅對自己有妨礙者，甚至一再用冤獄羅織入罪，所以我對他的印象不佳。[118]

　　如前所引眾多的史料，蔣經國對敵人與異己常持「只許我存在、不許別人存在」的強烈鬥爭性格；因此，他在白色恐怖時期會「不擇手段地整肅對自己有妨礙者，甚至一再用冤獄羅織入罪」，而與其父聯手直接或間接製造大量政治案件，也就不足為奇了。

　　此外，1953 年蔣經國訪美，美國國務卿杜勒斯（John Foster Dulles）當著蔣經國的面指出：「聽說將軍在處理國家安全事務時有點粗暴」，還說「美國人處理顛覆問題時，並沒有侵犯基本人權」，並希望蔣經國能「斟酌國情，採納這些方法」。[119] 可見身為秘密警察的首腦，蔣經國處理國家安全事務的態度之粗暴，就連他的政治盟邦也有所了解。由此亦可看出，即使在冷戰的氛圍下，美國雖支持國民黨當局反共，但無法接受其處理國家安全事務時侵犯人權的粗暴態度。

　　1947 年二二八事件發生後，3 月 17 日蔣經國隨國防部長白崇禧來臺，隔日他在致其父蔣介石的電文中指出：「日人治安，硬軟不足，（？）（？）今後硬軟兼用」。[120] 此時不待共黨叛亂，蔣經國已有對臺需「硬軟兼用」的決定。1949 年因遭共黨奪權而來臺的蔣經國，其對待政治異議人士，「硬」的部分被他發揮到極致，「軟」的部分恐怕要等到他的生命末期才能在他身上看到一點點。

118. 王作榮，《壯志未酬──王作榮自傳》（臺北：天下遠見出版公司，1999），頁 362-363。
119. 陶涵著、林添貴譯，《臺灣現代化的推手──蔣經國傳》（臺北：時報出版公司，2000），頁 238。
120. 蔣經國，〈三月十八日　蔣經國電〉，收入林德龍輯註，《二二八官方機密史料》（臺北：自立晚報社，1992），頁 157。

七、國民黨與政治案件

探討戰後臺灣政治案件之處置，在討論過威權強人蔣介石與蔣經國「強人政治」的面向之餘，國民黨「黨國性格」的面向也不可忽略。

學者若林正丈稱 1949 年到 1980 年代後半臺灣政治體制的基本性格為「臺灣型的威權主義體制」，其中又以「類似列寧主義的黨國體制」（quasi-Leninist party-state system）或「威權主義的黨國體制」（簡稱「黨國體制」）為其主要特質。[121] 而「黨國體制」的樞紐，即是國民黨。表現在政治案件之處置上，即是在若干案件中可見國民黨黨職人員的身影。另外，即便是政府部門的官員（含政、軍、特等系統），也常在處置政治案件時透露出濃厚的國民黨色彩與偏執。更常見的是，在強人領導下，國民黨與政、軍、特各部門常合作處置大型的政治案件，黨國不分的情形清晰可見。

戰後臺灣的政治案件當中，黨國不分的情形甚多。以 1929 年所制定的《陸海空軍刑法》為例，該法第 1 章（叛亂罪）第 16 條即規定「背叛黨國聚眾暴動者」的處刑，[122] 行憲後竟繼續適用，甚至直到 2001 年才修改為「違反效忠國家職責罪」。[123]

另外，從情治中樞機構的發展來觀察。1949 年 8 月，在國民黨總裁蔣介石的召集下成立了政治行動委員會；直到 1950 年 12 月 29 日才成為政府正式機關，更名為「總統府機要室資料組」。[124] 而蔣介石自 1949 年 1 月 21 日下野到 1950 年 3 月 1 日「復行視事」總統一職之間，他只是國民黨

---

121. 若林正丈著，洪金珠、許佩賢譯，《臺灣——分裂國家與民主化》，頁 31-35。
122. 《陸海空軍刑法》（1929 年），《國民政府公報》279（1929.9.26），頁 3。
123. 《陸海空軍刑法》（2001 年），《總統府公報》6419（2001.9.28），頁 3。
124. 〈大事記〉，收入李宣鋒等主編，《臺灣地區戒嚴時期 50 年代政治案件史料彙編（一）中外檔案》，頁 289。

的總裁。然就在這段期間，國民黨的總裁竟指揮臺灣的情治中樞政治行動委員會，再透過政府部門的情治機構與軍法機構，處置了大量的政治案件。

國民黨黨部與情治單位的緊密關係，還可以從以下幾件事例窺見一二。例如，1952年《臺灣警備總部工作報告》中指出：「本年3月開始將全部感訓工作劃由臺灣省黨部，統一籌劃進行」；「統一感訓係推由臺灣省黨部負責辦理，最近始由各縣市黨部成立感訓小組，著手實施感訓」。[125] 又如，1953年情治單位「偵破鹿港郭炳星等匪諜小組」中，即有彰化縣黨部參與。[126] 再如，「滿洲建大等案」中的牙醫黃溫恭要去自首，自首單位竟是國民黨屏東縣黨部；[127] 有學者認為此可證明「中華民國政府黨國不分，且黨高於國之現象」。[128]

此外，情治人員常以「本黨」自稱、甚至經常可見批評政治犯是「背叛黨國」的例子。例如，國家安全局所編的《歷年辦理匪案彙編》稱：「徐振庠、何顯兩叛徒，官至市縣警察局長，肩負治安重任，竟而背叛黨國，為匪利用」、「吳石等犯，深受黨國培育，位列將校，竟而喪心病狂與匪勾結」等等；[129] 又如：「（趙清淵）積極支援非國民黨人士高玉樹、郭國基等競選台北市長和省議員，以打擊本黨威信」；[130]「（江

---

125. 〈臺灣警備總部工作報告節錄（四十一年）〉，收入李宣鋒等主編，《臺灣地區戒嚴時期50年代政治案件史料彙編（一）中外檔案》，頁66。
126. 〈偵破匪諜專案小組辦理概況表〉，收入李宣鋒等主編，《臺灣地區戒嚴時期50年代政治案件史料彙編（一）中外檔案》，頁113。
127. 〈匪臺灣省工委會燕巢支部黃溫恭等叛亂案〉，收入國家安全局編，《歷年辦理匪案彙編》第1輯（臺北：國家安全局，1959），頁151。
128. 許雪姬，〈滿洲經驗與白色恐怖──「滿洲建大等案」的實與虛〉，收入許雪姬編，《「戒嚴時期政治案件」專題研討會論文暨口述歷史紀錄》（臺北：財團法人戒嚴時期不當叛亂暨匪諜審判案件補償基金會，2003），頁33。
129. 國家安全局編，《歷年辦理匪案彙編》第1輯，頁35、47。
130 國家安全局編，《歷年辦理匪案彙編》第2輯，頁503、504。

火社）加入本黨」、「（宋雲嘉）參入本黨」、「（陳彩娣）購買本黨中央半月刊」；[131]「（邱仁榮、楊清木）滲入本黨」、「（張玉才）加入本黨」、「協調本黨保防單位」、「（顧士吉）滲入本黨」、「（羅匪）歷任本黨要職」等等。[132] 情治單位面對政治案件與政治犯的態度如此黨國不分，至於情治單位幫國民黨輔選、[133] 乃至情治首長利用公費競選黨職的傳聞，[134] 那就更不須驚訝。而情治人員既然動輒以「本黨」自稱，那麼國民黨往往就更「順理成章」地介入政治案件的處置。

國民黨要員與軍情單位的密切互動、甚至介入其中，可以雷震案為代表。在國史館出版的《雷震案史料彙編：國防部檔案選輯》，[135] 與《雷震案史料彙編：黃杰警總日記選輯》等史料彙編中，[136] 即收有大量史證。如在 1960 年 10 月 8 日雷案宣判之前，總統府即召開「商討雷案」的極機密會議，與會者共 14 人，其中除了政、軍、特等部門的負責人參與外，屬國民黨系統的領導幹部就有唐縱（中央委員會秘書長）、谷鳳翔（中央政策委員會秘書長）、陶希聖（中常委）、曹聖芬（中央委員會第四組主任）等人。[137] 而警備總部在偵查雷震的過程中，若干文件稱雷震在

---

131. 國家安全局編，《歷年辦理匪案彙編》第 2 輯，頁 493、527、535。
132. 國家安全局編，《歷年辦理匪案彙編》第 3 輯，頁 10、177、182、203、240。情治人員常以「本黨」自稱之例證甚多，另可參見國家安全局編，《歷年辦理匪案彙編》第 2 輯（臺北：國家安全局，出版時間不詳），頁 493、527、535、536；國家安全局編，《歷年辦理匪案彙編》，第 3 輯（臺北：國家安全局，出版時間不詳），頁 10、177、182、203、240。
133. 陳世宏、張世瑛、許瑞浩、薛月順編輯，《雷震案史料彙編：黃杰警總日記選輯》，頁 51；高明輝口述，范立達整理，《情治檔案——一個老調查員的自述》，頁 147-150。
134. 高明輝口述，范立達整理，《情治檔案——一個老調查員的自述》，頁 144。
135. 陳世宏、張世瑛、許瑞浩、薛月順編輯，《雷震案史料彙編：國防部檔案選輯》，頁 135-136、331、484、493-494、610-611、623。
136. 陳世宏、張世瑛、許瑞浩、薛月順編輯，《雷震案史料彙編：黃杰警總日記選輯》，頁 17、50、82、94、132、133、143、160、168、193、201。
137. 陳世宏、張世瑛、許瑞浩、薛月順編輯，《雷震案史料彙編：國防部檔案選輯》，頁 331-332。這些國民黨幹部的身分，參見劉維開編，《中國國民黨職名錄》（臺北：國民黨黨史會，1994），頁 296-305。

「打擊本黨」。[138] 至於雷震被捕後，王師凱辦公室（按：軍中黨部）還頒發補助費二萬元給警備總部的「田雨小組」。[139] 雙方關係之密切，可見一斑。

又如李荊蓀案。1972 年國民黨特一黨部第十九支黨部透過王師凱辦公室建議臺灣警備總司令尹俊：「請嚴懲匪諜，以貫徹反共國策」；「此次匪諜李荊蓀案，僅判處李犯為無期徒刑，似嫌寬縱」；「李犯應改判死刑，迅予處決」；「爾後……經我偵破之匪諜，應秘密審判，嚴予懲處，決不寬貸」等等。[140] 然而，李荊蓀被控觸犯參加叛亂組織，據《懲治叛亂條例》所規定的法定刑最高為無期徒刑，其被判處無期徒刑已是最高刑期，[141] 國民黨黨部竟要求改判死刑。在此案中，國民黨介入政治案件的審判已違黨政分際，其所建議的內容更屬違法。

再如，在 1952 年李媽兜案中，中國國民黨中央改造委員會第六組電送臺灣省保安司令部，認為李媽兜廣播稿內容不夠深入，而要求改寫，亦為一例。[142]

2008 年出版的《人權之路 2008 新版——臺灣民主人權回顧》一書中，

---

138. 陳世宏、張世瑛、許瑞浩、薛月順編輯，《雷震案史料彙編：國防部檔案選輯》，頁 13、28。
139. 陳世宏、張世瑛、許瑞浩、薛月順編輯，《雷震案史料彙編：黃杰警總日記選輯》，頁 160。
140. 〈特一黨部第十九支黨部建議案：1972 年 1 月 12 日（60）翔組字第 475 號〉、〈王師凱社調案件移辦單：1972 年 2 月 3 日（60）凱肆字 108 號〉，收入王正華編輯，《戰後臺灣政治案件：李荊蓀案史料彙編（二）》（臺北：國史館＆行政院文化建設委員會，2008），頁 1125-1127。
141. 《懲治叛亂條例》（1958 年）第 5 條規定：「參加叛亂之組織或集會者，處無期徒刑或十年以上有期徒刑」。參見《總統府公報》935（1958.7.29），頁 1。
142. 中國國民黨中央改造委員會第六組代電，〈檢附新生份子李媽兜廣播稿一篇請轉飭補充改編見覆由〉，收入歐素瑛編輯，《戰後臺灣政治案件：李媽兜案史料彙編》（臺北：國史館＆行政院文化建設委員會，2008），頁 393。

作者列出一串迫害人權的共犯單位，其中將國民黨列為首位，並稱國民黨乃「臺灣人權迫害共犯結構之『主犯』」，要為絕大部分的人權迫害負責。[143] 這般將國民黨視為「主犯」的責任歸屬判定，或許見仁見智；然在白色恐怖時代，國民黨與政治案件的密切關係，其歷史責任恐難以完全推諉。

八、結論

1969 年，學者殷海光在過世前 5 個月發表〈剖析國民黨〉的長篇論文，總結他一生對國民黨當局的觀察，文中指出：「從歷史觀點看，臺灣現政權的本質只是中國大陸舊政權的延續。除此之外，舵手的人格和國民黨的性格都是臺灣現時政情的重要因素，甚至是最強力的發動機」，[144] 清楚指出若要了解戰後統治臺灣的國民黨政權，必須同時注意到舊政權與現政權之間的延續性，也要注意「舵手的人格」和「國民黨的性格」二者的重要性。亦即是說，「強人」（蔣介石與蔣經國）與「黨國」（國民黨）是了解國民黨政權的兩個重點。

1949-1992 年間，臺灣有數以萬計的人民，遭統治當局以叛亂或匪諜罪嫌加以拘捕、審問和處罰，導致白色恐怖氛圍長期籠罩全臺。該時期之所以出現眾多政治案件，實有其複雜的因素；其中，「強人威權黨國體制」是核心因素之一，而「強人」（蔣介石與蔣經國）與「黨」（國

---

143. 人權之路編輯小組主編，《人權之路 2008 新版——臺灣民主人權回顧》（臺北：財團法人陳文成博士紀念基金會，2008），頁 27。

144. 殷海光著，盧蒼譯，〈剖析國民黨〉（The Anatomy of an Appendage），收入林正弘主編，《殷海光全集（12）》（臺北：桂冠圖書公司，1990），頁 1122。

民黨）是了解該體制的重點，在這當中，蔣介石、蔣經國、國民黨三者皆扮演重要的角色。考究該體制發展的歷程，有訓政時期黨國體制與文化的移植，也有戰後動員戡亂體制與戒嚴體制的建構，以及「改造」後威權體制的強化等面向。當時國民黨當局以此背離民主人權要求的體制作為發動機，於是出現眾多恣意立法、恣意行政與恣意司（軍）法等不當與不法處置的白色恐怖政治案件。

參考書目

一、中文

（一）檔案
- 〈叛亂犯郭君蔡君二名擬請暫緩判古君一名擬請暫緩執行死刑資運用擴大偵破可否乞示遵〉，檔案管理局藏，《古瑞明等叛亂案》，檔號：0042/3132303/303/1/002。
- 〈為檢呈蘇東啓等叛亂案內有關高玉樹涉嫌部分之處理意見恭請鑒核由〉，檔案管理局藏，《蘇東啓等叛亂案》，檔號：0053/3132521/521/1/002。
- 〈檢呈蘇東啓等叛亂案卷判及覆判判決情形請核示〉，檔案管理局藏，《蘇東啓等叛亂案》，檔號：0053/3132521/521/001。
- 胡適，〈胡適函陳雪屏吳國楨蔣經國臺灣省保安司令部查獲堂外甥汪漢航開出的港幣支票作為套滙圖利之證據盼望三位設法清查案裡串同栽贓誣陷良民的真相〉，國史館藏，《蔣經國總統文物》，典藏號：00501010000053050。
- 傅正，「傅正日記」（1951.2.25），中央研究院近代史研究所檔案館藏，《雷震‧傅正檔案》。
- 蔣介石，「蔣介石日記」（1954.3.25），美國史丹佛大學胡佛研究院檔案館藏。

（二）公報
- 《立法院公報》，臺北，1989 年。
- 《國民政府公報》，南京，1929 年。
- 《總統府公報》，臺北，1956、1958、2001 年。

（三）報紙
- 《中央日報》，1949、1960 年。
- 《中國時報》，1997 年。
- 《臺灣新生報》，1949 年。
- 《聯合報》，2009 年。

（四）專書

• 人權之路編輯小組主編，2008，《人權之路 2008 新版──臺灣民主人權回顧》。臺北：財團法人陳文成博士紀念基金會。

• 王世杰、錢端升，1948，《比較憲法》下冊。上海：商務印書館。

• 王正華編輯，2008，《戰後臺灣政治案件：李荊蓀案史料彙編（二）》。臺北：國史館&行政院文化建設委員會。

• 王作榮，1999，《壯志未酬──王作榮自傳》。臺北：天下遠見出版公司。

• 王奇生，2003，《党員、党权与党争──1924～1949 年中国国民党的组织形态》。上海：上海书店出版社。

• 世界文化服務社編纂委員會編纂，1952，《自由中國名人傳》。臺北：世界文化服務社。

• 史广全，2006，《法西斯主义法学思潮》。北京：法律出版社，2006。

• 田弘茂，1989，《大轉型──中華民國的政治和社會變遷》。臺北：時報出版公司。

• 任育德，1999，《雷震與臺灣民主憲政的發展》。臺北：國立政治大學歷史學系。

• 江南，1988，《蔣經國傳》。洛杉磯：美國論壇報社。

• 克萊恩著，聯合報國際新聞中心譯，1990，《我所知道的蔣經國》。臺北：聯經出版公司。

• 李永熾監修、薛化元主編，1990，《臺灣歷史年表：終戰篇 Ⅰ（1945～1965）》。臺北：國家政策資料研究中心。

• 李宣鋒等主編，1998，《臺灣地區戒嚴時期 50 年代政治案件史料彙編（一）中外檔案》。南投：臺灣省文獻委員會。

• 李宣鋒等主編，1998，《臺灣地區戒嚴時期 50 年代政治案件史料彙編（二）個案資料》。南投：臺灣省文獻委員會。

• 李禎祥編撰，2002，《人權之路：臺灣民主人權回顧》。臺北：玉山社。

• 沈醉，1994，《軍統內幕》。臺北：新銳出版社。

• 林山田，1996，《五十年來的臺灣法制》。臺北：作者發行。

• 林德龍輯註，1992，《二二八官方機密史料》。臺北：自立晚報社。

• 林蔭庭，1998，《追隨半世紀：李煥與經國先生》。臺北：天下文化。

• 邱國禎，2007，《近代臺灣慘史檔案》。臺北：前衛出版社。

• 胡健國主編，2000，《國史館現藏民國人物傳記史料彙編（20）》。臺北：國史館。

• 若林正丈著，洪金珠、許佩賢譯，1994，《臺灣──分裂國家與民主化》。臺北：月旦出版社。

• 秦孝儀總編纂，2003，《總統 蔣公大事長編初稿》卷 10。臺北：中正文教基金會。

• 秦孝儀總編纂，2008，《總統 蔣公大事長編初稿》卷 13。臺北：中正文教基金會。

• 馬之驌，1993，《雷震與蔣介石》。臺北：自立晚報社。

• 馬振犢、戚如高，1988，《蔣介石與希特勒──民國時期的中德關係》。臺北：東大圖書公司。

• 高明輝口述，范立達整理，1995，《情治檔案──一個老調查員的自述》。臺北：商周文化。

• 國家安全局，1959，《歷年辦理匪案彙編》第 1 輯。臺北：國家安全局。

• 國家安全局編，出版時間不詳，《歷年辦理匪案彙編》第 2 輯。臺北：國家安全局。

• 國家安全局編，出版時間不詳，《歷年辦理匪案彙編》第 3 輯。臺北：國家安全局。

• 張炎憲、許芳庭編，2008，《林日高案史料彙編》。臺北：國史館，頁 155。

- 張劍寒，1976，《戒嚴法研究》。臺北：漢苑出版社。
- 許福明，1986，《中國國民黨的改造（1950-1952）》。臺北：正中書局。
- 陳世宏、張世瑛、許瑞浩、薛月順編，2003，《雷震案史料彙編：黃杰警總日記選輯》。臺北：國史館。
- 陳世宏、張世瑛、許瑞浩、薛月順編，2002，《雷震案史料彙編：國防部檔案選輯》。臺北：國史館。
- 陶涵著，林添貴譯，2010，《蔣介石與現代中國的奮鬥》下冊。臺北：時報出版公司。
- 陶涵著，林添貴譯，2000，《臺灣現代化的推手——蔣經國傳》。臺北：時報出版公司。
- 麥克阿瑟著，張瓊譯，1983，《麥克阿瑟回憶錄》。臺南：文國書局。
- 傅正主編，1989《雷震全集（33）：雷震日記（1951年）——第一個十年（3）》。臺北：桂冠圖書公司。
- 彭懷恩，1992，《臺灣政治變遷四十年》。臺北：自立晚報社。
- 馮啟宏，1998，《法西斯主義與三〇年代中國政治》。臺北：國立政治大學歷史學系。
- 監察院國防及情報委員會編印，2004，《郭衣洞叛亂案調查報告》。臺北：監察院。
- 劉維開編，1994，《中國國民黨職名錄》。臺北：國民黨黨史會。
- 歐素瑛編輯，2008，《戰後臺灣政治案件：李媽兜案史料彙編》。臺北：國史館＆行政院文化建設委員會。
- 蔣經國，1988，《勝利之路》。臺北：正中書局。
- 蔡墩銘（計畫主持人），2004，《戒嚴時期之惡法與審判——以不當叛亂匪諜審判案件為主》。臺北：財團法人戒嚴時期不當叛亂暨匪諜審判案件補償基金。
- 錢復，2005，《錢復回憶錄（卷一・外交風雲動）》。臺北：天下遠見出版公司。
- 薛化元，1996，《《自由中國》與民主憲政——1950年代臺灣思想史的一個考察》。臺北：稻鄉出版社。
- 薛化元，2007，《臺灣全志・政治志・民主憲政篇》。南投：國史館臺灣文獻館。
- 薛化元、陳翠蓮、吳鯤魯、李福鐘、楊秀菁，2003，《戰後臺灣人權史》。臺北：國家人權紀念館籌備處。
- 薛月順、曾品滄、許瑞浩編註，2000，《戰後臺灣民主運動史料彙編（一）：從戒嚴到解嚴》。臺北：國史館。
- 蘇瑞鏘，2005，《戰後臺灣組黨運動的濫觴——「中國民主黨」組黨運動》。臺北：稻鄉出版社。
- 蘇瑞鏘，2008，《超越黨籍、省籍與國籍——傅正與戰後臺灣民主運動》。臺北：前衛出版社。
- 龔宜君，1998，《「外來政權」與本土社會——改造後國民黨政權社會基礎的形成（1950-1969）》。臺北：稻鄉出版社。
- 孙代尧，2003，《台湾威权体制及其转型研究》。北京：中国社会科学出版社。

（五）論文
- 王泰升，2002，〈臺灣戰後初期的政權轉替與法律體系的承接（1945-1949）〉，收入：王泰升，《臺灣法的斷裂與連續》。臺北：元照出版公司。

- 王泰升，2007，〈清末及民國時代中國與西式法院的初次接觸——以法院制度及其設置為中心〉，《中研院法學期刊》1。
- 王泰升，2007，〈臺灣近代憲政文化的形成：以文本分析為中心〉，《臺大法學論叢》36：3。
- 王泰升，2009〈國民黨在中國的「黨治」經驗——民主憲政的助力或阻力？〉，《中研院法學期刊》5。
- 石佳音，2008，〈中國國民黨的意識形態與組織特質〉。臺北：國立臺灣大學政治學系博士論文。
- 吳乃德，2004，〈回憶蔣經國、懷念蔣經國〉，收入胡健國主編，《20世紀臺灣民主發展：第7屆中華民國史專題論文集》。臺北：國史館。
- 李永熾，2006，〈兩蔣獨裁政權的成立與變化〉，《當代》231。
- 李泰翰，2002，〈黨團、軍事與教育：一九五〇年代學生軍訓進入校園之研究〉。桃園：國立中央大學歷史研究所碩士論文。
- 李雲漢，1992，〈蔣經國先生傳略〉，收入蔣經國先生全集編輯委員會編，《蔣經國先生全集》記事年表上輯。臺北：行政院新聞局。
- 李筱峰，2008，〈林日高〉，收入張炎憲主編，《二二八事件辭典》。臺北：國史館。
- 谷正文，1995，〈「蔣介石定律」冤死省黨部副主委李友邦〉，收入谷正文口述，許俊榮、黃志明、公小穎整理，《白色恐怖秘密檔案》。臺北：獨家出版社。
- 阮大仁，2009，〈蔣經國個性中史大林式的一面——發生在徐柏園、楊濟華、鄭彥棻身上的故事〉，《傳記文學》563。
- 林果顯，2009，〈一九五〇年代反攻大陸宣傳體制的形成〉。臺北：國立政治大學歷史學系博士論文。
- 林果顯，2004，〈戰後臺灣統治體制的再思考——威權體制的理論與適用〉，收入現代學術研究基金會，《現代學術研究（專刊13）——戰後臺灣歷史省思》。臺北：現代學術研究基金會。
- 林毓生，1991，〈敬悼民主運動先驅者傅正先生〉，收入宋英等，《傅正先生紀念集》。臺北：桂冠圖書公司。
- 邱榮舉、謝欣如，2007，〈戰後臺灣客家菁英與白色恐怖政治事件——解析許信良與三個重要政治事件之關係〉，收入臺灣省諮議會編印，《「臺灣民主的興起與變遷」第二屆學術研討會——人物與事件論文集》。臺中：臺灣省諮議會。
- 胡佛，1991，〈威權體制的傘狀結構〉，《二十一世紀》5。
- 殷海光著，盧蒼譯，1990，〈剖析國民黨〉，收入：林正弘主編，《殷海光全集（12）》。臺北：桂冠圖書公司。
- 張淑雅，1989，〈杜魯門與臺灣〉，《歷史月刊》23。
- 曹欽榮，2007，〈打開歷史之窗——探討口述與檔案〉，收入吳乃德（主持人），《轉型正義對檔案開放應用影響之研究（研究報告）》。臺北：檔案管理局。
- 許雪姬，2003，〈滿洲經驗與白色恐怖——「滿洲建大等案」的實與虛〉，收入許雪姬編，《「戒嚴時期政治案件」專題研討會論文暨口述歷史紀錄》。臺北：財團法人戒嚴時期不當叛亂暨匪諜審判案件補償基金會。

- 許瑞浩，2004，〈從官方檔案看統治當局處理「雷震案」的態度與決策──以國防部檔案為中心〉，收入胡健國主編，《20世紀臺灣民主發展：第7屆中華民國史專題論文集》。臺北：國史館。
- 郭正亮，1988，〈國民黨政權在臺灣的轉化（1945-88）〉。臺北：國立臺灣大學社會研究所碩士論文。
- 陳志龍，1991，〈曲解內亂罪竟五十年〉，《律師通訊》141。
- 陳明通，1990，〈威權政體下臺灣地方政治菁英的流動（1945-1986）──省參議員及省議員流動的分析〉。臺北：國立臺灣大學政治學研究所博士論文。
- 陳翠蓮，2009，〈臺灣戒嚴時期的特務統治與白色恐怖氛圍〉，收入張炎憲、陳美蓉主編，《戒嚴時期白色恐怖與轉型正義論文集》。臺北：吳三連臺灣史料基金會、臺灣歷史學會。
- 陳儀深，2003，〈臺獨叛亂的虛擬與真實：1961年蘇東啓政治案件研究〉，《臺灣史研究》10：1。
- 章微寒，1992，〈戴笠與龐大的軍統局組織〉，收入徐恩曾等，《細說中統軍統》。臺北：傳記文學出版社。
- 劉熙明，2000，〈蔣中正與蔣經國在戒嚴時期「不當審判」中的角色〉，《臺灣史研究》6：2。
- 劉熙明，2009，〈看不見的血手：國共內戰時期的國府特務殺人與蔣介石之關係〉，《臺灣史學雜誌》6。
- 劉維開，2004，〈國防最高委員會的組織與運作〉，《國立政治大學歷史學報》21。
- 歐世華，1999，〈吳國楨與臺灣政局（1949-1954）〉。臺北：國立臺灣師範大學歷史研究所碩士論文。
- 蔣中正，1960，〈蔣主席致國民會議開幕詞（民國二十年五月五日）〉，收入羅家倫主編，《革命文獻》第23輯。臺北：中國國民黨中央委員會黨史料編纂委員會。
- 蔣中正，1984，〈關於實施本黨改造之說明〉，收入秦孝儀主編，《先總統　蔣公思想言論總集》第23卷。臺北：中國國民黨中央委員會黨史委員會。
- 蔣經國，1991，〈國家安全利益高於一切──民國五十四年三月十六日對警備總部毋忘在莒幹部講習班講〉，收入蔣經國先生全集編輯委員會編，《蔣經國先生全集》第7冊。臺北：行政院新聞局。
- 蔣經國，1991，〈破獲中共在臺秘密組織全案經過──民國三十九年五月十三日在記者招待會講〉，收入蔣經國先生全集編輯委員會編，《蔣經國先生全集》第13冊。臺北：行政院新聞局。
- 蔣經國，1992，〈建立共同信仰〉，收入蔣經國先生全集編輯委員會編，《蔣經國先生全集》，第4冊。臺北：行政院新聞局。
- 蔣經國，1992，〈建立革命思想的堡壘〉，收入蔣經國先生全集編輯委員會編，《蔣經國先生全集》第4冊。臺北：行政院新聞局。
- 蔣經國，1992，〈五個基本問題──理想、責任、精神、態度、前途〉，收入蔣經國先生全集編輯委員會編，《蔣經國先生全集》第5冊。臺北：行政院新聞局。
- 蔣經國，1992，〈加強思想領導做好軍訓工作──民國四十五年十二月四日對學校軍訓幹部第八期學員講〉，收入蔣經國先生全集編輯委員會編，《蔣經國先生全集》第5冊。臺北：

行政院新聞局。

- 蔣經國，1992，〈新問題新工作新精神——民國四十五年十二月三十一日在國家安全局國父紀念週講〉，收入蔣經國先生全集編輯委員會編，《蔣經國先生全集》第 5 冊。臺北：行政院新聞局。
- 薛化元，2000，〈陳誠與國民政府統治基盤的奠定——以一九四九年臺灣省主席任內為中心的探討〉，收入一九四九年：中國的關鍵年代學術討論會編輯委員會編，《一九四九年：中國的關鍵年代學術討論會論文集》。臺北：國史館。
- 薛化元、楊秀菁，2004，〈強人威權體制的建構與轉變（1949-1992）〉，收入李永熾、張炎憲、薛化元主編，《「人權理論與歷史」國際學術研討會論文集》。臺北：國史館。
- 薛化元，2009，〈威權體制的建立〉，收入張炎憲、陳美蓉主編，《戒嚴時期白色恐怖與轉型正義論文集》。臺北：吳三連臺灣史料基金會、臺灣歷史學會。
- 魏誠，1984，〈自由中國半月刊內容演變與政治主張〉。臺北：國立政治大學新聞研究所碩士論文。
- 羅大年，1956，〈建立自由教育必須剔除的兩大弊害〉，《自由中國》15：9。
- 蘇瑞鏘，2004，〈評介王奇生著《黨員、黨權與黨爭——1924～1949 年中國國民黨的組織形態》〉，《近代中國》157。
- 蘇瑞鏘，2008，〈1950 年前後的蔣經國——傅正史料所呈現的歷史面向〉，《傳記文學》92：1。
- 蘇瑞鏘，2008，〈從雷震案論戒嚴時期政治案件的法律處置對人權的侵害〉，《國史館學術集刊》15。
- 蘇瑞鏘，2009，〈臺灣軍訓教育，為何無法走入歷史？〉，《人本教育札記》237。
- 蘇瑞鏘，2010，〈臺灣政治案件之處置（1949-1992）〉。臺北：國立政治大學歷史學系博士論文。
- 蘇瑞鏘，2010，〈戰後臺灣處置政治案件的相關法制〉，《臺灣史學雜誌》9。
- 蘇瑞鏘，2011，〈白色恐怖〉，收入張炎憲、李福鐘主編，《揭穿中華民國百年真相》。臺北：臺灣歷史學會。
- 蘇瑞鏘，2011，〈戰後臺灣政治案件的偵辦——以情治單位的不法與不當偵辦為中心〉，《中華人文社會學報》14。
- 蘇瑞鏘，2011，〈戰後臺灣政治案件審判過程中的不法與不當〉，《臺灣風物》61：3。
- 蘇瑞鏘，2012，〈雷震與蔣介石當局關係演變之研究〉，收入潘光哲主編，《自由的探尋——陳宏正先生七十壽慶論文集》。臺北：《陳宏正先生七十壽慶論文集》編輯委員會。
- 蘇瑞鏘，2012，〈臺灣戒嚴時期政治案件不當核覆初探——以蔣介石為中心的討論〉，《臺灣文獻》63：4。

（六）網路
- 黃清龍，2009，〈恩惠與決裂——吳國楨和兩蔣關係〉，網址：http://blog.chinatimes.com/noa/archive/2009/01/03/365158.html，瀏覽日期：2013 年 2 月 4 日。
- 蘇瑞鏘，〈白色恐怖〉，收入文化部，「臺灣大百科全書」，網址：http://nrch.culture.tw/twpedia.aspx?id＝3864，瀏覽日期：2013 年 2 月 4 日。

二、英、日文

（一）英文
- Eastman, Lloyd E., 1990, *The Abortive Revolution: China Under Nationalist Rule, 1927-1937*, Cambridge, Mass.:Harvard University Press.
- Kirby, William C., 1984, *Germany and Republican China*, Stanford, Calif.: Stanford University Press.
- Linz, Juan J., 1970, "An Authoritarian Regime: Spain", Erik Allard and Stein Rokkan eds., *Mass Politics: Studies in Political Sociology*, New York: Free Press.
- Telegram From the Embassy in the Republic of China to the Department of State, Department of State ,Taipei, October 7,1960, *Foreign Relations of the United States,1958-1960, China,1959-1960*, Vol.19, Washington: United States Government Printing Office.
- Townson, Duncan, ed., 1994, *Dictionary of Modern History 1789-1945*, London: Penguin Books.
- Wang, Dan, 2008, "The Comparative Study on State Violence between Mainland China and Taiwan in 1950s", PhD Dissertation, Harvard University.
- Whiting, Allen, "A Man of Mystry", *Saturday Evening Post*, Mar.12, 1955.
- Wu, K.C., " Formosa", *Look*, June 29,1954.
- Wu, Nai-teh, 1987, "The Politics of A Regime Patronage System: Mobilization and Control Within An Authoritarian Regime", Ph.D Dissertation, University of Chicago.

（二）日文
- 松田康博，2000，〈蔣經國による特務組織の再編——特務工作統括機關の役割を中心に〉，《日本臺灣學會報》2。
- 松田康博，2006，《台湾における一党独裁体制の成 》。東京：慶應義塾大学出版会株式会社。

　　——本文原刊載於《輔仁歷史學報》30（2013.3），頁 167-213。經小幅修改而成。本文獲作者授權使用。

一、訓政時期黨國體制的建立

① 《中華民國訓政時期約法》強調「以黨治國」。

② 1930 年代左右，開始受到法西斯主義影響。

③ 從蔣介石到蔣經國，都延續法西斯主義的作風，建立強人威權體制。

④ 當時的法律、情報組織，都有法西斯主義的色彩。

二、戰後動員戡亂與戒嚴體制的建構

① 動員戡亂體制：《國家總動員法》、《動員戡亂臨時條款》、戡亂時期各項法令等。

② 戒嚴體制

　　1949 年實施，憲法保障的人身、言論、出版等權利都被禁止。

　　提供軍方介入司法、治安的法律基礎，導致許多政治案件的發生。

三、強人威權黨國體制的形成

① 韓戰爆發、美國第七艦隊巡防臺灣，促成蔣介石改造國民黨，穩固統治的契機。

② 削弱黨內派系，讓權力集中在蔣介石一人手中。

③ 建立滲透臺灣社會的黨組織，並排除異己，建立強人威權黨國體制。

四、蔣介石與政治案件

① 統治臺灣的 30 年間（1945-1975），是臺灣政治案件最多的時期。

② 認定叛亂與匪諜的標準寬鬆。

③ 從拘捕和偵辦、審判階段、判決後的核覆,都有蔣介石介入的案例。

五、蔣經國與政治案件

① 蔣經國為掌握臺灣情治單位的首腦。蔣介石時期一些政治案件,也看得到蔣經國的影子。

② 蔣經國對於敵人絕不留情的態度,也是造成政治事件的主因。

六、國民黨與政治案件

① 許多政治事件中,均有國民黨黨職人員的參與。

② 政府官員也透露出濃厚的國民黨色彩。

③ 國民黨往往與政府單位合作,處理各種大型政治案件。

七、結論

① 「強人」(蔣介石與蔣經國)和「黨國」是了解國民黨政權的重點。

② 要了解白色恐怖時期的政治案件,強人威權黨國體制為核心關鍵。

課綱中的臺灣史／陳芳明等著；陳鴻圖編 . -- 初版 . --
新北市：臺灣商務，2020.08
544 面；17×23 公分
ISBN 978-957-05-3281-4（平裝）

1. 臺灣史　2. 中等教育　3. 文集

733.2107　　　　　　　　　　　　　　109010304

課綱中的臺灣史

編　　者 ─ 陳鴻圖
作　　者 ─ 陳芳明、周婉窈、陳偉智、詹素娟、許雪姬、戴寶村、陳國棟、
　　　　　　林文凱、吳學明、林美容、若林正丈、薛化元、陳翠蓮、蘇瑞鏘
發 行 人 ─ 王春申
審書顧問 ─ 陳建守
總 編 輯 ─ 張曉蕊
責任編輯 ─ 徐鉞
校　　對 ─ 呂佳真
封面插畫 ─ Nana Artworks
美術設計 ─ 綠貝殼資訊有限公司
行　　銷 ─ 劉艾琳、蔣汶耕
業務組長 ─ 王建棠
影音組長 ─ 謝宜華
出版發行 ─ 臺灣商務印書館股份有限公司
　　　　　　23141 新北市新店區民權路 108-3 號 5 樓（同門市地址）
電話：(02)8667-3712　傳真：(02)8667-3709
讀者服務專線：0800056193
郵撥：0000165-1
E-mail：ecptw@cptw.com.tw
網路書店網址：www.cptw.com.tw
Facebook：facebook.com.tw/ecptw

局版北市業字第 993 號
初版一刷：2020 年 8 月
初版六點五刷：2024 年 4 月
印刷廠：鴻霖印刷傳媒股份有限公司
定價：新台幣 620 元
法律顧問─何一芃律師事務所